在辰星与大地之间

王富仁先生纪念文集

汕头大学文学院·主编

上海三联书店

图 1　思。(曾建平摄)

图 2　2003 年春，受聘汕头大学终身教授仪式。（曾建平摄）

图 3　2005 年 4 月，与知名作家、学者郭小东（潮汕籍）在汕头大学学术交流中心（ACC）。

图 4 与王得后先生(右)。摄于 2006 年 1 月汕头大学举办"中国左翼文学国际学术研讨会"期间。(许丹诚摄)

图 5 与丸山昇夫妇、王得后、近藤龙哉、小谷一郎、高远东等合影。左五、六丸山昇先生夫妇,右二王得后先生,右一王富仁先生,左二近藤龙哉,左三高远东,左四小谷一郎。摄于 2006 年 1 月汕头大学举办"中国左翼文学国际学术研讨会"期间。(许丹诚摄)

图6　与爱犬胖胖。摄于 2006 年某台风过后。（拍摄者未详）

图7　与汕大学子。中为王富仁先生，左起：郭前、胡小敏、裴双、肖丽华、李一鸣、刘文、李玉
　　辉、麻治金。（王锋摄）

图 8　在日月潭。摄于 2010 年暑假台湾讲学期间。(徐秀慧摄)

图 9　与黄子平先生(左)。2010 年摄于汕头市澄海塔山文革博物馆。(廖广莲摄)

图 10　与学生朱晓(右)。朱晓 2014 年秋季入学,三年硕士在读期间,他与 15 级的硕士研究生陈倩华、陈玉荣,16 级的硕士研究生韦仁仁等较多时间地陪伴了先生的晚年与病痛。

图 11　2016 年 3 月,汕大水库堤上漫步的先生。两个多月后,先生因肺热住院,不久,即去北京检查、治疗,至逝世时,王先生多次往返汕头、北京治病。

图 12　病中的先生。（左：钱理群老师）

图 13　2017 年 5 月 3 日夜，守望。（冯媛摄）

图 14　2017 年 5 月 6 日,八宝山,泪别。(廖广莲摄)

王富仁教授纪念会发言稿(代前言)

毛思慧

尊敬的各位来宾、校友,老师们、同学们:

下午好!

桑浦哀默,金凤俯首,草木含悲。今天,我们怀着万分沉痛的心情,纪念汕头大学文学院汕大终身教授王富仁先生,缅怀他的一生,以寄托我们的绵绵哀思。在此,谨让我代表汕头大学文学院全体师生员工对王富仁教授因病辞世表示沉痛的哀悼,向王富仁教授的家属表示亲切的慰问,向前来参加纪念的各位来宾、老师和同学们表示衷心的感谢。

王富仁教授的一生,是坎坷的一生,勤奋的一生,拼搏的一生,战斗的一生,成功的一生,也是闪耀着伟大人文精神的一生。自5月2日王富仁教授辞世以来,我们收到来自全国各地、境外、海外无数高校、研究会和个人的唁电、挽联、悼词和纪念文章,纷纷悼念和缅怀王富仁教授。在学术研究和教书育人方面,王富仁教授给我们留下了丰富的人文遗产、精彩的范例和许许多多美好的回忆,是我院广大师生永远的楷模。

王富仁教授终生致力于学术研究,出版著作23部,编著15部,发表论文数百篇。在鲁迅研究、中国现代文学、中国现代思想文化、中学语文教育改革等领域,都卓有建树。1980年代,王富仁教授以"思想革命"的全新视角阐释鲁迅小说,著有《中国反封建思想革命的一面镜子——〈呐喊〉〈彷徨〉综论》,这是中国鲁迅研究史上里程碑式的成果,也是新时期中国文坛思想启蒙的重要标志。此后,王教授致力于中国现代思想文化、中国现代文学思潮、中国左翼文学研究,先后出版了《先驱者的形象》、《文化与文艺》、《灵魂的挣扎》、《历史的沉思》、《中国鲁迅研究的历史与现状》、《中国文化的守夜人——鲁迅》、《中国的文艺复兴》、《古老的回声》、《中国现代文化指掌图》、《语文教学与文学》等学术著作,散文随笔集《蝉声与牛神》、《说说我自己》、《呓语集》及一系列重要论文。2003年,担任汕头大学终身教授以来,王老师筹建"新国学研究中心",创办《新国学研究》学术丛刊,鼎力倡导"新国学"理念,在学术界产生了重要而深远的影响。

王富仁教授一生,心怀天下,涉足诸多学术领域,皆成就斐然,他的逝世,是当代中国学界的重大损失,更是汕大文学院不可弥补的重大损失。王富仁教授执着于学术研究,坚守思想独立的学者精神,为我院教师树立了学术典范。

王富仁教授秉持着鲁迅寄希望于青年的启蒙精神教书育人,桃李满天下,培养了一大批青年学者。从中学到大学,从本科、硕士到博士,他以自己独特的人格魅力和追求"真、善、美"的精神,感染和激励着众多学子。王富仁教授虽然已经去世,但他的精神和智慧永远激励着我们,他永远活在莘莘学子的心中。

英灵已驾鹤西去,风范犹蒸汕大人。王富仁教授的因病去世,使我们失去了一个好同事,同学们失去了一位好老师。也许,有王老师的陪伴,中国文化的守夜人鲁迅不再孤独。我们要把王富仁教授对学术的执着,对教育的热情留在汕大,留在文学院。我们要向王老师学习;文苑学子永远怀念他,愿他地下安息,九泉含笑。同时也希望王老师所有亲人、朋友、各位老师和同学节哀顺变,化悲痛为力量,以告慰王老师的在天之灵。

王老师,您一路走好!

谢谢大家!

2017 年 5 月 13 日

在汕头大学文学院王富仁教授纪念会上的发言

(作者系汕头大学文学院教授、院长)

目　　录

缅怀王富仁教授

严家炎

今年 5 月上旬,突然听到王富仁教授在北京逝世的消息,令我十分震惊和悲痛。

富仁先生胸怀十分高远,为人极其正直,是我今生交往的最善良、诚恳、真挚的好友之一。我们有许多共同的爱好。我们都把李何林先生视为两人共同的好老师(李先生是王富仁当博士生时的导师,他称李先生为"一身铁骨铮铮")。我们更是非常尊敬和热爱鲁迅,把鲁迅看作是我们自己终身的导师。1984 年 10 月,我参加王富仁博士论文《中国反封建思想革命的一面镜子——〈呐喊〉〈彷徨〉综论》的答辩会,虽然提出过若干问题,同时却也真切感受了这篇学位论文的足够厚重度和巨大劳动量,深觉佩服。

在先辈王瑶先生去世之后,我和富仁两个当时的中年人,曾先后接任了中国现代文学研究会多届会长职务。但只有富仁才是真正称职的会长,富有创造性地尽到了自己的责任。他不但在言论上肯定舜文化,而且从根本精神上研讨舜文化的现代转换,吸取儒法墨道诸家多方面的长处,以寻找中国文化传统现代转换的"钥匙"。在《舜与中国文化》一文中,王富仁先生说:"鲁迅的文化寻根,没有到禹而止,而是继续向历史的深处回溯,一直回溯到中国古代神话中的中华民族的始祖——女娲。在小说《补天》里,鲁迅实际是把女娲作为中华民族的母亲来塑造的。""女娲作为中华民族的母亲,就是我们生命的创造者,就是我们生命的保护神。我们看到,正是在'人的生命'或'有生命的人'这个根柢之上,鲁迅建立了自己独立的文化观念,进行了有别于中国传统知识分子的思想追求。在他的观念里,生命不是为国家而存在的,国家却应当是为生命而存在的;生命不是为文化而存在的,文化却应当是为生命而存在的;生命不是为道德而存在的,而道德却应当是为生命而存在的。要说中国文化传统的现代转换,这就是中国文化现代转换的基本内容。没有这样一个转换,所有其他的转换都不过是一种文化的新包装。从以国家为本位的国家文化向以人为本位的社会文化的转换,就是这种转换的本质意义所在。鲁迅的《我之节烈观》和《娜拉走后怎样》,鲁迅的《灯下漫笔》和《春末闲谈》,鲁迅的《记念刘和珍君》和《为了忘却的纪念》,鲁迅的《孔乙己》、《故乡》、《阿 Q 正传》和《祝福》,无不表现出对人、对人的生命的关切,无不体现着中国文化由以国家为本位的国家文化向以人、以人的生命为本位的社会文化的转换。所以要谈中国文化的现代化,离开鲁迅是谈不通的。"

论述得多么深刻,多么切中肯綮啊!

2014 年 4 月,王富仁教授、杨庆杰主任邀请我到汕头大学为中文系学生讲两次课。他们的热忱态度,实在令我非常感动。不仅杨主任亲自到揭阳机场来迎接,当晚还在系里设宴招待我们。而王富仁先生个人又在第三天晚上特意邀请我们到汕头市内去吃潮州菜,我个人无论怎样劝阻、辞谢都不被采纳,他还请了汕大五位老师作陪。这一切体现了王富仁先生待人的真挚与诚恳,令我一辈子不会忘记。

更让我意外,并使我震撼的是,据高远东先生相告:富仁教授患的是肺癌,在北京做了治疗,因癌细胞已扩散,只得又做放疗,因而被折磨得相当痛苦。后接汕头大学彭小燕女士来函方知,富仁教授早在 2013 年 5 月下旬曾作了一个特别紧急的动脉血管支架手术,几乎是一个抢救式的手术。肺部的不好,是在 2016 年 5 月 20 日前后,因为咳嗽比平时厉害,并且低烧数日,遵心血管科的医生建议住院,并转呼吸科治疗。呼吸科的主治大夫怀疑是恶性肿瘤,告知了家属。他的两个孩子立即从北京赶到汕头,接他去北京确诊并治疗。——这一切都是我在汕大时毫无所知,至今愧悔不已的。

王富仁教授共撰写了著作二十多种(包括专著、论文集、散文集等),几乎全部是独力研究的结果,只有一种是他与别人合撰的。这些著作既有相当的知识宽广度,又有丰厚的理论纵深度,应该说在相关的专业方面作出了很大的贡献。像《鲁迅前期小说与俄罗斯文学》、《中国反封建思想革命的一面镜子——〈呐喊〉〈彷徨〉综论》、《中国文化的守夜人——鲁迅》、《〈雷雨〉导读》、《中国现代文化指掌图》等,足可使作者成为中国现代文学与文化研究方面的一座重镇。

至于单篇论文如《中国鲁迅研究的历史与现状》(系列论文后整理成专著《中国鲁迅研究的历史与现状》于 1999 年初版,2006 年再版——编者注)、《闻一多诗论》、《悲剧意识与悲剧精神》、《中国现代主义文学论》、《西方话语与中国现当代文化》、《文事沧桑话端木——端木蕻良小说论》、《触摸语言——徐志摩〈沙扬娜拉〉赏析》、《推荐冯至〈山村的墓碣〉》、《梁实秋〈雅舍〉赏析》等,都颇有审美上的独到见解。他所提出的"新国学"的学术理念,亦已在国际、国内引起了重大反响。

王富仁教授是永远值得我们怀念的。

2017 年 8 月 27 日改定

(作者系北京大学中文系教授,已退休)

樊骏与王富仁

——在王富仁追思会上的发言

王　信

我读了王富仁的一些文章后，总想用什么话来概括我的印象。想来想去，想出了两句话，实际上是很一般化的两句话：

学术有自信，绝不骄傲；

研究重创新，永不满足。

其实，很多执着于学术事业的学者，都可以这样形容。虽然我是根据对王富仁的切切实实的印象得出这两句话的，却没有说出他的学术工作的具体特点，没有说出他的研究个性。

为什么特别提"绝不骄傲"呢？王富仁不仅谦虚，而且自觉地反省已有的文章的缺点和不足。他在《先驱者的形象》一书的"代自序"《自我的回顾与检查》一文中，对自己的文章，毫不犹疑地承认有教条主义、机械论的偏差，指出自己在《尼采与鲁迅的前期思想》一文中把尼采直接当做反动哲学家和思想家来论述，未能正确评价尼采思想在西方哲学史和思想史上的作用和意义，"犯了一些不可饶恕的错误"等等。对自己的著述，如此苛刻的自评，也是少见的。因感到一些学者有所成就而骄傲有感而发。

为什么说他"永不满足"呢？王富仁研究的视野不断在扩大（古代文学、现代文学、当代文学、小说、电影都有所涉及与研究），研究的课题也在不断的更新、深化。如果王富仁的生命更长久些，他还会写出更多的论文，还会继续为现代文学学科做出独属于自己的贡献呢……

由此，我想到樊骏在《中国现代文学研究丛刊》1995年第2期曾写有《我们学科：已经不再年轻，正在走向成熟》。在文中，樊骏对上个世纪80年代涌现出来的一些有成就的学者的学术个性进行分析和评点，提到的学者有陈思和、王晓明、刘纳、赵园、吴福辉、钱理群、温儒敏等，关于王富仁，这样评价："王富仁有良好的艺术鉴赏能力，但更多地从社会历史的角度考察问题，他总是对研究对象作高屋建瓴的鸟瞰与整体的把握,并对问题做理论上的思辨。在他那里,阐释论证多于实证,一般学术论著中常有的大段引用与详细注释,在他那里却不多见,而且正在日益减少。他不是以材料,甚至也不是以结论,而是以自己的阐释论证来说服别人,他的分析富有概括力与穿透力,讲究递进感与逻辑性,由此形成颇有气势的理论力量。他的立论,也往往是从总体上或者基本方向上,而不是在具体细微处,给人以启示,使人不得不对他提出的命题与论证过程、方式,作认真的思考,不管最终赞同与否。他是这门学科最具有理论家品格的一位。"这段话讲得很到位,很准确,很深刻。当然,在其它方面还可以作些补充。例如王富仁对一些作品的解读。正如樊骏谈到的,他有良好的艺术鉴赏能力,又有逻辑性很强的思辨能力,这两者结合起来解读作品,就常常有与众不同的新颖而又深刻的见解。比如他对现代的《狂人日记》、《风波》、《雷雨》,古代的《木兰诗》、《天净沙·秋思》(马致远),当代的小说《人生》(路遥)、《鸡洼窝人家》(贾平凹),甚至电影《喜盈门》、《野山》都有独到的分析。

讲了樊骏对王富仁的评论,同时我也想到了王富仁对樊骏的学术研究工作的评论。樊骏在世时,王富仁就给自己的硕士研究生一个课题,研究樊骏的学术工作。学生圆满地完成了这个任务,写出了硕士论文《我把"正业"看得很神圣——论樊骏的中国现代文学研究》。但他还有一个更浩大的计划,要写专著《樊骏论》。樊骏逝世后,王富仁在《北京师范大学学报》(社会科学版)2011年第6期发表了《樊骏的中国现代文学研究》,在《中国现代文学研究丛刊》2012年第1期上发表了《学科魂——〈樊骏论〉之第一章》,在《天津师范大学学报》(社会科学版)2012年第1期发表了《中国现代文学:它的存在就是它的意义——樊骏先生的中国现代文学史观》,在《现代中文学刊》2012年第1期发表了《中国现代文学研究的当代性〈樊骏论〉之一章》。这些还不是全部,不知现在遗稿中是否还有(后来宫立告诉我,《樊骏论》,王富仁已经写了23多万字,可惜还是未完稿)。

《樊骏论》,我读得比较粗略,记忆也不好,很难转述。总的印象,王富仁是从整个现代文学研究如何形成了一个学科,经过怎样的发展过程这样一个比较大的背景来看樊骏的现代文学研究以及独特贡献。王富仁认识樊骏后,两人关系很好,还计划一起合作项目(后未完成)。但王富仁写这篇文章,绝不仅仅是因为私交,也不单是出于樊骏对自己的帮助,而完全是因为他觉得樊骏是个值得研究的对象,所以认真下了功夫,虽然没来得及完成。

对樊骏,现代文学的研究者都很熟悉,也都肯定和称赞,但如何认识他的贡献,王富仁的《樊骏论》,可能使我们的认识更深一层。无论对王富仁的意见是否同意,但却不能不承认,王富仁是以正直、严肃的、热忱的态度进行研究的。

说到此处,我想到曹丕在《典论·论文》中说的一句话,"文人相轻,自古而然"。

这种不好的现象,现在当然也还有(甚至文人相妒、"文人相害"、"大批判"也都有过),但更正常的现象,还是普遍的——这就是"文人互重"(相互尊重)。如果再提高一步境界的话,就是互相理解,对人格、学品、学术作风、学术成绩互相理解。我觉得樊骏和王富仁两位学者的关系,可以说达到了这样的境界。

2017 年 6 月 30 日

(作者系中国社会科学院文学研究所《文学评论》编审、副主编,已退休)

"知我者"走了，我还活着

——悼念富仁①

钱理群

我们生活在一个分裂的时代，人与人之间进行思想的交流与讨论越来越困难，可以毫不提防、毫无顾忌地倾心交谈的朋友越来越少。我因此经常吟诵古人的两句诗，并以此命名我的两本书："知我者谓我心忧，不知我者谓我何求"。

但"知我者"还是有的，富仁即是其中重要的一位。我和他，交往并不密切，特别是他远去汕头以后，两个人的独立性都很强；但我们却彼此心相通，互为知己。可以说发生什么事，富仁会如何反应，不用问我都可以想见；富仁对我也是如此。记得去年我们最后一次见面，我到医院去看他，一坐下来，就谈开了，谈得很随意，也很尽兴，心里说不出的畅快。最后告别，真有些依依不舍——

我和富仁是同代人，不仅是因为我们年龄相当，我只比他大两岁，更因为我们都是文革结束后第一届研究生，可以说我们是同时出现，更以相近的姿态，展现在鲁迅研究和现代文学研究学术界的。富仁的博士论文《中国反封建思想革命的一面镜子——〈呐喊〉、〈彷徨〉综论》一炮打响，迅速得到学术界的承认，在我们这一代鲁迅研究者看来，是一个标志性的事件，富仁也就成为新一代鲁迅研究、现代文学研究者中的一个标帜性人物。富仁这篇博士论文的主要追求，如冲破将鲁迅研究与现代文学研究纳入政治革命的既定研究模式，努力揭示作为思想家与文学家统一的鲁迅的独特性，即"回到鲁迅"，同时又更关注鲁迅思想的独立创造性，并以鲁迅思想作为新时期思想启蒙运动的重要资源的高度自觉：这些，都是八十年代包括我在内的许多中青年鲁迅研究者的共同追求，实际上形成了鲁迅研究、现代文学研究的新学派。这样，我们的学术研究，从一开始就成为80年代思想解放、思想启蒙运动的有机组成部分，富仁和我们的研究成果，一经发表，立即在社会上，特别是青年一代中，得到热烈的回响，其影响远远超过了学术界。那时候，富仁在北师大

① 本文曾刊于《文艺争鸣》，有增改。

讲鲁迅,我在北大讲鲁迅,还有很多朋友在其他高校讲鲁迅,我们都是把自己的教师使命,也是研究者的使命,定位为"作沟通鲁迅与当代青年的桥梁",于是就有了我后来在回忆中所说的"'我——学生——鲁迅'之间的精神的共鸣,生命的交融,那样的心心相印的课堂气氛,只有那个时代才会有,此后就很难重现了"。这或许有八十年代的特定时代的特殊性,确实很难重现;但在我看来,其内在的精神,即学术研究的生命特质,研究者与研究对象以及研究成果的接受者读者之间的"生命的交融",是具有普遍性的,至少是构成了学术研究的一个派别,我称为"生命学派"的基本特征。而富仁正是这一学派的开创者、最重要的代表之一。

但我们的成长也并非一帆风顺:富仁的博士论文具有显然的挑战性,在得到广泛好评的同时,也引起一些学术同行的反感,他们就借助于政治的力量,对富仁进行"革命大批判"。而我们当时都认为,对富仁的批判,实际上是对我们这一代人的批判。富仁在生前最后一次接受采访(后来以《鲁迅改变了我一生》为题在网上发表)时说,他因此卷入了政治斗争的漩涡之中,这是他所不愿意的(如北大中文系的《唁电》所说,富仁是鲁迅说的"精神界的战士",与实际政治斗争既有联系,又是有一定距离的),但也是他这样的,他参与开创的生命学派的学者的共同宿命:他们的研究所具有的现实感与批判性,注定了只能作为"异类"存在,并不断被"特别关照"。

而且到了90年代,我们这样的具有浓郁的启蒙主义色彩的研究,就遇到了更大的挑战。这是由多方面的因素决定的。首先是我们自己的反省与反思。这是对八十年代启蒙主义思潮,也包括五四启蒙主义的反思,同时也提出了重新研究鲁迅与五四启蒙主义的复杂关系(其内在相通与超越)的全新课题。而我们更要面对的现实却是:"鲁迅运交华盖,突然变得不合时宜"。我在2005年的一篇公开演讲里,有这样的描述:"风行一时的新保守主义者反省激进主义,把'五四'视为导致文化大革命的罪恶源头,鲁迅的启蒙主义变成专制主义的代名词。悄然兴起的国学风里,民族主义者,还有新儒学的大师们,鼓吹新的中国中心论,自然以鲁迅为断裂传统的罪魁祸首。号称后起之秀的具有中国特色的后现代主义者,视理性为罪恶,以知识为权力的同谋,用世俗消解理想,告别鲁迅就是必然的结论。用后殖民主义的眼光看鲁迅那一代人,他们的改造国民性的思想,鲁迅对阿Q的批判,不过是西方霸权主义的文化扩张的附和。自由主义鼓吹'宽容',炫耀'绅士风度',对'不宽容'的'心胸狭隘'的鲁迅,自然不能宽容,他被宣判为极权统治的合谋。还有自称'新生代'的作家,也迫不急待地要'搬开'鲁迅这块'老骨头',以开创'文学的新纪元'"。我总结说:"这是一个饶有兴味的思想文化现象:在90年代的中国文坛学界,轮番走过各式各样的'主义'的鼓吹者,而且几乎是毫无例外地要以'批判鲁迅'

为自己开路"(《"鲁迅"的"现在价值"》,收《中国现代文学史论》)。面对远比80年代单纯的启蒙主义要复杂得多的90年代的政治、思想、文化生态,我感到了极度的困惑:一方面,我自身思想的发展由80年代的单一启蒙主义进入"对历史、现实和自身的全面反思、反省"的怀疑主义,因此,对启蒙主义也有许多质疑;另一方面,我又必须与那些从形形色色的其他思潮出发,对鲁迅和启蒙主义全盘否定的虚无主义思潮划清界限。虽然我最终在鲁迅这里吸取了资源,强调"双重怀疑":"对启蒙主义的怀疑,以及对'启蒙主义怀疑'的怀疑";但我还是陷入了犹豫不决的困境。这时候,是富仁以他所特有的坚定给了我当头棒喝:记得是1994年,我和富仁一起应邀到韩国进行学术交流,我一路都讲一个题目:《中国知识者的"想""说""写"的困惑》,这是我这一时期的怀疑主义思想的代表作。富仁听了以后,在我们两人单独相处时,即毫不含糊地、诚恳地对我说:"你的质疑固然有道理,你也没有根本否定启蒙主义;但现在大家都在否定启蒙主义,你我两人即使明知其有问题也得坚持啊!"(见《1981—2015年纪事》,收《一路走来——钱理群自述》)。我听了大为感动,这是提醒,更是相互激励:无论如何,在当代中国,必须坚持启蒙主义,即使只剩下富仁和我,我们都要坚守:这是时代、历史赋予我们的使命!就在这刹那间,我觉得自己与富仁真正相识相知了,富仁这番"掏心窝子的话"从此成为我生命中的永恒记忆。

而且我们还要共同面对学院学术的压力:90年代以来,中国大学里的学术在"重建学术规范"的旗帜下,日趋专业化与技术化。这本身自有其必然性和积极意义,但这样的学院规范发展到极端以后,就对富仁和我这样的多少保留民间野性的学者,形成一种"理所当然"的否定:我们的有主观生命投入的研究,被视为对"学术客观性"的冒犯;我们学术论述中很少引述西方时髦理论,以证明其正确性,我们自身的学术价值也变得可疑。富仁和我,就这样成了学院派学者中的"不守规矩者"和"异己者"。坦白地说,我们自己对此虽感不快却并不在意(富仁性格比我刚烈,抗压力更强);真正让我们感到纠结的,是当我们都当上教授、研究生导师,事实上被学院承认和接受以后,却感到了学院体制的束缚。我在1997年写的《我想骂人》的文章里就这样写道:"我担心与世隔绝的宁静、有必要与无必要的种种学术规范会窒息了我的生命活力与学术创造力和想象力,导致自我生命与学术的平庸与萎缩;我还忧虑于宁静生活的惰性会磨钝了我的思想与学术的锋芒,使我最终丧失了视为生命的知识分子的批判功能;我更警戒、恐惧于学者的地位与权威会使我自觉、不自觉地落入权力的网络,成为知识的压迫者与政治压迫的合谋与附庸"。应该说,这样的政治收编与自身异化的危险,在90年代中后期就已经是中国知识分子面临的最大陷阱;富仁和我是较早意识到这样的危险,并自觉试图挣脱而出的学者,这全靠鲁迅对我们的影响和启示。我在文章最后就是这样说的:"我内心深处,时时响起一种生命的呼唤:像鲁迅那样,冲出这宁静的院墙,'站在沙漠上,看看飞沙走石。乐则大笑,悲则大叫,愤则大骂,即使被沙砾打得遍身粗糙,头破血流'也在所不惜"。这是一个自我选择的重大调整:从单纯的学院学者,转而追求"学者与精神界战士"的结合,也就是立足于学术研究(富仁和我都始终强调,我们都属于学院知识分子),加强对现实的介入,因而强化学术研究的批判力度,同时追求更接近知识分子本性的"独立、自由、批判、创造"的精神境界。

就在这转变的关键时刻,富仁又对我推了一把:这是在 1998 年,北大百年校庆之际,鲁迅曾经指出的"北大失精神"的现象再度引起社会的广泛关注与议论。如我在富仁推动下写出的《想起七十六年前的纪念》一文里所指出的,校方宣布以"为市场服务,培养出市场所需要的人才"为北大办学基本方针,"经营之道取代办学之道的结果,是教学质量与科研水平大幅度滑坡,导致教育精神价值失落"。但我在看出问题之后,对要不要站出来公开进行批判,却多有犹豫,这是我性格中的优柔寡断的弱点所致。是富仁及时点醒了我:在一次私下聚会里,富仁严肃地对我说:"××越来越不像话,对全国高校影响很坏。老钱你再不讲话,我可要对××发起申讨了!"这一当面"将军",就促使我毅然决然地挺身而出,写出了一系列包括前文在内的反省中国教育的文章。这是第一次学术之外的发言,引起了思想文化教育界,以及社会上的出乎意料的强烈反响。我因此成为某些人眼中的"不安定分子"。自己心里倒很平静,因为我的背后有富仁这样的真正的朋友和学者、教师的支持,我并不是孤军作战。富仁也果然写了反思大学教育体制的文章,我在相关文章里还特地作了引述。

而且很快就有了新的共同行动。这就是 1998—1999 年间,我和富仁都介入了中小学语文教育改革,同时受聘为教育部普通教育司主持的九年制义务教育语文课程改革工作小组顾问。我和富仁介入中小学语文教育改革,是我们对大学教育的关注的自然延伸:我们都认为,教育问题是中国改革的最基本的问题。这也涉及我们对五四启蒙传统的理解:后来我曾写有专门的研究文章,强调在五四时期"中学国文教育改革,就成为五四文学革命的有机组成部分",而白话文成为中小学语文教材的主体,正是五四文学革命、启蒙运动最具实质性与决定性的成果(见《五四新文化运动与中小学国文教育改革》,收《语文教育门外谈》)。因此,富仁与我在九十年代对于中小学语文教育改革的参与,可以说是 80 年代的思想启蒙的延续与新的推动,是"接着'五四'往下讲,往下做"。我提出的"以'立人'为中心"的教育新理念,其出发点显然是鲁迅的"立人"思想(见《以"立人"为中心——关于九年制义务教育的语文课程改革的一些思考》,收《语文教育门外谈》)。应该说,我对中小学语文教育的参与多少有些仓促,而富仁则有较多的准备,理论思考和创造更是他的强项;因此,我在写《以"立人"为中心》时就借鉴了他的研究成果,多有引述。这一回,算是我们的并肩作战吧。

但我很快又得罪了中小学语文教育界的权威,并引起了极左派的注意。在他们的密谋下,于1999—2000年间在报刊上对我进行了大半年的"大批判":这样,我就在90年代末遭遇了富仁80年代的被讨伐的命运。富仁对此作出了强烈反应:据说在围剿我的高潮时,富仁特地在课堂上讲我对中小学教育的参与,说到激动处甚至流下了眼泪。以后,富仁一直在密切关注事态的发展,我至今仍记得,在一个凌晨,我突然接到富仁的电话,他用略带沙哑的嗓音对我说:老钱,最近形势紧张,你千万不要再说话了。我猜想,他大概为此一夜没有睡好,因此感动不已:真是患难得知己啊!最后,我被迫退出了体制内的语文教育改革,但仍然坚持体制外的参与;而富仁则继续留在体制内坚守,写了不少文章,在中小学语文教育界产生了很大影响。2010年福建人民出版社出版了富仁和我,以及福建师范大学孙绍振教授的文章合集《解读语文》,也是一个纪念。

富仁同时在不断开拓他的研究天地:2005年发表《"新国学"论纲》,提出了开展"新国学"研究的新设想。开始时我并不理解,许多朋友也有保留。但我沉下心来,仔细读了富仁的文章,就懂得了他的意思,发现原先自己和朋友们对富仁多有误解,就写下了《学术生态的建设及其他——读王富仁〈新国学〉论纲》的长文(文收《中国现代文学史论》),对富仁的"新国学"表示了"理解的同情"。我在文章里指出,富仁的"新国学"是"中华民族学术"的同义语。他给自己规定的任务,是将国学(民族学术)内部,长期被视为势不两立的各个派别,例如:古代文化("旧文化")与现当代文化("新文化"),汉族文化与少数民族文化,学院文化与社会文化、革命文化,联系为一个更大的统一体,建立自我和自我对立面共享的价值与意义,构造一个有机融合、相互沟通互助的"学术共同体",并成为中国知识分子"同存共栖"的精神归宿。富仁为此而确立了两个原则:"一是任何一种思想、文化、学术派别在拥有自己的价值的同时,也存在自己的限度";"一是任何思想、学术、文化派别都需要在和异己的思想、文化、学术派别的质疑、批判、竞争中求得发展"。在理清了富仁的基本思路的基础上,我作了三点肯定性的评价:一是指出富仁的"新国学"概念具有"内在的现实批判性",即是反对以任何形态出现的"独尊",将"社会实践完全纳入"单一的某种思想、文化、学术观念之中;另一是警惕"中国知识分子的精神弱点"即所谓"霸气和国师情结"。这都具有现实针对性,更有长远的警示性。其二,富仁强调:知识分子的精神归宿只能是自己民族的学术,"这里表露出来的学术责任感、使命感,以致神圣感,是动人的""现在恐怕已经很少有人这样看待学术,这样痴迷于学术,将自己的全部生命意义与价值投入其间了"。最后,我也为富仁的"强调全局的宏观的把握,着重于理论概括和整体归纳"的研究方法作了辩解。我指出,"以史料见长的学者与以理论见长的学者,是应该互补的","绝不能人为地将有不同的学术修养、追求,采取不同的研究方法的学者分裂开来"。在我看来,富仁这样的注重"中国学术的整体性和独立性",善于理论建构的学者,也许是发展到今天的中国现代文学研究、鲁迅研究所更为稀缺,弥足珍贵的。文章最后,我对富仁对"新国学"的阐释也提出了一点不满足,希望富仁对"'全球化背景下的新国学',对以'新国学'命名的'中华民族学术'和'全球(东方世界和西方世界)学术'的关系,有一个更为系统、深入的阐释"。

在此后的十几年,富仁和我都步入了老年。我发现,富仁的研究与写作,越来越具有"文化守夜人"的意味——这是富仁提出的概念,他曾写有《中国文化的守夜人——鲁迅》一书,现在他自己也在为中华民族文化("新国学")守夜,为鲁迅文化守夜:在不断发表关于"新国学"的长篇力作的同时,还用心自选了《中国需要鲁迅》这样的编著:他也在"接着鲁迅往下做"。我自己,在把研究的重心转向更具历史与现实批判性的当代政治、思想文化研究的同时,也在更自觉地坚守鲁迅思想文化阵地。就像我在《鲁迅与当代中国》"后记"里所说,几十年来,富仁和我,以及我们的相知者,"从来不为(鲁迅的)批判者的高论、喧嚣所动,依然我行我素,以鲁迅的韧性精神,到处讲鲁迅,一有机会就讲鲁迅,乐此而不疲"。我们如此执着、固执地坚守,许多人是不理解的,我们经常遇到"不知我者谓我何求"的质疑。但我们自己是有充分理由的。富仁在他最后的讲话《鲁迅改变了我一生》里,谈到在所谓新世纪,鲁迅研究再也不能给研究者带来名和利,而成了一种"社会承担"。想走、该走的都走了,纷纷另求出路;留下的,就都是与鲁迅有着生命的血肉联系的,就像富仁所说,"鲁迅给了我生命,我的生命就是要维护鲁迅文化的价值。维护住鲁迅,就有我自己的存在价值。维护不住鲁迅,我王富仁就是一个毫无价值的人"。而这样的生命共同体的体认,绝非盲信,而是理性的选择,并且有着深厚的历史内容。所谓"鲁迅给了我生命",就是说鲁迅使我们成了"独立知识分子":"尽管我很弱小,但我在精神上并不萎靡。我站着走到死,我不会跪着爬着上前走一步。这是一个最根本的东西,是鲁迅给了我一种内在的精神力量"。更重要的是,我们对鲁迅文化自身的价值和力量,始终充满信心;在我们看来,对鲁迅的意义,根本不存在许多人非难的"过度阐释"的问题,而是认识远远不够的问题。富仁在《中国需要鲁迅》里说:"我可以断言,在今后二十年内,不论在中国,还是在世界上,鲁迅将赢得更多的同情和理解。他的价值和意义,也将表现得更加鲜明和充分",这是代表我们的共识的。而且随着中国社会的发展,会得到更多人的认同:今天,许多人在面对和思考当下中国现实时,都越来越意识到,中国的问题,不仅有体制的根源,也还有国民性改造的问题。这就意味着鲁迅的命题正在成为中国改革必须面对的一个核心性的问题,今天还需要新的思想启蒙。富仁说,"我们现在这个时期是一个鲁迅精神和鲁迅作品获得中国人的理解和同情最多、也最深刻的一个时期,并且这个趋势还在继续发展着"。他是有充分理由作出这样的判断和预言的。因此,我们这些鲁迅精神和文化的坚守者,既不断受到质疑,但在根本上又不是孤独的。而且我们又是彼此搀扶的。

现在,富仁走了,我还活着。我早就说过,活着就是为了最后完成和完善自己,其中最重要的,就是坚守鲁迅的精神与文化。现在,这又成了"幸存者的责任"。我还会这样继续走下去,直到生命的最后一刻。

2017 年 5 月 7—8 日,送别富仁第二、三日
(作者系北京大学中文系教授,已退休)

生命因悲哀而庄严
——悼富仁①

吴福辉

那日得富仁不幸消息的时候,我不是吃惊,而是无言,一时间竟说不出话来。我觉得世上安排生命实在太无道理,我比他还大几岁,我还苟活着,他却走了。本来我去南方避冬刚刚回京是预备去看他的,还在犹豫(传说他还不知道,怕看的人多了反会惊动他。其实富仁是清醒的),遗憾就此铸成不可挽回。我和他是同时代的人,兔死狐悲,仿佛自己生命的一部分也跟着逝去了一般。

我不愿想像他最后的日子是什么模样。我记忆中的富仁永远是这样定格的:或者是两指夹着烟卷默想着,或者在聚会中躲在一旁(记得某次现代文学会议,坐在主席台上的钱理群和我们突然发现隐在台下的王兄),或者是做最初不动声色、越到后来越动感情的长篇发言。他质朴有劲的讲话风格,话语中含了巨大的逻辑力量和推理力量,很难让人忘却。他说话的味道也有例外,是一种闲聊,絮絮的,拉不断扯不弯的,我曾经遇到过。记得有一年,与蓝棣之一起被他邀去刚恢复的青岛大学讲课。那时节该大学仅盖好了图书馆和几栋教学楼,楼房之间的道路都还没修好,我们三人住的宾馆用现今的标准看就是比较简陋了。在一个套间里,我与富仁共住一室。这个晚间,可能是到了他的故乡山东引发他乡思的缘故了(这个人特别重乡情),他聊天的兴头儿特殊浓。只见他的被头冒着烟,我听他唱独角戏一样讲他幼时的生活:讲他的家,讲做干部的父亲,讲上过的学堂,甚至讲初恋。夜太深了,他的烟不知抽去了多少,我中间曾蒙眬过几次,但醒来一听他还在讲!我由此知道他有多少话要说,知道他心里压抑着许多东西,一旦有机会是要迸发出来的。

富仁的学术贡献自有公论。这一次的纪念肯定会有更精确的评论出现,无须我来饶舌。在我们这"文革"后的第一代学者中,他无疑是最优秀者之一,是最有代

① 本文曾刊于《传记文学》。

表性的。这一代对之前的大师如云的前辈,有承续也确能承续一部,但因为从事学术工作已过了青年期,知识结构也有先天缺陷,这个继承是不完善的。不过,像富仁比我具有更优越的条件(他有更强的思辨能力,专学过外文,观察世界的视野相当宽阔等),在商业大潮还未覆盖学术大环境之前,已经在继承之后作出突破了。而且,除了学术的社会使命感、理想主义和科学理性,他是属于重新把握个人主体性的一代学人的先驱。比如在鲁迅研究上已经阐释了思想家的鲁迅是如何深刻影响到文学家的鲁迅的,已经提出了"回到鲁迅"的命题。在中国文化和现代文学的规律性研究方面,提出了中国近现代文化和文学发展的逆向性特征这样重大的个人化成果。近十几年来又不遗余力、身体力行地提倡"新国学",试图从更高的角度概括"五四"以来的中国新学术。但我的感觉是,他并不满意。逆向性还没有被用来写出任何一本新型的中国现代文化史,"新国学"仅仅碍于"国学"一词就还没有被普遍接受。他似乎还没有完成全程的使命,就闪下我们走了。他还有多少论文要写(我在一个偶然的场合见到过富仁正在阅读的书籍,上面用挺大的字写满了批语,这些"书批"应该包含了他许多理论见解的片断),他还有多少概念未及提出来呢。天不假年,他远没有做完他想要做的事情,岂不悲哀?

与别人相比,我有一些能从近处接触他的机会,虽然不如他的亲朋密友,不如他周围的师生们,但也足够使我看到他的独特的品格了。我与他一同参加学术活动,参加会议,在一块工作,出席私下的聚会。记得 80 年代同学们为我们几个在赵园家过生日,他听说了拿着一瓶酒兴冲冲跑来庆生。论年齿我比他大两岁就是那一次记住的。现代文学研究会长沙年会选他当了会长,他当时已去了汕头,并不在场。我是副会长之一,因为长期熟悉学会事务,又在北京,富仁就坚决地给我套上"常务"的帽子。所以我们多年一起在学会搭班子,共同经历了一段时光。从近处看,富仁的性格质地敦厚朴实,生活习惯很"土",如他说的是确确实实的"农民之子"。但他的宽厚度,从他的耐咀嚼的言谈中都能感受得到,便是一点点电影的观感(我们曾经围绕离北师大很近的小西天电影资料馆,形成一个不大不小的观摩中外电影的圈子,都在那会儿写过影评)也是如此。一个"土族"不讲究都市的衣食住行,但不等于不热爱生活。大家说烟坏了他的肺不假,但烟酒是他的乐趣,是他的思绪可以长久停留和联想灵动的必需品。其实他并不嗜酒,在学会的杭州年会快结束的宴席上,酒早过三巡,他却突然提出要和我拼酒。我也就应战了。我们谁也不知谁的酒量,当时也无白酒,就这样每人喝到第三瓶啤酒的时候,几乎同时悟了我们的酒量是差不多的,便戛然而止了。浪漫的开头却有了一个理性的收尾。在苏州理事会的余兴共游东山雕花楼的那天,我同上海的几位学者在一个门洞前聊天,富仁走来,张开臂膀很有兴致地搂着我们照了像。这幅照片因为他的参加变得很特别,后来我把它用在我的一本散文集里,说明文字拟了"京海亲密同行"、"勾肩搭背"之类的话。富仁读了,见到我就挥着拳头狡狯地笑说"这是污蔑"。那一天他确实潇洒,穿着一件风衣,比谁都要洋气。对于学会的工作,他始终头脑清晰,一次次地提醒我们"重要的是学术,其他都是次要的"。所以他对评奖啦,开会啦,都淡然处之,关心的是学术动态。商业大潮裹挟之下的学会在社会上还能做些什么,他是格外的清醒。他的看法有时是孤立的,是我行我素的,有时灵活了也不妨碍走自己应走的路。他是一个寂寞者。

富仁面对他无可奈何的事,有一种标准的微笑。是从容的,不苟同的,但也露出一点农民式的幽默和狡黠,好像说:你不要以为我不知道,我只是不说而已。我记得这种微笑,也想起鲁迅的《而已集》及其"题辞"。对于一个已逝的值得我们尊重的生命,我们唯有而已而已。

2017 年 5 月 10 日于小石居
(作者系中国现代文学馆研究员,已退休)

生命也因质朴而美丽
——怀富仁①

吴福辉

　　细想起来,富仁兄与我有"三同":第一,年齿相当,都经历过新旧社会,接受了生活的多重磨难;第二,青年时代全部在教书,教过初中、高中,后来是大学。最难得的是还都教过小学,而在中学教的又都是语文并参与了学校管理(其中的大学他是正牌,我是兼职,但也带过近二十年的博士生了);第三,人到中年赶上末班车,重新读研,1980 年代进入学界的时候,生命已至中后期。这样的朋友不留地址便突然远行,决绝地走了,让我怎能不兔死狐悲,悲从中来呢。

　　凭着这些,我想我可以哭一哭富仁。我保有对他的一些记忆,可以怀念他。怀念他的学问、怀念他的人格,到明天,或永久。

　　我曾经说富仁的生命是"因悲哀而庄严"的,道出他的悲剧性质。这是说,他虽然是我们这拨人里的先锋者、佼佼者,是"文革"后第一代学者群里(大部分是 1978 届研究生和 1977 级、1978 级本科生)最杰出的代表之一,但他并没有做完他要做的事情! 改革开放的初期,他在鲁迅研究领域崛起,从百年思想史的角度重新评价鲁迅,掀起"回到鲁迅"的潮流。但到了当下对鲁迅充满误解的时代,或者说需要他带头排除世俗性的干扰,在更高水平上提出"今日之鲁迅"的时候,他却倒下了。他天才地发现了中国近现代文学和文化发展的"逆向性"规律,但未及据此写出一部新的文学史或文化史来。他深具远见卓识,不懈地倡导"新国学"研究,欲从整体上总结中国近现代以来之学术大势,但还来不及被社会普遍接纳,就留给后人了。记得在一个偶然的机会,我曾看到他正在阅读的书籍,批满他特有的大字。他还远没有将这些零星的感悟,全部移到他的新作中去哩。这让我不禁忆及萧红在香港逝前说的话,把半部"红楼"留给别人去写,她的心是绝不甘的;富仁留下半部"新国学",他的心潮焉能平静呢?

----

① 本文曾刊于《文艺争鸣》。

但是，没有做完的事他生前是每日每时都在老老实实做的。这是他生命的另一面：朴素。富仁是农民之子，父亲已经是入城的干部，但他外表"土气"，穿戴虽算不上不修边幅但也近之。看最早的会议合影，他不是躲在后面，便是不见踪影。近年来地位高了，生活改善了，他也会西装领带，在毛衣下翻出疑似高级衬衫的领子来。但他是不服城市规则的，动辄就把毛衣和衬衫的袖子一齐撸了上来，手头就有照片为证。他做学问的老实，其例证正如写长文。他说起自己的长文少有人读，失望和得意之色是兼有的。他办"新国学"刊物拉稿子的时候，声明三万四万字也能用，不怕长，好就行。这事跑到别人身上可能是炫耀，但富仁是诚心诚意认为他写的题目，几千一万字是表达不完的，所以写得长在他不仅不是炫耀，反是如实。就像茅盾早年说起他的中长篇，认为他所掌握的时代内容，没有十几万或几十万字容纳不了，是一个道理。不过富仁平时的做派，往往是低调，是退后。苏州理事会后大家到同里古镇游"退思园"，富仁、理群和我不知道怎的在园中走到了一起，他们两人都盛赞此园名，富仁甚至说是这个时节最需要的一种精神。他到汕头去工作，连我在内都不太以为然，尽管没有做像鲁迅劝阻郁达夫移居杭州的诗（情况也不同），却都不愿意他走。现在对于他移居汕头的原因有各种说法，我相信两条：一条是病因，是他当面同我说的。因到珠海讲课发现岭南天气对越冬克服气管炎有特效（现在我也有了同感，去年冬日去海南试住，果然灵验）；另一条是我认为的，他是为了找一个能老老实实做学问的地方才去的。因了某些地方排座次、争职称、抢山头的倾轧之风太盛，他觉得汕头可以独立自由地支配科研经费用来搞学术，可能是理想之地。当然他这个理想有没有碰壁我不清楚，从他曾经谈起聚集、团结人才的困难，可以引申到他在退思园讲过的语重心长的话。而他想低调地埋头做学问的初心，是不会变的。

在学问圈里，他以"思想者"、"思考者"著称。好像不是在大都市的水泥楼房里思考，而是从中国最广大的农村出发思考。他明知不可为而为的事情很多，长论文明知少有人看但还是写，汕头明知不是真正开展学问的地方但还是去，"新国学"明知应者甚寡但还是要提倡。他的作风里有多少齐鲁文化的熏陶我不知道，有多少基层的、下层的根源我也说不清楚，但我倒是有点直观的印象。比如我到过聊城，讲完课看完城楼、运河之后，陪我参观傅斯年故居的当地主人问我还想去什么地方，我说听讲王富仁工作过的聊城四中就在附近，我想看看。后来我当面打趣富仁，说你的"圣地"我"朝拜"过了，还在校牌前照了像呢。四中是当地的好学校，但比起我教过18年书的地处鞍山工矿区的十中来，更像农村学校，它的校舍、操场和富仁简陋的办公室，都让我明白他植根的所在。所以到了1999年下半年，现代文学馆和《中国现代文学研究丛刊》编辑部即将离开居住了将近20年的、院子里有花果、老树、松鼠的万寿寺，要搬往新馆的节骨眼，富仁来参加编委会，他和大家提出要到院子里开一次会的创意，就毫不奇怪了。当天他和大家说干就干，把会议室的沙发搬出，置于海棠树下。讨论刊物的时候，仰可望天，脚可踏地，人人都惬意地温习了一遍浓浓的"土情"和"乡情"。至今快40岁的《丛刊》，只开过这样一次露天编委会。今生今世再不会有第二次。至今想起旁边坐着严家炎、王信、王富仁的那些旧照片，仍然让人感慨不已。

从我接触过的富仁的个人性格看，质朴也是大于聪睿、灵活、洒脱的。不是说他不高瞻远瞩，而是说他的智慧寓于朴素。诚朴是他骨子里的东西，不是附着物。他诚然是擅长讲话的，条分缕析是他的特点，但绝不是夸夸其谈。特别的场合他可以不谈学术，而絮絮地讲"私房话"。这么多年我就遇到过一次，是被他请到刚恢复的青岛大学去讲课。那晚我两合住一室，他突然打开了话匣子，从他的父老故乡说起，到他的童年，到他上过的乡间学堂，父母家人，以至于初恋。他讲话的劲头之大真叫我吃惊，因为中间我困得蒙眬过去几次，但醒来看他的被头还在冒烟，他还在滔滔不绝地讲，旁若无人。但更叫我不忘的是他敞开心怀的那种真诚。他不是"干面包"，他内在的浪漫、率性、想象力一点不差。在苏州开会到东山雕花楼参观，他在一个门洞边和我及两位上海同行照相，临摁快门前他突然伸出手臂搂住了我们。因此这照片我后来收入《且换一种眼光》集的时候印上了，说明里用了"勾肩搭背"一词，富仁后来见了我说"不许污蔑"，说时是一脸坏笑。可见他也会调皮。他在学会里的行政作风，并不优柔寡断，能决定的他就决定了，但随性，反对形式主义和文牍主义。大连会颁发王瑶学术奖的时候，他反对繁琐程序，起初我怕乱，但后来颁发过程中并未发生什么纷乱。我们看他所喜欢和尊重的学人，就可想见他为人的疏密好恶。他尊重樊骏先生，因为樊骏视野阔大，学问扎实，认真做事到刻板的程度（在丛刊编委会上做一般发言都要打草稿），有才而低调，有强大自信却十分内敛。富仁生前为了一个研究樊骏的学生来求我做事，这是他唯一的一次，但我没能做到，至今引以为憾。我负富仁也仅这一次。他还尊重杨占升先生。杨占升是北师大的前辈老师，学术低调，待人以诚。为了富仁读完博士可以留下来有房子住，他力驳后勤部门无房的托词，亲自在校内一幢一幢楼地去勘察访问。富仁身感杨先生的知遇之恩，经常讲起，又领我多次上门拜访，我明白他的深意。现在不仅樊骏、杨占升，连富仁本人也已作古，只把我这样欠诚信的人留下来了，悲夫！

富仁是我们这些人中最接近大师高度的学者。我这么说可能有人不同意。一个时代如何铸成大师，自有个人条件和社会条件诸方面的因素。文化环境是否能连接世界，知识系统的传承有无不断档的可能，缺一不可。富仁接续了文学、文化研究的强烈使命感，有目标，能刻苦，个人主体性的强调也正是从他的实践起始的。

他明白这一代人的优劣处，也深知自己的局限（连他的局限性也是有代表的）。所以在散文里解剖自己时，他充满了无奈的幽默感，说他既是现代又是传统的，虽是乡下人也业已进入大都市，首先是北人但也心悬江南等等。他接续鲁迅的历史"中间物"的意识是相当自觉的。

富仁给了我一次自省的机会。看看他即可想到自己，有一天如果自己找不到北了，不妨可以想想他。我们这些人连名字都叫后辈看出了缝隙，遭受物议：怎么学现代文学、崇尚"五四"的人的名字叫什么富仁、理群、福辉，一派旧气味！这也无法。这是父辈起的名字，我们只是长大以后没有去改罢了。这样，趋新而又被旧的拖累着，就像鲁迅和胡适的婚姻，就像富仁我们这一代学人的宿命！这宿命不过是活一天就要做一天，诚诚实实地去做，如此而已，岂有他哉。

2017 年 5 月 21 日改于小石居
（作者系中国现代文学馆研究员，已退休）

送别富仁①

赵　园

写关于朋辈的纪念文字,在我,是第二篇,前一篇写日本的中岛碧先生。中岛先生长我三岁,是我最亲密的异国友人。

写作本文,最先记起的,是与富仁共同度过的 1980 年代。富仁由山东来北京读博,我已由北大研究生班毕业。我们曾极力向王瑶先生推荐,王先生说他不知"博士"是什么样子,自然是一句推托的话。② 那时学位制重建未久,王先生还没有招收博士生的准备。后来平原由广东北上,我们又极力怂恿。王先生终于松动,或许是出于对平原关于苏曼殊、许地山的两篇论文的欣赏。事后看来,富仁到李何林先生门下,平原师从王瑶先生,都属于最佳安排。以富仁不惯羁束的脾气,与王先生磨合,怕是困难的吧。

"文革"后的"前社交媒体"时代,交往方式古老。通常是神交已久,有机会聚首,一拍即合。那时我家的居室较宽敞,自然成了友朋聚会之地。最初见到的富仁,穿了当时乡镇干部的那种劣质西服,秋裤裤脚露在西裤下,有十足的乡气。这种乡气在他,至死未变。无论在京城,还是在汕头,生活上都习于粗粝。这一代人生长在匮乏年代,无论家世如何,都与"贵族气"无缘。富仁的以不变应万变,自然不是什么生存策略,本性如此而已。较之其他朋友,富仁更能"和光同尘",古人所谓的"不立崖岸"、与人"无町畦"。倘生当古代,或许会是那种藏身陋巷或田夫野老间的高人的吧。

与富仁单独相处较多的是 1980 年代末。那年 3 月先是在寒舍为理群、福辉作五十寿庆;围了火锅,才得知参与的朋友中,有那年恰三十或四十岁者,也就一并贺过。过后不久,我与富仁赴重庆出席老舍研讨会。会后乘江轮出夔门,与富仁同舱。漫长的江行中少不了嬉闹,富仁则是中心人物。本来就没有"架子",闹起来更没大没

---

① 本文曾刊于《传记文学》《文艺争鸣》。
② 在微信平台上见到北京大学高远东老师的说法:当年王瑶先生和唐弢先生商量好的,第一届博士生就由李何林先生招。——编者注。

小。其时三峡大坝似尚未竖起,于是看到了两岸刀劈斧削般的岩壁,惊心动魄。

到武汉后四散,蒙武大同行盛情款待,我与富仁在那里稍事停留。校园中樱花盛放。武大赏樱,在我,是仅有的经历。停留期间与富仁同游东湖,富仁大包大揽地说由他划船,下得船来,才知他是道地的旱鸭子,只好任船在岸边漂着。回到京城,到局势"底定",像是又活过了一世,我们共同的 1980 年代就此结束。此后友朋间学术路向渐歧,我转向明清之际,富仁曾涉足中国古代文学,在汕头创办《新国学研究》。我对他的选择不无保留,对"新国学"一名也有异议,但知道富仁决定了的,必有他的理由;且一旦决定,即难更改。而我交友的原则,就包括了不试图改变别人。

进入 1990 年代,富仁任教汕头大学前,仍有同游的机会,去山东,到山西平遥、壶口。也仍会一同讲学。记得有一次因准备不足,递了条子到讲台上,求他拖延半小时,他果然多讲了半个小时。富仁天生适于讲台,剧谈雄辩,乐此不疲。培元的纪念文字,写到富仁与理群的竟夕谈。另有朋友曾与富仁同住一室,夜深入睡时,见富仁仍坐在床头抽烟。一觉醒来,富仁谈兴犹浓,接着说了下去,朋友只得告饶。这次富仁离去,带走了多少尚未发出的议论?

对富仁最初引起学界关注的鲁迅研究,我已不记得当时阅读的印象,今天更不宜置评,相信无论富仁还是理群,当年所作的,均有"破冰"、"拓荒"之功,为后来者打开了更多通道。1980 年代的中国现代文学研究者向五四一代致敬,自居为"传人",承担着"再启蒙"的任务。较之富仁,我或许较少这一方面的自觉,却也在学科风气中,尤其写《艰难的选择》的时候。起点对一代人影响之深远,由友朋那里均可得证明。即使踏进了明清之际,我的专业背景依然清晰。至于富仁、理群,更有其一贯。较之王、钱二位,我一向较少对写作的"公共性"的意识,更个人、更内倾,但我们仍然都是"五四之子"。新文化运动对于我们"初乳"般的滋养,与鲁迅那一代人同在的感觉,持久地影响着此后的学术工作与公共写作。纵然时风、世风屡变,保持了较为稳定的价值立场。

1980 年代气度恢宏,我们都由这年代获益,尽管彼此间始终有微妙的差异。富仁在朋辈中,气象尤其阔大。那个年代少一点恶性竞争,虽平台有限,空间却相对宽阔,容得下不同风格、取向共生并存。也因压力较小,成名较易,"盛名之下其实难副",对此各有一份清醒。自我角色认知,则受鲁迅"中间物"一说的影响,自认"过渡"的一代,尽其所能地承担起承启的任务,寄希望于后来者,尽管期待中的"未来"遥不可及。

回头看去,一班友人,在"荒废"后起步,起点相去不远;此后的选择,互有得失,却各自由学术工作中获得了满足。能于此安顿身心,不能不说是幸运的。富仁本科读的是外文系。中国现代文学学人圈子中,这样的知识背景似乎稀有。早期的研究,即涉及鲁迅与俄罗斯文学的关系。即使这一方向上的考察未能延续,俄罗斯文学的气息想必已浸透了他的生命。学术选择方面,我较少自信,倾向于敛抑,不能如富仁的大开大阖,在广阔的论域驰骋;对他的不严格限定范围,也有所保留;以为以他的审美能力,尚有未尽之才。这多半不是富仁的考量。他很可能更享受议论纵横的快感,对世俗所重并不介怀。两次看到他病床边的书,不是消闲的读物,仍然是艰深的中外典籍。富仁倘有对斯世的留恋,也应在此的吧。

我的习惯,不大读同代人(包括友人)的文字,读得较多的,是年轻世代的,外国文学的,其他人文社会科学的。也因此交友的选择,与学术关系不大。友朋间谈论的,往往也是"公共话题"。于此学术只是一种因缘,而非纽带。不遵循"友直、友谅、友多闻"的古训,但求精神的相契。有这种契合的朋友并不多。几十年世易时移,友朋中变化最小的,或就是富仁的吧。曾有"王门弟子"的说法,含有贬义,实则那一代现代文学界的学人,少有门派意识,校际间交流也很顺畅。富仁自然成了联系北大与北师大的人物,直到他南下汕头。2003 年"非典"(SARS)时期,到过他即将任教的汕头大学,对那里环境的清幽印象深刻,却不能不想到富仁将要体验的孤独。此后凡他回京,总有小聚,只是已难以尽兴。只能暗自想,他快乐吗?

富仁的性格本有叛逆的一面。数万字的长文不加注释,曾为年轻学人诟病;我却猜想系有意为之,与越来越"建制化"的学界开玩笑,犹如那回江轮上的恶作剧。在汕大办《新国学研究》,意图也更在"冲击",推动当代中国学术开疆拓土,也以之抵抗以"国学"否定新文化运动的潮流。限制了刊物的影响的,却不能不是一代人知识学养方面的缺失。以富仁的清醒,对此未见得没有预估。也因此他的努力在我看来,有几分悲壮。富仁的勇猛,仍如 1980 年代,对"时风众势"的抗拒始终强悍,我却先他而老了。

由宋朝南渡直至明清,人文之盛更在江南。据说院士中,江苏籍人士曾占过半壁江山,不知是否如此。直至近几十年,北方人才兴起,文化界才渐多了北人。富仁写到过"大多数北方人"的"脾气"(《说说我自己》),更是夫子自道。我也是北人;敝省的民风,就颇招非议。记得一次演讲,引用王夫之关于北方"夷化"的说法,大出生在孔孟之乡、受齐鲁文化陶冶的富仁的意料。至今记得他惊愕的神情。

富仁不孔武剽悍,却是个有血性、重情义的山东汉子,能为朋友两肋插刀。有血性者会有富仁所说的那种"脾气"。无论理群还是我,都曾感受过富仁刚烈的一面,甚至犟、拗。我曾亲见富仁的盛怒,拂袖而去,令周围的人不知所措。他有自己的原则,为此并不迁就朋友。尽管那一次发作,事后看来,并不值得。但这也是富仁,即使发脾气也非干一己之私。犟、拗之外,或许还有些许霸气,陈独秀所说"必不容反对者有讨论之余地"的那种。径情直行,不左顾右盼,不介意他人的眼光,也不在意自己的"身份"，即使为此付出代价也在所不惜。我自知属庸常之辈，对富仁的决定不敢妄评。对他那种"虽千万人吾往矣"、孤行己意的勇气，毋宁说有几分敬畏。凡此不便都归之于地域，或只是他个人的性情。"性情中人"已被说滥。所谓的"真性情"几人能有！

应当承认，我熟悉的，只是友朋交往中的富仁，其他场合的富仁非我所能知。即友朋聚谈，通常也言不及私，富仁的家世、身世，所知极有限。只记得他说过"文革"中"破四旧"，他的名字被认为"封资修"，曾由毛泽东诗词中取了两个字，如果我没有记错，是"东方欲晓"中的"东晓"。读关于熊十力的记述，熊、梁（漱溟）交谊，那种名士风度，已难再见于我所属的这代人。对朋友披肝沥胆，我自己就做不到，只能合则交，不合则罢。更无论古人所谓的"金石之交"、"刎颈之交"。但毕竟有二三友人，足慰寂寞，已可无憾。

富仁在北京301医院住院期间，我与得后、王信曾两次探视，后一次是今年3月，见他仍然笑嘻嘻的，若无其事的样子。对他最终的选择，虽心情黯然，却并不震惊。得后提到医院"心理疏导"的必要性。无论目下有无条件，"疏导"都只对一些人有效。富仁无需"疏导"。

富仁是那种不惯于诉苦的人，即使到了这时候。无论病痛还是孤独，都未必向人诉说。因此留在我记忆中的，是离开病房时看到的他笑嘻嘻的样子。那年在壶口瀑布边，他走过来坐在我对面，半开玩笑地说他不放心，怕我会跳下去。就我的经验，当断则断，能决绝地纵身一跳的，倒可能是那种看似达观的人，而非事先做足了文章，才会有惊人之举；也未见得勘破了什么，只是将生死视为平常罢了。富仁绝无"厌世"这一种倾向；他不过在有限的选项中，选择了于人于己都代价较小的方式，向这个世界告别。这也更像我认识的富仁。后来听说我们3月份探视后，富仁病情恶化。不能想象的是，在极度虚弱中，他是如何完成了那些动作的。支撑他到最后时刻的，仍然是骨子里的果决强毅。

2011年樊骏先生辞世，文学所的纪念文集以"告别一个学术时代"为题；就中国现代文学界而言，恰如其分。对富仁，这样的题目尚不适用。写这篇文字，我要告别的，是我们共同走过的一段岁月。至于这代人是否构成一个"学术时代"，要待后人判定的吧。

富仁将他的爱犬胖胖带到了汕头。据说富仁遛狗，是汕大的一道风景。不见了主人回来，胖胖会作何反应？

2017 年 5 月

（作者系中国社会科学院文学研究所研究员）

哀悼王富仁先生

尾崎文昭

　　昨天接噩耗,得知王富仁先生不幸去世,心情沉痛。虽我拜见先生的机会只有三次,但印象很深刻。兹深表哀悼。

尾崎文昭

2017 年 5 月 10 日

（作者系东京大学荣休教授）

王富仁《鲁迅与顾颉刚》序

陈子善

一

王富仁兄是我的畏友。但是,哪一年认识他,在什么地方认识他? 现在竟想不起来。这种遗忘好像很不应该,确是不得不承认的事实。当年太自信了,自以为记忆力强,不必记日记或记事之类,而今已悔之莫及。

不过,首次与富仁兄见面,一定与我们共同从事的专业,即中国现代文学史研究相关,也应是不争的事实。我现在只能推测,认识他,应该在他获得文学博士学位,留在北京师大执教之后。他是李何林先生的博士生,是改革开放以后第一位中国现当代文学专业的博士,单是这二条,就令人刮目相看。李何林先生与唐弢先生、王瑶先生一起,为改革开放之后首批招收中国现当代文学专业研究生的导师,早在1920年代末,他就在中国新文坛崭露头角了。富仁兄师从李先生,自是他的幸运,而李先生有富仁兄这样的高足,想必也会感到自豪。

1990年代以后,与富仁兄见面的机会多起来。这是有合影为证的。一次是1990年代末在浙江桐乡的合影,照片上人很多,有钱理群、张梦阳、葛兆光、夏晓虹诸位,富仁兄正好和我对面而站,大家一起在观赏桐乡钱君匋艺术馆的藏品。这次同仁会聚桐乡,是黄育海兄主持的浙江人民出版社计划重新编注《鲁迅全集》的启动会议,不料这次有意义的工作后来被迫中止,却留下了与富仁兄这张难得的合影。另一次是新世纪之初,摄于西安,我们一起在陕西师大开会,照片上富仁兄与刘勇、陈国恩、罗岗诸位和我并排合影,富仁兄笑容灿烂,右手亲切地搭在我肩上。我们谁都没有想到他没过几年就患上了绝症。

无可否认,富仁兄抽烟太厉害了,厉害到令人难以置信的程度。又有一次在重庆开会,我俩都很早到餐厅用早餐。不过,他不急于去选取食品,而是坐下来先抽烟。我不禁好奇地问:老兄一大早就烟瘾发足? 他乐了,不慌不忙从西装上衣口袋中掏出一包烟。看着我吃惊的眼神,他狡黠地笑了笑,再从长裤左右口袋中掏出两包烟，像变戏法一样。好家伙，堂堂大教授成了魔术师一般。他得意地告诉我，一天至少五包烟，不一大早开始抽，怎么抽得完！看来古人说的人无癖不可交，在富仁兄身上也应验了。他的烟癖在现代文学研究界是如此有名，烟给了他许许多多"烟士披里纯"，但也终于缩短了他的寿命，以至他离去后，我的挽联上句是"腾云驾雾，得迅翁真传"，这完全是写实。

回想起来，连我自己都不敢相信，每次见富仁兄，谈的都不是学问，都不是我俩所从事的现代文学史研究，而是兴之所致，海阔天空，行之所当行，止之所当止，北方人所谓侃大山，南方人所谓嘎讪胡是也。也许我俩都认为既然难得相见一次，干脆就纯粹聊天，反而比一本正经论文说艺来得更有趣更有意思。若说要与学术相关，大概只有一次，那就是我听说他在某次鲁迅研究会后态度严正地直斥某人。后来见到他，忍不住求证，果有其事否。他不直接回答有或没有，只说了一句"太不像话了！"

说到现代文学史研究，众所周知，富仁兄擅长宏观研究和理论阐发，而我醉心于微观研究和史料爬梳，虽然我俩对现代文学史许多问题的看法相同或接近，但我一直很钦佩他的学问和敬重他的探索勇气。他胸怀高远，他视野开阔，他看法独到。他的文章汪洋恣肆，颇有气势，无论专著还是论文，都有一种充满激情、富于雄辩、直指人心的力量。这在从事现当代文学研究的学者中并不多见，也是我所难以企及的。从出版专著《中国反封建思想革命的一面镜子——〈呐喊〉〈彷徨〉综论》到反思半个多世纪以来的鲁迅研究史到倡导"新国学"，富仁兄一直旗帜鲜明地站在维护和发扬真正五四精神、总结和继承优秀文化传统的前沿，为自己的见解、自己的主张锲而不舍，义无反顾。

富仁兄有自己的操守和追求，但他并不墨守成规，也不划地为牢，对我这样的朋友也很谈得来，常常在谈笑中流露出他天真可爱的一面。难得的是，他的包容和与时俱进，同样体现在对学生的培养上。他对学生不强求一律，而是因材施教，尊重并支持学生的学术兴趣。他指导的硕士生宫立对文学史料着迷，他亲自致电我，郑重推荐宫立报考我的博士生。后来宫立的成长也证实了他的判断，而这种判断力并非每个研究生导师都具备的。

我主编《现代中文学刊》以后，富仁兄理所当然成为我的重要约稿对象。承他不弃，时有新作贻我，如《学刊》2012 年第 1 期就发表了他的《中国现代文学研究的当代性——〈樊骏论〉之一章》。当我得知他病中仍在奋力撰写《学识·史识·胆识》的系列论著时，就很希望他能惠稿。《学识·史识·胆识》大概是富仁兄后期最有分量的学术论著，前三篇专写胡适，分别以《胡适与学衡派》、《胡适与"五四"新文化》、《胡适与"胡适派"》为题，刊于 2014 年《中国现代文学研究丛刊》第 8 期、《中政法大学学报》第 5 期和《社会科学战线》第 11 期,也构成了这一系列论著的第一部分。而这一系列论著的第二部分就是这部长达 22 万多字的《鲁迅与顾颉刚》,前 29 节连载于《华夏文化论坛》第 13 至 16 辑,而他慨然允诺把此文后 15 节交《学刊》刊出,这是对我的信任和鼎力支持。令我十分痛惜的是,《鲁迅与顾颉刚》后 15 节在《现代中文学刊》2017 年第 3、4 两期发表时,富仁兄已不及亲见了。

二

在简要讨论富仁兄这部精彩的力作之前,略为回顾一下顾颉刚与鲁迅的交往过程,也许是必要的。据鲁迅日记,两人 1924 年 10 月 12 日首次见面,是日下午顾颉刚随鲁迅学生常惠(常维钧)一起拜访鲁迅。一个多月后,鲁迅应顾颉刚之请,为他主编的《国学季刊》创刊号设计了颇有特色的封面,这是鲁迅设计的第一种杂志封面,不能不特别提出。此后两人互有通信,顾颉刚 1926 年 6 月 15 日寄赠鲁迅新著《古史辩》第一册,并在环衬上题字:"豫才先生　审正　颉刚敬赠"。同年 9 月 8 日,也即鲁迅抵达厦门的第五天,同在厦门大学任教的顾颉刚即拜访鲁迅并赠《诸子辨》(宋濂著)。9 月 22 日,顾颉刚又赠鲁迅其所编的《吴歌甲集》,环衬上又题字:"豫才先生评正　颉刚敬赠　十五、九、廿二厦门",此书和《古史辨》第一册至今仍保存在鲁迅藏书之中。

从以上梳理可以清楚地看出,鲁迅与顾颉刚虽然交往并不频繁,最初还是较为友好,顾颉刚对鲁迅是尊重的,多次赠书求教;鲁迅对顾颉刚也给予了帮助,有求即应。当然,两人的矛盾在厦大时已逐渐开始显现,鲁迅 1927 年 4 月 26 日致孙伏园函中已有所提及。此后发生的事,凡读过鲁迅杂文《辞顾颉刚令"候审"》、鲁迅 1927 年 5—7 月间致章廷谦、台静农、江绍原等人的信以及所作历史小说《理水》的,应该都已熟悉,不必再赘言了。

显而易见,富仁兄并不满足于对鲁迅与顾颉刚关系始末的简单追溯,或者说这不是他思考问题的出发点,他更关心的是鲁迅与顾颉刚为什么会交恶,他们在思想上和学术上有多大的分歧,力图在更大的文化背景即近代以来中国思想和学术思潮的风云激荡中来把握和理解鲁顾这件历史"积案"的实质。用富仁兄自己的话来说,就是"之所以花费如此长的篇幅清理这件'积案',是因为它实际牵涉到中国现代思想史和学术史上的一系列重大分歧,并且直至现在这些分歧还常常困扰着我们,使我们不能不正视它们。它是在当时历史时代两个'大师'级人物的'互视'关系中发生的"。确实,在这篇长文中,富仁兄探讨鲁迅和顾颉刚学术思想的形成和来龙去脉,探讨他俩因文化上的分歧而导致情感、情绪上的对立,在此基础上还重新审视"整理国故"与古史研究、胡适和"胡适派"、"现代评论派"和英美派学院精英与鲁迅的分歧等众多复杂问题,分析论列,直抒己见。富仁兄坦率承认"根据作者本人的看法,本文更多地谈到顾颉刚的缺点和不足",但同时也强调"这并不意味着我们这些后辈学子有理由、有资格轻视顾颉刚的学术贡献及其历史地位"。这种对待历史人物客观而全面的态度是难能可贵的,也深得我心。

总之,富仁兄这部《鲁迅与顾颉刚》是厚重的,也是尖锐的,全文高瞻远瞩,思辨严密,博通精微,所提出的一系列新的看法,不仅对我们重估鲁顾之争,而且对我们进一步深入反思 20 世纪中国的学人、学术和文化,均不无启发。在我看来,这部著作与其说是富仁兄最后的学术研究成果,不如视为他的精神遗嘱或许更为恰当。因此,不管赞同富仁兄的观点与否,它都值得我们珍视。

主持商务印书馆上海分公司的贺圣遂兄常读拙编《现代中文学刊》,他读到了《鲁迅与顾颉刚》后 15 节,大为叹服,立即致电我询问此文前半部情况,明确表示愿意出版全书,以纪念他所尊重的富仁兄。以此为契机,"王富仁三书"(除了《鲁迅与顾颉刚》,另二书是《端木蕻良论》和《樊骏论》)的出版计划开始在商务实施。我感谢圣遂兄慧眼识宝,于是写了以上这些话,以寄托我对富仁兄的思念。我相信,虽然富仁兄已经离我们远去,但纸墨寿于金石,他留下的文字会一直伴随我们在思想和学术探索的长途上继续前行。

2018 年 5 月 2 日王富仁兄周年忌日于海上梅川书舍

(作者系华东师范大学中文系教授)

"大师兄"王富仁

黄子平

因为是浩劫之后第一位"中国现代文学博士",所以呀,广义地说,您是我们所有这些八十年代入这个行当的人的"大师兄"了。当面给他戴"纸糊高冠",王富仁兄却不为所动,笑眯眯地吸烟,静静地瞅着这帮广义的"小师弟"有一搭没一搭鬼扯。忽然扯到他觉得有意思的话题了,好吧,一开口,一支接一支不抽完半包烟他停不下来。

有一种"正经八百"的学术研讨会,规定每人发言二十分钟,还剩三分钟打铃一次,还剩一分钟打铃两次。可想而知参加这种会富仁兄有多受罪,不许吸烟不说,刚开了个头,叮叮,打铃两次! 有一回在港大开鲁迅研讨会,讲评的香港教授拿到富仁兄的论文,主旨深刻视野宏阔观点明晰逻辑严密,挑不出毛病,不知怎么讲评,只好从细节入手,说引鲁迅没注明出处。听会的学生们都笑说,鲁迅的全集都在王老师肚子里了,随手拈来注什么出处嘛。

八十年代初,我在《文学评论》上读到富仁兄博士论文的绪论,大为震撼。就好像在"正统鲁学"的铁屋子里,有个傻子搬了块砖头,咣咣地砸了个透亮的窗户。我们一伙"广义的师弟"都觉得,这篇论文宣示了几十年岿然不动的"正统鲁学"的终结。当然"镜子说"仍不脱反映论的思维窠臼,然而从"政治革命"转到"思想革命",这就非同小可。他把《呐喊》《彷徨》二十几篇小说,重构成一个"反封建思想革命"的系统,从立意到艺术,解析得那叫一个通透! ——无懈可击。

后来"鲁学"又成为显学了,言说鲁迅的文章我就不太爱读。批鲁反鲁也好,捍鲁卫鲁也好,大都写得沉闷而无聊。富仁兄的长文也让人吃不消,但读到那些回忆他少时读鲁的文字,真是于我心有戚戚焉。这是贴着生命的有温度的回忆。富仁兄说,在那谎言充斥的年代,唯有鲁迅的书是对我说真话的书,唯有鲁迅是跟我说真话的人。但少时读鲁也有意想不到的严重后果。富仁兄说,明明昨天你还是三好学生,学生干部,优秀少先队员,忽然你就看周围什么都不顺眼了,周围看你也什么都不顺眼了。用古人的话说,忽然你就有点"不可"一世,如是一世也就"不可"

你。中了"摩罗诗力"的蛊，会活得很辛苦。凭着这一代人少时读鲁的经验教训，我对老钱钱理群去给中学生讲鲁迅，就颇有点腹诽——绝对误人子弟！高中毕业班的老师给学生们的忠告是对的：你的目标是考入北大去听钱老师讲鲁迅，而不是听了钱老师讲鲁迅去考北大。你这时候听得开心，然后别说考大学了，做人都很艰难。于是爆满的钱氏中学生鲁迅讲座，忽然冷冷清清，学生们真乖：这是好的。要知道，鲁迅的书有毒，说真话会害人。这一点鲁迅自己也说过很多次了，唯有"以说谎和遗忘为前导"，你方能依稀看见那条灰白的路从暗夜蜿蜒而来。

富仁兄对鲁迅作品的解读，那种细致绵密的条分缕析，我总是叹为观止。譬如他解说《故乡》的"悠长"，悠长的忧郁，以及忧郁之美。富仁兄说，直到结尾，这种忧郁的情绪仍然没有全部抒发罄尽。故乡的前途仍然是一个未知数，一个需要人自己去争取的未来。它把对故乡的关心永久地留在了人们的心中，把对故乡现实的痛苦感受永久地留在了人们的心中。"人们没有在结尾时找到自己心灵的安慰，它继续在人们的心灵感受中延长着、延长着，它给人的感觉是悠长而又悠长的，是一种没有尽头的忧郁情绪，一种没有端点的历史的期望"。在"中国文化的守夜人"鲁迅心里，这无尽的乡愁一如悲凉之雾，笼罩四荒。

然而，对富仁兄那些大框架、大论述，譬如大气磅礴的"新国学"论纲，我就有点望而生畏。在这一点上，倒是老钱钱理群对他有"同情的理解"，说，富仁兄给自己规定的任务，是将国学（民族学术）内部，长期被视为势不两立的各个派别，例如：古代文化（"旧文化"）与现当代文化（"新文化"），汉族文化与少数民族文化，学院文化与社会文化，革命文化，联系为一个更大的统一体，建立自我和自我对立面共享的价值与意义，构造一个有机融合、相互沟通互助的"学术共同体"，并成为中国知识分子"同存共栖"的精神归宿。——好吧，这两位大师兄都有这种爱用大词、大概念的雄心/毛病，对我这已经习惯于碎片化思维的人来说，只能敬而远之。我总觉得，"国学"无论新旧，一旦姓了"国"，就难免有垄断，有霸权，有科层等级的区分和压榨，所谓"共同体"无非是一种乌托邦空想而已。可是转头一想，你又会为这两位兄长的拳拳之心、死不改悔的理想主义和乐观主义感动不已，并开始反省自己的犬儒和迟暮疲懒的心态。

五年前我到老家的嘉应学院访问，讲点"当代文学中的劳动与尊严"之类的专题。富仁兄说，路很近啦，还不顺便到汕头大学来讲一次。嘉应学院跟汕大有密切的战略合作，派车送，这就第二次到了汕大。记得上一次是来开一个很大的学术研讨会，叫"全球化视野中的现代文学研究"什么的，题目唬人，参加人数也吓人，主持者富仁兄忙得脚不沾地，根本说不上话。这回从从容容，讲完了课吃潮州菜，傍晚到水库大坝散步乘凉。那时他的身体状态已经不太好了，却还很自豪地宣布：我戒了，——戒酒不戒烟！那年香港的岭南大学有一个会，讨论老钱的新书巨著，想请富仁兄作为"同时代人"去参加发言。我说起香港的校园全面禁烟，而香港海关免税烟是十九支（也就是说，一盒烟你得在关外吸完一支才能过关，否则整盒收税）。富仁兄大惊失色，一脸坚毅地说：这样子啊，那我就不去了。我本想以香港的苛政为契机令他戒烟，没想到反效果是失去了在岭南大学与他再聚的机会。

第二天是个阳光灿烂的日子，富仁兄叫车带我去澄海塔山参观一个博物馆。偌大的馆（分布在几个小山头），孤零零只有我们两人绕山而行。"碑廊铭史"，"石笔书史"，经了"焚书坑儒"的年代，创办者想用坚硬的介质来抵抗历史虚无主义，他们没想到"焚坑事业"及其手段，其实一直在进化之中。参观这样的博物馆，令人心情如同那些石块一般沉重。下山的时候烈日当空，富仁兄沙哑着嗓音说，只怕这样的博物馆，也办不了多久了……

那就是我和富仁兄最后的一次相聚。我心忧伤，如此悠长。

2017 年 8 月 3 日于西屯

（作者系香港浸会大学荣休教授）

懐念王富仁老師

小谷一郎

　私の本棚の前には何枚かの写真が飾ってある。そのうちの一枚が王富仁先生と一緒に写っている写真である。場所は汕頭大学の国際学術センターの前、あの湖の横の小道である。そこには背広の上下を着、ノーネクタイで、いつものように愛用の帽子を被った先生がにこやかに笑って立っておられる。ワイシャツの胸のポケットが膨らんでいる。そこには先生がお好きだった煙草の箱が入っている。

　王富仁先生の魯迅研究をはじめとするお仕事の意味、数々のご業績については多くの方々が話されるはずである。私は先生との個人的な思い出のいくつかを記すことで先生追悼の文としたい。

　手元に一冊の本がある。先生のご著書『先駆者的形象』(浙江文芸出版社1987年3月)である。その中表紙「先駆者的形象──論魯迅及其他中国作家」とある上には先生が万年筆で縦書きに記された「敬請　小谷一郎先生教正　王富仁　1991年5月29日」とある。

　1991年5月、私は北京で開かれた「創造社成立七十周年」の国際シンポジウムに故伊藤虎丸先生の代理で出席していた。私に取ってはじめての国際学会出席だった。主催したのは中国の郭沫若学会と郭沫若故居である。この学会の思い出は多々あるのだがそれは措く。

　王富仁先生とはじめてお会いしたのはこの国際学会の時だった。このシンポジウムは「官方」なものだった。会議の二日目だったろうか、主催者側のどなたかの発表に会場の誰かが、魯迅が創造社のことを「才子プラスごろつき」と言ったのはどう捉えればいいのかとの質問をした時のことだったと思う。報告者がそれに曖昧に答えたのに対し、主催者側にそれを抗議し、糾弾する若い一群の人たちがいた。魯迅が何と言おうとそれは魯迅の勝手で、創造社とは何も関係がないじゃないか、今時なんでそんなことが問題になるのかと思っていた私には、その一群の人たちの姿がじつに新鮮で、鮮やかだった。

　その先頭に立っておられたのが王富仁先生だった。王富仁先生のお名前を存じ上げていた私は、秘かにその一群の人々を「王富仁派」と名付けた。

　シンポジウム最終日の懇親会の時、私伊藤先生の代理、日本から来た研究者ということでソ連からお出でになったフェデレンコご夫妻(それまでご著でしか知らなかった。先生はソ連の事情で2、3日遅れて到着された。大柄でじつにゆったりとした、気さくなお人柄のご夫妻だった)や上海市図書館長等、主催者側の人たちと同じテーブルに着かされていたが、窮屈なので、途中から王富仁派いるテーブルに行った。王富仁派の人たちはそんな私を温かく迎えてくれた。後で知ったのだが、そこには若き日の高遠東先生(現北京大学教授)もいらっしゃった。

　私は2005年から2014年まで、毎年のように広東を訪れる前、一日、二日の短い滞在だったが事前に、汕頭に先生をお訪ねした。

　先生は彭小燕先生といつも空港に出迎えて下さった。私が泊まっていたのはあの国際学術センターである。先生はそこから20ほどの官舎に住まわれていた。先生はいつもその官舎から歩いて見えられ、坂道の途中で出迎えている私を見るといつもにこやかに手を振られた。それから私たちは学術センターの餐丁で食事をし、お酒を口にしながら楽しい時間を過ごした。

　先生も私も煙草を吸う。先生は煙草が吸いたくなると「外へ出よう」と言われる、先生はそこで必ずご自身の煙草を取り出し、私に勧めてくださる。私は「(煙草は)持っています」と申し上げたのだが、先生は聞き入れられなかった。私たちは学術センターの前の円筒形の灰皿の前で立ちながら煙草を吸い、あれこれの話を伺った。それは穏やかで満ち足りた幸せな時間だった。先生から今後の魯迅研究で古典研究が如何に大切か伺ったとのもその時だった。

　先生から汕頭に「文革紀念館」のあることを教えていただいた。山全体が墓地である。北京の八宝山の革命公墓もこんななのかと勝手に想像したりした。まだ見ぬ田漢たちの墓もこんなかなと思ったりした。

　汕頭の「文革紀念館」には2007年夏にも佐治俊彦さんが代表をされている文部科学省の科研「文革研究会」の方々一緒に訪ねた。その時、暑い中を先生は自ら案内役をかって出られ、参観後の討論会でも夜遅くまで熱っぽく話されていた。

　本棚の前にあるもう一つの写真は2006年1月汕頭大学で開かれた国際シンポジュウム「中国左翼文学国際学術研討会」の「記念写真」である。写真には王得后先生、銭理群先生、高遠東先生などの姿がある。会は参加者が全部で60名を越える盛会だった。日本からは丸山昇先生ご夫妻、近藤龍哉氏、私も参加した。会場は件の国際学術センターである。写真を撮ったのはあの湖をバックにした小道の横である。最前列中央に坐っている王富仁先生の右傍には丸山先生ご夫妻が坐っておられる。その端には銭理群先生がおられ、王富仁先生の後ろには王徳后先生、近藤龍哉さんが並んで立っておられ、最上段には高遠東先生のお姿も見える。

このシンポジュウム参加は丸山先生にとって最後の国際シンポジュウム参加となった。丸山先生は銭理群先生等と共にこのシンポの基調報告をされた。丸山先生は腎臓がお悪く三日に一度は人工透析を受けなければならず、足も痛めておられたので、先生の中国行には二年ほど前から奥さまが随行されていた。王富仁先生はそんな丸山先生を気遣い、丸山先生が夜中食べ物を求められるようなことがあったら、いつでも用意するようにとセンターの服務員の人たちに指示されていた。先生は細やかな気配りをされる優しい方だった。

私事にわたるがこんなこともあった。ある時、私が広東白雲山空港に着いた時、急にひどい雨になった。空港のアナウンスは汕頭からの戻りの飛行機が来ていないので出立が遅れると言う。私たちはその日の午後6時過ぎに汕頭市内で会食をする予定だった。私は急いで電話をして遅れることを伝えた。だが、6時になっても7時になっても汕頭からの飛行機は来ない。私は彭さんに電話し、今日の会食は無理なので、王富仁先生にはお疲れになるといけないのでお帰りになられるようにと伝えた。汕頭からの飛行機は遅れに遅れた。私が広東から汕頭に着いたのは夜の11時過ぎである。空港の出口を出た時だった。何とそこにはいつものように笑顔で手を振っている王富仁先生の姿があった。汕頭大学に着いた時はすでに夜の12時を回っていた。私の部屋まで来られた先生は、今日は遅いのでもう帰るからと言われて、紙包みを渡された。そこには冷え切ったビザ数枚と二鍋頭の小瓶が入っていた。王富仁先生とはそういう方なのである。

汕頭でのシンポジュウム二日目の午後は二つのグループに分かれての自由討論だった。丸山先生と私は偶然王富仁先生、銭理群先生と同じグループになった。二時から三時間近くもある時間、持つのかなと思っていたが、あっと言う間に過ぎた。会はやはり銭理群先生、王富仁先生の発言が光っていた。どなたかが中国での研究は最近自由になってきたとの発言に対し、国の研究援助は国のあり方に沿うものは手厚く、そうでないものに対しては厚くない、そうした状況の中で何が自由になってきたなどと言えるのか、との批判が飛んだ。王富仁先生はそうした中で、研究者の「独立的思考」、「独立的思想」の重要性を繰り返し説かれていた。私はその時の先生の毅然とした姿が忘れられない。

三日目の最終日、先生は予定原稿がないままに閉幕の辞を述べられた。その時の先生は前日と打って変わって穏やかな口調で、まるで詩を朗読されているようだった。会場は静まりかえっていた。

先生は魯迅研究をはじめ、研究主体、研究対象の個性を大事にされ、対象の思想的あり方、その内在的変化に注目されていた。

先生は本当に飾り気のない方だった。先生は構えられるところがまったくなかった。私はそんな先生が大好きだった。私が最後に先生からいただいたご著書は『中国需要魯迅』（安徽大学出版社　2013年6月）である。ご本の中表紙には先生の手で「小谷一郎教授　雅正　王富仁　2014年3月22日　于汕頭大学文学院」とある。「中国需要魯迅」とはいかにも先生らしい。

2015年定年前の年、定年後の2015年私は汕頭に先生をお訪ねしていない。それが今年先生ご逝去の報に接することになった。まったくの突然で何と言っていいのか分からない。もう一度先生とあの湖の、あのボックス型の灰皿の前で、先生と煙草を吸いながらいろいろなお話しを伺いたい。

2017年9月5日

（作者系日本埼玉大学教授）

附译文：

怀念王富仁先生

[日]小谷一郎　著　王建华　译

在我的书架上摆了几张照片。其中一张是和王富仁先生一起拍的照片,地点在汕头大学的国际学术中心前面的湖边小道上。照片上,他穿着一身西服,却不系领带,像往常一样戴着帽子,笑容满面地站在那里;衬衫胸前的口袋鼓鼓的,里面放着先生喜欢的烟盒。

以王富仁先生为标志的鲁迅研究的工作意义,以及关于先生的学术活动应该是很多人回忆的话题。在这里,我想写一些和先生个人的回忆,作为对先生的悼念。

我手头有一本书,是先生的著作《先驱者的形象》(浙江文艺出版社,1987 年 3 月)。在扉页上的书名《先驱者的形象——论鲁迅及其他中国作家》下方,有先生用钢笔竖写的:"敬请 小谷一郎先生教正 王富仁 1991 年 5 月 29 日"。

1991 年 5 月,作为已故伊藤虎丸先生的代表,我到北京出席"创造社成立七十周年"的国际学术研讨会。这是我第一次参加国际学术会。研讨会的主办单位是中国郭沫若学会和郭沫若故居。我和王富仁先生第一次见面就是在这个国际学术会上。大概是在会议的第二天吧,在主办方的学者发言后,有人提问:鲁迅说的"才子加流氓",是说创造社的事,你怎么看?发言对这个问题的回答是含糊其辞的,于是,一些年轻人向主办方提出抗议,并进行了声讨。其实,鲁迅说什么那是鲁迅的自由,与创造社没有任何关系,然而这个问题一直在我的脑海里回旋。会议上那些年轻人的样子,在我的记忆中至今还是很鲜明,恍如昨日。王富仁先生是会上最先站起来的人,由此,我知道了王富仁先生的名字。当时,那些提出抗议的年轻人被人私下称作"王富仁派"。

学术研讨会最后一天的联谊会上,我作为伊藤先生的代表坐在主桌,听身边的日本学者介绍,坐在主桌的还有从苏联来的费德伦科(フェデレンコ)夫妇(在这之前我只知道费德伦科的著作,他因故迟两三天到会。他身材高大,轻松自在,为人坦率)、上海图书馆馆长等人。因为感到很拘束,所以中途我去了王富仁派的桌子,他们很热情地欢迎我。后来才知道,在那群年轻人中,高远东先生(现北京大学教授)也在其间。

2005 年到 2014 年之间,我几乎每年访到广州查询研究资料。开始工作之前,我基本会抽出短暂的一二天时间,去汕头拜访王先生。

每次到汕头,先生和彭小燕老师总是在机场迎接我。我住汕头大学的国际学术中心。先生住在该校 20(系误,当为 90——编者注。)平米左右的老师公寓。常常看见先生从公寓中走出来,在坡道上迎接我,总是笑容满面地向我挥挥手。然后我们在学术中心的餐厅吃饭,一边喝酒一边度过了快乐的时间。

先生和我都抽烟。先生想抽烟的时候,就会说"往外走",先生这时一定会拿出自己的香烟向我推荐。我说"我有烟",但是先生还是坚持要把自己的烟递给我。我们站在学术中心前面的圆筒烟灰缸前一边抽烟,一边谈了种种话题,那是平静而满足的幸福时光。那时我聆听先生畅谈从鲁迅研究到古典研究的话题,这是我珍贵的回忆。

先生曾告诉我,汕头有一座"文革纪念馆",在山上,整座山都是坟地。听到这些时候,我随意想着北京的八宝山革命公墓也许也是这样的吧。我想,我还没有见过田汉的墓,或许也是这样的吧。

2007年夏,我与以佐俊彦先生为代表的文部科学省的"文革研究会"的各位学者一起访问了汕头"文革纪念馆"。那时正是炎热的夏天,先生亲自出来做向导,在参观后的讨论会上,大家讨论到很晚,一直是兴致勃勃、不知疲倦。

在我的书架上还有另一张照片,是2006年1月在汕头大学召开的国际学术研讨会"中国左翼文学国际学术研讨会"的纪念照片。照片中有王得后、钱理群、高远东等先生的身影。这是一次全体出席人数超过60人的盛会。从日本来的有丸山昇先生夫妇、近藤龙哉先生等,我也出席了这次会议。会场是在国际学术中心,拍照片的地方就在国际学术中心前面的湖边。坐在第一排中间的是王富仁老师,坐在王富仁老师右边的是丸山先生夫妇,第一排边上是钱理群先生,在王富仁先生后面是王得后先生,与近藤龙哉先生并列站着,在最上面还能看见高远东先生的身影。

对出席这次学术研讨会的丸山先生来说,这是他最后一次出席国际学术研讨会。丸山先生、钱理群先生等人都在学术研讨会做了主题报告。那时,丸山先生的肾脏不好,必须接受三天一次的人工透析,因为脚也痛,所以从这次会的两年前开始,丸山先生中国行就由夫人陪同。王富仁先生是那样的关心丸山先生,如果丸山先生深夜里要求吃东西的话,他吩咐餐厅中心的服务员要随时准备。王先生就是这样注重细节的、亲和的人。

我也有过受到先生特别关照的经历。有一次,我到达广州白云山机场的时候,突然下起了大雨。机场的广播说,从汕头返回的飞机没有来,所以飞机晚点了。那天,我们约定下午六点在汕头的市内聚餐的。我急忙打电话告诉他我迟到了。但是,从下午六点到七点了,飞往汕头的飞机还没有来。我打电话给彭老师,说晚上的聚餐我到不了了,王富仁先生一定很累了,请他先回家休息吧。我从广州到汕头已经是晚上十一点多了。当我走出机场出口的时候:什么⋯⋯!像往常一样,王富仁先生笑着脸向我挥着手。当我到达汕头大学时,已经是深夜十二点。陪同到我宾馆房间的先生说,今天太晚了,我回去了。随即将一个纸包递给我,里面放着已经凉了的、切开数块的披萨和一小瓶二锅头。王富仁先生就是这样一个人。

在汕头的研讨会上,第二天下午分为两个组自由讨论。丸山先生、王富仁先生、钱理群先生和我同在一组。会议从下午从二点开始进行将近三个小时,但感觉上很快就过去了。会上,仍然是钱理群先生和王富仁先生的发言最出众的。有人在会上说,在中国的研究最近变得自由了,许多学术课题受到国家研究的资助。但也有人批评说,国家认可的课题就给予资助,否则的话就得不到资助,在这种情况下,能说是自由吗?王富仁先生在此过程中,反复强调了研究者的"独立的思考"、

"独立的思想"的重要性。我忘不了那个时候先生坚定的样子。

第三天是最后一天,先生没有用预定的稿子演讲闭幕词,而是和前一天一样以平静的语调总结会议的学术成果,好像在朗诵诗一样,会场一片寂静。先生在演讲中以鲁迅研究为开端,阐述了这次会议研究的主体、研究的个性、研究的思想方式以及其内在的变化等等,备受出席会议学者的关注。

先生真的是一位不会修饰的人、是一位不拘小节的人,我很喜欢这样的先生。我从先生那里得到的最后一本书是《中国需要鲁迅》(安徽大学出版社,2013 年 6 月)。书中的封面是老师亲手写的"小谷一郎教授 雅正 王富仁 2014 年 3 月 22 日 于汕头大学文学院"。我私下以为虽说"中国需要鲁迅",似乎更需要先生。

2015 年我退休的前一年我拜访了先生,退休后,我就再没有去汕头拜访先生了。今年突然接到老师去世的噩耗,我完全被这消息弄懵了,真的无言面对。

多么的希望再一次和先生相聚在汕头大学国际交流中心的湖前,在那个烟灰缸边,和先生一边抽烟,一边向他请教各种各样的话题。

2017 年 9 月 5 日

(译者系上海鲁迅纪念馆副研究员)

启蒙是启蒙者的悲剧^①

丁　帆

噩耗传来，王富仁先生的形象在我的脑海里却反而更加明晰起来了,作为百年来接过鲁迅启蒙火炬的领跑者之一,他的学术研究和传导的启蒙主义价值观延续了四十年,其一生已经无愧了,他与这个世界的决绝方式是那样的果敢和坚毅,却让我们这些苟活者有了些许警醒,在那些肩扛着闸门的人群中,尚有无新的启蒙者去替补这份重任。如若启蒙队伍里还有前赴后继者,富仁先生在天之灵也会像"鲁迅先生笑了"(郭沫若先生语义反用)那样欣慰的。

近四十年来,作为高举着启蒙大纛的"京派"学者,钱理群先生和王富仁先生无疑是旗帜性人物。尽管这四十年当中我们经历了许许多多的文化风雨,我们经受了各种各样中西观念的冲击,但是始终能够坚持现代启蒙精神,并矢志不渝地坚守鲁迅先生文化批判价值立场者的队伍却是愈来愈稀少了,眼见着许多打着各式各样旗号的"遗老后少"们成了政治与商品宴席上的座上客,他们却坐在铁屋子里的冷板凳上为中国现代文学的学术性和学理性继续勘探着本是无路的荆棘小路。他们滔滔不绝的演讲为无声或喧嚣的中国留下的是一种无痕却是永恒的精神财富,尽管他们的言论在这个时代的回声是微弱的,甚至有些空洞,但是,只要薪火尚在,历史终究会做出公允的评判,他们的学术思想给我们从事中国现代文学研究工作的学人做出了榜样,但是榜样的力量未必就会影响到更多的学者,因为在这个十分复杂的时代背景下,有多少人还在信奉五四真正的启蒙真谛呢? 这或许就是我们这一代人的悲剧。

其实,我与王富仁先生的交往并不是很多,私交也不是很深,但是,仅仅几次深谈,就足可引为知己与同道者,这让我对王富仁先生另眼相看。记得1985年文学研究所和《文学评论》编辑部在昌平的"爱智山庄"开办了俗称"黄埔一期"的研修班,作为班长,我有时负责接待讲课的教师,王富仁先生那时还是一个刚刚获得博

---

① 本文曾先后刊于《传记文学》、《文艺争鸣》,有增改。

士学位不久的年轻教师,然而,大家都被他的演讲所折服了,尤其是他的演讲结束语令 1985 年从事中国现当代文学研究的我们震撼不已,他那带着浓重山东口音的话语三十多年来一直萦绕在我的耳畔,时时敲打着我的学术灵魂:"一个没有悲剧的时代,是一个悲剧的时代;一个没有悲剧的民族,是一个悲哀的民族!"我以为这就是我们心气相通的地方:一个现代知识分子如果连悲剧意识都不具备,你还有什么资格进入批判的价值立场当中去面对惨淡的人生? 你对这个时代没有了痛感,也就是没有了文化的触觉,没有了触觉,无疑便是一个被阉割了的人,如此而来,你还有什么批判的能力呢? 这于一个知识分子而言,无疑就是一种思想的慢性自杀,抑或就是一种自宫,其苟活的学术意义也就全无了。许多人都说王富仁思想的深刻性来自于他的才华,我却不以为然。我认为王富仁的学术思想之所以能够洞穿中国文化的弊端,除了其批判力度外,不外乎两个因素:一是同类文化文学的比照;二是毫不犹豫的价值立场。

　　首先,王富仁先生的知识结构与绝大多数从事中国现代文学者是不同的,其俄罗斯和苏联文化文学的滋养与知识结构的谱系,就决定了他对中国现代文学研究的深度,因为百年来的中国文学始终是亦步亦趋地跟着它们的足迹走下来的,尤其是苏联文化与文学的"左"倾思潮的深刻影响,对中国文学造成的后果既是显在的,更是隐在的,关键的问题就在于中国现代文学的许多研究者对此习焉不察,一个缺乏文化和文学参照系的文学现象和文学史,是无法确定坐标的,诚然,我们绝大多数的学者都是以中西文化和文学为参照系来确定坐标的,而这样单一的坐标思维方法一旦成为一种惯性,就会使得我们的学术思维僵化,因为这种有着落差和反差的参照系追求的只是异质性比较,却少了其同构性的比照。因此,王富仁的知识结构和其深厚的俄罗斯文学的修养就使得他的视野与众不同,往往是在源头上找到了其滥觞的因果关系。尤其是他对俄罗斯文学"黄金时代"批评巨擘别林斯基的推崇,就决定了他的治学的批判价值立场的坚定性和独特性,总是与那些时髦和时尚的西方现代和后现代的批评迥异,用冷兵器时代的长矛去戳破当代文化坚硬的壳,看似有点堂吉诃德与风车作战的没落骑士的滑稽可笑,但这正是一个现代知识分子所缺乏的那种鲁迅所倡导的韧性战斗精神。我们不知道这是一个学者的幸还是不幸? 而我却认为这个时代还是需要一些堂吉诃德精神的,他起码是比那种阿 Q 精神要清醒执着,因为他在认定一个目标时,是一条道走到黑的,并不理会世人,尤其是聪明人的嘲讽的,我不敢笃定王富仁就是堂吉诃德式的人物,但我却是期望自己在这个时代宁愿做一个堂吉诃德式的傻子的。

　　另一个让王富仁先生的文章更加丰富和深刻的因素就在于他能够清晰地厘定"我们"与"他们"的阵线,记得他在一次中国现代文学研究学会所做过的一个主题报告里，明确地提出了这样的观念。以我浅显的理解，王富仁先生这样的提法就是明确了在十分复杂的文化环境中，一个知识分子所应该秉持的文化价值立场——既不做马克思主义所诟病的某种意识的"传声筒"，也不做商品和消费文化的奴隶，对这种"做稳了奴隶"的所谓现代知识分子的不屑时常隐晦地表达在自己的文章和演讲中，几乎成为王富仁先生的一种思维惯性，也就是钱理群先生最终概括为的那种"精致的利己主义者"导致的中国知识分子群落真正的溃退，所以，仅存的"我们"尚有多少呢？多乎哉，不多也！到处都是倒戈的"他们"，"我们"死在路上，"他们"生在金碧辉煌的后现代的途中，抑或又活在金光大道的旧文化的中兴之中。"我们"不能自已，"他们"春风得意，这是你撒手人寰的理由吗？呜呼哀哉！富仁先生，你是在天堂中彷徨，还是地狱里呐喊?!

王富仁先生对鲁迅的理解有着与众不同的解释，然而最为精辟也是最切近鲁迅思想的本质特征的是"人性的发展是鲁迅终身追求的目标。……这种批评不是依照西方的文化价值观念，宣传西方的某些固定的思想，而是对中国传统文化的一种新的解读、反驳和批判，尤其是对儒家文化的一种批判"。这就是鲁迅"掊物质而张灵明，任个性而排众数"的独特阐释，这就是他认为的"鲁迅的思想一直未被真正的重视"的结果，我以为王富仁先生此话背后的隐语应该是：在鲁迅逝世后的80年来，鲁迅研究从来就没有冷落过，一直是一个热门的研究领域，也成了一种显学，但是，鲁迅先生的文化遗产始终是被当作时尚思想潮流的工具来使用的，鲁迅研究的泛化和庸俗化使得我们在鲁迅研究上的实用主义思潮抬头，凡此种种，让王富仁这样的学者就不得不担心鲁迅研究走上歧途，这种担心恐怕不是没有道理的。王先生认为知识分子有三种价值立场：公民立场、同类立场和老师立场。我以为最适合还是启蒙的传道授业的老师立场为好，当然"教师爷"的头衔却是万万不可以戴上的，那样就违背了现代启蒙的初衷了。

王富仁先生说他是一个"没有文化家乡的人"，他既是"北方文化的叛徒"，又是南方文化曲折隐晦的诟病者，以我的理解，王富仁先生对那种工具性的宏大意识形态叙事是有保留意见的，同时又对那种曲曲弯弯、絮絮叨叨的文本细读却又不能清晰地表达自己观念的研究工作提出了意见。其实，他是一个有文化家乡的人，因为他的文化家乡落在了鲁迅所倡导的人性家乡之中，所以他才是一切反人性文化的叛徒！

王富仁先生以他的那种与世界告别的特别方式谢世，也许是许多人不可理解的地方，但是，我以为这亦是一种知识分子另一种面对世界的选择，这种选择虽不为大勇者所为，却也表现出了一个智者看破红尘、回归自然的理性。

作为一个启蒙的教师，他也许在那个冷月的夜晚复读了鲁迅的诗歌"两间余一卒,荷戟独彷徨"。在悲观的意绪之中,他便选择了他应该选择的告别方式。

于是,似乎启蒙往往是启蒙者的悲剧。

于是,在一弯冷月里,我们似乎看到了一个时代的悲剧,看到了一个民族的悲哀。

（作者系南京大学教授）

追记王富仁兄的三句话

陈平原

记忆从来不太可靠,更何况是在怀念师友的时候。很多烙在心头的印记,自以为确凿无疑,其实是多年辗转反侧、不断剪裁修饰的结果。若没有日记或录音,说某人在某个特定时刻说了某句名言,那大都是经过岁月浸润,夹杂了某种个人感情。我追记王富仁兄的三句话,自然也在此列。

我的朋友中,言必称鲁迅的有好几位,且引证时大都八九不离十。据说上一辈学者更厉害,可以当活字典信赖。到我这一辈,即便特别喜欢鲁迅,出过好几本研究专著的,也都做不到这一步。引鲁迅的话而能"出口成章",这与鲁迅写作的"语录化"有关。不是所有名著都能被随意摘引且广泛流传的。就像《世说新语》中人物一样,鲁迅的许多言论让你过目不忘,关键时刻很容易涌上心头。

大概是受研究对象影响,鲁迅研究者中,不乏提炼隽语佳言的好手。王富仁兄便是其中一位,他的很多精辟犀利的言谈,传播力远超专业论文。

我与王富仁兄的交往,说多不多,说少不少。1984 年秋北上求学,因老钱、赵园等师兄师姐的关系,我很快结识了富仁兄。记得 80 年代末,还曾一起定期到电影资料馆看内部片,说是拓展"学术视野",顺便给杂志写文章。此外,就是朋友间聚会了。可惜富仁烟瘾很大,而我又天生"戒烟",每次都尽可能坐得离他远点,因此也就漏过了不少富仁兄随烟雾喷出的佳句。尽管如此,还是有三句话让我不能忘怀。

第一句的时间地点很确凿,那是 1991 年春夏间,因北京空气实在太郁闷,山东大学中文系孔范今教授邀我们到济南、曲阜等地旅行讲学。有一天晚上,从大气候谈到小气候,还有自家学问前途等,大家不免感叹唏嘘。擅长自我反省的钱理群说到自家学问的局限,还有下一代的无限可能性,王富仁当场反驳:老钱,不要再说这样泄气的话了。我们这代人历经苦难,不断挣扎与探索,才走到今天这一步。我们对中国社会的理解,尤其是将生命与学问融合在一起,后世学者不一定做得到。这是我们的强项,不改初衷,不求时尚,坚持下去,一定会走出一条属于我们自己的

"金光大道"。此话深具历史感与思辨性,在座诸君很受鼓舞。二十多年后,我在北京大学与香港中文大学分别开讲"中国现代文学学科史",其中谈钱理群、洪子诚、王富仁、赵园、吴福辉那一章,我专门引述了王富仁此言,作为一代学人的标识(说不定还可以作为墓志铭)。

第二句话不记得具体时间地点了,大约是九十年代中后期的北京,某次朋友聚会,酒酣耳热之际,聊起新文化运动,富仁兄又高谈阔论起来:对于鸳鸯蝴蝶派,就是要打压,狠狠地打压,否则新文化怎么建立合法性?那些平等看待旧体诗与通俗文学的说法,纯属书生之见,平和到近乎平庸的地步。这话过于强调策略性,且完全站在新文化人立场,不太符合我对历史学家的想象。不过,这让我想起陈独秀"老革命党"的气质,"必不容反对者有讨论之余地"在特定历史环境中所发挥的积极作用。

第三句话产生于 2009 年 4 月,我在北大召开"五四与中国现当代文学"国际学术研讨会,富仁兄欣然与会并发表精彩论文。会议空隙中,富仁兄一脸严肃地对我说:对于社会上各种借"国学"名义而泛起的沉渣,北大不能沉默,应奋起反击,这是你们的责任。别的学校随风起舞可以原谅,你们北大应该中流砥柱。若你们只顾书斋中的学问,不管沉渣如何泛起,总有一天,我连沉渣带这不作为的北大一起骂。

如此自信、执着、激愤,确是斗士姿态。随着富仁兄这一代学人逐渐离开舞台,那种坚守鲁迅立场,是非曲直,棱角分明,兼及书斋与学问的取向,越来越少见了。念及此,格外怀念富仁兄。

2017 年 9 月 20 日于京西圆明园花园

(作者系北京大学中文系教授)

夜对星空思富仁

陈思和

在 1980 年代，现代文学学科刚刚起步的时候，有几位老一辈先生起到了承前启后的重要作用。在北京，有王瑶先生、李何林先生、唐弢先生，在南京有陈瘦竹先生，在上海，有贾植芳先生和钱谷融先生，等等。他们大多是在上世纪三四十年代参与了新文学，亲炙于新文学著名人物的言传身教，因此对他们一辈学者来说，新文学不是教科书上定义的那种，而是活生生的有血有肉的生命传承。其中李何林先生大约年长一些，他从 20 年代大革命时期就参加实际的革命活动，后来又加入了未名社，走进了鲁迅的世界。李何林先生与鲁迅有没有过亲密接触我不知道，但他是比较早的从实感出发认同鲁迅、宣传鲁迅的追随者中的一个，记得大学里读书的时候读过他写的《近二十年中国文艺思潮论》，打开扉页就是鲁迅和瞿秋白的照片，那时瞿秋白的名字还不能公开，作者用了宋阳的别名来纪念他。那大约是 30 年代后期，李何林先生已经用他的著述奠定了后来的现代文学的核心精神。

李何林先生在"文革"前就开始招收研究生，所以王富仁不是李先生最早的学生，但是在 80 年代我国博士研究生制度建立以后，王富仁是李先生指导博士生的开山门弟子，研究的方向又是鲁迅，他的博士论文题目为《中国反封建思想革命的一面镜子——〈呐喊〉〈彷徨〉综论》，记得当时《文学评论》以连载的形式发表这篇论文的提纲，实在是轰动一时。王富仁在现代文学研究领域的影响和地位，也由此被奠定。

在我们这辈同人的眼睛里，王富仁算是比较成熟的。他的年龄不一定最大，但是看上去的老相以及文章的老成，都增加了他的厚重感。那时我们刚刚写文章崭露头角，他已经出版了一本专著，研究鲁迅与俄国文学的关系。这一切都让我们看到这个名字肃然起敬。还有一件事大约也可以一提。1985 年，北京万寿寺现代文学馆举办青年学者创新座谈会，那时研究现代文学的人不多，而且都是青年人，很容易见面熟，我就是在那个会上认识了钱理群陈平原黄子平，也是在这个会上见到了王富仁。——说是见到，就是还没有说过什么话。那个会上王富仁是明星。记得有一个晚上,与我同住一个房间的许子东兴冲冲地从外面进来,兴高采烈,眉飞色舞,说是有一位权威理论家特意召见王富仁,许子东也跟着去了,他们在理论家的客厅里谈了一个多小时,王富仁侃侃而谈自己研究鲁迅的心得,理论家含笑聆听,听到紧要处,就轻轻点拨:你这个观点与胡风的观点很接近哦。(当时胡风的文艺思想还没有平反。)然而富仁坦然承认:是啊,我就是吸收了胡风的理论。这样来来回回几个回合,一个点中命脉,一个从容解套,彼此也引不起争论。理论家口锋里是否藏有利剑我不知道,但王富仁的朗朗风骨,倒是来自乃师真传。这个场面如果由许子东写出会更加精彩,我当时昏昏欲睡,之所以会留下这么个印象,是因为我在许子东滔滔不绝的转述中,脑子里出现了一幅画面:白齿红唇、潇洒倜傥的许子东与一身土气、满脸风霜的王富仁并坐在一个高贵的客厅里,简直是鲜明对照,由此联想到假如鲁迅和郁达夫并坐在一起,应该是怎样一幅图像?

其实,王富仁当时解读鲁迅的观点,还是在新民主主义革命的理论框架下来阐释的,我现在也记不清楚了,好像他的意思是,鲁迅的著作代表了反帝反封建(新民主主义革命)的思想革命,而毛泽东则是代表了政治革命。这个论断也没有超出毛泽东为鲁迅定制的三个伟大的基本范畴,但是从启蒙的立场还原鲁迅著作的意义,与当时主流话语把反思"文革"定位于要继续肃清封建思想流毒的舆论导向是一致的,与李泽厚研究近代思想与农民革命的封建局限性也是一致的,他们走在了那个时代话语的前列,对于正在苦苦摸索批判民族劣根性、批判封建专制残余、批判现代个人迷信等思想解放道路的我们青年一代学者来说,他们的著述思想犹如是平地春雷,确有醍醐灌顶之感。所以,虽然我与王富仁那时候还没有真正建立深厚的友谊,甚至也没有做过深入的交谈,但是我已经本能地认定了王富仁是我的志同道合的朋友,我们是一路的人。在我的人生经验里,有些人可能朝夕相处,但是始终没有"朋友"的感觉,顶多说得上是一个"熟人"。但有的人,可能一生也没有见过几次面,也没有什么生生死死的交往,甚至仅仅读了他的一本书,一篇文章,你就会辨认出一种与你相通的熟悉的生命气息,就会让你觉得,这样的人可以终身为师友。王富仁就是我这样的朋友。

现在想起来,我这一生中与王富仁确实也没有见过几次面,更没有做过深入的交流。我是个懒散的人,很少外出参加各种会议,也不喜欢到处参与活动,王富仁的性格里也有与我相似的地方,我们俩很少在各种集体活动中相遇,因此也少了在一起畅谈的机会。但彼此的信息还是都知道的。王富仁培养出一大批优秀的学生,自己也是著述不断,新见叠出,每有新著,都是洋洋洒洒,一马平川,读起来很过瘾。他在北师大的发展,起先也很顺,听说在他评职称的时候,有一个师长辈的老先生主动让出自己参评职称的名额,坚持要把王富仁推上去,这种提携后进的行为被学界传为美谈。在这样一代老师的爱护下,王富仁脱颖而出,成为我们这一代的标杆性学者。不过,木秀于林总是危险的,后来渐渐地也传出了王富仁不大如意的传闻,再后来,听说他到南方去教书,最后落户于汕头大学。他南下以后,我与他的见面机会更加少了,他在汕头举办过一些学术会议,每次都邀我前往,但总是有各种原因没有去成,后来我好容易安排出时间去汕大住了一周,然而不巧他又有事回北京了。有一次我无意间听说他养了猫,心里大不以为然,在我的偏见里,鲁迅的再传弟子似乎可以乱抽烟不睡觉,但断不可在媚态的猫咪神情里消磨意志。① 于是隐约间我似乎感到富仁的内心很脆弱也很寂寞,这与旁人眼里风风光光、一团和气的外表是很不协调的。再后来,我读到他提倡新国学的主张,并且身体力行写了大量的长篇文章,他深深地忧虑,在即将掀起的又一场国学热潮中,五四传统会中断,鲁迅的精神会遭到质疑,他努力要把五四以来形成的已经融汇了西方现代精神的新传统因素,与古老的旧文化传统作调和,于旧道德里保存新理想。我不知道他这么努力究竟有没有意义? 会不会成功? 但至少他在为维护自己安身立命的五四新道德新传统奋不顾身地努力工作,大声呐喊,至于会不会成功的问题,反倒不显得特别重要。

好像读过一篇富仁的文章,他感叹社会风气似乎转了一个圈子,回到了原地。他说他这一代学人是受了五四反叛精神的熏陶走出来的,但现在慢慢地风气又转回了传统,由此表达了他内心深深的悲凉。其实这也是典型的鲁迅的思维。从历史螺旋形上升的规律而言,社会文化的发展仿佛又转回了原地,是必然的规律,但又绝对不是简单地回到了原地,一定是掺进了新的因素,带来了新的信息,因此无法克隆原来的模样也是必然的。五四新文化运动从一开始就是在各种强大的反对声中发展起来的,木秀于林风必摧之,它在中国轻而易举地获得了成功,本来就是不正常的,因此新文化传统的后续发展必然是艰难的,不可能毕其功于一役。只要想想法国大革命以后欧洲资产阶级社会文化的发展道路,经历过多少次断头流血的磨难? 波旁王朝、拿破仑、还有拿破仑的模仿者、巴黎公社被镇压……这值得我们去悲哀吗? 晚清以来,中国的文化人已经亲历过好几个圈子:从谭嗣同流血到张勋复辟康有为成圣是一个圈子,从陈独秀办《新青年》到大革命失败成为替罪羊又是一个圈子,从鲁迅被尊为左联盟主到55岁英年去世也是一个圈子,从胡风高举七月大旗到1955年被整肃还是一个圈子,从红卫兵天兵天将到上山下乡接受再教育难道不是圈子? 再有,就是王富仁感到悲哀的圈子了。我年轻时也有过轻狂的时候,看到前辈们划圈子的行为很警惕,后来吃了一些亏就看淡了。再进一步

① 文章发表后,有朋友指出:王富仁的宠物是一条狗,不是猫。我记错了,特此更正说明。——陈思和

看,现在的国学大师(自封的)也回不到以前真大师的模样,大家都回不去了,不过是如马克思在《路易·波拿马的雾月十八》里所描绘的"笑剧"而已。这,也值得我们去认真说事吗?

我与诗人食指有过一次交谈。他说了一个观点:中国古代文化传统融汇印度传来的佛教文化,差不多花了一千年的时间,才使佛教与儒教、道教融汇起来,成为中国文化传统的三位一体。而五四新文化才一百年,德先生赛先生为旗帜的西方文化传统怎么可能马上融入中国文化呢? 他的话值得我们思考。虽然说,现代地球村越来越小,东西方文化交流沟通比古代要直接得多,但是一千年与一百年的差别还是存在的,文化的融汇不可能像流行病一样传染,各种先进的文化因素要传播要影响要交融都没有一帆风顺的,总是在反复、旋转、甚至倒退的复杂过程中一点点进步。我们的任务只能是尽力推动、努力促进,不是倒退到古代社会去赞美封建尸骸,而是坚信不移地推动人类世界的先进文化充分交流和融汇,坚信人类文明一定会越来越进步。这才是我们需要的文化自信。

以上这些话,本来是应该在富仁生前与他深入讨论的话题,可惜一直没有机会。现在他已经去世,我把这些闷在心里的话写出来,默默地对着宇宙星空,希望富仁能够听到。

2017 年 9 月 15 日于鱼焦了斋

(作者系复旦大学中文系教授)

王富仁《樊骏论》序

陈思和

《樊骏论》是王富仁兄尚未完成的一部遗稿。现在要出版,他的学生宫立先生来信嘱我写一篇序。我自然没有什么理由可以推辞,而且私下里,我对樊骏先生还怀着一份很深的怀念,我确实很想读到王富仁兄对于樊骏学术成就的全面的研究和评价。记得在樊骏先生去世不久,社科院文学所要编辑樊骏先生纪念集,来信邀稿,我寄去一篇是早几年发表的、阅读了樊骏先生的《我们的学科:已经不再年轻,正在走向成熟》以后生发开去议论学科建设的文章,还特意写了附记,回顾了我与樊骏先生的一点交往,作为纪念。但我没有涉及樊骏先生的学术思想和学科贡献,而这方面,正是富仁兄所擅长论述的。

下面便是我阅读富仁兄《樊骏论》未完稿的一点体会。阅读过程也是学习过程,同时也不断产生自己的一些想法。这些想法也许与富仁兄的初衷未必相同,一并说出来,把它当做一份与老友交流心得的札记。

"学科魂",这是王富仁对樊骏先生的评价。我认为是非常精到的看法。王富仁说,"学科魂"这个词是他生造的。学科应该有它自身的魂,这是随着学科发展而出现的本质性的概念。在富仁兄的论述中,中国现代文学学科在不同阶段拥有不同的"学科魂"。在 1949 年到 1976 年间,照富仁兄的说法,是中国现代文学学科的第一个阶段,新民主主义革命理论是其史观基础,那时候的"学科魂"是以他的老师李何林先生为代表的。因为李先生带着中国现代政治革命的传统进入中国现代文学研究界,实际上起到了现代文学研究学科的精神支柱作用。而另外两个传统:王瑶先生的现代学院派的学者传统和唐弢先生的中国现代作家的传统,在当时都不可能起到与学科内在精神浑然一体的核心作用。然而到了"文革"结束,中国社会进入改革开放以后,中国现代文学研究学科发生了翻天覆地的变化,新民主主义革命的理论基础被现代性的理论基础所取代,中国现代文学研究学科的精神传统发生了根本性的变化,由李何林先生的现代政治革命的传统逐步向王瑶先生的现代学院派传统过渡,而樊骏先生,正是在王瑶学术传统的传承中涌现出来的第二代学人的学科之魂。——以上是我根据王富仁的理论阐释概括出来的意思。

在我看来,现代文学历史的本体发展,与现代文学研究的学科建设,并不是一回事,不能完全等同。前者是本体,后者是对前者的理解和阐释,是属于研究者的主体范畴。后者的发展建立在研究者不断努力地接近前者本相的过程中,但是,后者永远也不可能穷尽研究对象,否则学科就没有必要存在;后者也不能传声筒般地传达关于前者的某种已经定论、且不可改变的历史结论,否则学科研究与宣传部门就没有任何区别,也就等于抹杀了学科存在的必要。更何况我们所从事研究的现代文学(后来被教育部命名为现当代文学)学科,研究对象是一个时间可以无限延伸的文学创作历程。在王富仁为代表的第三代学人刚刚走进这个领域的时候,现代文学只有三十年,是个非常有限的时间概念。1985 年,"20 世纪中国文学"这一概念提出的时候,离开 20 世纪结束还有长长的十五年,那时候的现代文学(包括"当代文学")也只有七十年,还没有预见到四年以后中国发生的大变局,一切都在变。然而发展到今天,中国现代文学研究学科的研究对象,已经接触到了新世纪文学、网络文学、八○后九○后文学……研究的视域在不断地延伸,这也就是樊骏先生意识到、但还来不及做深入考察和阐述的"中国现代文学研究的当代性"问题。我想要强调的是,中国现代文学研究学科的研究对象的特殊性,决定了学科与生俱来的多变、多元、多矛盾的特点。所谓"多变"是指随着时间的无限延伸、研究对象自身处于不稳定的状态,会不断产生新鲜事物,以及新的问题,不断改变人们对这一段文学史的认识;随着多变现象的涌现,文学研究也就会相应地产生不同的学术流派和学术见解,必然会产生"多元"的特点。王富仁归纳的李何林、王瑶以及唐弢为代表的三大传统,在 1949 年到 1976 年间的现代文学研究领域,是显在的,其实在一个舆论一律的时代,始终存在着被遮蔽或者被边缘化的隐形传统,我们不能忘记贾植芳先生为代表的受难者的传统,以钱谷融先生为代表的讲究人性论的传统,等等。只要承认我们这个学科具有"多变"、"多元"这一本质性的特点,那么,我们就会意识到,任何企图定于一尊、企图永恒不变的流派观点都是违反客观事实的,不管它曾经有过多大的权力或者势力,都是没有活力的。一个健全而有活力的学科,必须具备容忍"多矛盾"、有冲突、有争论的状态的能量。我们不能回避,在 1949 年到 1976 年间的中国现代文学研究学科的早期阶段里,其宗旨其精神都是与这样一种学术民主的本质性学科特点背道而驰的。所以,要从这样的学术瓶颈中摆脱出来,与上世纪 80 年代思想解放、改革开放的社会发展主流取得一致的发展方向,中国现当代文学研究学科确实需要有王瑶先生为代表的现代学院派的传统来领导和完成这个历史的转折,樊骏先生就是这样被推上了学科的领军人物的地位。

　　樊骏先生为人平和,勤于做实际工作,在学术研究上慎于亮出自己鲜明观点。但是圈内人说起樊骏先生,几乎没有人不称赞他的学术严谨,功底扎实。那时候有人说他是"没有专著的研究员",但并没有人认为他在学术上不符合研究员的资格。于是,王富仁又"生造"了两句精辟的话,说明了这个悖反现象:

　　　　如果我们不想恭维这个不需要恭维的人,我们就得承认,他其实什么也没有做!新时期以来中国现代文学研究中的任何一个新观点都不是他首先提出来的,任何一个新方法都不是他首先应用到我们中国现代文学研究中来的,任何一个新的研究领域都不是他为我们开拓出来的。但是,当我们说出"他什么也没有做"这句话之后,紧接着就会说出另外一句相反的话:"他什么也为我们做了!"新时期以来中国现代文学研究中的任何一个新观点的提出,任何一个新方法的应用,任何一个新领域的开拓,实际上都与他有着千丝万缕的联系,都是通过他而上升到整个中国现代文学学科的高度、中国现代文学研究传统的高度的。

　　王富仁这里讲的是樊骏先生从上世纪80年代开始、并且持之以恒地从事的一项重要工作:每年一度的有关中国现代文学研究的"研究综述"。王富仁把"研究综述"这类最没有个性彰显的文体解读得风生水起,甚至堪比鲁迅对于杂文文体的创造性运用。王富仁把中国现代文学研究分为三个层面:个性层面的研究、国家层面的研究、学科层面的研究。"个性层面的中国现代文学研究是有'我'而重'我'的",指的是学者们富有个性的研究,我们通过这个层面的研究,"能够了解不同的研究者对中国现代文学都有哪些不同的感受和理解,起到的是相互沟通和相互启发的作用。"第二个层面的研究,即"国家社会事业层面的中国现代文学研究是有'理'而重'理'的",这个"理",不是指道理或者理由,而是指权力话语带来的独断性,我们通过这个层面的研究,"能够了解的是国家、集体对我们中国现代文学研究学科的希望和要求,起到的是协调中国现代文学与国家、集体事业的关系的作用"。第三个层面是学术层面的研究,"是无'我'、无'理'而有'道'(整体性)的",通过这个层面的研究,要了解的是"中国现代文学的整体状况"。王富仁进而说,樊骏先生的学术研究工作及其价值,是属于第三个层面的研究,所以,他的研究不需要(或者不屑于)所谓的"独立的见解"(第一层面)和"有益的教诲"(第二层面),他要体现的是我们学科的"整体状况"。接下来,王富仁对樊骏先生二十年间所写的"研究综述"做了一个中肯而精彩的评述:

樊骏先生根本不是将这些文章当做表现自己的研究能力的学术研究成果而写的,因而他也没有必要对于文化大革命结束之后二十余年间中国现代文学研究仅仅以自我的感受和理解做出仅仅属于自我的主观判断,将"自我"注入到客观事实的叙述之中去;与此同时,他更不是站在高踞于全部中国现代文学研究者之上的国家的或者事业的领导者的立场上对当下的中国现代文学研究者发表的指令性意见,所以他也没有必要将文化大革命之后二十余年间的中国现代文学研究理出几个纲目并在此基础上提出自己的几个指令性的意见、宣示几个人人必须遵循的思想原则,将"理"注入到客观事实的叙述之中去,他只是作为中国现代文学研究者中的一员而将文化大革命之后二十余年间中国现代文学研究的整体状况("道")呈现出来,所以他的这类文章中是无"我"、无"理",而有"道"(整体性)的,这体现的不正是中国现代文学研究学会及其会刊《中国现代文学研究丛刊》所体现的科学研究(学术)层面的中国现代文学研究的特征吗?

王富仁对于中国现代文学研究的整体性思考是相当深入的,我从未这样想过。但我回忆起来80年代的情景,不能不说,王富仁的观察是对的。现在的学人可能会对于这类研究综述忽略不计,樊骏先生生前大约也无意把那些署名"辛宇"的文章结集出版,但是我们当年一直把樊骏先生的综述文章视为一种导向性的标志,每年《丛刊》发表樊骏先生的研究综述文章,大家都会争相传阅,樊骏先生几乎读了所有人的研究文章,他认为有价值的,都会在综述里提到。作为青年学习者,能够被樊先生提及名字或者篇目,自然是一件值得高兴的事情,会得到很大的鼓舞。反之,也有另外一种情况,在80年代思想解放的过程中,政治气候阴晴不定,舆论导向时有反复,也有些所谓学者,本来对学术信念就不坚定,时刻窥看政治风向,一有风吹草动,他们立刻就变脸,发表一些兴风作浪的文章来迎合来自第二层面的某些指令性意见,但是思想解放、改革开放的大势终究不会倒退,没过几天,一切都风平浪静,而那些投机的"浪里白条"们反倒落了个出丑露乖的下场。那个时候,我们也会看看樊骏先生究竟会将哪些人的文章归到这一类。表面上看,樊先生也只是作客观归纳,但是文字的斟酌、人物的取舍,都是赢得我们会心一笑的。在那些阴晴不定的日子里,樊先生是一个有立场有良知的学者,一个有原则的知识分子,他不是中国社会特产的乡愿。尽管他是以他特有的温和、稳重、长者的姿态,来应对社会上的各种风波。这一点,论及樊骏先生的人品和文品,都是要特别指出的。

王富仁把樊骏先生称之为"学科魂",也就是说,他是把樊骏先生的学术成就与中国现代文学研究学科的建设联系在一起的,那么,我们禁不住要想一想:是什么意义上的学者能够与学科建设联系在一起而担当得起"魂"之美称？学科是一个近几十年来流行于教育界学术界的概念，尤其在教育部资金分配的"双一流"导向下，学科的概念无比重要。但是在上世纪80年代，学科的概念仅仅限定在高校领域。照我导师贾植芳先生的说法，建设一个学科需要符合三个条件：一是有一批坚实的理论著作和学术研究成果；二是能够进入高校课堂并且在研究机构里培养专业研究人才；三是需要有专业刊物作为交流平台。樊骏先生不在高校里从事教学工作，勉强算得上与第二条有关的是他在"文革"前曾参与唐弢先生主编的现代文学史教材的编写。但是第一条和第三条则与樊骏先生的工作有密切关系。第一条指的学术成果当然不是指个别学者的著作，而是就整体的研究水平状况，这一点，恰恰是樊先生最关注的主要研究对象。然而他的研究成果又是与《中国现代文学研究丛刊》这本刊物紧密相关，可以这么说，作为学科魂，樊骏先生首先是这本刊物的灵魂。就中国现代文学研究领域而言，80年代这本刊物质量之高境界之大影响之深，当时能够相提并论的刊物，大约唯有《文学评论》，今天流行的学术刊物，没有一种可以与之相比；当时它起到的对青年学人的培养功能，现在也无类似刊物可以例举。这是无可回避的事实。然而还有一点不能忘记，樊骏先生的工作，是与中国现代文学研究学会紧密联系在一起的。这个学会的会长，初创以来一直是王瑶先生担任的，而具体工作主要是樊骏先生在张罗，当然还有其他的前辈学者参与其中。在我的模糊印象中，中国现代文学研究学会风气清正，活力洋溢，新人辈出，这些都是与樊骏先生的辛苦努力分不开的。我只举一项学界都知道的例子来说明：樊骏先生晚年从海外家族获得一笔遗产，他将全部遗产连同自己一生省吃俭用积累下来的两百万人民币，分别捐给学会和社科院文学所，鼓励学术研究。其中一百万就是捐给学会的王瑶学术奖。他不愿透露自己的姓名，在很长时间里外人一直以为是王瑶先生在海外的女儿所捐。但是，当第一届王瑶奖评选结果出来后，樊骏先生认真阅读了获奖作品，他表示了极大的不满，为此他给学会会长严家炎先生写了一封好几张纸的长信，坦率地提出了批评。这件事，是严家炎先生亲口告诉我的，我没有看到樊信的原件，但严先生非常重视樊先生的意见，为此多次征求各方面对王瑶奖的看法和建议。后来，果然王瑶学术奖越办越好了。这件事，我们可以从各个角度来解读：首先，在当时学会的经济状况比较差的情况下，他捐出了自己的积蓄来鼓励学术研究，并且不愿透露自己作为出资人的身份；其次，作为出资人，他不愿意参与具体的评奖工作，也不愿意干预具体的评奖工作；其三，当他发现问题将不利于评奖活动的正常发展时，毫不犹豫地提出批评，唤起大家的警觉，以保证学会的健全发展。该退隐的时候就退隐，该放弃的时候就放弃，但是遇到该尖锐的时候，他也就挺身而出了。这就是我们的樊骏先生。——因为我本人一直置身于学会活动之外,所以对于这些事情并不很了解,也许有些转述与事实不完全符合。不过我举出这样的事例,也许很能够说明樊骏先生对于学会的特殊贡献了。可以说,樊先生是用自己的全部生命能量投入了中国现代文学学会、《中国现代文学研究丛刊》、以及整个现代文学研究学科的建设工作。

很可惜的是,王富仁没有能够最后完成这部通过研究樊骏进而达到对于中国现代文学研究学科之"魂"的阐述。中国现代文学研究学会在王瑶先生仙逝以后,选严家炎先生继任会长,严先生退休以后,王富仁也担任过一届会长,以后又把重任交给了温儒敏兄……我想王富仁在担任会长期间,一定很认真地思考过这个问题,有些委曲体会也是非在任的会长莫属。所以,他才会对现代文学研究现状做出三个层面的区分,并且在研究者的个性研究与国家、社会事业对学术的高度控制之间,分割出一个整体性的学科研究的层面。在本书的后半部将近一半以上的篇幅里,也就是在第四章《樊骏先生的中国现代文学史观》里,王富仁用模拟樊骏的手法,浩浩瀚瀚地写出了一部综论中国现代文学史观的大文章。他深情地说:

> 我是第三代中国现代文学研究者中间的一个,因而也像我们那代中国现代文学研究者中间的所有人一样,一直停留在个性层面的中国现代文学研究中。在开始,我是完全按照自己的想法写文章的,也自觉不自觉地按照自己的想法看待整个中国现代文学研究的现状及其命运和前途,后来才发现,我按照自己的想法写文章是一回事,而按照自己的想法看待整个中国现代文学研究的现状及其命运和前途又是另外一回事。因为仅仅从我的个性出发所能够看到的东西是极其有限的,并且仅仅是一个角度。依照我自己的个性要求表达我自己的感受和理解,是我应享的权利:自己选择,自己负责,但仅仅依照我自己的个性判断和(来)评价别的个人、别的个性,就存在一个对别的个人、别的个性尊重与不尊重、爱护与不爱护的问题了。在这时,我开始更多地想到樊骏先生和他的学术研究。我的对于中国现代文学研究学科的一些带有整体性的想法,大都是从樊骏先生其人、其文的感受中领悟出来的,并且大都与我原来的、按照我自己的个性推断出来的并不完全相同。现在,我将自己想到的几点用自己的话阐述出来,我认为,人们一眼就能够看出,这些想法并不是从我作为一个鲁迅研究者的个性追求中自然衍生出来的,而是从樊骏先生其人与其文的启发中所领悟到的,因而也理当是樊骏先生学术思想的题中之意,而不是我凭空罩在樊骏先生头上的光环。

这部分内容相当丰富,看得出是王富仁一气呵成的一篇杰作。但因为是未完成稿,我们无法看到经过作者最后斟酌、改定的文本,同时也看不到具体观点论述的引文和注释,因此我还是无法判断,这篇文学史观论究竟是王富仁根据樊骏的立场观点模拟樊骏可能拥有的学术见解,还是王富仁学习樊骏的"整体性研究"而推断出来的他自己的观点。当然更不能说因为王富仁从樊骏先生的"其人与其文的启发中所领悟到的"一些想法,就理所当然地作为樊骏先生的学术思想和学术观点。在学科层面的"整体性研究"并不是一个人的工作,各个三级学科领域、各个高校和研究机构的学科领域,都需要有学科层面的研究,来规划、指导和提升整体的学术研究。樊骏先生只是其中一个杰出的代表。王富仁兄由一个研究鲁迅、推崇研究个性的第三代学者担纲起学会的负责人,自然而然在研究方法和研究思路上也相应地发生变化,因此,这本书后半部分的"中国现代文学史观"论,我觉得看做是王富仁晚年的中国现代文学史观,也许更加合适一些。但这种研究方法,并且因为方法而导致了研究本体的观点之变化,也可以说,是与樊骏先生有关。或者说,是樊骏先生影响了王富仁。

2018 年 7 月 22 日于鱼焦了斋

附:

挽王富仁

陈思和

迅翁延寿再传人,五四文统国学新。
呐喊彷徨思想镜,北师南汕独孤身。
遥闻死别浑无泪,老病生离总黯神。
宇宙无需寻驿站,鸿爪白雪已存真。

2017 年 5 月 3 日
(作者系复旦大学中文系教授)

长歌当哭

——怀念富仁

罗　钢

从富仁的追思会归来,内心久久不能平静,信手翻开一本旧著,这本书的序言是富仁写的。在序言末尾谈到我们两人的交往时,富仁写道:"六载同学,六载同事,十二年情同手足,相濡以沫"。读着这些文字,我的眼睛湿润了。这本书出版于1993年,从那时起又是二十多年过去了,在将近四十年的漫长岁月里,我一直把富仁看做自己最敬重、最挚爱的兄长。

一

我和富仁初识是在1978年春天,无论是在我们个人的生命史上,还是在我们民族的生命史上,那都是一个名副其实的春天。那年四月我们同时来到古城西安,参加西北大学中文系研究生的复试。这是"文革"十年后第一次招收研究生,参加复试的同学人才济济。除我之外,都是"文革"前的大学生,我内心很忐忑,一点自信也没有。或许是富仁看出来我的紧张和不安,走过来主动和我打招呼。富仁自称是山东人,我当时看着面前这位瘦小精干、面容黧黑的中年人,很难把他与想象中的"山东大汉"联系在一起,便追问他是山东什么地方人。富仁略微迟疑了一下道:"说出来你恐怕也不知道,山东聊城,是鲁西南一个比较贫穷的地方。我们那里出过一个名人,叫傅斯年。"还真的被他说中了,我那时年轻无学,既不知聊城是何地,也不知傅斯年是何人。富仁又告诉我,他是山东大学外文系毕业的,在聊城一所中学教语文,这次报考的是鲁迅研究方向,复试名单中原本没有他,是因为排在前面的一位同学政审遇到麻烦,临时补进来的。和富仁的交谈,使我当时紧张的情绪缓解了许多。那次复试,我和富仁等几位外地同学被安排住在一起,多了一些接触,富仁的坦率、真诚、谦逊和友善给我留下了很深的印象。出于这份好感,当我接到研究生入学通知时竟情不自禁地想,要是那位王富仁同学也能录取就好了,结果当我报到时,才知道富仁已早我两天入学了。

二

富仁常常自称是"农村人"。其实他的父亲念过书,很早就参加了革命,如果填写家庭成份,富仁应该填"革命干部"才对。他小时候跟随母亲生活在农村,在他身上的确保留着一些农村人的生活习惯。在西北大学读书时,我们作为研究生享受的一个特权,是在教工食堂就餐。教工食堂面积狭小,通常找不到座位,但富仁对此并不在意,因为他喜欢蹲在地上吃饭。偶尔我们也能占领一张饭桌,大家高兴地围坐在一起,边吃边谈,这时富仁反而不大自在了,于是他选择蹲在一张凳子上,这样就比众人高出一头。只见他一面喝着热气腾腾的"杂稀"(他的最爱,就是通常说的玉米碴子粥),一面高谈阔论,有一种领袖群伦的气概。富仁生病不喜欢去医院,习惯自己"扛着"。在北师大时,有一次我去他家,他躺在床上,腰疼得站不起来,大家都劝他去医院,富仁的家与校医院近在咫尺,但他抵死不从。我听见他吩咐大嫂去找一块砖,在炉子上烤烫了,然后用一块毛巾之类的东西裹起来放在他腰上。富仁还有一个习惯可能也与他幼时在农村生活有关,在使用电脑之前,人们写作一般都用钢笔,我们用的是所谓的自来水笔,而富仁用的是那种最原始的蘸水笔。他写作时先要在墨水瓶中蘸一下,写一行字,再蘸一下,再写一行字。他的许多论文都是用这种蘸水笔写出来的,可能直到改用电脑才放弃。由于采用这种书写工具,富仁的字一横一捺都很用力,字迹很清晰,很容易辨认,但并不十分规整,流露出一种倔强不羁的意味。

不过,你如果真的以为富仁就是一个农村人——甚至就连"王富仁"这个土气的名字都在为我们指示他的农村出身——那么你就大错特错了,无论在思想观念、价值系统、文化趣味等,哪一个方面,富仁都是典型的具有现代意识的知识分子。也许正因为从农村走来,对它的认识更加直接和真切。富仁在自己的著作中持续地揭发和批判中国农民身上所具有的保守、封闭、狭隘和冷漠。他是少数几位从八十年代到今天,一直始终不懈地高举启蒙旗帜的中国学人。然而,农村生活在富仁身上留下的难道仅仅是一些无伤大雅的生活习惯吗?我认为并不尽然,在富仁身上至少保持着一种在中国农民,尤其是北方农民的性格中常常见到的特征,那就是"执拗"。

富仁说自己"执拗",开始我并不相信。在日常生活中,富仁是一个很随和、很好相处的人。富仁生病后,我担心他在汕头无人照顾。他说有一个保姆照料他的日常起居,时间长了,相处得很好,这我是相信的,富仁在生活中是很好"侍候"的。但在有些事情上,尤其是一些他认为重要的事情上,富仁的确是"执拗"的。在思想上,富仁从不轻信,但他一旦认准了某种真理,他就不会放弃、不会退缩,会义无反顾地坚持到底,用农村话说"十头牛都拉不回来"。几十年来,富仁的思想也会发生一些变化,但像梁启超那样动辄以"今日之我"与"昨日之我"而战的情形在他身上是不可能发生的。当"执拗"与"保守"、"狭隘"这样一些因素结合在一起的时候,往往会发生悲剧,但富仁的"执拗"不是"认死理",而是"择善固执"。他一生对鲁迅的敬仰和热爱,对鲁迅精神的捍卫和实践,就是这种"择善固执"的体现。这种"择善固执"使富仁避免了在知识分子身上常常发生的动摇、软弱、患得患失。富仁个子不高,但内心很强大。80年代初"左"风未泯,富仁在鲁迅研究中提出的新观点引起激烈的争论。有人试图把正常的学术讨论转化为政治批判,许多朋友都为富仁捏一把汗,富仁此时却毫无惧色,他对我说"我不怕被人打倒,因为我原本就是躺着的"。

三

富仁说,他的前半生是不幸的,置身于上世纪六七十年代那个特殊的政治环境,如果一个人把知识分子独立思考的精神和农村人"执拗"的性格结合在一起,必然是十分危险的。富仁住院期间,在一次闲谈中我们说起,五四以后的作家,乃至一般知识青年都喜欢写日记,这为我们打开了直接通向那个时代心灵的一扇扇窗户。可惜在经历接二连三的政治运动之后,这种写作传统就式微了,很可惜。这时富仁很认真地告诉我,他在读中学的时候就坚持写日记,由于在里面写了一些真实的想法,被同学告发,作为他思想落后的证据,受到集体批判。在"文化大革命"中,富仁的父亲成了"走资派",家庭经济来源断绝,恋人离他而去,自己也因不愿随波逐流而受到孤立,在生活和精神上都陷于困境。富仁说,在精神最苦闷的时候,他偶然在街上拾到一毛钱,此后一连几天他都在大街小巷寻觅,目的其实是转移注意力,暂时摆脱难以承受的内心痛苦。大学毕业后,富仁去了军垦农场,从事繁重的体力劳动。据大嫂说,一年冬天她去农场探亲,只见走来的富仁又黑又瘦,穿着一身破衣烂衫,床上盖的被子已经由白色变成了黑色。大嫂只好将被里翻过来做被面,凑合着过了一晚,第二天一大早就去为富仁洗被子。回到故乡以后,富仁做了一个普通的中学语文教师,一教就是八年。这段时间他的生活逐渐安定下来,两个儿子先后出生,我从未见富仁干过家务活,家里的事都由大嫂包揽,但据富仁说,在那一段时间,他也做一些家务,为了让大嫂能够腾出手做饭,他的任务是抱孩子,他还吹嘘说,他有一手绝技,能一手抱孩子,一手玩扑克。尽管富仁讲得很平静,有时还带点调侃,我仍然能从他的叙述里感受到一种无可奈何的、深深的悲哀,感受到他当时内心的彷徨、苦闷和挣扎。幸而在这种精神危机之中,富仁遭遇了鲁迅。正是鲁迅把他从平庸、枯燥的日常生活中拯救出来,使他的灵魂不至于被周围冷酷的现实吞没和湮灭。借用富仁读过的一位俄国批评家杜勃罗留波夫文章的题目，正是鲁迅使他看到了"黑暗王国中的一线光明"。直到去世前，他还对我说"人们只知道我热爱鲁迅，但它们不知道我是在什么情况下遇到鲁迅的"。萧军在延安说"鲁迅是我的父亲，毛泽东是我的大哥"。富仁从未这样说过，但确实把鲁迅视为自己精神上的父亲。富仁一生许多重要的精神特征，如不妥协的反抗和批判精神，对"被侮辱与被损害者"的同情，对学院派精英知识分子的警惕和怀疑，内中都有鲁迅的"遗传基因"。我从未见过一个人和他的研究对象能够契合到这样的程度，正如我们可以通过富仁的研究来接近鲁迅，我们也可以通过鲁迅的言行来猜度富仁，我曾对朋友说"其实要了解王富仁并不困难，你只消估计鲁迅在某种情形下做什么，王富仁也一定会做什么"。

四

富仁重新回到学校念书时，已经 37 岁了，就一般情形而言，求学的黄金时期已经过去了。阎琦兄在回忆文章中说，富仁学过俄语、日语，还曾跟我"自学英语"，关于后者我已经完全没有印象了。事实上，在研究生阶段学的日语，我也没有见他使用过，他能够娴熟运用的是他大学时学的俄语。我的硕士论文写的是浪漫主义文艺思想，研究文献中有一部苏联学者万斯洛夫的《浪漫主义美学》，我的俄语不好，为了帮助我，富仁每天晚上翻译几页，集腋成裘，后来订成了厚厚的一本。富仁翻译得很轻松，把它当作写作论文后的一种调剂，我很少见他使用字典。

和富仁年纪相若的一代知识分子，是中国现代史上空前，也可能是绝后的一代知识分子。当他们进入思想和学术领域时，他们既有自身明显的劣势，也有自身强大的优势，富仁的聪明之处就在于，他从一开始就懂得如何尽可能地避免自己的劣势，同时最大限度地发挥自身的优势。进校后不久富仁就说，我不可能像年轻人一样，先把鲁、郭、茅、巴、老、曹的书一本本读完再作研究，我只能一边读书，一边做研究。富仁大学学的是俄文，他在青年时代对俄罗斯文学情有独钟，如果不是"文化大革命"，他很可能成为一位优秀的俄罗斯文学专家。他的文学趣味是俄罗斯文学培养的，他的论文那种纵横捭阖、长篇大论的写作风格也受到十九世纪俄国批评家别、车、杜的影响，由于具备深厚的俄罗斯文学学养，我记得同学中富仁较早确定了自己论文的题目——《鲁迅前期小说与俄罗斯文学》。此后，鲁迅与果戈理，鲁迅与契诃夫，鲁迅与安特列夫，论文一篇接一篇发表出来，最后构成了一部完整的专著。富仁这本书是他的硕士论文，就所达到的水平而言，远远超过今日许多的博士论文。

富仁之所以能在学术上迅速走向成功，得益于历史赋予他们这一代知识分子的某种特殊的精神财富。在青年时代,他们被一场空前猛烈的政治风暴从大学连根拔起,抛向社会的底层。以一个普通的工人、农民、教师的身份,长期生活在人民群众中间。在重新回到学校之前,他们已经在社会这所大学里学习了很多年,他们不是两手空空地归来的,而是带来了自己对中国社会现实的长期深入的观察和理解,这些知识不是从书本上得来的,而是从自己直接的生活体验中得来的。富仁的才华就体现在,他善于对这些直接的经验加以综合、提炼、概括,将其转化为一种体系性的理论话语,从而在思想和学术上造成重大的突破。我认为,这可以帮助我们理解富仁一批最优秀的论文何以在 80 年代带来那样强烈和广泛的思想冲击,当然,这种成功是有代价的,正所谓"国家不幸诗家幸,赋到沧桑句便工"。

富仁并不是孤立的,80 年代中国现代文学领域涌现出的一批优秀学者,与富仁有着类似的经历。我想,这或许就是在新时期文学研究中,为什么首先是在中国现代文学,而不是在古代文学或外国文学研究取得突破。因为正是在这一领域,研究对象与研究者的人生体验最容易打通,经验之花最容易结出学术之果。不过在这方面,富仁似乎表现得特别突出一些。80 年代中期,他应约写一些电影评论,其中一篇叫《立体交叉桥上的立体交叉桥》(题目很有时代气息,那时北京正在修三环路),评论的是一部当年的获奖影片《野山》,影片描写农村改革中家庭关系的变化,一位同学读了之后对我说"这不是在写他和大嫂的关系么?"鲁迅把作者分为两类,一类的态度是"隔岸观火",一类是"把自己也烧在里面",富仁属于后者。

五

富仁因其专著《鲁迅前期小说与俄罗斯文学》在鲁迅研究界崭露头角。1982年去北京攻读博士学位,很快进入了学术喷发的"窗口期",连续发表了若干篇在当时产生了广泛影响的论文,其中最著名的是两篇文章,一篇是《中国反封建思想革命的镜子——论〈呐喊〉〈彷徨〉的思想意义》(《中国现代文学研究丛刊》1983 年 1期),另一篇是《在广泛的世界性联系中开辟民族文学发展的新道路》(《中国现代文学丛刊》1985 年 1 期)。我认为,这两篇文章堪称富仁论文中的双璧。我那时在故乡的一所大学教书,富仁特地从北京寄来载有这两篇论文的刊物,并郑重地署上自己的名字。学者之间通常会赠送自己的著作,但赠送载有自己某篇论文的刊物的事是比较少见的(国内的刊物通常没有抽印本),足见他自己也很珍视这两篇论文。至今我仍然记得捧读这两篇文章时那种激动的心情,富仁的论文有一种摄人的气势,你一旦进入它的思想逻辑,就像被一股强大的气流所承载、所裹挟、所超度,随之跌宕起伏,不能自已,使你最终不能不为他的思想结论所折服。他的文章就如清人沈德潜所说"其间忽疾忽徐,忽翕忽张,忽渟滀,忽转掣,乍阴乍阳,屡迁光景,莫不有浩气鼓荡其机"。"大气磅礴"确乎是"王氏论文"的鲜明印记,所以他的论文篇幅大多比较长,动辄数万言。文章写得长,并不是因为旁征博引,他的文章注释一般都不多,一些受英美学院派训练的学者对此很不理解。90年代初,陈学超兄在香港筹办一个国际学术会议,富仁提交了一篇论文,香港大学一位学者质疑道:"王教授的论文这么长,怎么注释却这么少?"很早以前我就发现,富仁有一个与众不同的写作习惯,我们写文章,写到中间突然发现某一段写得不如意,会将当页撕掉,将这一段重新写过,而富仁不同,即使已经写了很多,他也会将已经写好的全部废弃,从头再写,通常一篇稿成,废纸篓已经塞满了。我想,这恐怕就与富仁追求文章的气势有关,即所谓"一气如注"、"一气呵成"。由于这个缘故,富仁是不适合考试的,当年只能"候补",也就不足为怪了。

1984年富仁毕业,成为中国自己培养的第一位中国文学博士(一说为中国现代文学博士),名满天下。次年,我也考入北师大读博,入学不久,我便去问导师童庆炳教授,究竟什么样的博士论文才算合格,童老师取出一部像砖头一样厚的著作说"写成这个样子就可以毕业了"。我凑近一看,正是富仁新近出版的博士论文《〈呐喊〉〈彷徨〉综论》。心里叫苦不迭,"富仁兄,你写这么厚干什么呀?"这本书我一直没有勇气读完,在当时却产生了很大的社会反响。记得有一部电视剧,男女主人公都是好学上进的青年,一日女主人公问道"你最近在读什么书呀?"男主人公一脸庄严地回答,"正在读王富仁博士的《〈呐喊〉〈彷徨〉综论》"。放在今天,这简直是"天方夜谭",而在当年却是可以理解的。就在那段时间,我有一次去王府井百货大楼买衣服,柜台里面好几个女售货员顾自叽叽喳喳地议论着什么,根本不搭理我,我仔细一听,她们讨论的是谌容的一部小说《人到中年》。

大约就在这一时期,富仁的名望达到了巅峰,许多外地来京的学者都欲一睹王博士的风采。我有一个朋友在四川大学教书,他的专业和现代文学毫不相干,也央求我带他去拜访富仁,富仁照例来者不拒。有一段时间,通往富仁家的小路上求贤问道的人络绎不绝。一天晚上我因事去找他,见他瘫坐在沙发上,说是今天累坏了,前后接待了十三批客人。尽管富仁已经成为名人,却没有流露出一丝一毫骄矜之色,对身边的朋友、同事和学生,仍然保持着向来的谦逊和低调。那么富仁内心究竟有没有变化呢?最近读到阎琦兄的文章,使我有了一些新的认识,阎琦兄来京开会,住在富仁家,他记下了当时与富仁的一段对话:阎琦说:"富仁啊,你现在差不多是半个思想家了。"富仁说:"半个?我已经是整个一个思想家了"。阎琦打趣说:"我可是以严复、梁启超、胡适为思想家标杆的呀!"富仁说:"如是,则假以时日,假以时日。"或许,它反映的是富仁当时对自己真实的期许。

六

在生活中,有人长于理性,有人长于感性。富仁长于理性思考,他的学术研究也以"思想"著称,因此人们往往会忽略他身上感性的一面。在长期的接触中,我发现,他其实是一个敏感、细腻、有着丰富内心情感的人。我们在西大那几年,正是以刘心武的《班主任》为代表的伤痕文学流行的时候。富仁在学习之余写了几篇小说,牛刀小试,就颇有斩获。其中发表出来的有两篇,一篇叫《集邮者》,发表后即被《小说选刊》转载,另一篇发表在《上海文学》上,内容已经不记得了,只记得没有爱情描写。我那时年轻,对这方面很向往,于是稍微有一点失望。不过富仁并不道学,也不拒绝风花雪月。在西大,为了方便学外语,学校给我们配了一台老式的录音机,不知哪位同学弄来一盘邓丽君的录音带,过去从未听过这种"靡靡之音",觉得很新奇,富仁也来听。寒假前,富仁来要那盘录音带,说是原来工作的中学也有一台录音机,他准备带回家去听。这种老式的录音带足有盛菜的盘子那样大,携带起来很不方便。那时从西安到聊城交通不便,需要先乘火车,再转长途汽车,辗转几次,但富仁还是把它带走了。周末我们几个同学常结伴去看电影,那时正是中日关系的蜜月期,有几部日本电影在国内热映,有一部栗原小卷主演的《生死恋》,我和富仁看过不止一遍。理性与感性兼擅的人有时会因二者的矛盾发生困扰。外国的席勒、中国的王国维都述说过二者相互干扰的情形。这种情形在富仁身上是否发生过呢?80年代初,有一部苏联小说《这里的黎明静悄悄》被翻译过来,作者名叫瓦西里耶夫。小说写的是卫国战争时期一群苏联女兵的遭遇,很悲壮,也很美,大家读了都很感动。富仁是学俄罗斯文学出身的,更是极口称赞。感叹唏嘘之余,我问富仁,你认为这部小说与鲁迅小说比较,水平如何?富仁说,论思想,恐怕还是鲁迅深刻一些。我说,我们暂且不说思想,只谈二者的艺术吧。富仁大概还沉浸在小说唤起的美感中,于是承认这部小说在艺术上可能比一些鲁迅小说更感人,水平更高。我顿时来了精神,"且不说托尔斯泰、陀思妥耶夫斯基这样的俄罗斯文豪,即使在苏联文学中也还有肖洛霍夫这样的大家,瓦西里耶夫充其量只是一个二流作家,如果……"话还没有说完,富仁已经识破我的圈套,转身不再搭理我,倒也不恼。不知这算不算富仁的感性对他的理性的滋扰呢?

人们乐于和富仁接近,除了他的真诚、善良之外,还因为他是一个风趣和幽默的人,时常给人们带来意想不到的快乐。他的牙一直不好,后来索性换了一口新牙,换牙期间他出门总戴口罩,那时北京还没有雾霾,戴口罩是一件不寻常的事。于是路上遇见的熟人都会关切地问他是否生病了,富仁一面摇手一面略带羞涩地回答"没有,没有,是我的脸在装修"。

在生活中,富仁是个很智慧的人。我遇到棘手的事,会首先想到他,第一个向他求教。1995年,我开始招收博士生,那时候博士生招生数量小,一些同学和朋友便热情地向我推荐考生,这使我感到为难,我问富仁他是怎么解决这个问题的。富仁说,"我通常这样答复,如果你推荐的学生和其他考生考得一样好,我会优先考虑他,如果其他学生比他考得好,我就没有办法了。"于情于理,都无懈可击。事实上,在博士生考试中,几乎不可能有两个人考出同样的成绩。

七

上个世纪80年代是一个特别值得怀念的历史时期。那时有一句话时常见诸报纸和广播,"改革开放的春风吹遍了祖国大地"。在这股历史大潮的冲击下,许多一度密布政治暗礁的思想禁区被冲破,许多长期禁锢人们头脑的思想枷锁被砸开,一个自由、广阔的思想天地重新出现在人们面前。与此同时,今天浊浪滚滚的物质至上、拜金主义、消费文化还没有兴起,还没有扭曲和吞噬人们对真、善、美的自然追求,这就为像富仁这样的人文知识分子施展才华提供了难得的历史机遇。

与精神上的意气风发相伴的是物质上的极度贫困。那时候在学校里,除了读书,一个主要的"娱乐"方式就是聚在一起"侃大山",当时我单独住一间宿舍,富仁常在周末的晚上来聊天,时常一些同学也来参加。除了一杯白开水,我拿不出任何东西招待大家,谈话很热烈,常常持续到深夜,但无论多晚,富仁都会独自走回家去。有一次,富仁来得较早,照例半躺在床上,一面抽烟,一面"神侃",这时进来一位同学,一进门就嚷饿,在房里四处搜寻,一无所获,最后终于找到半袋奶粉,大喜过望,于是冲了一大碗,咕咚咕咚喝下,抹抹嘴,加入谈话。这些谈话的内容已经记不得了,也无须记忆,因为谈话中的许多思想火花,后来都被他们吸收到各自的文章中去了。那一天晚上,这位同学的精神特别好,为了一个什么问题与富仁"死磕"。我支持不住,顾自睡了。"夜久语声绝,如闻泣幽咽"。第二天红日临窗,发现二人都走了,屋里留下一地烟蒂,这是富仁的成绩。再看看我的奶粉袋,已经完全干瘪了,我这才明白,昨夜那位同学精神如此亢奋的原因。

故人已逝,这样的谈话不可复得了。

当然,那时的思想学术也存在自己的问题,如有些浅薄、浮躁等等,但那时的学术界是干干净净的,没有今日熏人的铜臭。富仁一直很感念两位先生对他无私的提携,一位是樊骏先生,一位是王信先生。我不认识樊骏先生,但我与王信先生有一面之缘。1988年博士论文通过以后,我把其中的两章贴上邮票分别寄给了《文学评论》和《中国社会科学》。不久就接到王信先生电话,约我去《文学评论》编辑部一谈,王信先生很严肃,很认真,让我对稿子做一点技术处理,谈话时间很短,没有一句多余的话。《中国社会科学》那位编辑年轻一些，也要热情一些，对我说了一些鼓励的话，两篇文章很快都发表了。此后我与他们再无联系，时隔 30 年，我在富仁的追思会上再次见到王信先生，本想趋前问候，但转念一想，像我这样普通的作者，他一生不知接待过多少，一定不记得我了，于是停下了脚步。最近我指导的一位博士生告诉我，他的一篇论文被某学术刊物录用了，但同时要他交纳一万五千元的赞助费，这位同学家在农村，要拿出这笔钱颇感吃力，恰巧我系一位老师与该刊的编辑相熟，他便托这位老师去说情，希望能适当降低一些，结果遭到严词拒绝，和他相比，我们当年是多么的幸运呵。

尽管富仁后来在学术上不断地取得新的成绩，还担任过中国现代文学学会的会长，但我始终认为，在精神上他是属于上世纪 80 年代的，他的思想、力量、成就、影响乃至于不足，都与那个时代紧密相联，正是在那时，富仁的生命放射出一生中最为灿烂的光华。

八

去年 7 月的一天晚上，我突然接到王培元兄的电话，说是富仁罹患恶疾，现在已回北京治疗。第二天我匆匆赶到 301 医院，推开病房的门，只见富仁的床铺空着，我以为他被送去治疗了，便去护士站问他什么时候回来，护士很惊讶，说王富仁在病房里呀。我仔细一看，富仁背向着我，俯身坐在病房里的一张小桌旁。因为治疗，头发剃得很短，所以我一下子没有辨认出来，我走过去一看，他还在读书，我特地翻了一下，看的是杜威的《论教育》。富仁像往常一样，平静、安详，大概看我的神色有些异样，还反过来安慰我说，"不要紧，鲁迅才活了五十几岁，我今年都七十多了"。

富仁了解自己的病情，但他的脸上并没有流露出丝毫的恐惧和悲伤，化疗是十分痛苦的，未曾经历的人难以想象。据富仁邻床一位看起来身强力壮的病友说，一个疗程之后，人就像被彻底击倒了，软得就像一团棉花，失去了任何自主活动的能力。对于富仁来说，每一次化疗都是一场痛苦的搏斗。当筋疲力尽地结束一个疗程后，他会回到南方修养一段时间，我一般选择在他入院之前和出院之后陪他吃两次饭，开始富仁还表示要回请我，后来便习以为常了。我知道，这两餐饭慢慢对他具有了某种仪式性的象征意义，前一次似乎是在为他的出征壮行，后一次则是在庆祝他又一次战胜病魔，凯旋归来。后来我去医院看他，他会略带几分夸耀地对病友说，"他在等着请我吃饭呢！"

这是一生中，我仅有的几次请富仁吃饭，我非常珍惜这种机会。在西大读书时，富仁是同学中发表论文最多，也是稿费收入最高的。每次收到稿费，他先将大部分寄回家里,再给自己留下买香烟和稿纸的钱——这是为了再生产购买必备的生产资料,余下的便用来请同学们喝酒。我虽不喝酒,也在受邀之列,富仁交代给我的任务是,酒席终了,把喝醉的同学搀扶回学校,每一次都是尽欢而散。那时物价低,喝一次酒也就十几、二十块钱。不过那时的生活费用也很低,这笔钱大概足够富仁大半月的生活开销了。

我去北师大时,富仁已把家眷从山东接来。我曾夸口说,"在师大,富仁家是我唯一不打招呼就可以闯去吃饭的"。小儿顽劣,放学时常被老师留下训话,我也会被捉去一同受训,训话完毕,已经过了饭点,食堂关门了,父子二人便相率向富仁家走去。那时富仁家住顶楼,只要听见楼梯上响起一重一轻的脚步声,大嫂就会起身说"罗钢来了",全家相视而笑,待我们进门时,桌上已摆好了两副碗筷。富仁家饭菜的种类不多,但分量很充足。

不能说富仁不修边幅,但他对衣着打扮向来是不在意的,他对饮食也不挑剔,很容易满足。很久以前,我曾从四川给他带了一瓶尖庄大曲,富仁赞不绝口。其实那不过是五粮液的等外品。在病中请他吃饭,他只提供两种选择,要么是烤鸭,要么是烤肉,除此之外,他似乎不知道世上还有许多佳肴美馔。富仁的生活一直是简单、朴素的,即使是经济条件好了,也没有什么改变。我记得鲁迅曾经说过,如果生活太舒适了,工作就为生活所累了。大约富仁就是这样考虑的吧。

九

在肉体与精神之间,富仁的态度一直是厚此薄彼,极不公正的。他对前者的需要通常是轻视的、忽略的、冷漠的,有时甚至为了后者不惜戕害前者,抽烟就是一例。他何尝不知道抽烟危害身体健康。有一两次,在大家的劝说下,他曾尝试戒烟,但很快就放弃了,因为离开香烟,他就不能聚精会神地阅读、思考和写作。结果,在他的晚年,备受歧视和伤害的肉体终于对他施行了一次猝不及防的、最凶狠的报复。

即使是在这种情况下,富仁依然执迷不悟。第一次去探视富仁时,我照例带了一些营养品和水果,富仁不以为意,还嘱咐我下次一定不要再带了。后来在谈话中,我谈起近期读过的一些有意思的书,富仁顿时来了精神,说他在汕头找不到这些书,问我能否借给他看看。以后去探视时,我就选择一些书带给他,每次我进门时,富仁就会站起身来,盯着我的书包,关切地问"这次又给我带了什么书呀?"和一般病人不同,富仁在病中需要的,不是鲜花、水果和营养品,仍然是书。在我的经历中,这是破天荒的第一遭,一个疗程结束,富仁要回汕头休养,他指着床头一摞书和我商量:"这些书还没有看完,我要带回去看,书这么沉,难道还要我下次再带回来吗?"我知道,这是富仁委婉地希望我把这些书送给他,他读书有一个习惯,喜欢把自己的心得以眉批、脚注的方式写在书页上,所以平时他很少去图书馆借书,而是自己买书。我答应把这些书都送给他,只是其中一套有点舍不得,那一次恰巧张海明和邹红夫妇也来探病,于是他们建议我把这套书先让富仁带走,以后他们托学生买来给我,当这套书辗转送到我手中时,富仁已经离去了。

住院期间,除了进行化疗最痛苦的几天外,富仁依旧手不释卷地读书,我最后一次在医院中见到富仁时,他的病床上还摊开着一部厚厚的书,已经读到了最后几页,书上又勾又划,还写了许多批注。我读过这本书,不看封面就知道是萧军的《延安日记》。在医院,富仁很少谈自己的病情和治疗,而是谈读书、谈思想、谈文学,谈起这些,他总是神采飞扬,兴致勃勃。富仁读书很多,古今中外都读,学识很渊博,但他仍然不满足。一次他对我说,他唯一的遗憾是有两部书还没有来得及读,一部是中国的二十四史,一部是马克思的《资本论》。

在病中,富仁的头脑依旧非常清晰,思维依旧非常活跃,常提出一些发人深思的见解。例如他说,现代有两个人最了解中国,一个是毛泽东,一个是鲁迅,两人的不同之处在于,毛泽东依靠群众,而鲁迅不相信群众。今年春节前后,他回汕头休养,我打电话问他在干什么,他说在写文章,我一听大惊,急忙劝他不要写了,有精神的时候看看书就可以了。富仁不以为然,他说其实写作比看书还要轻松一些,看书要跟着别人的思路走,身不由己,很难停得下来,而写作是由自己掌控的,信马由缰,想怎么写就怎么写,所以不觉得累。我认为他的理由很荒谬,但一时竟不知道怎样反驳他。

在与他的接触中,我能感觉他的身体越来越衰弱了,我陪他一起吃饭,他吃得越来越少,我带给他的书,他也看得越来越慢了。与富仁相交近四十年,我对他一直很敬重,很钦佩,但因为彼此太熟悉了,许多话反而说不出口。这时我意识到,如果不说出来,也许再也没有表达的机会了。在最后一次见他时,我把埋藏心里很多年的感受都告诉他了,富仁静静地听着,没有说话。后来他的儿子小麒告诉我,那天我走后,父亲一晚上都很高兴。

也是小麒说,在富仁生命的最后时刻,他已经不能躺卧,疼痛难忍,呼吸困难,每天只能入睡一两个小时,但他仍在读书,还叹息说"两天时间只读了一页书"。我想,除了难耐的肉体痛苦之外,这很可能是促使富仁决绝地告别人世的又一个原因。对于富仁而言,肉体不过是精神寄居其中的皮囊,一旦他感觉不能读书,不能思考,一旦他感觉不再可能从事一生钟爱的精神工作时,生命就不再值得留恋了。在死亡面前,富仁充分地体现了人性的高贵和尊严。这使我不由得想起17世纪法国思想家帕斯卡尔关于人性的一个著名比喻,大意是:人不过是一根芦苇,是自然界最脆弱的东西,一口气、一滴水就足以致他于死命,然而人纵使遭到毁灭,仍然比致他死命的东西高贵得多,因为他是一颗会思想的芦苇。帕斯卡尔最后说,"我们全部的尊严就在于思想"。

我没有去过聊城,我以后一定会去的。富仁热爱自己的故乡,在他的描述中,聊城是一座美丽的小城,绿水环绕,夏日开满荷花,城中央有一座奎星阁。

2017 年 9 月 17 日

（作者系清华大学中文系教授）

并不就真的不可能

王晓明

五年前,我在一篇学术自述中回忆 1980 年代:

那是一个容易让青年人"志"比"才"高的时代,也是一个容易让"有志青年"相信自己能得到理解、宽容甚至扶持的时代。没有篇幅一一回忆帮助过我的人,这里只说一位:北京的王信先生。

光看样子,你可能会觉得他不应该在"中国社会科学院文学研究所"上班:近乎光头,浓眉,大眼大鼻,魁梧粗壮,说话略带鼻音,神情锋利⋯⋯然而,正是在他主持实际编务的七八年里,《文学评论》向年轻学人敞开了大门。在 1980年代中期以前,作为中国大陆最权威的文学研究杂志,《文学评论》的作者群,是以资深学者为主的,初出茅庐的年轻人,一般不敢向它投稿。但是,王信和编辑部里的同道们,却自削门槛、俯身援手,以充沛的敏感和善意,引年轻人的思想活水进版面,更以杂志的权威替学术新潮擂大鼓。

1985 年,我寄了一篇论鲁迅内心矛盾的文章给他,他回我一封长信,详细地分析批评,最后一句相当重:你这是"诛心之论"。但他又说,中国社科院另有一份名叫《未定稿》的"内部"杂志,是刊登各种不成熟的"新论"的,他想将我的文章推荐到那儿去,问我是否同意。我当然同意。人的一生中,得到这样严厉温暖的扶助的,能有几次?

1989 年大地摇晃,其后不久,他就辞职、或者竟是被免职了。他没有跟我详说这些事——尽管其时经常通信,我也觉得没必要多问。为了编杂志,他很少写文章,我只看到过两篇,文字克制而沉实。他是用了大心来编刊物的,如果非得要苟且才能继续当主编,他是不会干的。学术乃天下之公器,一份有历史有权威的学术刊物,能得王信先生这样硬气而无私——他是真当得起"无私"二字的——之人主持,刊物幸甚,学人幸甚!①

1980 年代到现在,世态人心都已大变,学界自不例外。有些变化堪称"进步",例如与国际同行的交往逐渐增加,对"国际"的理解也慢慢扩展,不再只是美国欧洲了;②但是,大多数的变化,尤其是那些明明暗暗的新规则,恕我直言,恐怕都只能以"堕落"来形容。人总是受环境影响的,一旦规矩坏了,而且似乎还要继续坏下去,学界的整体的风气,势必日渐卑琐。

这卑琐有直接的社会后果,这些年中国遭遇那么多复杂的新问题,有关方面的应对却常常短视而愚蠢,其中的一个原因,就是大学和研究院贡献不出合格的"智囊"。③ 当然,学者之胸襟人格的日渐狭隘和低下,是更无形、后果也更深广的灾难,我们这个社会在政治、文化和经济上为此付出的代价,这些年有目共睹,就不赘述了。

我并不想说"学人误国",谁都知道,学界的规矩的败坏,不过是其他因了制度而高踞其上的领域的败坏的后果。但是,如果大学教师误人子弟,博士教授像做生意那样做学问,那就不只是参与误国,更是败坏天下了。因此,即便学界这样的次一级的败坏,也不是社会能够长久承受的。今日民众对电视上侃侃而谈的"专家"的普遍的鄙视,甚至把教授称为"叫兽",就是这难以承受的极限正在逼近的一种心绪和言辞的表现吧。

惟其如此,我特别怀念三十多年前我从《文学评论》的编辑——不仅是王信先生——身上感受到的那种正气和公心。尽管这些年来,在个人交往的范围内,我时时从《文学评论》的多位编辑身上,看到近似王信先生们的神情,但毋庸讳言,在今天这样势利的学术制度的框限之下,这份杂志要重振 1980 年代那样的大心,是近乎不可能了。在一个变化剧烈、很难有什么事物能长久生存的社会里,长生自是可贺之事,但如果竟是置身于世风日颓的时代,回首往昔的高视阔步、粪土权财,不甘卑琐的庆生者,多半会有志向难酬的慨叹吧。

当然,近乎不可能,并非真就不可能。这些年重读现代早期的思想文献,我真

---

① 王晓明:《学术小传》,附录于王晓明:《近视与远望》,复旦大学出版社 2012 年初版。
② 这只是相对于 1980 年代形成并延续至今的思想和学术的主流风气而言的,在 1920—1940 年代和 1950—1960 年代,出于不同的原因,学界对"国际"的理解都较为宽阔,至少能注意到欧美以外的其他地区。
③ 这里作两点希望是多余的补充:一,上述"短视而愚蠢"有许多原因,包括位居首要的制度方面的原因;二,大学和研究院的主要职责当然不是贡献"智囊",而是促进整个社会——而非只是政府——的知识、思想和精神进步,而学界的规矩和风气的败坏,会造成上述整个的促进的能力的明显降低,所谓"对策研究"的粗陋和短视,只是这降低的表现之一。

切地意识到,严复章太炎和陈独秀鲁迅这两代人开创的中国革命,本身就是一件在近乎不可能的条件下硬是为社会开出一条新路的事情。中国本有"知其不可为而为之"的古训,一旦被逼入无可苟活的境地,就更只能不计成败、奋身向前。如果意识到学界风气的颓败,已经严重到社会难以承受的地步,那就不管心绪多么悲观,都得站出来高声说:不能这么下去了!

二十多年没有踏入《文学评论》编辑部的办公室了,我依然记得当年它的门窗和桌椅;十多年没有向它投稿了,我依然怀有对它的亲近感情。这不仅是出于一个投稿人的感激之心,更是出于一份对它的未来的期望。毕竟是一本有积累、有威信的学术杂志,它的年轻编辑,也当能比我更多地体会王信先生们那样的前辈风范。这风范的核心,是"大器"二字,我是坚决相信,一份学术刊物,只要能葆有大器之质,那就无论道上来什么歪风邪气,都能走得稳稳当当。

2017 年 4 月上海

作者补记:

富仁先生的弟子们要给他编一个纪念文集,我一时写不出合适的文字,就改以此文参加。[①] 我在其中谈到的许多昔日和当下的人心世态,富仁先生都是亲身经历、感受也因此远比我深切的。现在他的人身是走了,但文字在,留给人们的记忆也在,那个时代里我们一同养成的若干精神的习性,更是依然还在。历史就是如此有韧性,从某个角度看,这也是令人宽慰的吧。

2017 年 9 月 10 日

(作者系上海大学中文系/文化研究系教授,岭南大学文化研究系特聘教授)

---

① 王晓明先生此文谈到的王信先生和《文学评论》及 1980 年代都跟王富仁先生的学术之路有密切的关联。王晓明先生提议以此文入王富仁先生纪念文集,编者亦认为是好的。——编者注

王富仁老师印象点滴

傅书华

王富仁老师给人很深刻印象的,是他的笑。他面对谁都是一副笑的模样。这笑,在未涉沧桑人的眼中,是和善甚至是谦卑的,但如果你的眼是足够"毒"的话,你会在这笑中,看到一个长期受到欺压的魂灵,面对"风刀霜剑严相逼"的外部世界时的自我保护,它像一副完好的面具,把受伤的苦痛的魂灵遮掩得严严实实,令你痛心不已。

所以,王富仁老师的生命本色,是与受欺压的下层民众的生命形态相一致的,这种一致,是血缘上的一致,而不是因各种缘由的深浅不一的因缘上的一致。即使他身居京华,位处学术庙堂的中心,这种生命的本色,生命的感受,也与他相伴始终。这注定了尽管喝彩之声环绕于他的四周,但他的心也是孤独的。

如是,在各种公众场合,尽管他名高位重,但他总是本能地远离中心偏居一旁而身心两安。

他的穿戴举止,在名流大家群聚场合,显得十分"土气",成为被学界所津津乐道的一道风景,他也常常公开自嘲自己是乡村基层干部的打扮。

但他的内心是十分强大的,是满满的自信,这种强大与自信,或许来自"三双鞋磨倒一朝天子"的民间。

这种强大与自信,又是与对生命自在自由的向往与坚守分不开的,所以,王富仁老师在实际人生中,不适宜于任何权威,他自己也从不以权威来约束学生。

但你如果以为王富仁老师是怯弱的,那就大错特错了,当各种原因,万籁俱寂之时,王富仁老师仍然会发出自己的声音;面对众人的不解,王富仁老师也会独自前行,我行我素。

不论是学界同仁,还是年纪轻轻的硕士生,只要你向他讨教一个学术问题,王富仁老师必定会耐心细致滔滔不绝地向你一路阐释下去,直到时间不再允许。

外出旅途路上,更深漏断之际,你偶睁困倦之眼,总会发现他在一隅灯下,手捧一卷,勾勾划划不停。

王富仁老师的弟子们都知道,王富仁老师的课是可以一直听下去的,因为他每次讲的对象虽然还是同一个对象,但内容却又有新意,他的思考似乎一分钟也不曾停止。

在中国古代士及现代知识分子的谱系中,王富仁老师是一个独异的存在。在一篇论及中国当下知识分子所隶属或传承的各个思潮的长文中,他在文末说,他不属于这些思潮中的任何一个,他是鲁迅派。

确实,王富仁老师一生感佩于鲁迅,他也确实与鲁迅有许多相同之处,但他没有破落户出身的鲁迅狂狷的名士气,也没有鲁迅对近旁之人的杀伤力,他更平民化,让每个人,特别是凡庸俗人,更愿意亲近他,但是,这平民化的骨髓里,是高贵的。

王富仁老师去世后,他的至亲至朋,嫡传及非嫡传的弟子,哀悼之文甚多,高谊深情,读来令人动容。我与王富仁老师交往不多,但他是我一生中所最敬仰的人之一,遂不避借名人以抬自己之嫌,撰写此文,却又于下笔之际,万千无以名之的感受,不知何以表达。鲁迅在《为了忘却的记念》一文的末尾,说"年青时读向子期《思旧赋》很怪他为什么只有寥寥几行,刚开头却又煞了尾。然而,现在我懂得了"。我不知鲁迅先生懂得了什么,但我对"刚开头却又煞了尾"却于此时有着特别真切的感受。

这就是我感受之中的王富仁老师的点点滴滴,以此祭拜王老师的在天之灵。

2017 年 7 月 29 日

(作者系山西太原师范学院文学院教授,已退休)

忆王富仁教授指点我如何面对
困境和心灵痛苦

刘俐俐

转眼间,王富仁教授离世已近四个月了。诸多学者尤其现代文学领域学者发表了不少怀念文字。从各个侧面追忆、描述和思考了王富仁教授学术和人格的诸多往事。八宝山公墓与王富仁教授告别那一刻起,我就想写篇回忆和纪念文章,却迟迟没有动笔。前不久汕头大学文学院来电话说编辑《王富仁先生纪念文集》并向我约稿。这个硬性任务逼迫我反思,什么心理让我如此懒散? 恍然间明白了:我将要回忆和纪念的是位思想深刻丰富、而且担当过去沉重的灵魂。这是件让人痛苦的事情。人之本性,东西方的哲学都认为,人类的一切活动都是为了趋利避害。英国哲学家杰利米·边沁说:自然把人类置于两个主人的统治之下,这两个主人就是:痛苦和快乐。正是这两位主人指示我们应该做些什么。看来我在不自觉间遵循了快乐原则,不愿回忆让我尊敬爱戴又有些担心,担心回忆会成为再次接触王富仁教授那颗沉重思索的心灵。那么,是为了什么,让王富仁教授成为因思之深刻而痛苦的人呢? 这不难回答:他有爱人类的大悲悯情怀,宁愿一己痛苦而探索人类不痛苦之路。如果这样理解,我愿意再次面对和体悟王老师的精神世界。

因为我的文艺学专业,让我与王富仁教授的结识、交往很独特。2004年秋季,聊城大学举办了一次现代文学青年学者论坛。会议议题和思路的记忆均已淡薄,但显然对王富仁教授却有深刻印象。虽说早已不是青年学者了,却受邀参会并大会发言。记得我谈的是学习后殖民理论的心得,特别叙说了从文化边缘地带的兰州大学进入文化中心地带的南开大学的复杂感受,以为依赖这个经历,得以无师自通地搞懂了后殖民理论。这个后殖民理论心得可能给王老师留下了印象,虽说此前曾在某个会议上见过。随后,2005年底汕头大学举办左翼文学研讨会,我受王富仁教授邀请赴会。从此有了较多的电话交流。后来王富仁教授访问南开大学,有了一次充分交流。

和王老师结识与交往很奇特:绝无由认识后的客气到熟识,再到可能的思想交流过程,而是一经认识,即直接进入面对社会、人生和学术选择风格等较深层次交流。谈论过的话题很多,但如何认识和面对现实与人生困境以及精神痛苦的观念与方法等是集中的话题。

记得 2010 年左右,王富仁教授来访南开大学,我去明珠园看望他,有过一场就此话题较为深入的谈话。我说自己现实中遇到的委屈、困境以及心灵痛苦,王老师非常坦率地叙述了自己经验:不回避困境,反复地硬着头皮想,直到如此地步:困境和委屈似乎与己绝无关系了,成了外在于己的客体,这时精神得以超脱,痛苦全无,自然知道如何面对了。记得他说,有时想得都有些恶心了。这句话给我印象极深。

王富仁教授离世后,我反复回忆他就此给予我指点的这个细节,尤其回忆所谓硬着头皮想之"想"这个动词。想,书面语就是认识、思考。思考是面对某种或有形或无形的对象,此对象处于和主体对应之中,是一种认识活动。明清新的儒学家将认识对象看清楚,搞清楚它的规律叫做"穷理"。我以为,对象大小、特点不重要。重要的是愿意为之"穷理"。那么,王富仁教授之"想",乃至想得都恶心了,必是他有种"穷理"的精神。既然王老师有这样的思路,必定体现在学术、为人等各个方面。

王富仁教授是著名学者,他"穷理"精神,也可表述为对学术的执着精神。我想,王富仁教授的学术道路可看作他"穷理"一个方面的体现。

从王老师的鲁迅研究方向来看,他努力回到鲁迅,揭示鲁迅作为思想家与文学家统一的独特性,并更关注鲁迅思想的独特创造性。这就突破了把鲁迅研究与现代文学研究纳入政治革命的既定研究模式。记得赵园教授在回顾自己"转向明清之际士大夫研究属偶然,但也像命运"的经历时说:"如果一个人的'学术史'足够漫长,就会有不止一次重新选择的机会,问题在于你是否有选择的意愿和勇气"。这话说得好。我以为,王富仁老师后来转向"新国学"研究就是勇于选择的体现。"新国学"的概念,来自他这样的认识:以往的"国学"是一个既定的、封闭的凝固的概念,而"新国学"则是一个动态的、开放的、不断发展和流变的概念。在以往的"国学"概念中,中国知识分子的地位是不平等的,而在"新国学"这个概念中,在不同领域从事着不同研究工作的知识分子的地位是平等的。在我看来,这个理解是他面对中国历史文化,硬着头皮反复想的结果。其实,近来有较多学者对"国学"概念提出过异议,与既有国学概念是隔断性的不具有持续发展的理念相关。可是王老师,却在偏于一隅的汕头大学就此而"穷理"。我知道,王老师亲力亲为地主编了《新国学研究》集刊,至今已出版十数辑。缘于"新国学"研究的贯通性和连续性理路,这些年王老师自己写出了鲁迅与先秦诸子哲学思想之关系的系列论文,这几年又开始了对中国现代文学史个案的研究考察,已经发表了几篇论文。这样的开阔包容精神还体现在他指导研究生:王老师曾经为学生于慈江专著《杨绛:走在小说边上》作序。认为于慈江摸到了学院学者文学家杨绛的脉搏。将王老师自己的《中国反封建思想革命的一面镜子——〈呐喊〉〈彷徨〉综论》与杨绛的文学创作和翻译乃至研究联系起来,可以看出,就关注领域、理路和思维方式等都有差异,但更可看出王老师"新国学"概念的开阔视野与包容精神。

"新国学"研究开阔包容精神,也成了我和王老师交往的契机。《新国学研究》问世不久,王老师对我说过,长于两万字乃至达十二万字的论文,只要与"新国学"概念相吻合的可以给他。越是心怀敬重,就越不敢轻易给他论文。直到2013年王老师又约稿,我将自己的《鲁迅〈故事新编〉故事与小说的人类学思考》一文给了《新国学研究》,得以在第12辑发表。该论文的研究路子与现代文学特别是王富仁老师的路子很不一样,侧重于故事如何讲述以及《故事新编》与中国古籍和民间传说的复杂借鉴承续的脉络等的梳理和讨论,显然不是现代文学传统研究理路。由此,我切实地体会了"新国学"动态、开放和不断发展乃至包容的精神。我很庆幸缘于此论文,我对王老师的"新国学"理念有了实在具体的回应,并留下了珍贵的纪念。

如果说,宋代新的儒学强调的"穷理",但作为修身养性的方法,却强调从"格物"入手,即"格物致知",了解外部世界的目的便是扩大对永恒之理的认识。理是抽象的,物是具体的。"格物"以"穷理"。用今天的话语说,"格物"其实是为了找到事物的真相,真相是什么?可以看作规律、特质等。规律又可用"必然性"表述。话说到这里,我回到了王老师去世前在阅读的几部书。发现了一个值得思索的问题。

王老师去世后,我特别注意浏览了关于他阅读的一些信息。知道了他这几年阅读或者重读的一些书,比如罗素的《西方哲学史》、黑格尔的《历史哲学》以及《在约伯的天平上》等。我特别在意他读的《在约伯的天平上》这部书。今天,我以为这是个接近王老师精神世界深刻和痛苦的通道。列夫·舍斯托夫是20世纪俄国著名的思想家和哲学家。也是上世纪二三十年代俄国流亡文化的突出代表。他的思想丰富也复杂。我特别在意舍斯托夫反对和颠覆"必然性"的思想可能引发王富仁教授诸多思考的一个关键点。其实,我们普遍接受的哲学思想是,科学研究就是探索和表述事物的合理性,而合理性依赖必然性,可以说,有了必然性才有合理性。但舍斯托夫却认为,从被希腊哲学奉为真理之最后标准的必然性,其实没有那么神圣。因为必然性只是人们对现实的一种认识和解释。很可能就是人们在现实面前的一种无奈,是人们无法改变现实时对现实的一种承认和顺从。人们从这所谓的"必然性"中得到安慰,就此放弃思考,这样统治者就可安稳地按照所谓"必然性"去做了。舍斯托夫指出,无论是斯宾诺莎把必然性与自由混为一谈,还是黑格尔从辩证法高度给"必然性"罩上光环,他都要予以颠覆。因为给予必然性如此崇高地位的哲学家们隐瞒了一个重要问题,即必然性并不区分善与恶。回想王富仁教授的指点:将问题或痛苦反复想,乃至想成一个外在于自己的他者。这样思想方法包含着不轻易相信所谓"必然性"的思想因素。我理解,王老师是在区分善与恶的层面上不轻易信所谓必然性的。而有这样思路的学者,内心必定是深刻的、痛苦的。是的,与不断质疑"必然性"相关联的是,舍斯托夫认为,人的自由是人自己把握的,人的拯救也就是让人获得真正的自由。别尔加耶夫说,舍斯托夫的逝世,让世界上少了一双洞察现代社会的"魔眼",可见舍斯托夫思想之尖锐和颠覆性。

我的直觉是,舍斯托夫是俄罗斯文化的守夜人,这让我联想起王富仁教授的著作《中国文化的守夜人——鲁迅》。王老师去世前读《在约伯的天平上》,是否在认可舍斯托夫颠覆"必然性"的前提下,为获得思想和探索之自由,与舍斯托夫有了共鸣?我想,确实可以说,他们都是敢于让自己体验苦难,黑暗中独立坚守且敢于担当的人,这样的人当然会不断探索,不轻易认可"必然性"。他们是于困境中能发现他人所未见,道他人所不敢道、不能道。我知道,直到临终前,王老师还大声疾呼:"中国现代文化的绅士化的发展、才子化的发展、流氓化的发展,已经达到了从中国文化诞生以来从来没有达到的最高点,……"我以为,此乃振聋发聩之言。我本人在高校任教,才子化和流氓化自认为是不会有的,但绅士化危险确有无疑。回顾王老师指点的如何面对困境的思维方式,我再次提醒自己要警觉。

回忆王富仁教授指点我如何应对痛苦的往事,我又做了一次努力,努力理解王老师的内在世界。他是愿意承担探索与思考并痛苦着的人。但是,其实他是获得了大快乐的人:思考和享受思考成果的大快乐。也自然享受到了大幸福。看看王老师那些或者笑容灿烂的生活照,或者激情四射的演讲照,没有理由不相信他是享有大快乐大幸福的人,其实,幸福哲学已经告诉人们,幸福分为高级幸福和低级幸福、长久幸福和短暂幸福。执着于精神追求和探索,有所担当的人,所获为高级的长久的幸福,我以为,王老师是带着他的高级而且长久的幸福平静地走的。

文笔至此,我知道了,王老师的精神世界是永远值得学习的所在。

2017 年 8 月 29 日

(作者系南开大学文学院教授)

灯下漫笔：我与王富仁先生的几件往事

宋剑华

王富仁先生离开我们已经半年多了，回忆起与先生交往过的那些日子，总觉得影像清晰、历历在目。

最早知道王富仁这个名字，与两篇文章有关，一篇是 1985 年他发表在《文学评论》上的《〈呐喊〉〈彷徨〉综论》，另一篇是宋益乔先生 1986 年发表在《文学评论》上的《思想与激情——谈王富仁先生的中国现代文学研究》。那时我还在徐州师范大学读研究生，王富仁先生在鲁迅研究领域所引起的巨大思想冲击波，不仅令我们这些三十出头的学子无比仰望，同时更激发起了我们那一代学人突破学术禁忌的莫大勇气。

我和王富仁先生第一次见面的时间，是 1987 年夏天。对此，先生似乎有些忘记了。他曾在给我《基督精神与曹禺戏剧》一书所写的序里说，我们是 1999 年在吉林大学开会时结识的。我记得 2001 年富仁先生到海口，给北师大办的研究生班上课，我请他和几位朋友吃饭，还特意做过一次抗辩："王老师，我们俩是 1987 年在绍兴认识的，比你的许多弟子都早，你忘了？我们俩人还一同住在鲁迅纪念馆的老宅子里。"富仁先生一愣，想了一下说，"那个年轻人是你吗？好像我们还在'咸亨酒店'喝过酒吧？"我说："是的，是的。"先生拍着脑门曰："不好意思，不好意思，看我这记性，对不住了。"

1987 年 8 月，中国现代文学研究会与绍兴鲁迅纪念馆，在绍兴举办了一次鲁迅学术研讨会上，唐弢、王瑶、俞平伯、田仲济、钱谷融、贾植芳、陈廋竹、孙昌熙、蒋锡金、林志浩等许多学界大佬都来了，与会的代表也有 100 多人。那年我刚三十出头，研究生还没有毕业，便跟着导师吴奔星先生，从徐州去"蹭会"。我记得非常清楚，会议的组织者将学界大佬们，都安排在鲁迅纪念馆的老宅子里住，其他与会代表都住在纪念馆对面的招待所。也不知道什么原因，会议组织者竟选中了我去为大佬们跑腿打杂，所以我也被安排住进了鲁迅纪念馆里。我原本以为就我一个年轻人住了进去，可是住进鲁迅的老宅后，却发现还有一个四十多岁的中年人，带着

77

一个十几岁的小男孩,也住在里面,他就是王富仁先生。王先生给我的第一印象,并非如早期人们调侃他像乡巴老一样,"他的衣着模样透出一股泥土气,看上去就像一个来自乡间的村镇干部。"(王培元先生语)也许是因为博士毕业且晋升了副教授,一件洗得很干净的白衬衫,配着一条深灰色的西装裤,已经很有些斯文的模样了。只不过他的笑容是最有特点的,爽朗、沙哑、憨厚、真诚,没有一点架子,令人倍感亲切。当时我觉得有点奇怪,参加这次会议的许多中年学者,在学界里都已经很有名气了,比如武汉大学的陆耀东、华中师范大学的黄曼君、四川大学的王锦厚等等,他们都是正教授,年龄也过了 50 岁,却都只能去住普通的招待所。所以王富仁先生能够被安排与学界大佬们同住,可见会长王瑶先生对他是多么地钟爱和器重啊。

三天绍兴会议是极其愉快的,我和富仁先生每天中午都要去街上,为那些学术大佬们买西瓜。他很会挑瓜,把耳朵贴在西瓜上,用手指轻轻弹几下,然后他提两个、我提两个,他的儿子抱着一个,回去用井水泡一下午,晚饭后给老先生们吃,那才叫一个"爽快"。我还清楚地记得,钱谷融先生一边吃瓜、一边表扬王富仁说:"你很会选瓜,你一定种过西瓜!"富仁先生幽默地回答:"没种过西瓜,但种过地瓜!"逗得大家哈哈大笑。在绍兴会议期间,还有一件事情,令我难以忘怀,那就是"逃会"去喝酒。先生好酒,人所共知。大会日程安排得满满的,老先生们台上正襟危坐,我们这些后生诚惶诚恐,安敢有半点造次。大会最后一天的上午,大约 10 点钟休息时,王先生把我和龙泉明几个人叫到一边说,"到了绍兴,不去'咸亨酒店'喝几碗老酒,岂不是对不起鲁迅先生?"于是乎我们几个人加上他儿子,浩浩汤汤跑到"咸亨酒店",富仁先生做东,我们一边吃着绍兴的茴香豆和臭豆腐,一边喝着微酸发甜的老黄酒,听先生讲鲁迅与酒的故事。他说鲁迅先生也好酒,但酒量却很一般,与朋友相聚每饮必醉,但醉后则文思泉涌,一定会写出一篇好文章。酒后,先生又带着我们去逛街,每人还买了一顶绍兴毡帽戴在头上,招摇过市做了一回现代版的阿 Q。

研究生毕业以后,我去了海南师范学院工作,由于远离内地、交通不便,很少外出开会,故与先生的交往,也就中断了 12 年。直到 1999 年我去吉林大学开会时,才与先生重新建立起了联系,以后几乎每年都能见上一面。

1999 年,那时我正忙于两件大事:一是马上调往湖南师范大学任教,增强他们申报博士点的学术力量;二是忙着博士论文答辩前的准备工作,确保答辩安全过关。众所周知,那个时代跑博士点的现象,几乎成为了中国高校一道亮丽的风景线。湖南师大中文系为了多出书以彰显其学术成果之丰厚,领导便要求我博士论文答辩与出书同时并举。正好福贵兄在吉林大学搞了一次学术会议,我再次见到了富仁先生，并恳请他给我写个序。由于我和富仁先生的许多弟子，都是莫逆之交，比如谭桂林、李怡、郭小东等等，所以先生很痛快就答应了下来。2000年元旦前，我便把书稿样稿寄给了王先生，未曾想不到一个月，先生就将序言写好发给了我。我拿给凌宇先生和谭桂林兄看，他们都觉得写得非常好——不是单一性地评价拙著的价值和意义，而是全面总结了新时期以来，国内曹禺研究的发展趋势。人们都说富仁先生是鲁迅研究专家，殊不知他对曹禺乃至整个中国现代文学史研究都了如指掌。我曾为此专门打电话向先生致谢，可是先生却说他只是对学术，而不是对哪一个人，并希望我不浮躁、不跟风，能够始终如一地保持学术上的人格独立，力争在其它学术研究领域也能多有建树。对此，不仅我个人铭记于心，且还时常告诫我的学生。

如今，重读先生为我所写的序言，思绪飞动、感慨万千。先生说他一生所喜爱的中国现代作家，除了鲁迅便是曹禺。他说硕士毕业以后，很想去做曹禺戏剧研究，可是未曾想读了朱东霖有关曹禺研究的文章，"反而把我要搞曹禺研究的想法噎回去了。因为我当时关于曹禺戏剧的一点想法，都叫朱东霖先生给写了出来，我再写还有什么意思呢？"先生还说，博士毕业以后，最直接的想法"还是搞曹禺研究吧！"然而，钱理群先生又出版了《大小舞台之间》一书，"他的笔力我也是了解的，他搞过的东西我再接着去搞，用句中国的成语来说那就叫'自取其辱'。"后来，"邹红女士又以'家的梦魇'为中心意象，对曹禺的剧本进行了一些新的阐释。""我想，我还是再等几年吧，再积累一些新想法，然后卷土重来。"没有想到，我又从基督教文化影响的切入角度，去研究曹禺的戏剧创作，看后他才感到彻底"绝望了"：

> 我认为，宋剑华先生抓住了曹禺与基督教文化的关系，也就抓住了曹禺戏剧艺术的本质特征。他由此展开了对曹禺戏剧的整体分析，从而揭示了曹禺戏剧艺术的一系列内在特征。这是此前的曹禺研究所较少涉及的。最近这些年，因为我没有真正进入曹禺研究领域，对曹禺研究的新成果了解得不多，很难对宋剑华先生的这部著作做出确切的评价，但仅就我所了解到的而言，我认为，他的这部专著，是体现着曹禺研究的新高度的。虽然文人之间很难说没有一点妒忌心，我对宋剑华先生的这部专著也是有点妒忌、有点不舒服的感觉的，但我却不能不说，看到我们的研究事业在不断地发展着，看到每一个研究领域里都不断有新成果出现，也是值得欣慰的一件事。路，不会被任何人堵死，关键是自己肯不肯不断地突破自己，重新在新的基点上进行新的探索。

序言写得很风趣，先生以自我调侃的语气，客气地说他对国内的曹禺研究不大了解;但是实际上,他却举重若轻地把新时期以来的曹禺研究,做了一番脉络清晰的客观总结。尤其是结尾句,很是耐人寻味:"路,不会被任何人堵死,关键是自己肯不肯不断地突破自己,重新在新的基点上进行新的探索。"这恐怕不只是先生对我一个人的殷切希望,而是对整个中国现代文学研究界的忠告寄语。因为进入 21世纪以来,国内学界心气浮躁,追名逐利之风甚盛,先生因此为学术而忧,故出此言以表心声。我认为,今天重温先生的谆谆教诲,仍具有极强的现实意义。

2004 年,我曾有机会与富仁先生成为同事,但是由于阴差阳错,最终还是没有如愿。那年 9 月份,在江苏师范大学召开中国现代文学研究会的理事会,富仁先生听说我已经完成了帮助湖南师大拿博士点的使命,要调到广州暨南大学工作时,先生立刻找到我,希望我能够去汕头大学。先生跟我谈了他的许多想法,尤其是如何开展新国学研究,并办一个刊物,以吸引国内的学界同仁。现在看来,富仁先生当时的想法,很有学术上的前瞻性。我们那一次谈得很多也很投机,不知不觉中竟错过了去会场的班车,富仁先生是会长还要主持会议,我们两人最后还是打出租车去的会场,搞得挺狼狈的。可惜的是,朱寿桐教授已经为我办妥了去暨大的一切手续,最后也就没有去成汕大。后来在广州开会,我觉得有点对不住富仁先生,但富仁先生反倒安慰我说,暨大的平台要好些,有利于我的学术发展。

2016 年 1 月 13 日,广东省作家协会副主席郭小东教授的长篇小说《铜钵盂》出版,汕头市委宣传部在市委迎宾馆,召开了一次研讨会,未曾想到,这竟是我和王富仁先生的最后一次见面。那天,我们是中午从广州坐大巴前去汕头的,由于开车的师傅过于谨慎,车开得非常慢,到达汕头市委迎宾馆时,已经是下午 6 点半了。嘉应学院曾令存兄早已把先生从汕大接了过来,因为我们还没有到,先生就在院子里散步等。下车后,大家都饿了,只顾着往楼上餐厅走,突然我听见有人喊了一声:"剑华!"我回头一看,一个老头,戴着一顶米色的软边帽,正向我招手;走近一看,原来是王富仁先生,正呵呵地冲着我笑。先生的笑声没有什么变化,永远都是那么得爽朗沙哑,但先生的相貌,却苍老了许多。我问先生,今天天气不错,干嘛戴个帽子,先生一边笑一边摘下帽子说,"你看,没有几根头发了!"的确,我发现先生的头发十分稀疏,脸上气色也不太好,便问先生是不是生病了? 先生回答说:"老了。"晚餐很丰盛,还准备有酒水,先生就坐在我身旁,望着桌上的酒对我说,"医生劝我戒酒,我已经很久没有喝了。"我问:"烟还抽不抽?"先生答道:"烟没戒掉。"那天晚上,汕头市委领导、京沪各地专家,纷纷前来给先生敬酒,先生都是以茶代酒致谢。我没有想到,晚餐结束前,先生自己倒了一点红酒,说要敬我一下,令我惶恐万分:

先生说:"剑华,我拜托你一件事。"

"先生有事尽管讲,何谈拜托二字?"

先生又说："你知道,我现在不带博士了。我在汕大带的一个硕士,叫蔡秋培,他现在广州工作,人品和学识都不错,他想考你的博士,希望你能收下他。"

我连忙答道："先生的高足考我,那是我宋剑华的荣幸,安敢怠慢？请先生放心！"

先生呵呵一笑："那我就喝了这杯酒,替他谢谢你。"然后一饮而尽。

在汕头两天,我和先生谈了许多。特别是我向先生请教,《藤野先生》一文中,鲁迅为什么会将藤野先生的照片,挂在书房的正墙上？这不大符合中国人的文化习惯,那地方应该是父亲的位置。另外,我还根据《鲁迅日记》,谈了我对《雪》的一些看法,比如《雪》的写作时间,正是腊月二十三,中国人的小年,鲁迅是不是在借《雪》,而缅怀"兄弟失和"之事呢？先生说"你的眼光很独特,总会发现别人不注意的一些问题",并希望我能够写一本与众不同的鲁迅研究著作。我告诉先生,争取2017年写完。先生说："好！到时我来写个序。"我发现,先生的气色虽不大好,但一谈起鲁迅,便立刻目光炯炯、声如洪钟。这种感觉,一直伴随着他登车离开——他仍旧是呵呵地笑着向大家摆手告别,我们也是充满着敬意地向他挥手致意。

如今,我那本关于鲁迅的书已完稿；但承诺为其作序之人,却驾鹤仙逝。面对眼前正在校对的书稿,唯一能够做到的不仅仅是缅怀,更应该向王先生和鲁迅那样,去做一个"中国文化的守夜人"。

2017 年 10 月 7 日于暨南大学明湖苑

（作者系暨南大学文学院教授）

富仁兄，你一直是我的镜子

——关于写给王富仁的两首诗

殷国明

在我的博客中，第一首写给王富仁的诗是在 2016 年 6 月 17 日早晨。因为前一天夜半得知他病情加重的消息，心里挂念，难以平复，于是就写了一首诗：

遥祝王富仁兄身体康健

夜间铃声响起
宫立打来电话

总有不好的信息
总要人一生面对

你说鲁迅是一面镜子
其实你一直是我的镜子
我总记得你的洒脱
却无法触及到你深层的忧患

你的文字一直感动着我
我失眠之夜读了又读
我知道今夜又会失眠
我会在失眠中祈祷

当时，王富仁的学生宫立还在华东师大读博士，经常来我处坐坐，每次总会提起王富仁，他最近如何，生活如何，心情如何，在写点什么，等等，既是挂念，也谈谈他的学问，更有很多感叹。其中一个话头就是王富仁从北京去了汕头，到了一个生疏的地方，远离过去的亲朋好友，难免有不适和寂寞的地方，况且在世纪之交，大家都在争先恐后向文化中心移动，唯独王富仁此时从中心迁到了边缘。

至少这一点感动了我。因为我是 1995 年从广州暨南大学回到上海华东师范大学的，对于当时中国学界状态的变化深有体验。实际上，自上世纪 90 年代，高校和学术界都在进行一次大的调整，不仅学术走向有所变化，且关系到每一个人的升迁降退。这对文化人来说，不能不是一次心理关卡，每个人都在经历一次新的选择和被选择。这时候，一切都在悄悄发生变化，包括文人之间的关系，新的组合和新的排列出现了，过去的情谊在淡漠，在疏离，在各奔前程。1992 年，我到北京开会，有机会与王信、王富仁、钱理群、赵园等在吴福辉先生家一聚，在福辉夫人款待下倾心而谈，无所顾忌，但是日后这样的气氛和状态就很难得了，大家能够聚在一起的机会原本就不多，即使相聚，也只是怀旧了，多了客套和言不由衷，少了真诚和赤心相待。

我想，这一切不可能对于富仁兄毫无影响，他是一个敞亮豪爽的人，同时又是一个心理细腻敏感、不愿入俗流、委屈自己的人，所以，他在十年之后选择了离逃所熟悉的北京，自有其陈寅恪式的精神意味。

我和王富仁兄接触并不多，但是我喜欢他见面就叫"老殷"的那种腔调，毫无一点矜持和隔阂。当然，我难以忘怀的还有贾植芳先生和章培恒先生，他们也曾叫我"老殷"，我从中感受到的是踏踏实实的信任和爱护。王富仁兄也是如此。

他去汕头大学前后，有两件与学术有关的事联络过我，一是他编辑《我看鲁迅》丛书，希望我写点什么评论一下。这套书由中国文联出版社推出，其中收有王富仁、赵卓的《突破盲点：世纪末社会思潮与鲁迅》、高旭东的《走向二十一世纪的鲁迅》和王乾坤的《回到你自己：关于鲁迅的对聊》。从规模上来说不算很重，但是就当时鲁迅研究、乃至现代文学研究状态来说，不能不说表现了深深的忧患意识。由此，我以《鲁迅：人类忧患的一面镜子——关于〈我看鲁迅丛书〉》，其中就书论书，写下了下面一段话：

> 正是在如此丰厚的历史文化资源基础上，20 世纪的中国出现了一个伟人——鲁迅。可以说，鲁迅本身就是一面镜子，而且是人类历史和内在精神的一面镜子，从中可以看到人类忧患和灾难的文化心理根源；鲁迅所表现出的深刻的民族历史与文化的反省精神，不仅属于中国，而且属于人类——尤其是在人类在某些方面取得重大成就之时，当人们陶醉在所谓盛世气象和巨人时代之时，其意味就显得更加明显。王富仁自然是久经沙场的老将，他很早就通过

鲁迅这面镜子看到了鲁迅可能在90年代之后的遭遇,所以并不惊奇有人对鲁迅说三道四。说实在的,对一个去世的文人指指点点,这历来是阿Q式的"英雄主义",谁都不妨从桥上拿着钢鞭大摇大摆走下来,用不着担心赵四老爷打扳子。所以,王富仁无意就"贬鲁风"浪费气力,而是以一篇《空间·时间·人》的长篇论文回应了历史的挑战。在我看来,这篇论文非同小可,是一篇注入了论者心力和生命感悟的论文,王富仁随着鲁迅从"过去"走到"现在",又从"未来"中看穿并打破了对于"时间"的迷信,展示了一个贯穿历史的精神生命空间——鲁迅的灵魂。

这篇文章写于2001年年末,发表在何处已经记不得了。

再有一件事,就是他发起"新国学"研究,并创办了刊物,曾经打电话给我,希望有空写点什么。这事我当然支持,也一直放在心上,但是始终没有开笔,交了白卷。因为我总觉得自己和国学有隔阂,与这种提法也有隔阂,再加上"新",我就更是无从思考和下笔了。但是,我从王富仁的文字中,却再次感到了他对于鲁迅、对于"五四"精神一往情深的态度,他是真正的"五四"传人,是新一代学者中少见的与鲁迅、与"五四"精神休戚相关、共命运、甚至同生死的人——尽管我不知道他的生日,但是他选择在"五四"前夕离开人世,不能不令我万千感慨。

于是,我在博客上写下了第二首诗:

　　追念王富仁兄
　　昨日刚过十点,河北石家庄宫立打来电话,说王富仁走了。这么快,我感到惊愕,因为不久前宫立还打电话给我,说王富仁电疗有起色,脸色也好了些,想不到……

　　很多年之前
　　有人对我说
　　你看,你多像那位老兄
　　我望过去,他恰巧也在看着我
　　投来一个闪光的微笑
　　我也笑了

　　如今你走了
　　有点急,有点像你多年写的文章

很快很长
也许真的写累了
去太空旅游了

今早起来早餐
我多倒了一杯茶
为你准备着
如果你路过
不妨喝一杯，尝尝我买的点心……

这首诗中说我长得像王富仁的人，就是我的恩师钱谷融先生。当时他还加了一句"很好很好"。当然，到现在为止，我也不知道王富仁兄是否读到过我给他写的诗，第二首不说了，第一首也未必见到。这对我一点也不重要，因为我写诗完全是为自己写的，是自己的精神需求，缓解自己的精神状态。

但是，我始终相信，富仁兄一定会看到的，即便在另一个世界。

2017 年 9 月 6 日夜
（作者系华东师范大学中文系教授）

追忆王富仁先生，兼论其思想探索

陈国恩

王富仁先生离世将近半年了，《重庆评论》要我写点什么，我欣然接受，这有一点特殊的原因。1985 年 9 月至次年 7 月，我在福建师范大学的现代文学助教班进修一年。主持进修班的姚春树先生和汪文顶先生邀请了王瑶、樊骏、杨义先生等十几位名家来讲学。其中讲学时间长约半个月的，就有王富仁先生。王富仁先生当时作为中国现代文学专业的第一个博士，好像拿到博士学位才不久。他每天上下午讲两次，学员则轮流整理录音。这个录音整理稿，后来他以《中国的文艺复兴》的书名由广西师范大学出版社出版。他在书的前言里说没做修改，我对比后发现，确实没有什么改动。这样相处半个月，他的为人、为学给大家留下了很深的印象。我后来到武汉，因为博士生答辩等事，负责做一些事务性的工作，又与他有过多次联系。我的了解，当然难与其亲炙弟子相比，但这并不妨碍我怀着敬仰来说说我所知道的王富仁，一个心地宽厚、个性鲜明，其学识和品格得到不同年龄段同行尊崇的著名学者。

一个雄辩的人

说起《中国的文艺复兴》这本书，我先要怀着歉意在此作个说明，书中的个别章节次序是弄错了的。当时的整理，我原与同寝室的唐宪文合作，后来是与李兴民分工，而负责文字稿合成的同学忽视了这一变化，仍把我与唐宪文整理的部分编在一起，结果就造成了错讹。这一问题我是当事者，可能只有我能说清楚，正确的次序应是《中国的文艺复兴》第 116 页，即我署名整理的结束处，接上李兴民整理的部分——该著的第 124 页"从五四时期文学可以看出对人的科学思考，加强了作家对人的认识……"开始，到第 130 页第二行"……和五四时期相比，还有一定的差异"。这本是第四讲"科学意识是现代思想发展的杠杆"的内容，谈的是现代思想中的科学意识问题。其中的第四小节"文学研究中的的科学方法论"，是承接第四讲的第三小结"科学意识在近代的发展带来对中国传统思想观念的重新审视"，无论思路还是小节的序号，都一脉相承。现在这部分谈科学意识的内容错排到了第五讲的"个性意识"部分，就显得不合逻辑，而且第128页第四小节"文学研究中的科学方法论"部分，与第五讲的"个性意识"内容完全没有关系。这一错误打乱了顺序，导致了第二处的错乱，即第124页的第一自然段末"……而且在现代社会是行不通的"后面，本应该承接现在第130页第二自然段的"中国现代文学从五四以后发生了一个大的变化……"开始的部分。我查了打印稿，现在从第130页开始的这部分内容，原是第五讲"个性意识是中国现代意识的骨骼"中的第四小节，原小标题是"个性意识在中国现代文学创作和研究中的表现"，这与第五讲的第三节小标题"现代社会结构、经济结构的变化，独立知识分子阶层、自由职业者的形成必然带来个性意识的增长"，在意义、次序上正好是前后相接的。由于这些误排，王富仁先生出版时肯定也被搞混了，所以他对相关的小标题做了些调整，显然没有发现整个思路的逻辑问题，这个责任要由我们整理者来承担。

《中国的文艺复兴》是一本"讲"出来的书。记得王富仁先生每次讲课时拿一张纸，是一个简明的提纲，列一些关键词，作为依据，而具体的内容都是随口发挥出来的。他给人的印象，是雄辩。立论高，视野开阔，逻辑严谨，不纠缠繁琐的细节，着眼的是宏大的问题。开讲就是"我们正处在中国文艺复兴运动的历史长河中"，从文艺复兴讲起，讲到古典主义、启蒙运动、新古典主义、浪漫主义、现实主义、现代主义，都是紧扣理性与情感的双重变奏，按照存在决定意识的马克思主义观点分析社会历史变革中的文学思潮的起承转合。他强调文艺复兴是把人性从神性的专断中解放出来，而但丁又不得不借用中世纪的宗教思维形式，却在宗教的形式中颠覆了宗教的教义。古典主义的以理抑情是对文艺复兴的"复辟"，而随后启蒙主义标榜的理性，却不是抑制人的情感，相反它是为人的解放开辟道路的……。很显然，王富仁是一个马克思主义者，坚持从社会历史的变动中寻找文学思潮变革的依据，但他对一些重大问题的思考明显又是突破了当年的一些教条，坚持了具体问题具体分析的态度，经过深入的分析，得出自己的结论。这种着眼于重大问题而诉诸理性剖析的雄辩风格，从他发表于《中国现代文学研究丛刊》1983年第1期的《中国反封建思想革命的镜子——论〈呐喊〉〈彷徨〉的思想意义》一文中，已经表现得非常鲜明。他在1985年的讲课中曾透露，他的博士学位论文选题原是关于现代性为核心的文学思潮历史演变的方面，但动手时发现这一选题已经不合时宜。考虑到1983年发表的这篇"镜子"反响不错，就决定再做这一课题，这才有了后来的博士学位论文《中国反封建思想革命的一面镜子——〈呐喊〉〈彷徨〉综论》。从1983年的关于"镜子"的论文，到后来的博士学位论文，王富仁先生研究的是鲁迅，实际却是对中国现代思想史、政治史和社会史一些重大问题的思考。他提出《呐喊》与《彷徨》的重要性主要地不是反映在政治革命的实践中,而是一面思想革命的镜子,在反封建思想革命视野中才能充分彰显。围绕这一基本点,他比较政治革命与思想革命在革命的重点、方式以及这一革命所依靠的对象和革命的对象等基本问题上的重大差异,提出中国现代社会的一大特点是思想革命与政治革命交替进行,从而在两者互动中推进了历史的进步。他认为在中国最了解农民的是毛泽东和鲁迅,但两者对农民的理解角度却有政治革命与思想革命的区别。这些观点,都是打破思想禁区,依据马克思主义存在决定意识的基本原理,联系中国现代社会的性质和特点,从文学与社会的深刻关联中进行独立的探索和思考,得出来的,表现了一个学者出色的思辨能力,也构成了他论著和讲课的雄辩性的学理基础。这些成果的影响已经超出了鲁迅研究的领域,使听者得以跳出中国现代史的教条主义式理解,从而发现中国社会从新民主主义到社会主义的发展,包含着许多有待于人们去进一步探索和发现的问题。这些新问题有助于人们加深对历史发展规律的认识。对王富仁先生的这些思想观点,你可以不同意,甚至表示反对——他的一些研究成果实际上也曾引起争议,但当你进入思想交锋的阶段,你就会发现你没法否定他是从你作为反对者也认同的基本原理和严谨逻辑中得出的这些结论。这一特点正是这些成果虽曾引起争议,却也难以撼动其创新和突破意义的内在原因——当然,是新的时代支持了王富仁的鲁迅研究,而他的鲁迅研究又构成了新时期思想解放运动的一个部分,即从联系于中国现代社会深刻变迁的鲁迅研究的方面推动人们以开阔的视野、实事求是的态度研究新问题、提出新观点,取得思想解放的新成果。

樊骏先生就曾说过,在中国现代文学专业的学者中,王富仁是最具有理论品格的一位。我要补充的一点,则是他其实也具备诗人的气质。王富仁先生的硕士学位论文《鲁迅前期小说与俄罗斯文学》在严谨的逻辑基础上对一些作品的艺术解读,尽显他出众的艺术感悟力。这着重表现在他对作品中一些人物按照论题所规定的视点、基于感同身受的经验所进行的艺术分析,常常能从人们不经意的一些细节中解读出作者的内心挣扎和艺术的创意。他的博士学位论文《中国反封建思想革命的一面镜子——〈呐喊〉〈彷徨〉综论》中关于悲剧艺术的部分,也是在与鲁迅的心灵对话中体悟鲁迅内心的焦灼来分析一些人物,如陈士成、单四嫂子、爱姑等人的悲剧心理。正因为有这样的体悟式的艺术感受,王富仁的雄辩才不是凌空虚蹈的,而是真诚感人,显示了他是一个富有艺术才华的人。

一个真诚的人

许多人回忆王富仁先生,都讲到他的真诚。我直观地感受到这一点,是在福建师大的助教进修班的时候。他讲课，沉浸在思想与激情中，往讲台前一站，带着招牌笑容，开始侃侃而谈。这种潇洒，并非随意，而是因为对问题有了深入的思考，成竹在胸，把握重点，明了各部分之间的逻辑联系，所以能够收放自如。他的真诚，就表现在他讲课时沉浸在思想自由中的那种享受与惬意。后来作为专著出版的《中国的文艺复兴》，在讲课时用的题目是《现代意识与中国现代文学研究》，其中讲到了开放意识、发展观念、科学意识、个性意识，明显紧扣改革开放之初的时代主题。但仔细看，不难发现他是有自己的思想背景的。他的思想观念中吸收了丰富的西方文艺复兴以来的现代文明成果，贯穿的一个中心就是人的解放。这个思想背景决定了他思想观念的启蒙主义特征。明白这点，就不难理解他后来在中国现代文学学科格局面临调整时为什么要坚守中国现代文学的五四起点说，对现代文学界提高"学衡"派等保守主义学派的思想史地位为何不肯轻易赞同。① 显而易见，他要捍卫启蒙主义的原则，对中国现代社会的发展怀着一种深深的忧虑。

王富仁先生的真诚，表现在日常交往中，就是不摆架子。这不是想表现平等的那种客气，而是从心底里认为人与人之间的平等，这与他所坚执的启蒙主义理念是一致的。他自称是个农村人，许多人也说他有农村人的那种质朴。记得1985年他在福州收到从北京邮寄来的刚出版的博士学位论文，是北京师范大学的初版本，他在每一本书上题签，扛来分给大家，不好意思地笑着说：本来应该赠送。说话时的那种真诚歉意，好像理当免费赠送，让大家听了感到十分开心。《中国的文艺复兴》一书的前言中，他特地说明此书是福建师大的姚春树、汪文顶先生主持进修班，由几十位学员整理而成。似乎不这样说明，内心有所不安。

---

① 王富仁："我们常常是带着一种莫名其妙的类似原罪感的心情！以退缩的方式应付这些挑战，甚至我们自己就是站在'五四'新文化运动和'五四'新文学运动的'反对党'的立场上提出问题和解决问题的：在晚清文学与'五四'新文学的关系上，我们愈来愈感到晚清文学的成就是令人惊喜的，越来越感到依照晚清文学发展的自然趋势中国文学就会走向新生，'五四'新文化运动那种激进的姿态原本是不应该有的，这造成了中国文化和中国文学的断裂。鲁迅对晚清'谴责小说'的评价是不公正的，茅盾对鸳鸯蝴蝶派小说的批评也是过于武断的；在'五四'新文化运动的倡导者与反对者林纾之间，我们对林纾抱有更多的同情，而认为'五四'新文化运动的发起者对林纾的批判是过激的；似乎《荆生》和《妖梦》的作者更加具有中国传统的宽容精神，而陈独秀等人对林纾的反驳则有悖于中国的传统美德——中庸之道；在'学衡派'与胡适等提倡白话文革新的'五四'新文化运动的发起人之间，我们感到反对'五四'新文化运动的'学衡派'倒体现了中国文化发展的正确方向，而胡适等'五四'新文化运动的发起人则是西方殖民主义文化的产物，背离了中华民族的优秀文化传统……所有这些，都能够得出这样一个结论：'五四'新文化运动原本是不应该发生的，或者是不应该由这样一些人发起的，或者由这些人发起而不应当发表这样一些激进的言论的。我认为，在这里，我们实际已经陷入了一个文化的陷阱：表面看来，我们是在'研究'中国现代文学，实际上我们是在'否定'中国现代文学。"（王富仁：《"新国学"与中国现代文学研究》，《文艺研究》2007年第3期，第19—20页。）

我后来到武汉大学。在武大博士生答辩时,又多次与王富仁先生相遇。武大中国现代文学博士生答辩,有时会安排简单的舞会,王富仁先生当然会被拉来。他不擅舞艺,有时因为随意,领带也没系正,让学生拉着下"舞池",就在人群中踱着方步。这时,他的招牌笑容中往往带点不好意思,连声说:不会跳舞,不会跳舞。稍一会,就走到外面抽烟去了。

有一年,答辩后安排了一次面向全校的讲座。他原来是第二个讲,但被礼让到第一个发言。他没带讲稿走上讲台,说今天我讲的内容原是一篇文章。文章因故没有发表,我就在这里讲一下。他从容开讲,滔滔不绝,神采飞扬,我依稀想起约二十年前他在福建师大讲课时的风采。讲着讲着,不小心,假牙掉了出来。他拣起来吹了吹,调侃一下,笑着放进嘴里又继续讲。结束时,他说:我讲的都是胡扯,真正厉害的角色就是下面要讲的这位先生。整个教室响起了雷鸣般的鼓掌声。"我讲的都是胡扯",好像是王富仁先生常挂在嘴边的话。我感到这是真诚的谦虚,也是真正的自信。只有真正具备自信的人,方能这样自谦待人。

还有一件事,我印象特别深刻。大概2011年,我申报了一个课题,请王富仁先生作为课题组的成员负责一个子项目,以增加申报分量,他爽快地答应了。后来听说他受另一位著名学者的邀请,想来合作申报项目,但他为难地说已经答应陈国恩了啊,只能表示遗憾。这让我真切地感受到了王富仁先生的人格魅力。他是真诚的,平等待人,重视承诺。我想,他对薛绥之先生的感情,他对研究生导师的感情,他对同辈朋友的感情,他对后辈的感情,都有一份这样真诚的情谊,而他在捍卫自己的信仰时的坚定和不妥协,也就成为这份真诚的另一种表达的形式!

在此,我想引用《中国的文艺复兴》一书前言中的一段话,来印证他的这种自信中的自谦以及自信与自谦兼具中的那种真诚:

这个内容,都是随机性的,没有一个统一的讲话,至多临时写个提纲(我上课不用讲话,只是随想随讲)。因此始终只是一些的想法,算不得真正的学术研究,都是讲完算完了,没有整理发表的企图。当时的计划是再系统地读些有关西方文化史和中国文化史的书,把其中的论述搞得系统些、确实些,再写成一本书。但到了1990年代,我突然感到了这个题目的空虚,虽然对我当时讲的也没有多么乐观过,但相对于1990年代的我,它还是口气大得让我感到羞惭。什么现代意识,什么中国的文艺复兴,都是1980年代像我这样一些要作学位论文、要写文章的中国青年知识分子造作出来的一些文化幻象。口头说说容易的,但到了真实的历史中,谁知道是怎么一回事呢?……我就再也没有勇气讲这个题目了,甚至有点愿意忘却它的意思。更不想再写成一本书,拿到出版社去出版。①

他接着说后来因为有一份录音整理稿,广西师范大学出版社刚好来约稿,得到出版社的同意,才把稿子交了出去。这段话,所谓到 1990 年代,现代意识、中国的文艺复兴之类的话题已经过时的说法,并非这些话题真的过时,而是从一个侧面反映了 1980 年代的时代特点罢了。他对这种时代变迁所带来的内心感受,表白得相当准确,并且非常地真诚坦率。

一个有信的人

王富仁先生的雄辩,有学识和口才作为支持。他的真诚,有人格的基础。但我认为,这两者归根到底是因为他是一个有信仰的人。信仰可以分为不同的层次,有宗教的、思想的、人伦的,我在此想谈的是对人之为人,即关于人的信仰。从开始认识王富仁先生起,我就强烈地感到他做人、做学问有自己的原则,那就是践行人道。我说的人道,并非一般所称的人道主义,而是天道在人世和社会的具体化,是对人的基本要求。王富仁先生对前辈、朋友、晚辈真诚相待,看重的是这些人值得信赖,而非他们的身份。我想,这是因为他坚守着为人之道,即在他看来,人与人讲信义,要对得起内心的情分。1985 年在福建的时候,好像课程已经结束,他匆忙北上聊城,要去参加薛绥之先生的追悼会,我第一次听说他与薛绥之先生不是师生胜似师生的情谊,也第一次强烈地感受到他的重情义。后来读到他回忆单演义先生的文章,同样感受到他对导师的深厚情谊。这种情谊,不是见人就好的好人主义,而是对正直为人和追求真理的那种信仰的尊崇。相反,对投机取巧,迎合时俗,他是不肯随意附和的。对一些涉及人之道的信仰的问题,他常据理力争,甚至公开辨正,偶尔还会拍案而起,而丝毫不在乎自己的进退得失。我认为这是中国有信仰、有良知的知识分子最为可贵的品格,也是中国社会发展不可缺少的正直、敢于铁肩担道义的精神。中国当代有不少这样的知识分子,王富仁先生是其中优秀的一位。

对人之道的信仰,必然会转化为社会的担当。王富仁先生的研究鲁迅,固然有个人经历和精神的契机,但实际的影响却是超越了鲁迅研究,播撒到了更为广泛的领域。从他个人的精神需要看,我认为他的人生道路和精神历程与鲁迅时代之鲁迅的作为有着彼此呼应的关系。当中国经历了极左路线的祸害,从社会到人的精

① 王富仁:《中国的文艺复兴》,广西师范大学出版社 2003 年版,第 1—2 页。

神都遭受严重摧残后,是继续蜷缩在封建专制迷信的阴影中不能醒悟,还是站起来,按照马克思主义的观点,勇敢面对现实的挑战,思考现实的新问题,寻找中国社会现代化的出路,这是摆在中国知识分子面前的一个重大而严峻的课题。王富仁在这一当口,无疑处在思想解放的先锋行列。他从鲁迅研究实现思想突围,强调此前的鲁迅研究只是要证明鲁迅在《呐喊》与《彷徨》的时代已经提出并切实解决了中国革命的一些基本问题,比如革命与群众的关系,革命的领导权问题,而这一切都是鲁迅联系着辛亥革命的失败教训,以艺术创作证明了中国共产党人掌握新民主主义革命的领导权,走与工农相结合的道路,从而取得了革命的胜利是一个历史的必然。鲁迅因此显得无与伦比的伟大,但这一思路忽视了一个矛盾:如果鲁迅在《呐喊》与《彷徨》的时代都已经解决了中国新民主主义革命的这些重大理论问题,那么毛泽东同志对马克思主义的创造性发展的历史功绩从何得以体现?我觉得,很可能就是从这一质疑开始,王富仁先生转而来阐释一个反封建思想革命家的鲁迅形象。这一转变,是视野的调整,更是思想观念的突破,是联系着此前鲁迅研究中某些实用主义的弊端和对新时代思想解放运动的敏锐感应来探索和思考中国问题的一个结果,而其目标则是追求人道和理性的回归。换言之,是坚持马克思主义的基本立场,把历史人物放到历史的环境中来评价,联系历史经验来思考中国未来的方向。这样的转变和突围,在当时乍暖还寒的社会氛围里是需要勇气和担当的。任何打破习惯的创新和突围之举,都带着不确定性和某种危险。如果只考虑个人的得失,大可不必冒此风险。但那是一个思想解放的大时代,有历史担当的知识分子以家国情怀,不畏艰险,冲破了种种危害中国发展的现代迷信和极左教条,推动了历史的进步。

由于鲁迅的"形象"是中国现代政治的一个极为重要的文化符号,与政治紧紧地纠缠在一起,鲁迅研究方面的突破,无疑具有重大和深远的意义。《中国反封建思想革命的一面镜子——〈呐喊〉〈彷徨〉综论》对启蒙鲁迅形象的阐释,明显是以深入认识中国现代社会思想革命与政治革命的规律和各自特点作为前提的。这一研究成果,让人们认识到从五四到新民主主义革命的胜利,经历的不同阶段各有其自身的革命对象、依靠的队伍、面临着各自的主要矛盾。这是按照新民主主义历史观对具体的历史问题的深入研究所得到的重要成果,有助于解释中国现代社会的矛盾运动,有助于加深理解鲁迅在其中所扮演的角色和所发挥的历史作用。从这角度看,鲁迅也是利用了他所生活的时代的历史可能性,承担起了思想革命的使命,而鲁迅的思想和艺术实践正因此而成了后人认识现代史、思考中国未来道路的重要的思想资源。

回归五四,重塑启蒙鲁迅的形象,既是时代的需要,我想也是王富仁先生内心生活的需求。有学者说过，如果要知道王富仁对某事的态度，只要去研究一下鲁迅对这事的态度就行，这似乎是说他与鲁迅已经在精神上深度契合。在中国现代文学界，一个研究者与研究对象发生如此深刻的精神契合并不多见，王富仁算是其中突出的一个。但是，与鲁迅的精神契合，免不了会让人面临鲁迅式的精神困境。我在以前的文章中曾说过，二十世纪末开始高涨的世俗化浪潮有一个社会政治、经济的背景。在这一世俗化的浪潮中，"鲁迅"难以避免被边缘化的命运，原因不外是许多人忙于世俗事务，而思想领域的一些敏感问题也不必再像此前要通过鲁迅来借题发挥，鲁迅研究于是不再成为一般大众所关心的问题。但不可否认，仍然有人把鲁迅研究作为志业，这主要是因为鲁迅的精神与这些人的精神生活深刻地联系在一起，他们要从鲁迅的精神世界中寻找用来解决自身思想和精神所面临的一些更具普遍性困境的资源。① 王富仁先生显然就是这样的一个人。无论他抱怨1990年代思想界的重心转移，还是苦苦寻找新的突围方向，都是心系中国的当下和未来，期盼中国光明的前景。在那样的前景中，人们比较普遍地具备主体的自觉，告别了鲁迅时代的那种人的愚昧。王富仁先生个人，我想或许也需要从鲁迅的精神生活中获得突破自我困境的灵感，克服时代转折所引起的内心矛盾。换言之，他需要一种人之道的哲学抵御精神生活的平凡和矛盾。我就曾当面听他说过，思想的问题只能用思想的力量才能解决，思想只能通过思想的力量才能战胜。很显然，在这样的过程中，人是要经历艰难的选择和承担沉重压力的。

从 1980 年代初开始研究现代性的问题开始，王富仁先生的学术研究的中心主题是人的解放和觉醒。他强调"开放意识是中国现代意识的第一块基石"，"发展观念是中国现代意识的经络"，"科学意识是中国现代意识发展的杠杆"，"个性意识是中国现代意识的骨骼"，"人的基本价值观念的变化是中国现代意识的主体内容"，②都是围绕着人的问题、人的现代意识的问题展开的。他对鲁迅的研究，同样如此，而不是对鲁迅的纯学术的探讨。人的问题，联系着中国的历史与未来。在中国的背景中，这个问题尤其重要，可以说是解释中国历史、解决中国现实问题以至决定中国未来发展的一个关键。怀着对人之道的信仰来探索人的问题，是一个思想者的庄严使命，也是思想者自身安身立命的根本所在。想清楚了这个问题，或者说在这个问题的探索达到了一个时代所允许的水平，对思想者自身无疑是一个安慰，对一个时代也可以说是一个必要的交待。我想，王富仁先生最终以决然的态度为生命划上句号，没有犹疑和悲天悯人，很大程度上是因为他想清楚了人之为人的

---

① 陈国恩：《寂寞中的守望——消费时代的鲁迅与鲁迅研究》，《武汉大学学报》2011 年第 5 期。
② 王富仁：《中国的文艺复兴》，广西师范大学出版社 2003 年版。

意义。唯如此,才能心安,才能坦然告别,却在客观上实现了本来其实就很难圆满的人生使命。

愿以这篇小文,以一个编外的学生,怀着崇敬,来纪念和追思王富仁先生!

草成于武汉大学珞珈山麓居所,2017 年 11 月 5 日

（作者系武汉大学文学院教授）

一个时代的稀有之音

孙　郁

　　我自己细心留意鲁迅的研究文章,是 70 年代末,前辈的叙述里,难免不带岁月里的血色,远远的时光里的一切,与自己的生命体验似乎并无彻骨的关系。只是到了 80 年代,诸多重要的研究文字出来,才意识到关于文学史里的一切,其实也关乎每一个活着的中国人的生活。自那时候起,围绕鲁迅的各种研究,曾一度牵连着思想界的神经,它涉及着现代史与革命史中极为复杂的精神形态,这个内在于现代史又超越于时代的思想者和作家,纠缠着我们精神史中最为深切的部分,且将我们的文化引向未知的明日。直到今天,鲁迅不仅仅是文学研究的经典对象,与其对应的现代史许多领域,都不能够绕过这个争议性的存在。

　　我们今天回望鲁迅研究的转型,不能不提王富仁先生的博士论著,这是一个风向转型的标志。如同哲学界、史学界的思想变化一样,王富仁给平淡的现代文学研究界带来了自新性的震动,那些陈腐的、泛意识形态的话语方式在他那里终结了,继之而来的是雄广的气象,这是《新青年》时期才拥有的品质,文章涤荡着"文革"里积累的污泥浊水,回到了文学批评与文学研究应有的本质上去。在无所顾忌的书写里,他开启了政治话语之外的思想自新的思考,现代史的隐秘从灵动的词语缝隙中一点点向我们走来。

　　这是一个应运而生的思想者,他带着外在于时代的思维逻辑,纠正着我们流行的观念。80 年代末接第一次接触王富仁,便被其气质所吸引。那时候我在《鲁迅研究动态》编辑部工作,在他的手稿里读出一种贯通今昔的浩荡之气。不过由于王瑶、唐弢、李何林、陈涌的存在,他还不能走到学术舞台的中间,可就文章的厚度和境界而言,他其实已经行进在了时代的前列。面对社会的许多热点,他的思辨式表达骇世惊俗,欧化式的句子纠葛着本土里带着痛感的经验。同样是用马克思主义的方法面对问题,他往往切入到问题的核心,言论溢出流行思维的部分让人回味不已。那见识里的热度,驱走了久久盘踞在学界的冷意,谈吐中微笑的眼光,散着草根族的清新,而那略带悲慨的叙述语态,则深染着鲁迅遗风,五四的余音在表述间也时常回荡着。

他丝毫没有象牙塔里的贵族之气和学院派的呆板，日常的样子有点乡下人的随和与野性，谈吐中的句子仿佛从黑暗中来，却溅出无数耀眼的火花。这种气质与鲁迅文本里的沉郁、峻急颇为接近，在非八股的言词里流动的确是极为生动的生命自语。他的绵密思维后有很强烈的德国古典哲学的影子，苏俄文学批评的博雅亦衔接其间。我一直觉得他是读懂了别林斯基和卢那察尔斯基的学者，西洋的思辨理念已经融化在自己的血液里，将文学与思想史里的东西结合起来，给了我们思考的参照。在他之前的鲁迅研究还在泛政治的语境里，他却从其边际滑出，绕过流行的思维直面了学界的普遍盲点，发现了文学史里的真问题。而那语境里的神思，与思想解放运动的路向是吻合的。或者说，他表达了文学界渴望而无力表达的一种精神逻辑。

相当长的时间里，鲁迅的形象被固定在几个落点上，政治话语覆盖了广阔的领地，鲁迅文本的生动性锁闭在几个教条的陈述中。王富仁在 80 年代横绝出世，从反封建革命的层面来思考鲁迅的文本的深意，就把苏联式的文学逻辑颠覆了。回到鲁迅那里去，其实就是寻找五四前后知识人的语境，从外在于鲁迅的评价体系里探讨文学的根源。鲁迅诞生于毛泽东思想出现之前，他们的差异性的走向只能在差异性里加以甄别，精神的核心与辐射不能在一个层面加以描述。他对于鲁迅基本思想命题的发现，来自于马克思的理论。在《黑格尔法哲学批判导言》中，马克思说："对宗教的批判是其他一切批判的前提"。王富仁意识到，鲁迅也存在着这样的逻辑，"在中国，对封建意识形态的批判是其他一切批判的前提"。[①] 抓住了这个根本，也就抓住了鲁迅核心的线索，周扬那种革命的词语无法涵盖鲁迅的部分就得以清晰的解决。或者说，胡风、冯雪峰当年试图为鲁迅辩护的表述，都因为自身左翼话语的限制而无能深行，恰恰是王富仁从狭窄左翼话语之外的广义的左翼话语里，解决了鲁迅思想与文本的复杂性的阐释难题。至少是这样的一种拓展，使研究者的思维从凝固的时空里转到灵动、丰富的语境里去了。

反封建的话题的出现，是一次有意识的自我后退，即从偏执的左翼话语进入寻常的知识分子的语境。这是一次重要的还原，也是现代文学研究的思想解放的标志。他从鲁迅文本细读里看出了以往研究者的概念的尴尬，无论是批评家还是学者，几代学者还无力从鲁迅文本里提炼出一种适合鲁迅的话语逻辑。王富仁在鲁迅创作里复杂的隐喻中看出苏联理论对于中国某类作家的隔膜，而以辨析的方式讨论个体与群体，浪漫与写实，方能够避免论述的武断性。《〈呐喊〉〈彷徨〉综论》无

---

① 王富仁：《先驱者的形象》，华东师范大学出版社 2014 年版，第 122 页。

论在思想的层面还是审美的层面,都提供了认识鲁迅的崭新的视角。胡风、冯雪峰没有完成的研究工作,在他那里奇迹般地推动了。

王富仁最早研究鲁迅是从俄罗斯文学这一角度开始的。因为有良好的俄语基础,他对于俄罗斯文学投影于鲁迅的部分颇为看重。这一维度对于他十分重要,革命话语之前的人道的元素和非理性的元素何以进入鲁迅的文本便有了一种说明。所以他在面对各种文本的时候,能够看到背后的景观,潜文本也浮出水面。当异质的文学因素被中国本土意识消化的时候,便产生了异样的审美效果。王富仁以自己特殊的知识结构捕捉到鲁迅文本深层的意象,其论证中开阔的意识,无疑提升了自己的学术表述的质量。

在其博士论文里,流露了良好的思辨才能和审美感觉,他具有雄辩的文风,以一种黑格尔式的逻辑方式系统梳理着鲁迅思想与艺术的关系,将罩在头顶的不切实际的光环摘掉了。他发现了鲁迅世界中独一性的东西,这在后来的一次自叙里表达了这个发现:"鲁迅的思想不是一种单向、单面、单质的东西,而是由一些相反的力组成的合力,一种由相反的侧面组成的立体物,一种由诸种相反的质构成的统一的质。在他的思想中,这些相反的东西互相制约又互相补充,组成了一个与传统文化心理有联系但又在主体形式上完全不同的独立系统"。① 这个发现来自对于《呐喊》《彷徨》与俄国文学关系的再认识以及鲁迅摄取尼采思想时的经验。比如鲁迅与尼采的关系,在他的阅读经验里没有负面的感受,反而增发了鲁迅文本激越幽深的意味。他在《尼采与鲁迅的前期思想》里指出:"鲁迅没有把唯心主义当作绝对性的真理认识来宣扬,只是认为它可以做'旧弊之药石,造新生之金梁'"。② 王富仁认为长期以来人们对于马克思主义的认识停留在庸俗社会学层面,假如从文本的独特性出发讨论问题,自然不会以现成的理论套用对象世界的特征。这些从事实出发的思考,在路向上已经不同于他的前辈学者们了。

当他的鲁迅研究的整体框架形成以后,其对于困惑于读者的敏感的片段投入了许多心血。他在回望不同时期的研究成果时发现,在表述了研究者思想的同时,人们都遗漏了鲁迅思想里重要的东西,即我们的知识人在面对鲁迅遗产的时候,尚无法以特殊的思维穷尽对象世界的本然。这与鲁迅独异性很有关系。鲁迅研究的不断被人所推动,乃因为精神散出的光彩是不能被定量定性地简单衡量的。

我们审视那个时候留下的文字,当可惊异于其敏感的内觉提供的元素,直到现在亦有不小的价值。《先驱者的形象》、《鲁迅前期小说与俄罗斯文学》、《试论鲁迅

---

① 王富仁:《先驱者的形象》,华东师范大学出版社 2014 年版,第 9 页。
② 王富仁:《先驱者的形象》,华东师范大学出版社 2014 年版,第 191 页。

对于中国短篇小说艺术的革新》、《论〈怀旧〉》、《尼采与鲁迅的前期思想》都有一般中文专业学者不同的思路,他的开阔的视野和凝重的问题意识里纠缠着被疏忽的存在,往往熟悉的词语却被赋予了我们陌生的意义。这在后来的研究中依然如此,且在文本的细读上给了我们无数惊奇。《〈狂人日记〉细读》、《精神故乡的失落——鲁迅〈故乡〉赏析》、《自然社会教育人——鲁迅〈青年必读书〉赏析》、《学界三魂》、《语言的艺术——鲁迅〈青年必读书〉赏析》无疑有着其审美的高度,在幽微之中而见广大,是研究者自身功夫的一种显现。

与一般学者不同的是,他一直清醒于自己的经验的问题,这来自于对于历史的回顾得出的观感。他知道自己的限度,也晓得应当去耕耘的领域在什么地方。基于历史感的思想沉思,是改写现实的内力之一。无论在什么时候,这一宏阔的视觉感受规范了其选择问题的方式。不仅仅鲁迅思想与艺术研究留下了累累硕果,对于鲁迅研究史的思考,亦有相当的分量。

纵观他的研究可以发现,一是对于鲁迅的基本思想的描绘,带有很强的概括性,这来自西方哲学的启示。二是对于文本的解析,从具体的词章考量作者精神要义,传统的鉴赏理念发挥了良好的作用。三是对于鲁迅整体思想的辩护,这使他带有鲁迅护法者的意味。他早期的研究以宏观的审视给人留下深刻的印象,后来在微观的研究上表现出一般人没有的才华。比如在阅读《狂人日记》时,他就在词语的背后读出两个逻辑线条,从精神病患者和反叛者的双重变奏里,发掘出鲁迅的反相的审美结构。这个异于常规的书写仅仅从世俗时空的感知中无法得出新意,当以变形的、互为矛盾的结构里思考作者的本意的时候,那些隐晦不明的意义就浮出了水面。他在此所表达的经义,是哲学家般的顿悟才有的灵思。在一些微观透视性的文章里,他的穿透性的文字解析了普遍的疑惑,无法理喻的词语被其清晰的表述勾勒出确切性的意味来。那篇关于《青年必读书》的研究,对于扣在鲁迅头上的反传统的帽子给予了透彻的解答。鲁迅何以劝青年少读中国书,多读外国书,都有一个可以说服人们的内在的因由。他从鲁迅的关于人的觉醒的层面讨论读书的意义,而非从一般的劝诫里思考青年的学习生活,在所谓偏激话语背后的暖意便流动出来。王富仁在替鲁迅辩护的时候,着眼于人的解放和个性的觉醒,他滔滔不绝的言说里,内在的逻辑就与鲁迅的某些意象吻合了。

大凡深入留意鲁迅文本的人都会感到,其文本有一个迥异于传统的叙事结构,从日常的审美习惯里不易说清作者的隐喻。鲁迅存在着一个超出常规的思维方式,其进入问题的角度是撕裂汉语的一般结构的。找到这个背后的幽微的存在,才是研究者应做的工作。他的文本的背后存在潜文本的时候居多,有时候甚至在同构性里带有消解这个同构性的潜流。王富仁有时候找到了这个潜流,有时候没有。

当他仅仅在概念和意义上纠缠词语的时候,鲁迅生命体验的非概念化的因素常常被遗漏了。

这种急于寻找精神潜流的过程,难免存在着为了证明意义而阐发意义的内在的矛盾。陷入这样的悖反的时候,研究者对于思想生成的复杂性自然会解之不深,对于鲁迅知识结构的丰富性语境的勾勒亦少驻足。所以在讨论鲁迅文本的时候还不能从翻译实践和社会实践诸方面整体把握鲁迅的复杂性。他其实清醒于自己的思路的单一,因为青年时代的学术准备和思想准备,还不能都对应鲁迅的文本。当他较为认真地回溯鲁迅研究史的时候,他觉得自己的学术思考还仅仅在一个过渡的链条上,鲁迅的巨大的存在还只是勾画了一小小部分。

在《中国鲁迅研究的历史与现状》中,王富仁较为系统梳理了中国各派的鲁迅研究的成果。进入问题的方式带有回溯启蒙与拷问启蒙的冷观。书中涉及不同的流派,其中社会—人生派、马克思主义派、英美自由派的梳理发散出其特有的沉思,他对于马克思主义学派的内在复杂性的考量,是同代学人很少有的一种文体,远去的灵魂在他的凝视里,完成了特殊的对话。王富仁在书中把这个流派分为不同的层次,青年马克思主义理论派,马克思主义务实派,马克思主义启蒙派等,各自含有不同的分量。他在不同人的研究中都留意到词语背后的悖谬的元素,也发现了马克思派的鲁迅研究也存在问题。比如对于瞿秋白的认识,在充分肯定其思想的时候,也发现了理论上的瑕疵,瞿秋白概括鲁迅前后期思想时说,从个性主义进到集体主义;从进化论到阶级论。但王富仁认为,"个人主义"是一种思想的原则,"集体主义"是一种行动的原则,不可在一个层面讨论。"进化论"与阶级论也不能在同一层面讨论,"'进化论'是从社会发展的纵向过程上讲的,'阶级论'是在社会结构横断面上说的"。① 他的这种分析,就将鲁迅的丰富性与概念的有限性的问题昭示出来,看到了继续延伸讨论的意义。而在思考毛泽东的鲁迅论时,他的看法隐含着自己所以另类解读鲁迅的原因:

> 毛泽东之所以把鲁迅视为现代中国的圣人,不是因为他信了一种什么样的理论,也不是因为他自己建立了一种什么样的理论学说,而是因为他的最根本的精神素质。这个精神素质便是他具有真正独立的思想个性,毛泽东说鲁迅的骨头是最硬的,说他没有丝毫的奴颜和媚骨,就是说他是自己思想和精神的主人,彻底摆脱了传统的奴隶性格,而对于殖民地半殖民地的人民,这是最难做到的,因而也是最可宝贵的。在这里应当注意的是,毛泽东是一个马克思

① 王富仁:《中国鲁迅研究的历史与现状》,浙江人民出版社 1999 年版,第 39 页。

主义者,但他却没有说马克思主义就是中国新文化的方向。这是因为,任何正确的理论都不能脱离开掌握它的人的精神基础,鲁迅所体现的是这种精神基础的东西,马克思主义理论无法代替它。①

在这番叙述里,他一方面肯定了毛泽东的论述,另一方面找到对于鲁迅研究的一个缝隙,即在判断文本与思想的时候,流行的理论之外的传统的认知方式,亦具有有效性。接着他又说道:

> 但是,我们由此也可看到,毛泽东对于鲁迅的接受同样是在特定角度上的接受,这种接受是从鲁迅的社会表现中获得灵感的,而不是从他的作品的自身直接获得的灵感。正是因为如此,在毛泽东的评价里,我们看到的是一个被高度整合了的鲁迅,而不是充满了全部复杂性的鲁迅;是一个完成态的鲁迅,而不是有着曲折复杂的思想历程的鲁迅……②

王富仁这样精细的论述,其实是为研究的无限可能寻找依据。政治化的评价不能代替审美的评价,甚至不能简单等同于思想史的评价。鲁迅研究的无限可能,从在有创造性的学者的思维空间里就能看出一二。人们对于经典的描绘不会有一个完整无误的框架,而那些以僵化的思维面对文学作品的人,在这种叙述里的尴尬也自然而然呈现出来。

这种陈述既是对于历史问题的总结,也有对于现实经验的回味。但我们的作者的自我辩护的用意也是有的。他其实要借着这种理论的缝隙,寻找进入空旷的世界的入口。而他自己是进入到这个缝隙里的人物。他知道,从前人留下的空白点里,能够画出自己想画的最新的图画。

在我看来,王富仁的研究具有他所云的马克思主义启蒙派与人生哲学派的特点,而在思维方式上黑格尔式的表述对于他是一个巨大的诱惑。他善于对于概念的梳理,又从几个概念出发,缜密论述相关的话题。黑格尔传统有本质主义的痕迹,用这种理论讨论鲁迅具有精神的冒险性。但他的特殊性在于,又专注于对于文本的细读,他关于《补天》、《故乡》、《从百草园到三味书屋》的阅读,又消解了宏大叙述空泛的阴影。而他后来"新国学"的理论中,早期形成的文化整体观的思路,是暗含其间的。这三种脉络都交汇在鲁迅文本的世界中,立足于文本的时候,思想的力

① 王富仁:《中国鲁迅研究的历史与现状》,浙江人民出版社 1999 年版,第 42 页。
② 王富仁:《中国鲁迅研究的历史与现状》,浙江人民出版社 1999 年版,第 43 页。

度与审美的力度都同时出现了。

有一段时间他集中精力回望鲁迅研究的历史,看出了研究者的学术背景和立场的差异而导致的思想的差异,在各类学者、批评家的笔下,审美的结论互为矛盾,那些前辈的研究既给了自己巨大的启发,也无疑有着历史的盲点。比如唐弢、王瑶、李何林的思考给了他引领的参考,但空白点也依稀可辨。在关于唐弢的《鲁迅杂文的艺术特征》一文的看法上,他敬佩这位前辈的杂文家的感觉,但对于其间的方法论的运用则有着不满:"他在逻辑思维和形象思维的结合中论述鲁迅的杂文特征,其中接触到很多重要的问题,也有很多新鲜的见解和发人深省的比喻。但是,用逻辑思维和形象思维的结合只能说明一般文学作品和一般科学论文的差别,并不能说明鲁迅杂文与其他文学样式的根本区别"。[1] 在讨论《野草》的时候,他一方面发现了研究者的不凡眼光,一方面也看到了王瑶、李何林论述中的漏洞。认为在接近鲁迅的时候,也把一些问题简化了。关键在于回到鲁迅自身那里去,且以一种切实的理论和深入的体验面对作品,方能显出思想的力度。王富仁意识到,鲁迅世界的独异性,使研究者处于尴尬的境地,任何一种方式都难以穷尽世象的本源,这恰是康德所言的悖论。当汪晖在研究中批评王富仁的时候,他表示出谦逊的态度,认为也打中了自己的研究的要害,只在外部的环境考虑五四以来的文学,忽略内部的元素其实是大有问题的。上世纪 20 年代以来,鲁迅被人们一再关注,其实不能不考虑其生命的内在爆发力给世人的冲击。王富仁认为,人生哲学派的学术思考,给学术带来了新意。"只有人生哲学派才使我们感到鲁迅的这种无法摆脱的苦闷不仅是他个人的苦闷,也是中国现代文化的整体的苦闷。"[2]在这个基点上看他的鲁迅研究,以及他的同时代的学术走向,都可以给我们提供一些意外的启示。不过他很快也意识到这种研究的另一个问题,那是一个碎片式的凝视,却没有立体的架构,即人们还不能从历史哲学和文化哲学的层面考虑鲁迅的历史地位。而这,恰是后来他个人要做的工作。

促使晚年学术兴趣变化的原因很多。复古主义与反五四的思潮的出现,是不得不应对的挑战。作为鲁迅的研究者,不回答这些挑战是一种失职。许多研究者都对自己的研究进行相应的调整,钱理群开始从当代教育入手面对现实的异化,汪晖到了国际左翼的知识谱系里去了。王富仁则大踏步地后退,把目光投射到遥远的过去,即从五四回溯先秦,从先秦再到五四。他开始从大的文化背景那里思考鲁迅与中国文化的整体性的关系,也就是在儒道释等流变的过程看五四启蒙主义的

---

[1] 王富仁:《中国鲁迅研究的历史与现状》,浙江人民出版社 1999 年版,第 153 页。
[2] 王富仁《中国鲁迅研究的历史与现状》,浙江人民出版社 1999 年版,第 211 页。

价值。他的研究不是从鲁迅的知识趣味和古代文学修养的层面考虑问题,而是在一种思辨的层面关照存在的要义。这种研究应当说十分危险,因为没有知识考古的基础,很易流于空泛。但是在《中国文化的守夜人——鲁迅》里,他却克服了思辨理论的弱点,以自己丰富的哲学知识和生命感受,为鲁迅做了一个全景式的精神定位。鲁迅的重要价值在一个宏大的背景里被一次次激活了。

毫无疑问,这是他一生中最为重要的作品,其思想的厚重和精神的辽远,都深刻于那些思辨的词章中。这本专著倾注了半生的对于中国文化的思考,即非胡适式的经验主义,也非冯友兰式的新儒学。这是鲁迅遗产中滋生的中国文化观,较之于徐梵澄对于传统的学理化的认识,王富仁更带有左翼化的历史主义意味。他对于传统经典的解释建立在较为系统的马克思主义的立场上,所有的遗存都被冷静的历史主义态度观照着。

在新文化运动已经过去多年以后,人们对于传统的认识已经开始分化,保守主义者所云的五四破坏传统的思想成为流行的观点。但王富仁与钱理群、王得后则一致觉得,真正继承中国传统优良文化的,恰是鲁迅那代知识分子。他们才真的激活了传统最有价值的部分,使我们的文化得以深入的发展。他认为儒家文化不是政治文化,它具有开放性、受容性,但却缺少现实的可行性。"儒家文化也已经不具有现代的性质和先进的性质,现代知识分子的道德人格不是由现代新儒家知识分子所体现的,倒是由像鲁迅这样的中国现代知识分子所体现的"。① 在分析道家文化传统的时候,他对于老庄哲学有诸多自己特殊的体味,看法往往与世人相左。面对老子哲学,他发出了与一般哲学研究者不同的声音,"老子哲学中的'道',既是一种宇宙发生论,也是一种意识发生论,既是历史观,也是认识论"。② 他发现了五四新文人在理解世界的时候的独创性,与传统构成了一种隔膜。"面对这样一个隔膜的世界,鲁迅提出的不是向自然复归的'道',而是向前伸展的'路'"。③ 这种区分看到了鲁迅与道家的基本差异,而其批评庄子的依据便有了很好的解释。这样就廓清了其特定的范畴,对于鲁迅那代人超越老子提供了理性的说明。老庄哲学对于现实问题的回避,造成了读书人不敢直面现实的屠弱性,五四新文化的重要意义就是对于现实的凝视。从《中国文化的守夜人——鲁迅》里,他坚持了五四的合理性,一切关于传统的描述,最终在证明新文化是必然的产物,乃历史合力的结果。新文化不是用断裂可以解释的存在,它是思想的延伸与变异。鲁迅、胡适没有虚无

① 王富仁:《中国文化的守夜人——鲁迅》,人民文学出版社2002年版,第126页。
② 王富仁:《中国文化的守夜人——鲁迅》,人民文学出版社2002年版,第43页。
③ 王富仁:《中国文化的守夜人——鲁迅》,人民文学出版社2002年版,第116页。

主义地面对传统,相反,却在现实的感受基础上,丰富了对于传统的认识。

在回望了传统之后,他的发现是,对于中国文化,五四那代人有着极为重要的贡献,一个晦明不已的存在渐渐清晰了,被遗忘的存在被重新叙述了。在大家都睡的时候,鲁迅醒着,以自己的独照,映出世间的百态。"我常想,要不是有鲁迅的存在,中国的知识分子还不知道要把中国的历史描绘成一个什么样子的。还不知道怎样把黑的说成白的,把臭的说成香的。有了鲁迅的存在,他们再想任意地涂抹历史就有些困难了。这实际就是一个守夜人所能起到的作用"。① 当表达类似的看法时候,他的笔端幽情万种,神灵飞扬,自己的一切也完全沉浸其间,浩茫之情思,流溢于天地之间。学术的生命,也即自我的生命,而人们喜欢留意他的文字,也与其思想的魅力大有关系。

钱理群认为鲁迅对于自己这一代人的重要价值,是如何成为真正的知识阶级的一员,王富仁的看法与此庶几近之。在某种意义上说,他一生追求的也是这样的道路。每每想起他目光里幽默的一闪,和瞬间停止了笑容时的肃穆的表情,还有他烟雾里响亮的声音,就觉得仿佛是来自另一个时空里的大写的人。他的远去,唤起了我对于八九十年代的时光的回忆,也真切地感到一个时代的消失。在一个日趋碎片化的学术语境里,在学问成为功利主义世界的一部分的时候,王富仁的言说成了这个世界上的稀有之音。鲁迅精神广矣深矣,而他的护法者,向来人数寥寥。因了这个缘故,鲁迅的精神得以延伸,也因了这一缘故,他由此进入一个巨人的背影里。在这个衔接的过程中,他以生命的燃烧,告诉我们新文化的路正长,精神生长的路也正长。鲁迅遗产是一个不断被阐释、衍生、发展的未完成的存在,研究者的意义在于,他们不仅仅在还原文本的原态,也点燃了属于今人的创造性的火种。今天,从王富仁这样的思想者的劳作里回溯到鲁迅的世界,其实也是认识鲁迅遗产的方式之一。实际的情况是,他的思想的存在,已经起到了这样的不可替代的作用。

2017 年 5 月 30 日
(作者系中国人民大学文学院教授)

---

① 王富仁:《中国文化的守夜人——鲁迅》,人民文学出版社 2002 年版,第 5 页。

竦听荒鸡偏阒寂

——王富仁著《端木蕻良》序言

汪　晖

　　商务印书馆万骏先生托友人章永乐转来王富仁先生的两篇遗稿,嘱我作序。富仁于2017年5月去世,他的门生故旧筹备编辑纪念文集时曾来信索文,那时读了好几位朋友所写的悼念文章,心有所感,起初是答应了写的,却终于不知道从哪里落笔。他在八十年代发表的《中国反封建思想革命的一面镜子》是一个时代的洪钟大吕,九十年代之后,语境与问题都在变化,而他并不随波逐流,也从未扮演时代英雄或青年导师,以致渐渐为媒体所忽略。2003年他去汕头大学任教,倡导新国学,以他独特的方式写过老子、孔子、孟子思想的逻辑构成的系列论文,但其内核与他此前对于现代中国文学的思考一脉相承,并不在如今国学洪流内部。我隐约觉得:富仁因应时势,承国学之名,又有所坚持,试图以近代新文化对国学从其内部进行改造。但这个思路大概躲不过今日国学家的法眼。我们最后一次见面,是2007年在卧佛寺召开的第三届中国文化论坛上。他的思路与会议组织者的宗旨有些距离,除了正式发言之外,他话不多。与会者中除了我之外,大多不是他的旧友。我们很久没有见了,很想跟他深谈,但那样的场合也没有机会。他发言之后的次日就径自下山去了。这一别就有十年吧,再谈起他时,已是永诀。富仁走后,许多朋友为文悼念,或许正因为他疏离于各种热潮之故。

　　我和富仁最初相识是在1983年的秋天,由王得后先生引荐,在他的博士生宿舍里谈了很多。不记得是他谈得多,还是我谈得多,但此后就有了为数不多的通信和来往。但1989年之后,除了偶尔在学术活动中见面之外,我们往来渐少。1999年,他出版《中国鲁迅研究的历史与现状》一书,专门寄了一册给我,扉页上像他在八十年代的赠书一样,用他那长方形的、用力写出的字体落笔题签,称谓依然是“同志”。这部书中的一节主要讨论我的鲁迅研究,记得是放在1990年代的范畴内谈的,他大概觉得我的研究虽然成型于1980年代,但更多的回应是在后一个十年。事实也确乎如此:他的对话对象是陈涌先生代表的一代,而我的对话对象则跨不过著名的"思想革命的一面镜子"了。这里确有某种代际关系在里面。记得八十年代的后期,在一次现代文学学会的座谈会上,他提到我们之间的不同观点,用了论敌的字眼,但基本的意思是说我们观点不同,但仍像同志一样交流。王信先生坐在我旁边,他是我俩论文的共同编辑,也是真挚的朋友,他微笑着又有些严肃地说:富仁把你当论敌了!也因此,在阅读前面提及的那本鲁迅研究史的著作时,我更深地体会到他的开阔胸襟和秉笔直书的性格。

没有写悼文,因为担心落入谬托知己的窠臼,更担心在媒体表述中遗忘了对逝者的敬意。沉默有时比开口更真实。现在来写序文,且并无富仁的授权,实在有些找不到理由。但万骏先生和永乐不由分说,将他的文稿寄来了,这才知道文稿是关于东北作家群和端木蕻良的。富仁曾经编选过好几种现代小说和散文选,2003年出版过《端木蕻良小说》,有关东北作家群和端木蕻良的论文也曾在刊物上发表过,但我之前并没有注意过他的这些工作。这次阅读完全出于偶然,而我好奇的是:富仁为什么要重新讨论东北作家群尤其是端木蕻良?他要借着重读这些为当代人所忽略的作家和作品说些什么?富仁是一位优秀的文学史学者,但以我对他的了解,他不会只是为了补苴罅漏而做文章。

初读文稿,一种久违的文风扑面而来,让我记起当年读他论鲁迅的那些文字。他的宗旨首先是去蔽,其次是正视听,在历史变动之中重新发明文学史的"真相"。富仁极少引用理论,几乎没有注释,他将文学和生活的积累转化为直抒胸臆的文字,以大写意的手法,千山万壑,大江大河,勾画历史变迁的脉络,追踪每一个时代以各种名义被压抑的文学与思想的潜流,力图释放其能量、激情、思想和才华。在80年代,富仁是现代文学领域内思想解放或启蒙的代表人物,但当他将"五四"和启蒙放在30年代的脉络中考察的时候,他以重新发现"五四"的热情探索这一时代"左翼"的意义,以更为强烈和真切的笔触发掘作为"左翼中的左翼"的东北作家群的能量。

说比重新发掘"五四"更强烈和真切,是因为80年代对"五四"重新思考、对思想革命的再度发明因应着时代的主潮,而在90年代和新世纪论述左翼和左翼中的左翼却像是逆流而上,否则又如何"去蔽"呢?放在当代的语境中,他的论述不会被放在转向了的"新启蒙"脉络中,毋宁更像是后者的对立面。他所要去的"蔽"到底是什么呢?这便是始于重新发现鲁迅的另一面即非政治家、非革命家的另一面的漫长进程,在这个进程中,徐志摩、李金发、卞之琳、戴望舒、何其芳、冯至、《九叶集》派的诗、《七月》《希望》派的诗一一被凸显了,郭沫若、闻一多、艾青、闻捷、臧克家的成就相继被贬低了;胡适、梁实秋、周作人、林语堂的思想和散文被重新发现了,但与他们同时代的左翼作家的思想和散文被边缘化了;废名、施蛰存、张爱玲、苏青、徐訏、无名氏、沈从文、新感觉派、新武侠、新鸳鸯蝴蝶派的小说成为了热点，而 30 年代的左翼文学和革命文学被漠视了……这是一个重新发现的解放进程，但这一解放的进程同时也是一个遮蔽的进程："左翼文学被遮蔽了，'东北作家群'自然也就被遮蔽了，因为东北作家群是在三十年代左翼文学的旗帜下陆续走向文坛的，他们的基本倾向从来都是'左'的。"在东北作家群中，萧红、萧军为人熟知，但萧军为人谈起的不是他的作品，而是他与萧红的关系，萧红为人熟知，不是因为她是左翼作家，而是将她作为非左翼作家并与丁玲（而不是张爱玲）相对立才重建其位置的。

遮蔽的进程是在解放的口号下展开的，反主流的潮流其实正是当代主流本身。置身当代主流的"我们"以一种非历史的倒置，将 30 年代反主流文化改写为主流文化，其结果不过是自我合法化。富仁并不否认这些被再发现的作家的文学史意义，也没有否定对这些作家进行重新评价的意义，他针砭的是这一时代以"解放者"自居的"我们"的傲慢。如果不是他在 80 年代建立起来的启蒙者形象，恐怕也会因此被冠以"新左派"的头衔。在读到下面的断言时，我有些惊讶于富仁的直白——他以一个老启蒙者的姿态表达了对于革命的忠诚。对他而言，革命不是写在勋章和纪念碑上的标记，也不是与启蒙相对立的进程，而是在生存的立足点被连根拔起的生死之间展开的求生搏斗。在多重的边缘地带，在无望的挣扎之中，挣扎者终于意识到个人命运与民族命运或阶级命运的联系，从而认识到了"整体"的意义。革命是"为了活"而不是"为了死"，但"为了活"无法通过个人解放而获得，而必须同时解放"整体"，从而求生意志可以展现为牺牲精神、必胜信念、超越个人利益的勇气，以及与被压迫民族和被压迫人民荣辱与共的意志。因此，在后革命时代，对革命的忠诚只能展现为"启蒙"确立了自身的主流地位之后的继续探索、持续颠覆和朝向不断解放的进程。这是多大的讽刺："我们这些'精英'知识分子就是没有憎恨也不会憎恨的人。我们好说'告别革命'，实际上不是我们告别了'革命'，而是'革命'告别了我们。我们根本就没有革过命，也从来没有打算去革命，我们向谁告别？……总之，我们是带着白手套而采摘了我们的文化成果的。"他尖锐地指出：这一"带着白手套"的"告别革命"及其连带的审美趣味最终只能堕落为资本与权力的婢女。

富仁对于 30 年代左翼的辩护并不是要重建左翼的牌坊，而是在历史力量的升沉起伏之中，在 30 年代与当代的对照中，探索遮蔽和压抑的能量。如同鲁迅在"五四"时代对于"真的人"追求，他对东北作家群的研究也正是挖掘中国现代文学历史中的"真的人"，或用他自己的语言说，是"全人"——不是文艺复兴时代的全才，而是有真实的爱恨情仇的人，即便是偏狭、恐惧或其他弱点，也映现着完整的人生状态。通过对东北作家群的重新检视，他不但重新定位了左翼文学和东北作家群在现代中国文学中的位置，也重新发现了鲁迅的独特位置。与大多数"五四"一代知识分子不同，"鲁迅越来越同挣扎在生命途程中的社会底层的知识分子、特别是青年知识分子的命运和前途联系在了一起，越来越同挣扎在生死线上的底层社会群众的命运和前途联系在了一起"。"五四"是浑成的，民族的危机感、对社会衰朽的愤懑和改造的愿望、新思潮的激荡、青年和女性的苦闷和实际位置，以及来自旧生活的经验，在整个运动中得以整合，但伴随着文化运动的迅速分化，再也没有一种力量能够将社会生活的总体感受综合为一体的力量了。鲁迅继续着他对"真的人"的追求并在巨大的危机中将其具体化，他比其他人更深地把握中国社会面临的危机、挑战和可能的生机。当东北作家流亡至关内的时刻，不是那些已经成为国家栋梁和社会名流的"五四"一代，不是那些扛起了复古主义或民族主义大旗的一代，也不是仅仅关注关内政治斗争、文化斗争的左翼理论家和文学家，而是鲁迅几乎以其一个人的力量，将这些边缘的文学群体推上了现代中国文学的舞台。他用全部的热情和洞见向人们证明这个群体比其他人、其他群体更真切地体现了中国内外危机的深度，也比其他作家和作品呈现了在极度腐朽和衰败中潜藏的能量与生机。

那么，被鲁迅发现、又为富仁再发现的东北作家群的独特性究竟何在？我们或可以将之归纳为双重的边缘性，即东北在中国文化和区域关系中的边缘性和被迫失去家乡而流亡关内的边缘性。东北在古代中国处于中华文明的边陲地带、在清代产生过统治民族却逐渐失却其自身文化特性、在晚晴和民国时代沦陷于沙俄和日本控制下的殖民地的辽阔地域。萧红、萧军、端木蕻良、骆宾基、白朗等等的出身、背景、教养、个性各不相同，怀抱着因流亡而爱憎无所寄托的深广的忧郁。他们的作品品格各异，但处处渗透着无法逃逸、与身俱来的爱憎，其中有源自上述双重边缘性的痛苦、幸福、仇恨、卑鄙、忍耐、反抗、胜利、失败，却没有置身事外的客观神态，没有从别处习得却自以为高明的概念，没有同情的旁观和冷静的分析，有的是从自身生活中奔涌而来的态度、情感、悲欢、仇恨。

萧红、萧军、端木蕻良、骆宾基等等原本并无直接联系，但在关内成为东北作家的代表。他们几乎是完全自然地、别无选择地成为左翼的一部分。与许多内地左翼青年不同，他们之成为左翼，主要不是学习左翼理论并以此作为观察生活的尺度的结果；他们凭着生存的直觉，知道在30年代的上海乃至整个中国，只有那些被排斥在国家政治和经济法权之外的、致力于批判和反抗的左翼才能容纳他们，只有将"敢说、敢笑、敢哭、敢打"的人生样态视为拯救民族命运力量的鲁迅能够理解他们身上潜藏的巨大能量，也只有这位昔日的启蒙者、今日左翼的精神领袖能够从他们的作品中看到流淌着的不是"水管里流出的水"而是"血管里流出的血"。东北的文化边缘地位和东北沦陷的命运最深刻地体现了民族的苦难，东北文化中的落后和粗野同时也最集中地体现着一个衰老文明中尚存的野蛮力量。相较于都市作家所表现的颓废，相较于沦落的贵族阶级对于家庭、两性关系和伦理世界的表达，相较于自由主义者或者都市左翼对于世界主义、民族主义和阶级关系的站队和分析，东北作家的双重边缘地位使得他们能够把握民族命运的总体性、在所有生活领域呈现求生的本能与基于这种本能的意志。这是他们走向左翼的根本动力。因此，他们是边缘中的边缘、左翼中的左翼，也是以其全部的生存状态和情感方式为现代中国的左翼文学注入活力的独特世界。如同黑格尔主奴辩证法中的奴隶，他们地位边缘而卑贱，却因此而更深、更广地贴近这个世界；他们是这个世界的内部存在，而不像需要借助奴隶才能与劳动、创造、自然等发生联系的奴隶主；他们对于自己生存的世界的控诉和揭露，对于土地的爱恋，并不需要通过抽象的概念来加以表达。他们的文学世界就是生活世界本身。

富仁的叙述平易而直白，他着力挖掘的就是这种从生命里流淌出来的力量。这也是他与当代世界的各种潮流进行对抗的出发点。他的问题不仅是：复古吗？保守吗？激进吗？世界主义吗？民族主义吗？而且是：哪一种力量更深地体现了当代危机的深度并提出了或本身就潜藏着突破这一危机的路径和能量？也因此，他的质疑总是包含着另一层含义：这是真的吗？这是从生活里、从生存的意志里来的吗？这是真正从内心深处、能够体现整个民族生活的总体需求的诉求吗？这种提问的方式与鲁迅"难见真的人"的追究一脉相承。这里没有必要重复他对端木蕻良富于洞见的分析，但需要指出一点：他没有选择萧红、萧军作为主要的分析对象，而是选择了更为边缘的、也更多矛盾性的端木蕻良作为分析对象，部分地是因为端木蕻良在不同阶段的创作提供了足够历史长度让我们透视其间的变化，他的文人气质也显示出更多值得分析的矛盾性。在富仁看来，端木蕻良在气质上与托尔斯泰有些相似：他们都出身于贵族之家，但对自己的阶级持有决绝的批判态度，却无法摆脱就是其中一员的命运；他们笔下的人物对于被压迫者和女性带着忏悔式的同情。端木蕻良的文学气质的另一端联系着他晚年的创作对象曹雪芹及其《红楼梦》，但富仁指出："《红楼梦》所展开的这个世界，是一个从根本上丧失了生命活力的世界，但端木蕻良笔下的科尔沁旗草原则是雄浑的、充满生命活力的，作者在这个世界里感到的不是生命活力的缺乏，而是生命活力的浪费和邪恶的运用。"这是极为敏锐的洞见。

富仁对端木蕻良和东北作家群在进入左翼文坛前后对于东北的不同表现有深入的观察。在《科尔沁旗草原》阶段，科尔沁旗草原是其生活的世界，也是其批判和反抗的对象，内心体验与对现实的表现紧密地结合在一起；但在抗战的语境或关内左翼文化的影响下，"端木蕻良逐渐把自己的人生理想转移到了与自己有着不同人生经历和人生体验的大山、铁岭、来头、双尾蝎这类充满原始生命活力的人物身上"。对于东北原始力量的凸显恰恰源自关内和全国对于民族精神的召唤,而不再是与个人经验更为密切的、生活于这块土地上的人的复杂状态,因此,原始的、雄浑的、充满生命活力的草原实际上已经因应着不同的需求,呈现着不同的生态。富仁最为珍视的,不是左翼通常崇尚的边缘或底层,也不是对于边缘的同情和理解,而是源自边缘或底层生活本身的求生意志和原始力量。这种意志和力量,即便不是完美的、甚至是粗糙的,也远比其他都市作者们的诉求更能体现民族生活的总体需求和渴望。因此,对于富仁而言,东北作家群带着一种内地罕见的力量进入左翼文学的范畴,在扩充其边界、充实其能量的同时,又由于因应着关内文化的需求而凸显东北生活的原始性,反而逐渐地失去了与其生活浑然一体的状态。这是作为一个群体逐渐消解和弥散于一般左翼的开始。

读完富仁文稿的傍晚,回到家中第一件事情就是翻箱倒柜地寻找旧信,结果因为多次搬迁,除了富仁的赠书之外,他的信件已不知所踪。在翻检过程中,意外找到的竟然是端木蕻良先生来函四通,及一张 1981 年 5 月 6 日摄于扬州徐园的合影。记得如此清楚,是因为端木先生在照片背后记下了时间和地点,并注明由他的夫人锺耀群女士所摄。借富仁论端木著作出版之际,将端木先生的信件内容公布在这里,对于研究端木蕻良的学者而言,或许还有些史料价值。

1981 年,我还是一个大四的本科生。那个时期,东北作家群中的重要人物,聂绀弩、萧军、骆宾基等等先后都有回忆录问世,萧红与端木蕻良的关系也成为一时热议的话题。端木先生似乎从未正面回应各路探寻和指责,他的精力集中于《曹雪芹》的写作。1981 年 5 月 6 日傍晚,我拿着本书,走进学校旁边的瘦西湖公园,在寂静无人的徐园停留下来。天色渐渐暗下来,园子里忽然涌进一群人来,靠前走在中间的一位个头不高,带着眼镜,旁边簇拥着陪客。我仔细看去,认出中间那位正是曹禺先生。在簇拥着的人群后面,有一位长者和他的夫人,与前面的人群保持着距离,徐徐跟进,不时走到一边端详园中建筑的匾额、对联和题签。他们路过我身边的时候,我辨认出他是端木蕻良,便轻声地跟他打招呼。他们俩大约有些意外,停了下来,耀群女士问我怎么知道他是端木的。我说是从照片上看到的。她拿出相机让我和端木先生站在一起,拍了一张照片,闲聊了几句之后,他们便随着人群走出徐园了。

隔一日,端木先生应邀到扬州师院来做一个报告。我也挤在听众之中,从台下看着他走到讲台边,坐下,声音轻柔,慢慢开始他的演讲。主办者邀请他谈谈正在创作的小说《曹雪芹》,他就此进入话题,但没有说多久,就停住了。我们都注视着他。在沉默中,他突然抽泣起来,几次想重新开始,但无法自控。只记得他断续地说：你们青年人是幸运的，不像我们这一代……接着又是无声的抽泣，身体在颤动。耀群女士上前安慰他，我们不知所措，主持演讲的系主任也被这场景弄懵了。台下渐渐地有一些窃窃私语和莫名的骚动，系主任这才反应过来了，他对着话筒说：端木先生此刻很激动，这两天因为参观和座谈，十分劳累，身体也不是很好，今天演讲到此结束。我随着退场的人群往礼堂外面走，却不想系主任来到我身边说，端木先生想跟你谈话，你留下来。我随着他步行至休息室，见端木先生已经平静下来，他看到我，笑着打招呼，好像认识很久的样子。

将近三个月后，我收到了他于 1981 年 8 月 31 日寄来的短柬和一张放大的照片。短柬中说："收到你的信，很高兴，徐园相遇，留下愉快的印象。回来后，忙得不行，相片现在才由耀群放大，将我们合影寄上，留作纪念。你真正像朝阳一样，升起在祖国的大地上，未来是属于你们的，望你努力进步！"他的第二封信末所记是 1982 年 2 月 4 日，内容是回复我的邮件。那时我刚刚本科毕业，通过了本校研究生考试，即将跟随章石承先生和曾华鹏、李关元老师攻读现代文学硕士学位，并以鲁迅为研究方向。他回信说："收到信，知您在研究近代文学中，选定鲁迅先生为重点。这太好了。我认为唐弢在这方面还是有成绩的，当然还有其他同志，恕不一一列举，你知道的比我会更清楚。另外，我认为许杰你应该和他联系，特别是在 20 年代的，他对当时的时代风貌知道得比较清楚，而且不受偏见左右的。但这方面我并没有和他交换过意见，只是直觉罢！你须要我作点什么，我当尽力不辞。我知道很少，又加赶制曹稿'中'卷，真有力不从心之感，我当尽力而为！"或许就是因为受端木先生来信鼓励之故，我将大四时期写成的《论鲁迅小说〈孤独者〉》誊抄后寄给他，因此也就有了他的两封较长的回信。这里照录如下：

汪晖同志：

您的信和《论鲁迅先生小说〈孤独者〉》都收到，我因赶写曹雪芹中卷，因出版社催促，使我几乎无法再顾及其他的工作了。我必须全力以赴。

您和（"和"可能是误字，应为"在"—汪注）您的导师指导下研究《孤独者》这个选题，让我很感兴趣，我想你会取得好成绩的。不过，我已多年未读《孤独者》了，您提出的问题，还得进一步予以考察，如安德列夫的作品，当时《红笑》和《七个被绞死的人》等都已翻成中文，鲁迅是读过的。又阿志巴绥夫在不久已被批判，所以读它时就采取否定态度，因此印象极为模糊。又厨川的作品，我已数十年不看了，只凭印象还记得一些。我如不重新翻阅这些作品，就不好发言了。可是时间精力都不允许。所以，只能胡说几句。

不过，我可以向您提出一点建议。您可否予以考虑。（1）当时，鲁迅也受过一些尼采思想的感染,那时,中国有位"青年党"的成员,叫作华林的,写过一篇《新英雄主义》,也是宣传尼采哲学的。可在研究的时代背景或可用得着。

鲁迅先生是拿来主义者,后来在实践中,扬弃了阿志巴绥夫,安德列夫,尼采……还有厨川白村等人的思想,这与苏联和日本对这些人进行的批判,以及鲁迅先生的为人生的文艺观在实践中,发展成为更正确的更科学的文艺观是分不开的。

你分析魏连殳的罢和仿佛对世俗的顺从,都有独到处。对我有启发。

"孤独者"这个名字本身,是否就有批判性,这也是值得研究的。大勇者首先站起来,当然,不会是很多的,但"孤独"本身就是一个可怕的敌人,如果他不能打败这个敌人,即他就不是一个大勇者,连个小勇者也不是,只能向更孤独的角落逃开去,直至毁灭为止。鲁迅是最了解这种孤独的有害性,他在主张"Fair play"应该缓行的同时,他是尽量寻求可以联合的力量。能战胜孤独的最有力的武器,就在于能正视现实。

您的文章,既有底稿,请把这稿子放我处,我当按您的意思,看有适当的刊物,试与联系。在您继续写作的同时,您是否可以把该篇考虑分成几个小题,写成可分可合的小文,也可以考虑。不多写了,请代我向您的导师们致意,恕我胡乱说了一通,耑此,即问

撰祺!

端木蕻良

一九八二,二,廿二日

汪晖同志:

你的来信和论"孤"一文都收到,我粗粗看了,觉得你的观点很有长处,可证你运用的方法,是比较科学的。没有脱离那个时代,也指出了鲁迅先生可能受到的外来的影响,但更重要的是当时资产阶级的先天性不足,资产阶级的对立面,当然是无产阶级,这个队伍也不能相应的扩大,因而自然力量也壮大不起来。当时,鲁迅先生笔下的主人公,所以孤独的最终原因,是看不到力量的源泉,也就是看不到下层。因此,自我否定,他认为以此可以报复的,实际上是落空了。鲁迅先生对他的批判是深刻的,也就是对那个时代作出的批判是深刻的。

看了你的论文是高兴的,我希望今后写论文,也不要太长。如有新意可再补充,这样写出的论文,不板滞,人们愿意看。不知为什么我对伯林斯基、赫尔岑的就爱看,后来苏联的有些论文,就嫌板滞,但对高尔基等作家写的论文,又

特别爱好,大概也是由于活泼真挚的原故吧?

我这次去上海遇到黄进德老师,谈得很愉快。我的"曹"稿大概在明年第一季度完成,主要是精力时间都不足。此信本来是在本月初即想出前部的,一直拖到今天,才算写得发出,一切请谅。并祝在新的一年里取得新的成就!

祝

新年快乐!

端木 1982.12.28 北京

1983 年,也就是结识富仁的那个秋天,我去虎坊路端木先生的寓所拜访他和夫人。满屋子都是书,连进门的过道里也都摆满了。我们具体聊了些什么,已经记不清楚,但印象最深的是他与夫人主动地谈起萧红,尤其说到在他与萧红共同生活的时期,也是他创作的一个高峰期。说罢是叹息。我不敢深问,带着悬念向他们告别。1985 年我考入中国社会科学院研究生院,跟随他在信中曾特意推荐的唐弢先生研究鲁迅和现代中国文学。来北京后,我再度去虎坊路看望他,听他谈对现代文学和当代文学的看法。他鼓励我独立思考,对新潮流有些隔膜和保留,但为了完成《曹雪芹》的第三卷,他正全力以赴,已经无力他顾。我也渐渐地卷入 80 年代北京的新生活,音讯渐稀。1996 年 10 月 5 日,端木先生病逝于北京,享年 84 岁。我是从报纸上得到消息的,想过写点纪念的文字,但就像富仁去世后曾经动念一样,最终只是心里的默默纪念。也因此,我该感谢从未谋面的万骏先生的邀请,让我有机会回忆那些年轻岁月的故事,表达对于端木先生和富仁先生的纪念。

一个时代又一个时代,一个时期又一个时期,如白驹过隙。昔日的辩论以不同的方式再度登场,形式与含义都发生了变化。在各式旗帜之下,追问是否存在着源自生活底层的求生意志和激情,是否存在能够体现中国社会生活的整体状态的思想和文学,也是追问我们自身、追问各种立场和主张的真实性的契机。这是富仁借着东北作家群、沿着鲁迅的问题而发出的追问。他把端木蕻良置于这份问卷的中心位置,或许是因为端木及其作品所包含的矛盾性也构成了富仁自我追问的契机。

一切追问都必须从自我追问开始。

2018 年 5 月 30 日凌晨草于 Uppsala、5 月 31 日改于 Gotland

(作者系清华大学人文学院教授)

永恒的笑容　不朽的丰碑

——怀念王富仁先生

王　坤

王富仁先生走了。

每当想起他的时候,往往首先浮现在脑海的,并不是他的鲁迅研究,而是他的笑容。王先生的笑容,有一种特别的魅力,面对这种笑容时,你会感到安心、舒坦、平静。细细思量,觉得王先生笑容的背后,有一个柔柔的、暖暖的、软软的"底片":慈。慈爱、慈祥、慈仁、慈善……怎么形容都可以,核心总离不开一个"慈"。

2017年5月3号下午5点差一点点的时候,接到中文系(珠海)主任朱崇科教授电话:王富仁先生昨晚去世。

我大吃一惊!

朱教授是鲁迅研究领域的后起之秀,深得王先生提携,他出版的鲁迅研究专著中,有好几本都是王先生写的序言。就在几天前,我与朱教授聊天时,得知王先生正在301住院,还特地问了一下:是否需要找人帮忙,因为我的孩子当时在那里读书,找人比较方便。朱教授说不必,北师大把一切事宜都安排好了。

我放下电话就赶紧与汕头大学文学院副院长杨庆杰教授联系,真心希望那个消息会被否认!但是,很不幸,太不幸了!大量的悼念文字已经开始在网络上出现了。

我见到王先生是很晚的时候,但知道他的名字却很早很早。

我本科是79级的,即人们常说的"新三届"之尾那一级。毕业那年,1983年春季学期,我收到考研成绩单:落榜了!我的同学兼老乡罗先友,考的是本校本系,成绩过关,接到了面试通知。我俩闲聊,总结教训和经验。我的失败教训是:心太大,不想考高校系统,而要去考社科院。当时,社科院研究生院的部分学生宿舍及办公室,就在我们住的西南楼一楼,进进出出地,总与社科院的那些研究生碰头,特羡慕!结果呢,血气之勇撞了南墙。他的成功经验包括:报考本系;在复习过程中,还找了系里一位名叫王富仁的博士生辅导过。最终,罗先友没有通过面试,因为当时北师大的老师认为,外校考生与本校考生,如果笔试成绩相当,那么,外校考生分数的"含金量"要高些。罗的笔试成绩刚好与外校考生相同,于是没能继续读书,分配去了中纪委。罗先友告诉我:"王富仁很厉害!""是啊,不厉害怎么能够读博士呢!"那时的博士生,可是货真价实的凤毛麟角!《文学评论》1985年第3期和第4期,连载王富仁先生的博士论文摘要。仅此一事就可看出,王先生在当时已经"厉害"到了什么程度!

王先生到了广东之后,我才有机会见到他。

一开始,王先生是在北师大珠海校区任教,我当时也要从广州校区去到珠海校区,给中文系大一学生上《文学概论》课。在课堂上,凡涉及到鲁迅之处,我必向学生倾力推荐王先生的博士论文:《中国反封建思想革命的一面镜子——〈呐喊〉〈彷徨〉综论》。

王先生是名动学界的大学者,我不过小人物,所以,还不敢动心思前往拜访近在隔壁北师大珠海校区的王先生。

后来,汕头大学求贤若渴,将王先生请过去做了终身教授。

我与汕头大学文学院的一些同行是好朋友,那里还有我的两位同学:杨庆杰教授和张艳艳教授。因为汕头大学与中山大学两校中文系老师经常参加对方举办的学术会议,我终于见到王先生本人。

印象最深的见面有两次。

2007年元月19日,中文系举办"纪念鲁迅来中山大学80周年学术研讨会暨鲁迅雕像揭幕典礼",特邀嘉宾中的两位重量级人物,是王富仁先生和王得后先生。我当时负责接待他们,其实也没做什么,就是迎送、住宿的安排之类。没想到两位王先生都对我十分客气,而且,他们的感谢之语,非常真诚,搞得我很不好意思:又不是我个人掏腰包接待他们。唉,实在担当不起他们的感谢!

19日的晚上,政府一部门宴请与会代表,席间,官员们的说话都特别随便。宴后,我送两位王先生去中山大学北门的游艇会住宿,在路上,两位先生对官员的随意言论,表示出极大的惊讶!他们问我怎么看,我说:两位先生呀,你们可能不知道吧,这不叫大胆,其实很正常的,不用吃惊的呀。王富仁先生笑了笑,点点头。

按照原定安排,我次日早上送两位王先生到机场。王富仁先生特别细心,我在出租车上打哈欠他看到了:"你搞会务,肯定没睡午觉,晚上好好睡个懒觉吧,明天一早,我与他直接去机场就行,你别管了。"王得后先生也坚持如此。我看得出来,王先生是真心不愿麻烦我,为了省却他的心理负担,我只好偷个懒,把去机场的出租车等事宜敲定后,就到宾馆房间睡懒觉去了。

第二天上午9点多起床,看到地上有从门缝里塞进来的一封信。

两位先生,让人感动!

2010年11月20日星期日,在汕头大学举行"岭南学术论坛第57期·德性审美文化范畴研讨会"。那一次,我开车,与同事潘智彪教授、《学术研究》副主编陶原珂教授、广东教育学院(现为广东第二师范学院)陈涵平教授一同前往。因有点事,19日下午5点多才出发,到达汕头大学学术交流中心时,已是晚上十点多了。让我们四人大为震惊的是,王富仁先生竟然与杨庆杰教授等人一起,坐在一楼饭厅里等我们!

别说以他的声望,仅以他的年龄,他在那儿等我们,我们都是受不起的呀! 彼时彼刻,除了感动,感谢的话已经说不出口了。

王先生坐在那里,笑眯眯地看着我们吃完真正的"晚"饭,才起身告辞回家。临别前,他带着歉意地说:"明天有点事,不得不做的,所以明天的会就不能参加了,请原谅!"还送给我一本他主编的《新国学》,极为真诚地约稿:"给我稿子啊!"

今年上半年,张艳艳教授约我参加汕头大学文艺学专业研究生的毕业论文答辩,时间为6月上旬。因为个人的私事,我3月下旬去了一趟汕头大学,时间紧张,就与杨庆杰教授相约,等到6月份来汕大参加答辩,再去拜访王先生,当时我俩甚至都谈到了看望王先生需要注意的一些细节。

没想到,实在是没想到,竟会提前来了汕大:5月13日,来参加汕大举办的王先生追思会! 在会场,王先生研究生的失声恸哭,令我对两件事后悔不已:3月份那次到了汕大,无论如何应该挤出时间去看望王先生的;王先生的约稿,我应该写出来的呀!

那次追思会,本来中大中文系主任彭玉平教授和中大中文系(珠海)主任朱崇科教授,他们二位也要来的,因单位有重要事情不能脱身,就特地委托我向王先生的不幸离世表示沉痛哀悼,对王先生的家属表示安慰。

对于王先生所从事的鲁迅研究,我是外行,说不上来什么,只是凭直觉认为:正如20世纪的中国不能没有鲁迅那样,鲁迅研究史上不能没有王先生,不能没有王先生的那篇博士论文。现在的鲁迅研究,无论广度和深度,都与20世纪80年代不可同日而语;但是从根本上讲,王先生的博士论文没有过时,也不会过时,那是鲁迅研究史上一座不朽的丰碑。

在追思会上,我送的挽联是:

王富仁先生千古

以呐喊彷徨为镜照鲁迅不朽

于北京潮汕育人助国学常新

  后学 中山大学中文系 王坤 敬挽

2017 年 5 月 12 日

（作者系中山大学中文系教授）

"自鸣失意"的富仁先生^①

朱寿桐

富仁先生作为学者,可谓一生春风得意。他研究鲁迅,研究俄罗斯文学,在(博士)学业未成之际便已名满天下,继而完成精彩而备受瞩目的博士论文,虽不适合用洛阳纸贵的老话形容,但论文概要居然可以在文学研究的最高刊物《文学评论》上连载两期,此等荣耀,足以令任何一位学者羡慕。此后他频频发表论文,出版专著,畅游于新国学与传统的中国现代文学之间,在学术上可谓"出将入相",睥睨一世;他常常写散文随笔,徜徉于著名学者与特色作家之间,在文字世界可谓长袖善舞,游刃有余。

然而,与富仁先生的有限交往中,我所得的印象却是标题所揭示的:"自鸣失意"。他有时不免体验着某种"失意",不过他似乎从不想讳言那样的"失意"。以坦然和淡然的乐天精神对待有时候的失意,便是他"自鸣失意"的精神魅力和人格风范。

我最先体味到富仁先生的失意是在 1991 年,为纪念鲁迅诞辰 110 周年。这是继 10 年前鲁迅诞辰 100 周年之后,由中央主导的又一次大规模高规格的纪念活动。得到邀请的现代文学和鲁迅研究者同时都得到了进入中南海怀仁堂参加纪念大会的入场券。这次纪念活动和学术研讨会,是中国现代文学学者和鲁迅研究者的一次高规格聚会,方方面面的专家都被邀请与会。但在鲁迅研究方面卓有成就的王富仁以及其他几位却未得到邀请。在那个时候,至少在青年学者的我们看来,没有王富仁等参加的鲁迅研究研讨会是不可想象的。怀着好奇,也怀着某种不平,我拨通了富仁先生家的电话。富仁先生口气淡定,情绪稳定,说电话里面就少谈一些,感兴趣到家里来坐坐,并嘱咐不必邀约其他青年朋友。在一个秋风萧瑟的晚上来到北师大的工字楼,在堆满杂物的楼梯之间敲开了位于三楼(记得不是很清楚了,或者是四楼)的门。富仁先生悠闲地抽着烟,悠闲地说着,悠闲地笑着,其实都

---

① 编者收到此文后数月,朱寿桐教授获聘汕头大学台港及海外华文文学研究中心中心主持编辑的《华文文学》主编。——编者注

知道,在邓小平南巡讲话之前的那个短暂的时期,学术思想解放的先驱者都承受着一定的压力。他们不被邀请参加这么重要的活动,是有一定背景的。"其实有时候不被信任的感觉也挺好,乐得自在。"富仁先生说,那时候脸上的褶皱舒展得相当匀称。我面对的显然是一个暂时不被信任的失意的学者,然而他神态自若,谈笑风生,还每每拿自己的"失意"自我取笑,这不是典型的"自鸣失意"么?当时同样"失意"的鲁迅研究者还有几个,其中还有我的朋友。就在前一天晚上,我和那时候年岁差不多的一群当时的"青年学者"结伴去看他,他却显得脸色凝重,语句滞涩,神情忧郁。我悟解到面对失意的窘境,一般学者很难做到富仁先生那样的坦然与淡然。

十多年后,到了广东,有幸与富仁先生再有较紧密的过从,更有机会体味他的那种"自鸣失意"的人格风范。我 2004 年辞别南京大学,连带也辞去江苏省政协委员,来到广东应聘为广东省珠江学者特聘教授,并在暨南大学文学院任职。当时,国内教授流动还是一件引人注目的事情,我自己离苏赴粤就曾被《江南时报》等几家报纸大幅报道过,不过在此之前,王富仁老师被高薪聘请到汕头大学更为轰动。张梦阳老师还曾专门写过文章,剖析教授南迁的现象,即举了王富仁先生,另一位著名学者还有我为例。在这样的言论气氛中,在这样的时代条件下,我有幸被划为与王富仁一类的离散者,或者说是自我选择的失意人。至少富仁先生是这么理解的。庄园就曾告诉我,一次与王先生谈到一个著名作家的"逃亡",王先生就很爽快地调侃道:"我,朱寿桐,我们也是一路逃到了南方。"

不久就在阳江的广东省鲁迅研究会上见到了王富仁先生。富仁先生显然也早就知道了我来粤的情况,一到会上便传我见面。他说他担任汕头大学学报主编了,负有给学报征稿的责任,要我一定支持,并说我报给会议的题目就很好,写出来别给别人。我记得当时报来的题目是关于鲁迅当年辞厦入粤的心理机制。

初冬的阳江江风猎猎,天高气爽,棕榈森森之间时有鸿雁声声。开会间隙,饭余睡前,只要一有闲空,富仁先生总是约我陪他到水边抽烟、散步。我们谈了很多,话题也十分宽泛,但我的印象即便偶有涉及人物评骘,也基本上都绕过臧否。而从他对当前学位评审制度的保留和严正的批评中能够深深地体悟他的失意之感。我们在交谈中居然设计出了只属于我们的一系列关键词,一曰"学政",一曰"学馆",一曰"学官"。记得他当时很智慧地总结说,学政不正的结果会导致学官横行,而在这样的情况下会危害学馆;学政不正,学官便不正,学官不正,学人便不争,学人不争,学馆便不振。我戏言,在这样的学政体制中,我们也算是"不争"的学人了,富仁先生怃然,良久太息:鲁迅夫子不再,谁有资格"怒其不争"!话题到这个学术的"深度",不免有些沉重,我们好长时间不说话,惟听得南国丰沛的流水萧萧争涌,繁茂的树叶飒飒竞语。此刻,带着特殊心态南来粤地的人似乎只能失意忘言,相对无言。还是富仁先生打破了这样的冷清,他话锋一转,突然说我这次的题目很有意思,外来的入粤者其实都有一个心理机制。他说这话的时候,两颗小而有神的眼睛狡黠地盯着我,我明白他的意思,也体会到他说这番话的"诛心"意味。

我到澳门大学之后,曾通过他和我共同的学生刘景松、庄园、王锐敏等多次邀请富仁先生来澳小住。他总是那么忙,有时候像鲁迅那样"漫应之曰:那是可以的",有时候又像个调皮的顽童开玩笑说:不去,他现在"得意"了。但他还是关注我,乐意支持我的工作。我主办首次"汉语新文学"国际学术研讨会,他欣然参加,并发表了长篇主题报告,认真理析"汉语新文学"命题。他曾私下里问我,如果同你商榷,你将如何?我诚恳地说,只要出自你的分析,商榷也是支持,因为有学术深度的商榷就是一种莫大的支持。他依旧怃然,小而有神的眼睛充满欣慰的光泽。

前年冬月,我和好友陈瑞琳火车来,飞机去,相约来到汕头,主要目的就是为了见富仁先生。陈瑞琳与富仁先生都是西北大学校友,虽然离开西北以后偶有数面,但毕竟光阴荏苒,横梗在他们面前的又已经是近二十年的契阔。这期间云卷云舒,风行风作,多少物是人非,多少人事变故,王富仁先生自谓老了,身体也出现了某种状况,但他依然坦然淡然,保持着乐天的笑容。我们徜徉在校内的湖边,以自己的身影交织着丈量桉树高大深远的投影,谈着人生,得意的和略带着失意的,谈着故人,熟悉的和不怎么熟悉的,谈着吃食,喜欢的和不怎么习惯的,那一番舒心甚至可以称得上甜蜜。富仁先生谈兴很浓,谈笑之间小而有神的眼睛眯糊成一条有力道的缝隙,那神情令人乐而忘忧,乐而忘老,乐而忘记得意与失意,不,即便是身处年龄的衰老和事业的衰退等等失意之中,也能乐以面对,也正所谓自鸣失意。

那是我与富仁先生所见的最后一面,那是他的音容在我印象中的最后的定格:多好啊,富仁先生,坦然淡然,永远乐天的笑容,谈笑之间,小而有神的眼睛眯糊成一条有力道的缝隙,一副"自鸣失意"的从容。

2017 年 8 月 14 日

(作者系澳门大学人文学院教授)

王富仁：中国文化的守夜人

杨剑龙

2017 年 5 月 2 日，著名学者王富仁先生因病逝世，得知此信息，在悲痛中我写下悼念诗文《沉痛哀悼王富仁先生》：

著名学者王富仁先生 2017 年 5 月 2 日因病去世，他曾任中国现代文学研究会会长，他在鲁迅研究、闻一多研究、端木蕻良研究、左翼文学研究等方面，具有重要的成果与影响。王富仁先生的谢世，是中国文学界、学术界的重大损失。与王富仁先生结识多年，他朴实睿智给人以深刻印象。获悉此噩耗，十分伤感，恍惚中竟然写成了 10 行诗。

紫藤花谢闻噩耗，[①]
富仁仙逝雨飘摇。[②]
憨厚犹如高唐土，[③]
睿智恰似北平桥。[④]
灵魂挣扎鲁迅风，[⑤]
历史沉思汕头谣。[⑥]
突破盲点新国学，[⑦]

[①] 王富仁先生于 2017 年 5 月 2 日因肺癌在京逝世。

[②] 王富仁先生去世时细雨飘洒，犹如哭泣。

[③] 王富仁先生 1941 年生，山东高唐县人。

[④] 王富仁先生 1982 年考取北京师范大学中文系现代文学专业博士研究生，1984 年毕业，获文学博士学位，毕业后留校任教。

[⑤] 王富仁先生的博士学位论文《中国反封建思想革命的一面镜子——《呐喊》《彷徨》综论》，北京师范大学出版社 1986 年 9 月初版，2000 年 12 月再版；王富仁先生有著作《灵魂的挣扎》（论文集），时代文艺出版社 1993 年 6 月版。

[⑥] 王富仁先生有著作《历史的沉思》（论文集），陕西教育出版社 1996 年 9 月版。王富仁先生于 2003 年受聘汕头大学文学院终身教授。

[⑦] 王富仁先生有著作《突破盲点：世纪末社会思潮与鲁迅》，中国文联出版社 2001 年 10 月版；王富仁先生受聘汕头大学终身教授以后，提出了"新国学"的现代学术理念，担任汕头大学新国学研究中心主任，负责编辑《新国学研究》辑刊，引起了国际、国内的强烈反响。

古老回声旧思潮。①
蝉声牛声守夜人，②
文坛千载云缭绕。③

2017 年 5 月 2 日夜

我常常不知不觉地将王富仁先生与鲁迅先生重叠起来，鲁迅烟瘾很重，王富仁烟瘾也重，手指夹着一支烟侃侃而谈，可以说是他们相同的写照；鲁迅先生忧国忧民，王富仁先生也忧患民生。我最初知道王富仁先生是他的博士学位论文，他是中国第一个文学博士，他的博士学位论文《中国反封建思想革命的一面镜子——〈呐喊〉〈彷徨〉综论》是中国鲁迅研究史里程碑式的成果。王富仁先生 1984 年 10 月论文答辩，成为学术界的重要新闻，那年我刚刚考入扬州师范学院中文系，跟随曾华鹏、李关元先生攻读硕士学位，王富仁成为我们这些刚刚踏入中国现代文学研究领域学子们的仰慕对象。

后来开会见到王富仁先生时，觉得王先生十分平易近人，一张饱经沧桑农民式的脸庞，一双炯炯有神却并不大的眼睛，尤其他咧开嘴笑起来，憨厚而朴实、睿智而纯真，他的手指被烟熏得焦黄，他眯着眼叼着一支烟，谈到鲁迅、谈到学术，王先生便精神抖擞侃侃而谈。后来我知道王先生是山东人，毕业于山东大学外语系俄语专业，他曾经在聊城四中任教八年。1977 年他考取西北大学中文系现代文学硕士研究生，跟随单演义先生学习，其学位论文题为《鲁迅前期小说与俄罗斯文学》，毕业后他留校任教，后来出版了《鲁迅前期小说与俄罗斯文学》（陕西人民出版社1983 年版）。1982 年，他考入北京师范大学中文系，师从李何林先生攻读博士学位，仅用两年时间便获得博士学位，毕业后留校任教。王先生的博士学位论文1986 年由北京师范大学出版社出版，其研究努力回到鲁迅本身，将鲁迅从革命视阈中拉回到文学研究与思想研究，成为鲁迅研究重要的学术成果，影响了鲁迅研究界的思路和发展。

王富仁先生先后在西北大学、北京师范大学、汕头大学任教，他培养了诸多学生，他学富五车著作等身，他却十分谦和朴实。他兢兢业业地在中国现代文学和文化的艺苑里耕耘，他切切实实地在大学中文系教坛上执鞭，他努力去探究中国社会

---

① 王富仁先生有著作《古老的回声》，四川人民出版社 2003 年 8 月版；王富仁先生也从事中国现代文学思潮研究，尤其对于左翼文学思潮研究颇有创建。
② 王富仁先生有散文集《蝉声集》，北岳文艺出版社 1996 年版；散文集《蝉声与牛声》，四川人民出版社 1997 年版。
③ 王富仁先生在文学研究等方面的贡献将被载入史册。

的问题,他竭力去发现文学的价值与意义。王富仁先生自称为"一个窝窝囊囊的中国知识分子",他甚至愧称自己为"学者",他说:"我向来不认为我是一个'学者',真正以'学者'的姿态写的文章统共没有几篇。"①他将学者视为有批判精神高尚人格的思想者,其实王富仁先生一直是以这样的标准要求自身的,他就是这样一位有批判精神高尚人格的思想者。

倘若我们梳理王富仁先生学术研究的重大成就与贡献,大概可以概括如下几方面:

一、鲁迅研究里程碑式的成就,推动与影响了"鲁学"的研究与发展。王富仁先生说他爱上文学是从鲁迅开始的,其实奠定王富仁先生的学术声誉与影响的,也是从鲁迅研究开始的。除了其硕士、博士学位论文以外,他的学术著作与鲁迅相关的就有:《先驱者的形象》(浙江文艺出版社 1987 年)、《文化与文艺》(北岳文艺出版社 1990 年)、《灵魂的挣扎》(时代文艺出版社 1993 年)、《历史的沉思》(陕西教育出版社 1996 年)、《鲁迅论集》(韩文版,韩国釜山世宗出版社 1997 年)、《中国鲁迅研究的历史与现状》(浙江人民出版社 1999 年)、《突破盲点:世纪末社会思潮与鲁迅》(中国文联出版社 2001 年)、《中国文化的守夜人——鲁迅》(人民文学出版社 2002 年)、《中国需要鲁迅》(北京师范大学出版集团、安徽大学出版社 2013 年)。鲁迅研究成为王富仁先生毕生的事业,他的鲁迅研究是全方位的,从其硕士学位论文研究鲁迅前期小说与俄罗斯文学,从其博士学位论文《〈呐喊〉〈彷徨〉综论》,到鲁迅与中外文化、鲁迅与世界文学、鲁迅与辛亥革命的研究,到鲁迅与梁启超文化思想和文学思想比较、鲁迅小说与茅盾小说比较,到鲁迅与中国文化、鲁迅小说的叙事艺术,到鲁迅哲学思想、鲁迅与中国文化、鲁迅与世纪末思潮、鲁迅学研究等,王富仁先生以尊重历史知人论世的方式,突破了以阶级斗争、革命叙事等思路观照鲁迅的方式,在其厚重深入的鲁迅研究中,不仅有着里程碑式的"回到鲁迅"的价值,而且推动与影响了"鲁学"的研究与发展。王富仁先生在《中国需要鲁迅》一文中说:"总之,鲁迅是不会在我们这块土地上消失的,也是不会在世界上消失的。他不像有些人想象的那么脆弱。因为他的思想不是脆弱的思想。我对鲁迅充满信心,我对中国的鲁迅研究也充满信心!"与鲁迅精神和心灵的靠近,使鲁迅研究成为王富仁先生最重要的成就。

二、中国现代作家与文化的研究,拓展与深化了中国现代文学研究视阈。王富仁先生在鲁迅研究的基础上不断拓展研究视阈,在中国现代作家的研究方面颇有建树。《先驱者的形象》(浙江文艺出版社 1987 年)细致深入地研究了鲁迅、冯雪

---

① 王富仁:《说说我自己》,福建教育出版社 2000 年版。

峰、郭沫若、曹禺等作家的创作与思想。著名学者杨占升先生在序言《一本勇于创新的书——〈先驱者的形象〉小引》中评价说："作者以新的眼光、新的角度、新的方法，在鲁迅的小说、郭沫若的文艺思想、曹禺的剧作这些广为人们钻研、涉猎，并取得累累硕果的领域，能提出一系列不同于前人的新颖见解，表现出一种勇于探索、敢于创新的精神，这是很值得人们注意的。"①此后，《现代作家新论》(山西教育出版社 1998 年)收入了鲁迅、茅盾、郁达夫、冰心、郭沫若、闻一多、曹禺研究的成果。王富仁先生在《写在前面的话》中道出其研究中国现代作家的原则："我的评论原则是，你做了木匠，我就按木匠的标准评论你；你做了铁匠，我就按照铁匠的标准评论你。所以我评鲁迅，用他改造国民性的思想；评茅盾，用他反映中国现代社会历史变动的标准；评论郁达夫，用他追求个人幸福、特别是追求真诚爱情幸福的标准；评论郭沫若，用他'感情自然流露'的诗学观念；评论闻一多，用他的民族感情的表现；评论曹禺，用他对人与人关系的表现和戏剧结构的追求；评论冯雪峰，用他对中国无产阶级文学运动的理论问题的思考。"②这成为王富仁先生知人论世的作家研究方式，也具有作家研究方法论的价值与意义。2003 年 4 月，王富仁先生的演讲集《中国的文艺复兴》由广西师范大学出版社出版，该著围绕中国现代意识的培育、建立及其内蕴，分析中国现代文艺复兴运动的兴起、发展和演变，分别从开放意识、发展观念、科学意识、个性意识、价值观念、哲学意识等角度展开十分深刻深入的研究。2004 年 2 月，王富仁先生的著作《中国现代文化指掌图》由人民文学出版社出版，王先生将文学研究拓展至文化研究层面，分别研究中国传统文化、中国近现代文化、中国文化亚文化圈、中国现代学术文化、当代中国文化界等方面。有学者评价说该著开拓和创新主要在于："一、对中国近现当代文化进行整理分类；二、戳穿中国现代文化学中的种种文化幻象；三、揭示中国传统文化不利于社会发展和进步的致命弱点；四、寻找中国现当代文化学的发展出路，对中国文化未来发展前景进行预测。"③王先生还编撰了《冯雪峰与中国现代文学》、④《闻一多名作欣赏》、⑤《陈翔鹤·感伤小说》、⑥《谔谔之士名人笔下的傅斯年傅斯年笔下的名人》、⑦《施蛰存

---

① 杨占升：《一本勇于创新的书——〈先驱者的形象〉小引》，见王富仁《先驱者的形象》，浙江文艺出版社第 1 页。

② 王富仁：《现代作家新论·写在前面的话》，见王富仁《现代作家新论》，山西教育出版社 1998 年版，第 1—2 页。

③ 张俊：《指掌之上论春秋：王富仁先生的中国文化研究》，《安庆师范学院学报》2005 年第 3 期。

④ 王富仁：《冯雪峰与中国现代文学》，人民文学出版社 1988 年版。

⑤ 王富仁：《闻一多名作欣赏》，中国和平出版社 1993 年版。

⑥ 王富仁：《陈翔鹤·感伤小说》，上海文艺出版社 1996 年版。

⑦ 王富仁：《谔谔之士 名人笔下的傅斯年 傅斯年笔下的名人》，东方出版中心 1999 年版。

废名　廖沫沙》、①《李劼人》、②《〈雷雨〉导读》、③《端木蕻良小说》、④《鲁迅小说选读》等。⑤王富仁先生以鲁迅研究为基点,不断拓展不断延伸,从对于中国现代作家的研究,延伸至中国现代意识的探究,延伸至中国现代文化的研究,王富仁先生拓展与深化了中国现代文学研究视阈。

三、新国学的提出与研究成就,努力融合与建构中华民族学术共同体。王富仁先生曾任中国现代文学研究会会长,自王先生 2003 年受聘汕头大学终身教授后,他提出了"新国学"的现代学术理念,并担任汕头大学新国学研究中心主任,负责编辑《新国学研究》辑刊,对于融合与建构中华民族学术共同体具有重要的贡献与意义。他在《社会科学战线》2005 年 1—3 期发表长文《新国学论纲》,提出"新国学"是要重建中国学术的"整体性"和"独立性"。他说:"我把参与中国社会的整体的存在与发展的中国学术整体就视为我们的'国学'。"他强调所有用汉语言文字写成的学术研究成果,都应当包含在我们的学术范围之中,他提出要避免新国学与传统国学之间绝对对立,希求建立"互动的学术体系"。他在《文艺研究》2007 年第 3 期发表《"新国学"与中国现代文学研究》,认为"国学"不应当仅仅局限于中国古代文化的研究,而应当将 20 世纪中国文化的新发展,将中国各少数民族文化的研究,将海外华人华文文化的研究,将中国当代文化及其发展趋势的研究,都包括在"国学"研究的范围之中,从而重申了"新国学"的概念。王富仁先生不仅摇旗呐喊,而且身体力行,他主持完成了汕头大学"十五"211 工程重点项目"新国学研究",发表了诸多与国学、新国学相关的论文,出版相关学术著作。他回到古代去,研究古典哲学家的思想,发表《舜与中国文化》、⑥《老子哲学的逻辑构成》、⑦《孔子社会学说的逻辑构成》(上)、⑧《孔子社会学说的逻辑构成》(下)、⑨《孟子国家学说的逻辑构成:从孔子到孟子》,⑩王先生从研究传统国学中寻找源泉。2003 年 8 月,王富仁先生的著作《古老的回声》由四川人民出版社出版,他遴选了中国古代文学经典名篇,涉及屈原、曹操、陶渊明、陈子昂、孟浩然、王昌龄、王维、李白、杜甫、岑参、韦应物、

---

① 王富仁:《施蛰存　废名　廖沫沙》,河北人民出版社 1999 年版。
② 王富仁:《李劼人》,河北人民出版社 1999 年版。
③ 王富仁:《〈雷雨〉导读》,中华书局 2002 年版。
④ 王富仁:《端木蕻良小说》,浙江文艺出版社 2003 年版。
⑤ 王富仁:《鲁迅小说选读》,人民文学出版社 2005 年版。
⑥ 王富仁:《舜与中国文化》,《云梦学刊》2004 年第 1 期。
⑦ 王富仁:《老子哲学的逻辑构成》,《新国学研究》第 2 辑,人民文学出版社 2005 年 11 月版。
⑧ 王富仁:《孔子社会学说的逻辑构成》(上),《文史哲》2006 年第 2 期。
⑨ 王富仁:《孔子社会学说的逻辑构成》(下),《文史哲》2006 年第 3 期。
⑩ 王富仁:《孟子国家学说的逻辑构成:从孔子到孟子》,《西南民族大学学报》2006 年第 5—8 期。

韩愈、白居易、柳永、苏轼、李清照等,从全新的角度和独特的批评方法来阅读、阐释。王先生说:"我写这些文章是为了排泄我当时心灵中的一些苦闷,一些堵塞着我当时心灵的郁闷的情绪,好让我的心灵轻松一些,活便一些,给自己的生命扒出一个小洞来,好让我这个渺小的生命能够呼吸,能够继续活下去。"①钱理群先生指出王富仁的"新国学"概念的价值:具有内在的现实批判性、以民族的学术为精神归宿、注重中国学术的整体性和独立性。② 王富仁先生的"新国学"提倡与研究,呈现出其对于中国现代文学学科发展的焦虑与开拓,他努力将新文学的研究框架融入"新国学"的视阈,在超越传统国学概念中,建构独特的学术框架,在着眼于当代学术文化建设中,倡导中国学术发展的独立品格,努力融合与建构中华民族学术共同体。

四、中学语文教育的研究成就,热心反思与推动中学语文教学的改革。王富仁先生大学毕业后,曾经在山东聊城四中任教近十年,并担任过教导处副主任,他对于中学语文教学有深刻体验、执著关注、深入研究。1977 年,他曾经参与了薛绥之先生主持的"中国现代作家研究资料"鲁迅部分的整理工作,截止到 1987 年,他在《语文教学》、《语文教学研究》、《中学语文教学》等刊物发表了八篇对鲁迅作品的解读文章。1999 年王富仁先生提出中国语文教育存在的最大问题是语文教育观念的问题,指出语文课要教给学生用自己的思想、感受、情绪来说话写作的能力。王富仁先生在《当前中国中小学语文教学改革的历史依据》一文中,③他梳理"五四"新文化运动后中国语文学科变化、现代语言与古代语言的分化、中国语文教学内容自身的分化,认为现在的矛盾是国家主义教育与社会化程度提高了的整个社会的矛盾。在《情感培养:语文教育的核心——兼谈"大语文"与"小语文"的区别》一文中,④认为中小学语文教学理应主要培养学生掌握和运用直观的、直感的、感情的、审美的语言素质的能力,中小学语文教学必须集中力量抬起中小学教育的情感教育的这一端。在《"大语文"与"小语文"》一文中,⑤他认为中国古代的教育实际上是"大语文"教育,现在的语文教育是排除了庞杂的知识性内容的"小语文"教育,体现的不再是民族文化的全部。在《在语文教学中必须同时坚持三个主体性》一文中,⑥他提出在语文教学中尊重课文作者的创作主体性、正确发挥教师的教学主体

① 王富仁:《古老的回声·自序》,四川人民出版社 2003 年版,第 2 页。
② 钱理群:《我看"新国学"——读王富仁〈"新国学"论纲〉的片断思考》,《文艺研究》2007 年第 3 期。
③ 王富仁:《当前中国中小学语文教学改革的历史依据》《东方文化》1999 年第 4 期。
④ 王富仁:《情感培养:语文教育的核心——兼谈"大语文"与"小语文"的区别》,《语文建设》2002 年第 5 期。
⑤ 王富仁:《"大语文"与"小语文"》,《现代语文》2002 年第 6、7 期。
⑥ 王富仁:《在语文教学中必须同时坚持三个主体性》,《语文学习》2003 年第 1 期。

性和学生的学习主体性。在《口头生活语言·书面传媒语言·语文教学语言》一文中，①他从口头生活语言、书面传媒语言和中小学语文教学语言的联系和区别中，重新界定中小学语文教学中"语言"这个概念的特定含义，认为当前中小学语文教学改革是为了进一步提高它的经典性和有序性。在《教师主体论——以中学语文教师为个案》一文中，②他提出："我认为，人类的全部教育学，都只有在教师对学生的这种关爱之情的基础上才能真正建立起来。"

王富仁先生主持教育部"211 工程项目"——"文艺学与中小学语文教学"课题，其成果之一王富仁的《语文教学与文学》2006 年由广东教育出版社出版，③收入了王先生的语文教学改革、读书与教学、名篇赏析三类论文 28 篇。王富仁先生参与了钱理群、孙绍振三人的《解读语文》著作的撰写，④他们感慨阅读的低效和无效至今没有得到根本的改进，因此从根源上、从哲学上、从深层的思维模式上进行反思，对于中学语文教材中的代表性作品进行分析。王先生分别分析了鲁迅的《故乡》、北朝民歌《木兰诗》、宋代诗人宋祁的《玉楼春》、元代马致远的《天净沙·秋思》、契诃夫的《装在套子里的人》、莫泊桑的《项链》、莫泊桑的《我的叔叔于勒》等，从如何感受人、感受人与人之间的关系等角度展开解读。王富仁先生还主编了河北大学出版社出版的中学七年级、八年级语文教材、语文读本、语文教师用书等。2009 年，就有学者指出："王富仁对语文学科有着他人不可替代的贡献。他站在教育时空的峰脊上，扬弃陈说陋见，解蔽脱困，说出了语文界想都不可能想到的观点，让我们感受到了传统堤坝上的惊涛拍岸、电闪雷鸣，这就是王富仁的价值。"⑤

王富仁先生 2006 年还出版了《王富仁序跋集》上、中、下三册，其中有许多为后进学者和学生著作写的序言，呈现出其扶植奖掖后进的努力。王富仁先生还出版了《王富仁自选集》、⑥《说说我自己——王富仁学术随笔自选集》，⑦主编了西北大学出版社出版的"不可不读的 20 世纪中国短篇小说"丛书，出版了个人散文集《蝉之声》、⑧《蝉声与牛声》、⑨《呓语集》，⑩以其乡土气息浓郁、情感真挚的笔触独树

---

① 王富仁：《口头生活语言·书面传媒语言·语文教学语言》，《北京师范大学学报》2003 年第 1 期。
② 王富仁：《教师主体论——以中学语文教师为个案》，《中学语文教学》2008 年第 9 期。
③ 王富仁：《语文教学与文学》，广东教育出版社 2006 年版。
④ 钱理群、孙绍振、王富仁：《解读语文》，海峡出版社 2010 年版。
⑤ 潘新和、郑秉成：《王富仁语文教育观浅论》，《中学语文教学》2009 年第 7 期。
⑥ 王富仁：《王富仁自选集》，广西师范大学出版社 1999 年版。
⑦ 王富仁：《说说我自己——王富仁学术随笔自选集》，福建教育出版社 2000 年版。
⑧ 王富仁：《蝉之声》，北岳文艺出版社 1996 年版。
⑨ 王富仁：《蝉声与牛声》，四川人民出版社 1997 年版。
⑩ 王富仁：《呓语集》，中国文联出版社 2003 年版。

一帜。

王富仁先生在《中国文化的守夜人——鲁迅》的内容提要里说："在我的感觉里，鲁迅是一个醒着的人。感到中国还有一个醒着的人，我的心里多少踏实些……由这种感觉，我认为称鲁迅是'中国文化的守夜人'更为合适。守夜人有守夜人的价值……在夜里，大家都睡着，他醒着，总算中国文化还没有都睡去。中国还有文化，文化还在中国。"[1]话语虽然有些悲凉，但是仍然充满着坚定执着。其实，也可以用"中国文化的守夜人"道王富仁先生，他在鲁迅研究、中国现代作家与文化研究、新国学研究、中学语文教育等的研究，也是为了为中国文化守夜，传承与弘扬中国文学与中国文化。我看见在夜色中，王富仁先生伫立窗口，手上烟蒂的烟袅袅升腾，他以其锐利的目光望着这个经济不断腾飞、文化遭到忽视的世界。

王富仁先生2003年受聘汕头大学文学院终身教授，2007年12月6日，我赴汕头大学参加国际学术研讨会，学校在一个大水库旁，山清水秀风景美丽，水库边的木栈道可以散步，堤坝上刻有一诗："地狱在人间，人间有天堂，问君何处去，但在一念间。"地狱到天堂，是这么远，又那么近，在一念间就走向截然不同的世界。12月7日，我在早晨水库边漫步时，见校园里的紫荆花开得正盛，早晨落英一片。突然我看见王富仁先生独自在遛狗，有几分悠闲，又有几许落寞。上午会议开幕式，我写了打油诗一首《富仁遛狗写照》，后来还收入我2016年广西师范大学出版社出版的个人诗集《瞻雨书怀》中：

揣孤寂之心
遛狗，
人不如狗精神抖擞。
狗总走前，
人常走后，
不知是狗遛人，
还是人遛狗？
置身青山绿水的汕头，
为何还眉头常皱？

2007年12月7日
于汕头大学见王富仁先生遛狗而作

---

① 王富仁：《中国文化的守夜人——鲁迅·内容提要》，人民文学出版社2002年版。

王富仁先生孤寂而痛苦地走了,吸着烟、牵着狗,"问君何处去,但在一念间",这位"中国文化的守夜人"应该去了天堂,虽然他的眉头依然紧皱,他的眼光仍然炯炯有神,他的笑声依然憨厚爽朗。

2017 年 10 月 31 日

完稿于上海师范大学

(作者系上海师范大学人文与传播学院教授)

泰山其颓乎　哲人其萎

——我所接触和理解的王富仁老师及其时代

高远东

得知王富仁老师病重是在今年 3 月初北师大的某次博士生课堂,那天下午我在讲《历史研究中的因果叙事——以周作人出任伪职问题为例》。课后问起李怡兄王老师近况,他说前天和学生于慈江谢葆杰谈得太尽兴了,情况有所反复,可以等状况好一点再去探望。然后数月后就传来噩耗。确实很悲痛了一段时间。我真切地感到生命的脆弱和时间的流逝,即使最有价值最尊贵最美好的人事也留不住……

最早听到王富仁这个名字,是读研以后在严家炎老师家里一次讨论课上,那次大家似在讨论五四新文化运动的领导权问题,我记得王友琴孟悦伍晓明等都在座。会后严老师问我们读过《中国现代文学研究丛刊》1983 年 1 期发表的《中国反封建思想革命的一面镜子——论〈呐喊〉〈彷徨〉的思想意义》没有,我们说还没读,严老师说,一定要认真读一下,王富仁是个极有思想才华的年轻学者。阅读之后果然觉得严老师推重得对,论文给我的震撼和欣慰感,至今难忘。之后大概是 1983 年 9 月吧,刚留校不久的钱理群老师等受命组织北大中文系新学科新思维的系列学术报告活动,现在经常为人所乐道的讲座是吴组缃王瑶林庚樊骏等一众大拿,其实当时也邀请了还是博士生的王富仁,他的报告题目是《现代意识与现代文学》。那是我第一次见他本人:一个乡干部模样的憨厚汉子走上讲台,大家惊愕着还没及笑出声来,已经被他滔滔不绝的气概,开阔的视野,雄辩的理论力量所震慑。这种毫不洋气的形貌和强大而新鲜的学术气场的反差,1988 年听北影朋友说她在中国影协某年会听"王富仁博士"报告时也曾领教。

1985 年基于《丛刊》那篇论文而发展和充实丰富起来的博士论文概要在《文学评论》发表,王富仁老师的学术影响扩散到全国,他也成为那个时代的标志性人物之一。我 1987 年初到《鲁迅研究动态》(《鲁迅研究月刊》的前身)当编辑,随后和富仁老师有了第一次接触。大家都知道 1986 年有所谓"反对资产阶级自由化"运动,

1986 年底《动态》编辑部召开在京作者座谈会,会上陈涌林志浩等先生对王富仁的"非马克思主义"的鲁迅研究进行了批评。王老师感觉到极大压力,奋笔写了大约两万多字的一篇长文,来捍卫自己的研究立场、观点和方法,为自己辩护。使我惊讶的是,王老师文中认为孙玉石老师也是和陈涌他们一伙的。我听座谈会录音,孙老师确实也批评了王富仁,不过批评的意思是说不能二次神化鲁迅:之前有人在政治上神化鲁迅,现在这样从思想文化上神化鲁迅也不好。但不知什么原因,富仁老师还是因此和孙老师有了很深的隔阂,也不知道最终消除了没有。我那时刚入职不久,见王老师的雄文连载发表后无人应答,受研究室主任陈漱渝先生指点,连连向陈涌等先生约稿。陈涌先生特地约我到他万寿路的家里,拿出王富仁送他的著作,上面写有富仁老师对陈涌先生表示敬意和请益的话语,说不便答复王的长文,还是请漱渝同志写更好。后来陈主任建议约请山东大学的解洪祥等撰文参与讨论,再后虽有陈安湖袁良骏陆续参与进来,但可惜王老师文中反批评的几个人都没回应,而引发事件的那场座谈会也没整理发表纪要,所以今天再翻看那几篇文章,读者大概会觉得有点莫名其妙的。等讨论进行得差不多了,我从编辑部王世家老师处拿到富仁老师北师大的住址,打算请他对所有批评来一总回复,就此结束讨论。去了他住的筒子楼,敲开门,屋里很暗,富仁老师午觉刚醒,头发乱糟糟的。听我说明来意,他一挥手说,那些批评没什么值得回应的。对我的批评,我只重视汪晖《文评》发表的那篇《历史"中间物"与鲁迅小说的精神特征》。

厕身"学界"以后很快就是 90 年代,我见到王富仁老师的机会就越来越多了。在中国社会科学杂志社工作时,和他的第一个研究生查子安兄做了同事,从他那里听闻更多和富仁老师有关的趣闻轶事,比如杨占升先生对富仁老师的无私、忘我、仗义的提拔和帮助,听了真是感动泪目。那时的现代文学界群星闪耀,风气清正,好人和好人会聚,不与坏人周旋。王富仁、钱理群、赵园、刘纳、蓝棣之、杨义、吴福辉等,各有个性、贡献和精神,圈粉能力超强,不管什么会议都吸引一众年轻与会者围谈。以钱理群老师为中心的,话题一般都围绕着社会国家大事,凡涉及人类命运共同体的政治经济文化思想等几乎所有内容,全都关心,一个不落。以刘纳老师为中心的围谈,话题多偏于社会和人性。以蓝棣之老师为中心的,所谈多是诗歌和风月。以杨义老师为中心的,则多围绕杨老师个人的学术成就来谈论……(有一次曾见一位前辈学者会场如厕出来,误入蓝棣之老师的粉圈,话不投机而进退两难,后来好容易才找借口归队到钱老师那边。)王富仁老师的粉圈,话题近于钱老师的而又更接地气,同于刘纳老师的而内容更为阔大,似是钱刘两个粉圈话题再加上其深广社会经历、独特个人体验和敏锐思考的集合,而粉丝则以北师大系的,山东的西北的后来再加上广东的,研究鲁迅郭沫若和小说诗歌的……为骨干,男女老少都有,遍布华夏。1995年,我进入《中国现代文学研究丛刊》编委会助编钱老师,每年要在万寿寺的大院里开四次编委会,算是和王老师有了工作联系。那时樊骏老师和舒乙是主编,钱老师和吴福辉老师是副主编,四期责任编委分别是钱理群、刘纳、王富仁、吴福辉。每次编委会都在欢声快语中开始和结束,学术共同体所具有的志同道合感和学术纯粹性,至今想起来都令人神往,好像做梦一般,和后来一度发生的德才不配位的情况大异其趣。那时学术刊物虽经济上举步维艰,但对人精神的砥砺和激发却别具特效。王富仁老师编刊总有长篇大论的长稿,对人宽责己严,遇有作者要提职称或其他急迫需求,就会露出特宽容、慈悲和体谅理解的神情来。按理说他在学术上一帆风顺,本是难以体会底层学术民工的困顿和挣扎的。会议间歇王老师则会出去抽烟。他烟瘾极大,又能喝酒。尝戏称在这方面他才是北大王瑶的学生,而那些不抽烟不喝酒的王瑶弟子,则另接北师大李何林先生一向禁烟绝酒的"道统"。据说1986年中国社会科学院主办"鲁迅与中外文化"国际学术研讨会时,李何林先生有一场会议作主席,当场宣布会场内禁烟,结果在主席台就座的王瑶先生为抽烟斗,每隔一段时间就得离场一会儿。

1997年我在韩国国立首尔大学作客员教授,有半年多时间和也在高丽大学任教的王富仁老师有交会,或一起参加韩国中国现代文学研究会的学术活动,或一起受邀于韩国学界共同认识的朋友,有时则互相交流异国生活的经验教训。那时当地有中国教授会,我经常参加它在中国驻韩使馆举办的活动。有一次拉他一起去,他却翻着白眼说:躲都躲不开,怎么还往上凑?由于处身异域,语言不通,人地两生,在本国生活习得的一些经验好像归了零。王老师那时五十出头年纪,虽是大学者,此时也得自己买菜做饭。而韩国男子是绝不会出现在菜市场的。王老师有一次考我:韩语葱怎么说?我说:pa。他说:对了,洋葱叫 yang pa……一边露出了天真狡黠的笑容。而我脑中则浮现出身为山东人的王老师拎着菜篮子在菜市场买葱和身为山西人的我在首尔超市找醋的情景。有一次韩国外大朴宰雨教授在首尔江南地区宽敞的住宅里宴请王老师夫妇和我,席间聊到韩国换着酒杯喝酒的习俗和中国不同,我说中国古代有说"觥筹交错,推杯换盏"来写酒宴热闹,换盏就是换着杯喝酒啊。王老师马上比划了一下"推换"的动作。酒至半酣,朋友间换着酒杯喝酒确有不分你我彼此的意思吧,这种酒俗古俗能在韩国保留至今很难得。韩国是一个文化上十分讲究长幼尊卑男女我你等级区别的社会,儒家爱有等差的精神可谓深入骨髓。据说第一次民主选举总统,金泳三当选的原因就在于故乡岭南地区的人口比金大中故乡湖南地区的人口更多,两人的几千万乡亲竟然只投自己家乡的候选人,很少跑票的。在体育比赛中,本国裁判若不偏袒自己人,大家可能就会认为你不对。我曾感叹韩民族所具之惊人的凝聚力,但这种凝聚力却植根于文化的排异精神之中,而由排异造成的张力来结构,想一想感觉很吊诡。在韩外国人大概是很容易感受韩国社会的这种等级意识和差别对待的。在韩中国教授会里聚集的国内各大学老师,有时会抱怨韩国大学制度里的同工不同酬。我把这一情况说给王富仁老师,他听了一会儿说:一个社会一个国家,首先要对自己的国民好,而我们国家还没做到这点。

1997 年 6 月,王富仁老师和我一起参加了韩国中国现代文学学会在光州朝鲜大学举办的年会。我是随同可谓恩师的首尔大学教授、台静农先生的学生、韩国中国现代文学学会连续三任会长金时俊先生,以及其他师生一道乘高铁去的,到光州以后再会合。抵达后见到了前来迎接的金河林教授和在朝鲜大学任教的黎湘萍兄。会上王富仁老师发表关于中国现代文学的现代主义的论文,我则发表关于鲁迅与墨子思想联系的论文。韩国朋友对中国客人的论题反应热烈,提出很多有趣的问题来讨论——我也因此对时为江原道大学教授的洪昔杓兄有了深刻印象。会后王老师黎湘萍我和韩国朋友们一起参观纪念光州起义和韩国民主化运动的公园。公园入口就是名为"民主之卵"的巨型雕塑:一双巨手小心托举着一只椭圆形的蛋,那蛋极其不稳定,像是随时都会滚落下来摔碎,寄寓对来之不易的民主化成果的珍惜保护之意。我一边想着鲁迅《药》中写华老栓手捧人血馒头的心理:"像捧着一个十世单传的婴儿",一边揣想"民主之卵"作者的用意。在艺术表现上,鲁迅和雕塑作者可谓想到一起了,但所涉两国近代历史和为民主自由的抗争和牺牲之作,竟然牵引着两种既相同又不同的巨大而复杂的历史走向:在光州的民主公园,韩国人民的民主之功业已告成;而在鲁迅文学事业的起始,国民的麻木和对烈士的牺牲却曾为愚昧和迷信所包裹。王富仁老师和我几乎是不约而同地进入了鲁迅的小说《药》,之后我们的谈话就一直围绕中韩两国对于抗争、牺牲和烈士的异同来进行。我们一起随首尔大学的博士生李政勋老弟和延世大学的博士生成谨济白池云权基永等一起为延世大学的学长李汉烈烈士献花祭奠,走进了漫山遍野的巨大烈士坟场。真的是漫山遍野啊:蓝天白云下,青翠的山地里,漫山遍野铺满着白色的坟头——60 年代以来所有为韩国民主化所牺牲的烈士,全部埋葬在此!置身于如此铺天盖地的酷烈而圣洁的情境,研究陈映真的台湾文学专家黎湘萍兄沉默了,研究鲁迅的我沉默了,鲁迅研究的大家王富仁老师见此也沉默了,似乎有一条悲愤而沉痛的当代中国史琴弦被拨响。之后我们一路无语回到宾馆……

2003 年我从日本回国后,王富仁老师已从北师大去了汕头大学,来往虽然比较稀疏,但精神纽带却因和王得后老师的友谊来得似乎更紧密了。富仁老师回京和老友相聚,得后老师总要叫上我。聚会地点常常选在孔乙己酒店,什刹海边的和亚运村的店都去过。樊骏、王信、赵园、钱理群、孙郁、王培元、彭小燕……也都聚过。我感动和诧异的是,富仁老师几乎每次聚会都带着礼物——烟是专带给王信老师的,酒是专赐给我的,好几次都是这样!我知道医生告诫王老师要戒掉烟酒,想起 1999 年在邮电宾馆的鲁迅学会年会聚餐,我端着酒杯过去给王老师敬酒,他笑嘻嘻地谢绝说:现在是只抽烟不喝酒了,因为医生让我烟酒都戒!其实我自己也并无酒瘾,只是觉得偶尔喝酒有助于聚谈助兴而已——不过话说回来,王瑶先生断掉的饮酒脉络似乎经由王富仁老师又被王风和我接续上了。"痛饮酒而诵离骚",今也宜之乎? 2006 年初王富仁老师在汕头大学主持召开了"中国左翼文学研究"国际学术研讨会,那是一次盛会。丸山昇先生亲率日本 30 年代研究会的几名骨干与会,国内学者老中青三代阵容整齐,会议论题深入,既牵连历史又顾及现实,重新考察左翼文学以及鲁迅的价值和意义。80 年代以来的思想走向,在现代中国文学研究中,一直以对非左翼文学价值的拨乱反正为主,非政治化的自由主义文学观,经由 90 年代中国社会经济的新自由主义式的资本主义发展,业已成为学界的主流意识形态之一。这样不少人把后来积累的制度怨气,一股脑地倾泻到现代左翼革命那里,对左翼文学难免苛责过甚,价值观至上,不持历史主义态度。比如有人要鲁迅对中国的专制独裁负责,有人责鲁迅式文风缩小了中国社会的言论表达空间,有人说左联只有左翼,没有文学……那次会上,王得后老师提出了"鲁迅左翼"的概念,对鲁迅和左翼革命及左翼文学的关系做出了有价值和有说服力的梳理和辨析,把鲁迅和左翼革命及左翼文学关系的研究,推进到一个新的水平。他的有关观点,后来更被钱理群老师等进一步发挥和发展,成为既反左又反右、具有现实批判性的鲁迅思想库中的重要资源。那次会议的高潮之一,是王富仁老师组织与会者参观全国第一家、也是唯一一家文革博物馆——它由曾任汕头市副市长的一位退休官员私人建立。内容当然比较简陋,操作也未必符合博物馆规范,征集实物也不多。尽管如此,呈示内容仍足够惊人,毕竟是"文革"过来人,知道"文革"是怎么回事。我注意到丸山昇先生看得十分仔细,遇到问题就详细询问富仁老师,身边陪同的丸山夫人松子、近藤龙哉、小谷一郎等日本教授都是一脸严肃。"文革"时期,日本虽也有红卫兵运动,但丸山昇先生反对"文革"的立场是旗帜鲜明的。到 1990 年代苏联东欧社会主义阵营垮台崩溃,从世界社会主义的失败中,丸山先生反而更加坚固了对于社会主义的信仰,更加确信社会主义价值观对于人类前途的意义。他从鲁迅在不断的挫折失败中获得新生和发展的经验中得到启示,对鲁迅甚至毛泽东和中国革命必须通过自我怀疑、自我批判、自我革命才能自我更新的道路具有了深切了解。我认为强调所谓"革命人"鲁迅的"丸山鲁迅"这一日本鲁迅研究的著名建构,至此才真正进入完成和完形的阶段,而作为一个左派知识分子、日共党员的丸山昇先生,也是在对社会主义建设失败的批判与坚持中,完成了自己。

在不断的自我怀疑、自我批判、自我否定、自我更新中得到确立和进步,这是鲁迅思想发展的方法,王富仁老师何尝不是如此,对中国现代左翼革命和文学的理解和研究,何尝不该如此呢?

王富仁老师是时势所造就的英雄,是新时期以来近四十年中国现代文学研究领域始终引领风气、开创局面的标志性人物,这点大家当然能看到。不过他之能响应时代并得到时代成全是一个方面,他之能够独立思考和独力坚持的方法,对我们理解与时代如何相与,则是更重要的另一个方面:他既有时代弄潮儿的奋勇进击一面,又有被潮弄时防守抵抗的另一面,这都归因于他独立而强大的自我意志和独立而深刻的学术思考。他具备着"一代宗师"气象,绝不会人云亦云而被思想潮流、学术风尚、群己权力、人我利益等低级趣味的追逐所裹挟控制。他的精神境界之高,精神意趣之醇厚朴正,精神自由之充沛饱满,追求真理之赤诚坦荡,坚持自我之正直无私,尤其值得我辈追慕、学习。当钱理群、陈平原、黄子平三人提出的"20世纪中国文学"观被学界广泛接受时,富仁老师坚持"现代文学"的观念。当严家炎老师把现代文学的起点提前至 1896 年甲午战后时,富仁老师仍坚持新文化运动为现代文学的起点。当当代思想质疑和批判新文化运动的负面影响时,富仁老师坚持新文化运动的价值观,甚至不惜用"新国学"这样一个争议性的旗号来挖空和置换当代的旧学复兴,张皇五四新文化。当鲁迅后人与他商量如何借鲁迅来合谋渔利,富仁老师可以拍案而起,拂袖而去。富仁老师在当代中国学界,在中国现代文学研究及鲁迅研究中,俨然置身于鲁迅《文化偏至论》《摩罗诗力说》之类精神激荡的世界,呈现着热烈、激情、深思、诚恳、广博、沉潜、搏斗、雷霆、消遣、深情……种种姿态和样相,我觉得他其实就是当代中国"精神界之战士"、深具智慧的"哲人"和"真人"的结合。我愿意遭遇这样纯粹、高尚、刚正、质朴、丰富、有己而无私的人物,我愿意奉之以为师,处之以为友,玩之以为伴……无奈时间是这样无情,一切美好的都在流逝,一切高贵的都在消失,一切诚恳的都在变化,一切优异的都在涣散……歌曰:泰山其颓乎! 梁木其坏乎! 哲人其萎乎! 这是在挽王富仁老师的归去吗? 奈何奈何!

2017 年 11 月 6 日于磨砖居

(作者系北京大学中文系教授)

"观人于微而知其著"
——我所见到的王富仁先生

解志熙

王富仁先生去世的次日，我就从他的学生孟庆澍那里得悉噩耗，并获知 5 月 6 日上午要在八宝山举办告别仪式，而那日上午我恰恰有课而不能去送王老师最后一程，心里是很难过和歉疚的。于是匆匆草拟了一幅挽联，托庆澍带去……从那之后，学界同人发表了不少纪念文章，我大都看过，这些文章从不同的侧面展现了富仁先生独立不羁的人品与学术，留下了珍贵的永恒的记忆。我自己则由于生性疏懒，与富仁先生的交往并不多，留在记忆里的交往也只有下面的几件小事，虽然不过雪泥鸿爪，也可约略见出富仁先生为人为文的可贵与可爱。

我初见王富仁先生，已迟到上世纪 80 年代末了。那时富仁先生已是名满全国的学者，我对他的鲁迅研究当然很佩服，按说 80 年代后期数年间我正在京求学，早有机会与他见面的。可是，怕打扰名人也怕开会发言的我因此疏于交际，也就一直未能与并不难见的富仁先生见面。直到 1989 年年末，我匆忙完成毕业论文准备答辩了，导师严家炎先生确定的"同行评议人"中有王富仁先生，论文是托一个同窗送给他的，一个礼拜后我登门去取他写好的评议书，第一次见到了他。让我暗暗惊佩的是，富仁先生没有一点名学者的架子，他的朴实和热情，让人一见如故，使我顿时放松了下来。他递给我评语，我立刻被他那特别刚劲有力的字吸引住了，从此再难忘记。闲谈之间，富仁先生对我这个年轻学子不吝给予热情鼓励，以至于过奖地说我"真懂哲学"，这让我很不好意思。其实我的毕业论文讨论所谓存在主义与中国现代文学的关系，只是顺手偷巧、敷衍作业而已，哪里谈得上真懂哲学，所以从此闭口不谈此道。此外，还记得我当时顺口说到我的本科论文指导老师支克坚先生，富仁先生立即尊敬地说："支先生是很有思想的学者，我的博士论文就曾受惠于他的鲁迅研究。"这让我很为支先生高兴，因为支先生僻居西北、学术界不大了解他，所以我后来也向支先生转达过富仁先生的话，支先生说："他也曾经当面对我说过这话。"富仁先生如此不吝奖掖一个年轻学子，又如此坦率地肯认前辈学者对自己的启发,这与同时的有些著名学者之崖岸自高迥然有别,给我留下了非常深刻的印象,从此很愿意与他交往。而说来值得纪念的是,我因为此前送给他的毕业论文稿有一些未及改正的打印错误,稍后去取评议书的时候就把改正的一份给他,而从他那里换回的那份有错的打印稿,则成了我手头存留至今的唯一原件。今日翻出来,看见富仁先生当日审阅时留下的一条条划线,真是手泽如新,不能不感佩他的认真不苟。

随后,我回河南大学工作了十年,其间很少外出,与富仁先生很久未能再见。而让我特别感动的,是富仁先生为河南文化和河南人的仗义执言——他给自己的得意弟子梁鸿的博士论文《在边缘与中心之间——20世纪河南文学》写了数万言的长序,不仅率直肯定河南的现当代文学及学术研究之成就,而且纵论上下数千年河南文化的辉煌历史,更慷慨仗义为河南的民性说了许多公道话。这样的奇文也只有富仁先生能为和肯为,充分表现了他为人为文的正直、重情和仗义。同时,我觉得这篇"志深而笔长、梗概而多气"的奇文,也典型地表现了富仁先生为人与为文的一个可爱的缺点,那就是在阔大雄辩之余,于微观细心则略有不足。其有趣的例证之一就是,富仁先生在这篇长序中论列河南籍学者时涉及于我,说了这样一段话:"最后不能不提的一个河南籍的中国现代文学研究者是解志熙教授,他是北京大学中文系的博士,现任教于清华大学,至少在我的感觉里,在这两个最'洋气'的名牌大学中,他身上依然保留着河南农村的'土气'……"文章发表后,有学生传给我看,见富仁先生如此夸奖河南籍学者,我当然很高兴,可我并不是河南人啊——富仁先生可能见我长期在河南读书和工作,遂以为我"当然"就是河南人,而疏于求证了!自然,这个小失误其实不足为病,并且把我算作河南人,我也是很高兴的。后来富仁先生大概也知道有误,在梁鸿的书正式出版时,删掉了这段话。这里说说,足见富仁先生为人为文的识大体而不拘小节之可爱。

富仁先生是现代文学研究界公认的大烟枪,关于他的嗜烟有不少传说。据说他上课或开会的间隙出来过烟瘾,竟至于同时点燃两支烟猛抽,这恐怕是真的。当我2000年调到清华工作后,与富仁先生离得近了,见面的机会渐多,于是成了忘年的烟友,每次聚首,都一同大抽特抽,不亦乐乎。我比他年轻得多,但烟瘾似乎后来居上,每天抽吸的总量比他要多些——这也是我很少去开会的一个原因,因为既不能在会场抽又碍难忍耐,所以就只能"离群索居"、自抽自乐了。自然,也有例外出席的情况。记得2004年9月在徐州师范大学召开的中国现代文学研究会第九届理事会上,我就和富仁先生碰上了。那时富仁先生已经接任中国现代文学研究会会长一职,他自然得耐着性子去主持会议、作学术报告以及被拉去讲学等等,不能像我一样虽然与会却整天逃会、只在会议室外面逍遥抽烟了。中间休息的时候,富仁先生急忙出来补抽过瘾,那副急不可耐的样子真是可爱可乐。就在我们几个烟鬼喷云吐雾之际,他开玩笑说:"解志熙,我们来成立'烟民党'吧,我当顾问委员会主任,你来当主席!"我至今还记得他说这话时的快乐神气。据说,富仁先生得的是肺癌,这肯定与他的嗜烟有绝大关系。人生的乐与苦、利与害总是相关的,有其乐必有其苦,有其利必受其害。以富仁先生的明达,当然深明嗜烟的利害得失,而仍然难以克制自己,这与鲁迅倒是很相似。其实,每个人都有自己的嗜好,即使洞明嗜好之害也难以割爱者,这大概就是人之所以为人的弱点吧。

说到鲁迅与富仁先生,则有一点题外的感想,也顺便说说。鲁迅的伟大当然无可怀疑,而鲁迅显然是富仁先生的挚爱与信仰之所在,他几乎把大半生的心血都用来研究鲁迅的著述、弘扬鲁迅的精神,做出了重大的学术贡献、产生了广泛的社会影响,这些都有目共睹,此处不谈。让我觉得惊异而且敬佩的是,当富仁先生15年前把他的鲁迅研究新著《中国文化的守夜人——鲁迅》送我一本,我读后印象最深的乃是自序中的一句话:"当然,鲁迅也没有使我聪明起来",并在序中有所申述。这是不是多少暗示了他与鲁迅之不同呢?我觉得富仁先生似有此意,而未必都是谦虚,因为鲁迅及其著作确是常常使人特别聪明也即特别深刻的,有时就难免失去质朴性与平常心。比如鲁迅晚年数次病危使他明白自己即将逝去,乃多次作文谈论病与死的问题,从《病后杂谈》《病后杂谈之余——关于"舒愤懑"》,到《"这也是生活"……》以至于《死》等等。这些文章固然颇能见出鲁迅直面死亡、坦然自若、战斗不息的勇气,然而如大病后醒来命妻子走走让自己看看以验证尚在生活,又留遗嘱对仇敌们"一个都不宽恕",如此等等的言论文章就颇有点做张做致了,显见得他对人生的爱恨情仇以至存殁显晦,还是耿耿于怀而未能释然。而自觉不聪明的富仁先生却对自己的辞世做了那么镇定果决而又质朴从容的安排,然后静悄悄地去了,唯余沉默,亦息众口,让那些惯于别有用心地拿此类事情大做发挥文章的人再难做什么文章。这真让人肃然起敬,比鲁迅可明达多了。

2017 年 10 月 22 日晚匆草于聊寄堂

(作者系清华大学中文系教授)

和王老师的汕大缘

冯　媛

初见和告别王老师，都是在汕大。

2009 年秋在汕头大学，第一次见到王老师。我当时受命去汕大建立妇女研究中心。1990 年代中期以来，全国已经有近百所高校设立了妇女研究中心，但那些中心绝大多数都是没有专人、没有专门空间、更没有预算的"三无中心"，而汕大这个妇女研究中心则是孕育之中就明确的"三有中心"。后来才知这个设想曾经付诸实践，有过筹建的领军者，更招聘了在性别和妇女议题上很棒的新科博士作为师资。当时吸引我的则是资助方李嘉诚基金会对妇女研究中心的期待——除了常规的教学、科研使命，更要为妇女公益项目出谋划策并具体参与。作为新闻从业人员，我曾经被教育当"杂家"；作为性别平等领域的工作者，我常游走在不同专业之间，时而做研究状，时而参与且管理扶贫和发展的具体项目，并自诩集观察者、记录者和行动者为一身。汕大妇女研究中心三位一体的特色，和我自己的多栖身份认同十分吻合，简直是无法抵御的召唤。在我启程南下前夕，得知各个方面权衡的结果，妇女研究中心放在文学院。这样，我忝列为王老师同事。文学院网上有每个中心的页面，妇女研究中心的简介，其实是对王老师领衔的新国学研究中心的效颦之作。

80 年代的读书人，几乎都听过王富仁的大名。那是让思想和学术冲破牢笼的时代，也是鲁迅依然富有吸引力的时代，王老师的鲁迅研究，其内容本身和其意义，都足以让他的声名辐射到专业之外，何况，他还有中国现代文学博士第一人的新闻性和历史性。和王老师在北京擦肩而过的机会是 90 年代初，一个春寒料峭的日子，他和几位知识分子共同为一位罹患癌症的志士呼吁，让他得到恰当的待遇和治疗。

拜见王老师那天，是孙佰玲老师带去的。孙老师当时正是一边工作一边攻读博士，她研究的台湾女性文学，让我很感兴趣，因而屡有交谈。在王老师的宿舍，不期而遇了彭小燕和蔡秋彦。彭小燕时任汕大文学院副教授，她在王老师门下攻读博士学位的著作《存在主义视野下的鲁迅》刚获得 2009 年中国"第五届高等学校科学研究优秀成果奖(人文社会科学)"二等奖。我借机向彭老师表达了祝贺。我带给王老师的"见面礼"有一本小书,其中简略记录了 90 年代初王老师参与的那件义举。但我们从未提及它,无论是当时,还是之后的年月。那天都聊了什么已经淡忘,总之直到暮色降临才告辞。如今浮现出记忆的是胖胖,牠和王老师朝夕相伴,一点都不生分地踱到我前面,有时还趴在我脚前小憩片刻。王老师说,胖胖知道你是好人。初见如故。之后几乎每次去看王老师,胖胖都在场;在校园里邂逅,也多是王老师随胖胖漫步。

王老师一直给本科生上课。据学生们说,王老师讲的老子和张惠民老师讲的苏轼,历届都是人气很旺的。我一直想去蹭听,只是全职在汕大的时日因工作量巨大而无暇如愿。转为兼职之后,终于得去听王老师讲老子,只是错过了张老师的课——他已经退休还乡,转战到那里继续做文化建设。老子是我最心仪的中国思想家,过去只是自己瞎读。这次也不能全程听下来,但机会实在难得。坐在王老师课堂的最后一排,旁听生独有的轻松让我心无旁骛,听王老师一段一段背诵《老子》,再娓娓道来他的分析,让我进入一个时空穿越的境界,有时仿佛觉得有氤氲紫气飘进教室一角,老子也潜来聆听这一版本的解读。

是"职业病"使我格外愿意学习《老子》。

> 有物混成,先天地生。寂兮寥兮,独立而不改,周行而不殆,可以为天地母。
>
> 谷神不死,是谓玄牝。玄牝之门,是谓天地根。绵绵若存,用之不勤。

(六章)

如果把《易经》、《老子》和欧洲哲学比较,可以感到中国哲学中性别有着本体的地位。如果说西方哲学是无性哲学(有女权主义者评说启蒙时代以降的西方哲学,其实是带上了中性面具的男性哲学),但中国古代哲学则是有性哲学,而且在其源头或元素中,这个有性哲学即使不是女性/阴性的,就是双性的。中国哲学的这些特点,今天意义何在?

王老师 2003 年到汕大后,提出"新国学"理念,在学术界和文化界引起很大反响。王老师提倡的"新国学",有着海纳百川的气度和襟怀。直到 2011 年春他向我约稿时,我才切身体会到这点。《新国学研究》的文章都在二三万字以上。对王老师给的命题作文,我万分重视,细细地推敲题目,精心地搭建架子,很快就胸有成竹了,但各种思虑,让我一直没有动手写。每次再见王老师,就解释一番。那篇稿债,就一直欠着,成为永远的憾事。

其实,私心里,我还琢磨过,是否有能力为《新国学研究》写一篇和我本行有关的文章。

90年代中期思考性别理论时,我一度到中国哲学中翻检有营养的遗产。久闻一部《易经》,关于变化的哲学,就是在相反相成的乾坤/阴阳这对根本范畴的基础之上形成的。"统言阴阳只是两端,而阴中自分阳阴,阳中亦有阴阳。男虽属阳,而不可谓无阴;女虽属阴,亦不可谓其无阳"。两性的关系,亦无高下之分,也并非只有一个套路,而可以有千变万化,衍生出极为丰富的内涵。两性及其关系,是《易经》的出发点,也是中国哲学的一个生长点。阴阳/乾坤,作为中国哲学的一对基本范畴,宇宙观、认识论、方法论、人生论、伦理学、政治学……中国哲学的一系列概念、观念由此演绎。而老子,作为中国最早的哲学家、也是最有世界性影响的中国哲学家,他的尚柔守雌、重牝尊母,清新、深刻而飘逸。不幸的是,在后来儒家文化为皇权御用为正统的两千多年历史中,中国哲学的有性特质被片面地发展。阴阳两性辩证关系的学说被变成为男性优越的精致证明,老子的道也衍化为极其实用主义的、以男性为中心的方术,一整套崇阳贬阴、男尊女卑、男主女从的世界观和伦理学把妇女的屈从地位合理化、永恒化,并在某些地方给妇女若干补偿以巩固和延续压迫性的理论和现实。"阴阳"、"乾坤"这样两性可以次序交替高下互换和老子重牝尊母守雌尚柔的线索,终于在占压倒优势的诸家男子霸权学说中被扭曲变异,只是在非主流思想论说中时隐时现。今天,妇女和性别研究,面对一百多年来先后卷入全球化浪潮的现实,在半个多世纪以马克思主义为圭臬的主流论述下,在将各地区各阶层各民族妇女的生活经历理论化过程中,中国哲学中那些被湮没的元素,可以有怎样的价值和贡献?

可惜,囿于学力,也囿于俗务,始终没能和王老师探讨上述问题;作文的念头,更没有提上日程。

2011年之后,我不再全职服务于汕大,惟继续在春季学期开设"妇女、国际公益发展和文化"通识课程。不知不觉中,和王老师形成了一年一度的春季之约。有时单独和王老师聊天,有时和彭小燕老师同去,还有后来负责妇女研究中心的方炼老师。谈天说地之余,在校内或校外共进一餐。2014年3月的那次聊天,我们照例是话头不分古今中外,天南地北。回去后,鬼使神差,简略记下了王老师对世界和中国大势的看法。他说,2008年之后觉得中国有望。2008年的金融海啸和经济危机,对西方来说是外伤,而且西方的机制也习惯了波动。对中国则是内伤,但他反而看到了希望。"看青年,不能只看他们的现在,看在学校是否有思想、毕业后是否很快有作为,要放长眼光。每年几百万毕业的大学生,不会甘心现状。"每当我对现状失望,想想王老师的观点,又让自己放长眼光。

王老师总是善待未来一代。除了常听学生说起他们如何受益于王老师,也看到王老师对周边孩子的慈祥。王老师宿舍不远处是阿彬发屋,店主兼理发师有两个幼小的孩子,王老师过年还会给他们发红包。

王老师遽然离世,青年人以各种方式表达他们对王老师的敬爱之情。通过微信朋友圈,我读到一篇篇感人至深的文字;在和王老师初见的汕大宿舍,同他最后的学生们围坐在烛光中,一人一段地接力诵读遗著,在王老师的文字中吸取营养,将哀思化为力量;王老师纪念会后,和离校数年专程从深圳赶来的毕业生一起追忆王老师留给一届届汕大学子的遗产……

但我仍有无限的懊悔之痛。年初,听 94 年北师大硕士、我在中国妇女报时的同事周志飞提起王老师回北京治疗的消息,想过去探望,只因频繁出差而未果。王老师遗体告别那天上午,我虽临时从汕头返京,则因要在一个会上发言而无法前往;汕大纪念会的那个周末,我则必须去另一个省做反家暴培训……

万千哀思,不尽感佩,只有浓缩成一副挽联,献于王老师灵前:

南北东西　桃李春风传薪火
人心史册　桑浦夜雨思风范
后死冯媛于汕头大学敬挽

2017 年 9 月 1 日初稿
2017 年 10 月 1 日二稿
(作者系中国妇女研究会理事)

141

"感觉到了作为人的伟大"

——纪念王富仁老师

旷新年

听到王富仁老师离世的消息,十分意外与震惊,心中作痛。距离如此之近,又是如此之远;如此之远,又是如此之近。尽管王富仁老师是哺育了我、有恩于我的前辈,尽管我们有过不少交集;然而,由于我画地自狱,几乎从未有过通常意义上的交接。我从来不敢打扰任何人,甚至最好的朋友也长期不通音问,与学界没有什么来往,更不敢让自己的文字污人眼目。

我上大学的那一年——1980 年,萨特逝世,一个时代结束了。罗伯-格里耶说:"应当说所有的革命经历都事与愿违。人们反抗过北美帝国主义,却在西贡和柬埔寨让北越帝国主义取得了政权。同样,满怀热忱的共产主义者们现在也不得不承认他们不过助长了苏维埃帝国主义的发展。所有的革命经历都事与愿违,也就是说都以斯大林主义告终。古巴和越南就是近例。现在我们看到什么? 波兰工人阶级全体起来反抗曾是世界希望的阶级。一切都事与愿违。发展事与愿违。反殖民化事与愿违。历史事与愿违。萨特一生所坚持的那种良好意识,我觉得其他人再也不会有了。他作为资产阶级的愧疚意识,是他作为革命者的良好意识。他的愧疚意识造就了他的良好意识,使他能够无所不言。"[1]与萨特"能够无所不言"不同,鲁迅陷于无法言说的困境:"当我沉默着的时候,我觉得充实;我将开口,同时感到空虚。"[2]自从上大学以后,我便落入了鲁迅这种无法言说和"我将向黑暗里彷徨于无地"的状态。[3]

1989 年,我入读研究生,成为了现代文学的一名学徒。那个时代的现代文学专业研究生都不可能错过王富仁老师的博士论文《中国反封建思想革命的一面镜

---

[1] 阿兰·罗伯-格里耶:《旅行者》下卷,奥利维埃·科尔佩选编,余中先等译,湖南美术出版社 2011 年版,第562 页。

[2] 鲁迅:《野草·题辞》,《鲁迅全集》第 2 卷,人民文学出版社 1981 年版,第 159 页。

[3] 鲁迅:《野草·影的告别》,《鲁迅全集》第 2 卷,人民文学出版社 1981 年版,第 166 页。

子》。这本书和钱理群老师的《心灵的探寻》不仅是鲁迅研究划时代的著作,而且也是新时期现代文学研究的纪念碑。

自我读研究生以来,现代文学研究渐渐生变。今天,许多人会有恍如隔世的感觉。历史慢慢颠倒过来,价值纷纷颠倒过来,一切的一切都翻了个个。白的变成了黑的,黑的变成了白的。这自然没有什么好奇怪的。比起沧海桑田的社会巨变来,现代文学的这点变化只不过是茶杯里的风波。我们这几十年遭遇的变化可能超过了有文字记述以来的几千年。对于我这样与世隔绝、孤陋寡闻的农民来说,真是"山中方一日,世上已千年"。

上个世纪 90 年代以来,教育产业化,学术行政化与买办化结伴而行,齐头并进。学界头面人物或以衙门自许,或挟洋以自重。"矫枉必须过正"是中国祖传的思想秘方,"深刻的片面"是新时期传销的学术秘诀,因此,旋转木马就可以称得上中国顶格的学术了。

在我读研究生的时候,即便以鲁迅研究为业的学者,也开始怀疑、贬低鲁迅。在他们看来,比起世界文学大师来,鲁迅矮了一截。后来,鲁迅研究慢慢地由学术研究变成了学术流言,鲁迅流言专家成为了鲁迅研究专家。由于历史的变化与时代的颠倒,自由、平等、民主这些价值遭到了时髦学术与权威学者的嘲笑、诋毁、攻击,成为了耻辱的印记,昔日的"民族魂"鲁迅今天人人得而诛之,正人君子甚至恨不能"斩草除根","除恶务尽"。

这个时代,文人学士将陈寅恪的"自由之思想,独立之精神"做成了招牌,悬在胸前,口中念念有词。他们将陈寅恪语录做成了学界的时尚,当成了提高身份的时装,就像时髦妇女的 LV 和富二代的法拉利。他们全然不顾陈寅恪清清楚楚、明明白白声明"寅恪平生为不古不今之学,思想囿于咸丰同治之世,议论近乎湘乡南皮之间"。[1] 陈寅恪并非像时髦的文人学士那样自命为西崽洋奴,奉北美扶桑为正朔。

在这个时髦、颠倒的时代里,王富仁老师依然固守着五四的精神价值,坚守着鲁迅的思想立场。他不愿意违背自己的良知,苦苦地守护民族的灵魂,真正保持着自己独立的思想与人格。鲁迅是民族的灵魂,而王富仁老师则以鲁迅的生命为自己的生命。于是,他遭遇了和鲁迅同样的命运,成为了堂吉诃德,成为了落伍的象征,成了被嘲笑的对象,成为了集矢之异端。在势力面前,良知多么渺小;在流行面前,思想多么无力。这种艰难和困境并不是今天的学者才遇到。王富仁老师在今天的遭遇,他那孤独的身影,令人想起鲁迅曾经的处境——"两间余一卒,荷戟独彷徨。"王富仁老师是对鲁迅最深刻、最生动,同时也是最好的诠释。在我们的时代

---

[1] 陈寅恪:《冯友兰中国哲学史下册审查报告》,《金明馆丛稿二编》,上海古籍出版社 1980 年版,第 252 页。

里,王富仁老师的形象与鲁迅的形象重叠在一起了。王富仁老师不是一个有执念的人,而是一个有坚持的人。他不势利,不从众,他要堂堂正正地做一个人,做一个有良心、有灵魂、有担当的人。

作为现代文学的学徒,我一直将 1789 法国大革命自由、平等作为我的价值防线。王富仁老师必定也有他的防线。我想,在心底里,他是将自己作为五四的托命之人,在艰难时刻守护着五四自由、民主、平等、科学的价值。王富仁老师特别强调做人,强调人的尊严,人的良知,人的信念。在他这里,为学与做人、学术与生命融为一体,不可分离。学术不是名片,乃至不仅仅是纯粹的研究,而是生命的升华,是人生的提炼,是人格的完成。王富仁老师以自己的生命和学术践行了五四的价值。他用生命雕塑了五四。他就是五四的化身,是自由和平等的化身。在他的身上,既有不可亵渎的庄严,又有众生平等的包容。他既令人景仰,又可以亲近。

张爱玲是中国新文学作家中作品被翻译成外语最多的作家。[①]《秧歌》被翻译成了 23 种语文,不仅使鲁迅,而且足以使任何一位汉语作家黯然失色。然而,这并非因为夏志清所吹嘘的什么张爱玲的文学成就,而是因为美国金多,并且显示了美国的宣传机器是多么强大,冷战文学的战线是多么漫长。不少人绘声绘色地描述过老舍、沈从文怎样错过了诺贝尔文学奖,却没有听说早在 50 年代就翻译成了 23种语文的张爱玲错过了诺贝尔文学奖,甚至国际上从未有人认真将张爱玲与纯文学联系起来,岂不怪哉?!这并不令人意外。我们可以想象的是,假如诺贝尔文学奖授予张爱玲,会成为诺贝尔文学奖最不堪的丑闻。可见诺贝尔文学奖还没有那么低级、无聊。因此,上个世纪 90 年代以来的张爱玲神话以及张爱玲与鲁迅评价的颠倒耐人寻味。诺贝尔文学奖获得者大江健三郎直言不讳,亚洲只有两位作家配得上诺贝尔文学奖,这就是泰戈尔和鲁迅。

当鲁迅逝世的时候,人民尊奉他为"民族魂"。当时有四万万五千万之众的中国,日寇如入无人之境。用陈寅恪的说法,"抵抗必亡国,屈服乃上策。"[②]当时的日本人对中国的政府、军队、知识界充满了蔑视,他们可以轻侮中国的一切。然而,在鲁迅的身上,他们感到了不可征服的力量。通过亲近鲁迅,日本学者增田涉"感觉到了作为人的伟大"。

毛泽东在《新民主主义论》中说:"鲁迅的骨头是最硬的,他没有丝毫的奴颜和

---

① 庄信正《张爱玲致庄信正》(1966.10.19)注解:"张爱玲一九六九年所写履历中提到那时 The Rice-Sprout Song 已被译成二十三种语文,Naked Earth 也有十几种译文。"庄信正编注《张爱玲庄信正通信集》,新星出版社 2012 年版,第 16 页。

② 吴宓所记 1937 年 7 月 7 日卢沟桥事变以后陈寅恪的谈话,见《吴宓日记》第 6 册,三联书店 1998 年版,第168 页。

媚骨。这是殖民地半殖民地人民最可宝贵的性格。鲁迅是在文化战线上,代表全民族的大多数,向着敌人冲锋陷阵的最正确、最勇敢、最坚决、最忠实、最热忱的空前的民族英雄。鲁迅的方向,就是中华民族新文化的方向。"①毛泽东对鲁迅的评价必将成为历史定论。在鲁迅的身上,我们感受到了纯粹的人性、淳美的人生。

在抗日战争中,为学界所瞩目与期待的历史学家张荫麟不幸英年早逝,成为学界最大的损失。史学大师陈寅恪对他的赞誉,早已为常人所知:"张君为清华近年学生品学俱佳者中之第一人,弟尝谓庚子赔款之成绩,或即在此人之身也。"②。张荫麟难得将眼光投向当代文学,全集仅有三文涉及当代文学。1929 年,针对《真善美》杂志的"女作家专号",他写了《所谓"中国女作家"》一文,忍不住对"言作家而特标女子,而必冠以作者之照像,岂其以'一样的眼眉腰,在万千形质中偏偏生得那般软美'欤?"以及"中国所谓'名士',每好捧场一二'才女',或收罗若干'女弟子'以为娱"的恶俗加以针砭。③ 1933 年,当他听到"不卖女字"的著名左翼作家丁玲被国民党政府绑架遭遇不测,义愤填膺写下了《悼丁玲》一文。④ 第三篇关于当代文学的文字是鲁迅论。1934 年,鲁迅的杂文集《南腔北调集》出版,他写了书评《读〈南腔北调集〉》。他说,"为求名副其实,此文当题为《〈南腔北调集〉颂》。"实质上,这也并非一篇《〈南腔北调集〉颂》,而是一部《鲁迅颂》:"先颂周先生。他可以算得当今国内最富人性的文人了。自然人有许多种。周先生不就铸造过'第三种人'的名词么? 但我所指的是那种见着光明峻美敢于尽情赞叹,见着丑恶黑暗敢于尽情诅咒的人;是那种堂堂赳赳,贫贱不能转移,威武不能屈服的人。""周先生本来可作'吾道中人'。古董他是好玩的,他的《中国小说史略》已成了一部标准的著作。只要他肯略为守雌守默,他尽可以加入那些坐包车,食大菜,每星期几次念念讲义,开开玩笑便拿几百块钱一个月的群体中,而成为其中的凤毛麟角。然而他现今却是绅士们戟指而詈的匪徒,海上颠沛流离的文丐。他投稿要隐姓换名,他的书没有体面的书店肯替出版。人性的确是足以累人,大丈夫的确是不容易做的。'伤屯悼屈只此身,嗟时之人我所羞!'读周先生的书每每使我不寐。""然而周先生可以自慰的,他已为一切感觉敏锐而未为豢养所糟蹋的青年们所向往。这种青年的向背也许不足以卜一个文人的前途,却断然足以卜一个文人所依附的正义的命运。自人类有主义以来,这条公理未曾碰过例外。当周先生的杂感被绅士们鄙弃的时候,颇有人誉

① 毛泽东:《新民主主义论》一卷本,人民出版社 1964 年版,第 658 页。

② 陈寅恪:《陈寅恪致傅斯年》(1933 年 11 月 2 日),《陈寅恪集・书信集》,三联书店 2009 年版,第 46 页。

③ 张荫麟:《所谓"中国女作家"》,《张荫麟全集》中卷,清华大学出版社 2013 年版,第 1082 页。

④ 鲁迅也因此写了《悼丁君》一诗:"如磐夜气压重楼,剪柳春风导九秋。瑶瑟凝尘清怨绝,可怜无女耀高丘。"见《鲁迅全集》第 7 卷,人民文学出版社 1981 年版,第 153 页。

他为先驱者,我还有点怀疑。但自从他公开地转向以来,这种称誉他确足以当之无愧。最难得的是当许多比他更先的先驱者早已被动地缄口无声,或自动地改变了口号的时候,他才唱着'南腔北调',来守着一株叶落枝摧的孤树,作秋后的鸣蝉。但夏天迟早会再出现的。而一个光明的'苟士',当屯否晦塞的时候,正需一个'斲轮老手'来撑持。假如钳制和老年不足以销尽他创造的生机,那么,我敢预言,在未来十年的中国文坛上,他要占最重要的地位的。"①张荫麟的鲁迅论不仅充分显示了他史学大家的非凡眼光,而且是高贵心灵的共鸣,是最纯粹的人性的感应。令人意想不到的是,经过一个世纪的进化,"女作家"已经进化成为了"美女作家"。对中国文学这样一种进化方式,张荫麟作为史学大家恐怕要跌破眼镜了。

当一个人越接近纯粹的生命,越接近真理的时候,也就越接近鲁迅,就像闻一多那样。1944 年,闻一多在《在鲁迅逝世八周年纪念会上的讲话》中痛切深刻地检讨了自己,毫无保留地颂扬了鲁迅:"他是中国历史上最伟大的文学家。""他对帝国主义,对买办大亨,对当权人物,没有丝毫的奴颜媚骨,宁可流亡受苦,也不妥协。鲁迅之所以伟大,之所以能写出那么多伟大的作品,和他这种高尚的人格是分不开的,学习鲁迅,我想先得学习他这种高尚的人格。""有人不喜欢鲁迅,他不让别人喜欢,因为嫌他说话讨厌,所以不准提到鲁迅的名字。也有人不喜欢鲁迅,倒愿意常常提到鲁迅的名字,是为了骂骂鲁迅。因为,据说当时一旦鲁迅回骂就可以出名。现在,也可以对某些人表明自己的'忠诚'。前者可谓之反动,后者只好叫做无耻了。其实,反动和无耻本来也是分不开的。""除了这样两种人,也还有一种自命清高的人,就像我自己这样的一批人。从前我们住在北平,我们有一些人自称'京派'的学者先生,看不起鲁迅,说他是'海派'。就是没有跟着骂的人,反正也是不把'海派'放在眼上的。现在我向鲁迅忏悔:鲁迅对,我们错了! 当鲁迅受苦受害的时候,我们都正在享福,当时我们如果都有鲁迅那样的骨头,那怕只有一点,中国也不至于这样了。""骂过鲁迅或者看不起鲁迅的人,应该好好想想,我们自命清高,实际上是做了帮闲帮凶!"②

鲁迅远不是诺贝尔文学奖能够衡量的。他是文化巨人,是当之无愧的民族灵魂。我们甚至可以说,没有鲁迅,就没有现代文学。或者说,没有鲁迅,中国新文学就会黯然失色、黯淡无光。鲁迅的意义远远不止于此,鲁迅不仅是中国的灵魂,而且也是亚洲的灵魂,是殖民地半殖民地的灵魂,是全世界被压迫人民的灵魂。

① 张荫麟:《读〈南腔北调集〉》,《张荫麟全集》下卷,清华大学出版社 2013 年版,第 1395—1396 页。
② 闻一多:《在鲁迅逝世八周年纪念会上的讲话》,《闻一多全集》第 2 卷,湖北人民出版社 1993 年版,第 391—392 页。

鲁迅之所以伟大,不是因为他高高在上把自己当成了主子,像胡适那样打着"宽容"的官腔,有着"光明所到,黑暗自消"的法力;而是因为他彻底认清了自己奴隶的地位和身份,并且坚定地站在奴隶们的立场上。晚年,他培养了萧军、萧红、叶紫等著名青年作家,编辑了有名的"奴隶丛书"。他感叹,从前是满清的奴隶,后来成了民国的奴隶。他把周起应称为"奴隶总管",因此,也是周起应、狄克们的奴隶。但是,他是奴隶,却不是奴才。

曾经某个短暂的瞬间,鲁迅受到圣旨的庇护,《鲁迅全集》像《四书五经》一般神圣。然而,王富仁老师知道,在大伪的时代里,吃鲁迅教的徒众,就像吃基督教的徒众一样,只是势利之徒、乌合之众。在势力消散以后,徒众也会一哄而散。在王富仁老师这里,鲁迅的伟大,并不是势力的伟大,而是精神的伟大。也只有在势力消散以后,才得见真的信仰。

鲁迅一个"爬"字和一个"踹"字,深刻而生动地概括了中国的广大众生相。在我看来,许多所谓学者名流仅仅用鲁迅的这两个字就几乎可以概括净尽,最多再加上一个"装"字。王富仁老师是一个很不像"大师"的学者,是学界中难得一见的敞亮的人物。与王富仁老师在一起,就像在乡亲中间一样舒服和无拘无束,从来不会感觉到累,更不会像在"大师"们面前一样起鸡皮疙瘩。今天在每一个暴发户的大门上都悬着"皇家"、"御用"或者"贵族"、"精英"的标牌,他们对于自由、民主、平等有多少敌意、仇恨、污蔑,就有多少丑恶、肮脏、腐败。

王富仁老师是鲁迅的守灵人,是中国现代文学和现代文化的守夜人。王富仁老师的离去,使得现代文学界愈加萧条和空虚,并且意味着与我们血肉相联的一个时代的真正远去。

王富仁老师是当代最朴素的一位学者,平凡中寓着伟大,在这个泡沫的时代里,格外宝贵。有同学为王富仁老师愤愤不平,他甚至自责起自己无意识的势利来:比起那些位居权位、呼朋引类、呼风唤雨、俨然大师的人物来,王富仁老师的成就远远被低估了。然而,这难道不正是真正的学者与纸糊的学者之间的区别吗?难道不是独战众数的孤独者的宿命吗?

孟子有言:"无恒产者无恒心。"长期以来,中国的"读书人"常常处于物质破产的边缘,因此,也经常处于精神破产的边缘。历史学家吕思勉认为,由于社会历史的原因,尤其因为缺乏经济基础,中国的士大夫阶级,所谓读书人,仁甚少,智甚少,勇甚少。[①] 然而,只要不肮脏、不污浊、不下作,不阴暗、不虚伪、不委琐、不趋炎附势、不装腔作势,便都可喜、可爱、可亲、可师、可友。当我看到有所谓作家由替汉奸

---

① 吕思勉:《士之阶级》,《吕思勉全集》第 11 卷,上海古籍出版社 2015 年版,第 228 页。

汪精卫辩护而辱及三百多年前抵抗异族入侵、死不瞑目的英灵，真不知今世何世。滔滔者，天下皆是也。在古典文学专业，诋毁民族英烈，歌颂汉奸的"贡献"，认为舍生取义毁灭了文化，当汉奸保存了文化，将汉奸视为文化传承的介体，成为了学术新潮。如果是这样的话，文天祥、陆秀夫岂不成了中国文化的罪人，而洪成畴、周作人则成了中国文化的功臣？呜呼！假如所谓文化竟然只能是下流的、禽兽不如的汉奸文化的话，我宁可没有文化。

2017 年 10 月 25 日

（作者系清华大学中文系教授）

王富仁老师的俄罗斯知识分子精神气质

王家平

7月底王富仁教授的弟子彭小燕君嘱我写篇纪念王老师的文章,我几乎没有迟疑就答应了,但轻易允诺之后就有些后悔。王富仁老师在上个世纪80年代中国现代文学领域筚路蓝缕、以启山林的开创,对我们这一代学人的精神恩泽太深,我理应为他的去世写点纪念文字,更何况我个人的学业还得到他的关心和照顾;然而我毕竟不是王老师的入室弟子,我毕竟因自己跟长辈交流时往往过于拘谨而跟包括王老师在内的著名学者交往甚少,这样贸然答应写悼文,无异于给自己找麻烦,真的担心自己写不了这篇文章。

在纠结犹豫中进入了8月初,我与家人开始了前往俄罗斯的旅行。在圣彼得堡和莫斯科两地所作的一周旅行,领略了俄罗斯的自然之美,浏览了俄罗斯两大城市的主要名胜古迹,初步触碰到了俄罗斯的社会生活。结束旅行归来的第二天,见到王富仁老师的弟子们在微信上发文纪念"先师去世百日"。我觉得自己该动手写悼文了,想起7月底曾阅读过王富仁老师的文章《中俄知识分子之差异》(《中国报道周刊》2006年5月12日),遂打算围绕王老师身上所显示的某种俄罗斯知识分子精神气质写点什么。

王富仁老师在《中俄知识分子之差异》中指出,俄国知识分子系从俄国贵族阶级中分化出来,属于社会上的支配者阶层,自然对社会生活有着"原发性的责任感",他们把自己所从事的工作视作崇高的事业,把自己的苦难与民族、人类的苦难连为一体,因而他们能在所从事的事业中获得自我的生命价值;而俄国国民通常会把知识分子作为民族精神的象征,俄国知识分子创造出来的文化、文学、艺术也因此能够保持着它的崇高性和庄严性。相比之下,中国知识分子并非社会的支配者,只是为统治者"出主意的人",他们无法摆脱统治者而获得独立地位,在他们的观念里,文化近于一种可以被统治者所用而达到某种社会治理目标的"法术",除此之外,文化只是中国读书人纯个人自娱自乐的手段和生存方式,与整个民族的生存和发展没有关联。王老师在此揭示出了俄中两种文化传统的重大差异,前者的神圣性、形而上性与后者的凡俗性、形而下性,形成了强烈的对照。

对中俄文化特性作上述对比和界定,并不意味着无视中国文化的优长和俄罗斯文化的局限,事实上每种民族文化里超迈和沉沦的基因常常是缠绕在一起的。中国文化的凡俗性使得中国人更加热爱现世社会,中国文化的人间性(非神圣性)使得中国人殊少陷于宗教的迷狂和战争中;但是中国文化整体上缺乏崇高庄严感,的确是不容避讳的事实。俄罗斯人对于神圣性、形而上性的耽迷,在给他们的文化造成深刻崇高品质的同时,也给他们的社会生活和精神世界带来诸多可怕的冲突和撕裂。俄国思想家别尔嘉耶夫在专著《俄罗斯思想》(三联书店 1995 年版)中就指出:"在俄罗斯精神结构的基础中有两种对立的因素:自然的、语言的、狄奥尼索斯的力量和禁欲主义的僧侣的东正教。在俄罗斯人身上可以发现矛盾的特征:专制主义、国家至上和无政府主义、自由放纵;残忍、倾向暴力和善良、人道、柔顺;信守宗教仪式和追求真理;个人主义、强烈的个人意识和无个性的集体主义;民族主义、自吹自擂和普济主义、全人类性;世界末日—弥赛亚说的宗教信仰和表面的虔诚;追随上帝和战斗的无神论;谦逊恭顺和放肆无理;奴隶主义和造反行动。"

相信王富仁老师会认可别尔嘉耶夫所道说俄罗斯文化的诸种局限,但是他还是要突出强调俄国文化的神圣性、崇高性,这可能是因为中国文化相对缺乏这种禀赋。正如鲁迅在翻译日本学者厨川白村的《出了象牙之塔》等著作时,放过厨川所批判的日本文化缺乏生命热力、缺乏伟大创造力的致命弱点,在译著的序跋中提醒中国读者,日本国民身上那种世所罕见的认真严谨,尤为值得中国人学习和效仿。而且王富仁老师并未忽视俄罗斯社会和文化世俗性的那一面,不过他能够思辨性地把世俗性升华为神圣性。他认为俄国文化并无明显的雅俗之分,每个人的日常的生活都是"俗"的,知识分子作为日常生活中的个体可以也必然是"俗"的,但既然每个人的日常生活都是狭隘的、庸俗的,文化、文学艺术就是把人从狭隘、庸俗的日常生活中提升出来,把人提高到崇高精神境界中的途径,"文化和崇高是一体两面的东西"。王富仁老师洞察到了俄国文化具有化俗为雅的升华力量,他注意到俄国文化能够把大量平民出身的知识分子吸纳进来,他注意到平民知识分子通过不断的努力,"把自我从狭隘的、庸俗的、纯个人的日常生活中提高到具有普遍社会价值的人性价值的崇高精神境界",而不是把文化变为"庸俗的纯个人物质实利的谋生手段"。

在凡俗和崇高的识读方面,如果缺乏思辨力就可能"看走眼",世人对王富仁老师"乡气"的辨识、理解就存在某种误读。中国古代社会对雅与俗、"上智"与"下愚"有着明确划分,但仍有陶渊明等少数传统知识分子对农人、俗事颇多好感;到了"五四"新文化运动之后受"劳工神圣"思潮的影响,大批像沈从文这样的知识分子纷纷以"乡下人"自居；20世纪40年代"延安整风"运动尤其是1949年新政权建立之后，让知识分子接受工农改造成为时代主流话语。五六十年代进入高校学习的那一代知识分子，有的出身于民国官员、知识分子家庭（如钱理群老师等），更多地出身于农工或农工干部家庭，王富仁老师是后一拨知识分子的代表，在生活和精神上，两拨知识分子都经历了或自愿或不自愿的"劳动人民化"改造过程。"文革"这场"深入灵魂"的运动更是要彻底根除知识分子身上"非劳动人民化"的精神气质，知识分子纷纷从城市前往小镇、农村工作，甚至去插队落户当农民。70年代末、80年代初这批"归来"知识分子返身城市后，大多继续奉行布衣粗食、勤俭节约的生活方式。

王富仁老师身上所保留的"劳动人民"气质相对更为明显，他本人在课堂、学术会议上也包括在著述中，常常自称为"农民"；不少同行也带着尊敬或带点调侃称他为"村镇干部"。但事实上"乡气"只是王富仁老师们穿衣打扮的外在生活形态，他以及钱理群老师那一代知识分子对世界（也包括国家）发展前景的深切忧虑，对人类（也包括民族）命运的热切关怀，对精神（也不排斥物质）生活的深层思索，使得他们与鲁迅《这也是生活……》所展示的"外面进行着的夜，无穷的远方，无数的人们都和我有关"，"我存在着，我在生活，我将生活下去，我开始觉得自己更切实了"的精神传统续上了联系，使得他们的生活和生命境界变得相当充实与阔大，使得他们具有了思想者的精神光彩和人格魅力。在《中俄知识分子之差异》文中，王富仁老师对世俗生活中的俄国知识分子生存价值评价道，"作为一个知识分子，作为一种文化产品的创造者则是崇高的、严肃的"；这段评价同样可以用来指称王老师本人及其他那一类知识分子的生存本质及其生命意义。

当然，不能过高评价中国知识分子群体的崇高性；事实上，真正具备鲁迅式精神界战士品格的人是另类和异数。中国传统知识分子是依附在政权大树上的寄生者，缺乏独立性和主体性，正如王富仁老师在《中俄知识分子之差异》文中所言，在儒家"治国平天下的大旗"下，中国读书人实现的是"个人升官晋爵的目的"，"文化自身的崇高性荡然无存"，知识分子那种凭借服务权力的能力获得赏识和报酬的观念，一直流布并影响着现今的中国知识分子，"这使我们的文化中缺少知识分子人格力量的酵素"，中国"更多是知识分子的聪明，而不是他们的精神气质和人格力量"。这是王富仁老师对中国知识分子弱点最为深刻的指证，他的这一洞见仍然建立在中俄比较的基础上。王老师指出，不管在沙皇时代还是在苏联时期，俄罗斯知识分子整体上并未"在根本上丧失自己的独立性"，具体表现为他们从不放弃"人道主义的思想旗帜"，他们面对专制主义统治仍然"以战士的勇敢保卫了人道主义的思想原则"，他们成为了"思想的战士、精神的战士"；相反，中国权力宰制下的知识工场制造出来的是"有思想的懦夫，有感情的庸人"，他们充其量只是"大量被冤枉的好人"。

王富仁老师观察到,中国的从政者、商人和文化人获得了一定的成绩就裹足不前,缺乏永远进取的精神动力。他痛切地认识到,"我们的民族仍然只是活在目前的物质实利的追求之中,甚至我们知识分子的自我,也把物质实利的追求作为我们整个中华民族的唯一追求",他意识到"从我们自我的内部生长不出一种精神的力量来",他概括说,"没劲"仍然是目前中国知识分子的普遍感觉。没有深切内在的信仰,缺乏有深度的精神追求,这的确是中国知识传统的弊端。王老师认识到,俄罗斯知识分子"战士"立场的建立与他们的宗教传统密切相关。他以贵族、斗士和东正教虔信者的列夫·托尔斯泰为例展开自己的阐述,尤其对托尔斯泰的宗教思想的正面价值予以了充分肯定:"他的宗教意识不是逃避现实的思想表现,不是个人品质上的软弱无力,而是把个体的生命同人类命运结合起来的一种精神途径。"他认为托尔斯泰所代表的超现实的人类关怀,使俄国文化和知识分子能够进入一个更高的精神境界,这也正是俄国知识分子传统的显著特征。

在俄国著名知识分子中,陀思妥耶夫斯基听从东正教的召唤,在文学创作中执着地探索和表现着人类的苦难和救赎,托尔斯泰毅然跟包含东正教在内的基督教体系告别,他把爱当作是上帝的精神性存在形式,他的人间宗教思想可简括为"天国在你心中"这一箴言。陀思妥耶夫斯基、托尔斯泰等知识分子的宗教探索热情与的俄国的"圣愚"传统有关。俄罗斯的"圣愚"破衣烂衫、疯疯癫癫,他们发出的声音被当作神谕,"圣愚"崇拜是东正教掺入了俄国原有萨满教信仰的俄国宗教现象。俄国历史上最著名的"圣愚"就是 16 世纪的瓦西里,莫斯科红场边引人瞩目的圣瓦西里大教堂就是以他的姓氏来命名。这次在俄罗斯旅行,给我留下强烈印象的除了植被密布的广袤原野和清水满贮的江河湖海,就是在城市、小镇和乡村到处可见的色彩纷呈、形态多变的教堂。尽管因为生育率偏低、劳动力不足和产业体系不够完备(偏重于能源和军工),加上欧美的制裁,俄罗斯社会生活和经济状况不算很景气,但是社会管理体系运作稍显迟缓但不失从容,市民生活节奏滞慢仍不失悠然,俄国人的生活和精神仍然具有一种内在的底气。这种底气自然跟他们拥有 1700 多万平方公里的世上第一大的疆域,跟他们极为丰富的石油天然气等能源蕴藏有关系,也应该跟他们拥有相对自足自立的东正教传统的精神资源有关。王富仁老师的《中俄知识分子之差异》结尾部分正是从中俄文化、宗教角度入手,揭示了两国知识分子精神的差别,这的确是他的深刻之见。

王富人老师本科时代上的是山东大学俄语系,这为他后来阅读俄罗斯文学作品和学术文献,进行中俄文学、文化比较提供了语学上的良好条件。80 年代初以降的中国人文学界对外交流的基本外语是英语,王老师立足于 80 年代相对"被边缘化"了的俄语文化资源,这使得他获得了不同于近三十多年来多数人文学者的视野和视角,加上他本人的睿智和刻苦,他的思想和学术具有比较鲜明的思想家气质,这与他学术谱系上颇受俄罗斯精神气质的影响有着直接的关系。

在悼文的结尾处,我想简单叙述一下王富仁老师对我的指点和帮助,以及我与他有限交往中的一点感受。1989 至 1992 年我在北京师范大学中文系师从朱金顺教授攻读硕士学位,王老师那一届没有招生,不过我还是在研究生中期考核和学位论文答辩中得到了他的教诲,硕士论文答辩时他对我的鼓励还历历在目,他称赞我的硕士论文《鲁迅与宗教文化》(6 万字)可以当作博士论文答辩,我知道这是前辈对年轻人的谬奖,不能太坐实。不过对于我这种一向缺乏自信的人,前辈适当的鼓励是非常重要的,它能够成为我在学术畏途上不断求索的精神动力。还想起了1992—1993 年间,在王富仁老师和他念博士学位的副导师杨占升先生共同推荐下,我的两篇学术论文得以在《中国现代文学研究丛刊》发表,得到王老师和杨先生扶植年轻学子何止一二人,他们奖掖后进的无私行为已成为学界佳话。

1995 年下半年我决定报考北大钱理群先生的首届博士生,当时请王富仁先生为我写报考推荐信,他毫不犹豫地答应了。当时在他家聊天的内容已经不能完全复原,但他不时地吸着烟,不时地呵呵大笑的场景还历历在目;还记得的就是他对中国现代文学女学者赵园老师的极高评价。王老师告诉我说:中国现当代文学史上他最佩服的两位女作家,一是张爱玲,二是赵园。赵园老师以学术著称于中国知识界,王富仁先生把她当作女作家来推崇,这样的定位出乎我的意料而颇有新意。愚钝的我当时脸上应该是流露出了困惑,引得王老师在浓烟中大笑起来,在他的大笑中,我忽然开悟:赵园老师的学术文章有真性情、富真才情,把她视为散文家,的确是高见。

2013 年 6 月,王富仁老师的重要论著《中国需要鲁迅》在安徽大学出版社刊行,两个月之后我收到了他寄来的赠书,他在扉页上写着"王家平教授雅正,王富仁"的字样,王老师这样客气,让后生晚辈颇感惶惑。2014 年 11 月份,王富仁老师80 年代曾在浙江文艺出版社刊行的专著《先驱者的形象》在华东师范大学出版社重新出版,2015 年 3 月,王老师托他的弟子给我捎来了这本著作,在书上写着仍然是"王家平教授雅正,王富仁"的字样。王老师对于比自己年轻的晚辈同行通常以兄相称,仍然是承续了鲁迅的精神传统。走笔至此,我打开了王富仁老师赠送给我的遗著,他那带有俄罗斯知识分子精神气质的中国学者形象就丰富生动起来了。

2017 年 8 月 29 日

(作者系首都师范大学文学院教授)

赶不上的送行

朱玉麒

有些人你本该送一送,但却事与愿违。去年是傅璇琮先生,告别仪式的时候,在江南预约了访碑的活动。今天刚刚离开了北京,却看到同学群里发出了王富仁老师去世的消息。

二十年前一起在北师大听他课程的同学中,我大概是最近的时候还有幸听过他病中授课的学生。在汕头大学呆了三天,第一天,他才从北京化疗回来;第二天他给学生上课,也没有力气接待我;第三天,见到了。当时说话也还有中气,以为能如他所言"撑一撑"挺过来,没有想到时隔数月,遽尔已逝。

到了汕头,其实就是到了潮州。唐朝,韩愈在潮州呆了八个月,留下的文化影响如韩江流日夜,不绝千年。富仁老师在汕大十多年,他的影响,也会让大海涨潮!

不能给老师送行了,发出下面的日记,寄托我的哀思。

2016 年 11 月 29 日星期二

晚 7 点,杨为刚陪同看望王富仁。他得了肺癌,刚从北京化疗回来。目前与一条老狗在一起生活,雇了保姆照料生活。他依旧乐观。还在上课,虽然体力不如以前,但说人还是要撑一撑。讲到学问,又是滔滔不绝,将近一个小时我们才告辞。他欣赏现代文学中的鲁迅、曹禺,说鲁郭茅、巴老曹中,只有鲁、曹有存世的作品。又说到俄罗斯文学的意义,他自己本科是俄语,所以也有所用,曾经做过中国现代文学在俄罗斯的研究论著目录。他认为俄罗斯文学最好的是陀思妥耶夫斯基,是萨达姆、卡斯特罗也一直阅读的对象。说萨达姆在被抓住的地窖里,还在读《罪与罚》。又说《红楼梦》的伟大在于有哲理。说 20 世纪是大学生的世纪,21 世纪是研究生的世纪,后者理性,20 世纪的那种冲突不一定会重新发生云云。种种感言,均一如二十年前听他在北师大谈中国教育与文化,发人深省。我呈上自己的小书,他看了一下还说:那时在新疆,约你写篇关于西域研究的通论性文章,现在,这《新国学》也不办了,①只好作罢。出门,坐杨为刚的车到大门口,然后步行归来。

2017 年 5 月 3 日纪念文字

(作者系北京大学历史系教授)

---

① 《新国学》当是《新国学研究》。另,"2016—2017"学年的寒假前夕,汕头大学文学院"新国学研究"项目组主持的《新国学研究》正式恢复出版计划,《新国学研究》第 16 辑、第 17 辑正在出版进程中。——编者注

怀念王富仁先生①

曾令存

各位同人、朋友：

今天，我们怀着沉重的心情在这里缅怀尊敬的王富仁先生。在此，请首先让我代表嘉应学院文学院全体师生对先生的逝世表示沉重的悼念！先生这些年健康状况一年不如一年，每每想起来的时候总有些担忧，但真正得知他永远离开我们的消息时，心里还是难于接受，感叹生命的脆弱和人生的无常。

我虽然在上世纪 80 年代读大学期间就知道先生的大名，并开始断断续续读先生的著述，但真正有幸与先生接触，聆听先生教诲，感受先生的精神，还是近十多年的事。2003 年夏，我在北京大学跟随洪子诚先生做访学研究两年后回到嘉应学院工作。记得这一年，当自己从媒体和朋友中获悉先生受聘为汕头大学终身教授时，心里禁不住感到惊喜和欣慰，心想这将是广东学界，更是我们粤东学界的福音，因为汕头离梅州并不远，自古汕梅不分家。遗憾的是，其后几年，因忙于准备教育部评估等原因，一直未能专门去拜访先生。

直到 2006 年 10 月，在广东省哲学社会科学"十一五"规划年度项目的立项评审会上，我第一次有机会见到先生。那两天，紧张的评审工作之余，与先生一起散步聊天，他的平易随和给我留下了深刻印象。此后，与先生见面的机会日渐多起来。这几天翻阅日记，我竟惊讶地发现，近十年来几乎每年都有与先生在一起的时光，或邀请先生来梅州讲学，指导我们的学科与专业建设，帮扶我们年轻教师的成长；或被先生邀请来汕大参加学位论文答辩、学术会议，感受先生独立不依的思想言说。

2007 年 4 月，文学院邀请先生和陈方竞先生来校讲学。先生为文学院师生作题为"中国现代文化史上的鲁迅"的专题讲座，用精湛的语言讲述了鲁迅关于人的精神观念与人格尊严等的深刻剖析，并强调鲁迅思想对现代人性的启示。

---

① 该文系曾令存教授 2017 年 5 月 13 日在汕头大学文学院"王富仁教授纪念会"上的发言稿。——编者注

2012年4月,应文学院邀请,先生来校为文学院师生和梅州城区部分中学教师作题为"我的中学语文教学观"的学术演讲。讲演中,先生结合中学生的身心特点和他们特殊的成长环境,强调教师应当在心灵教学中传授知识,重视自身在教学中的主体性和引导作用,通过讲述经典课文,让学生感受到经典思想的精深博大。

2013年11月,为支持我们承办的第68期"岭南学术论坛·新文学史专题学术研讨会",推进广东的中国新文学史研究,先生和黄子平、李杨等学者一起,不辞辛劳专程前来参会。这期间,先生还应邀作"文学批评与文学史"的专题讲演,让与会专家学者深受启发。2016年1月,郭小东长篇小说《铜钵盂》首发式在汕头举行,其时先生的身体已日渐残弱,咳嗽得厉害,血压也极不稳定,但为支持广东的文学创作,他还是坚持在我们的专门接送下参与了活动的全过程。先生的赤诚之心,让我深为感动。

作为一个学人,先生一生致力于鲁迅研究、中国现代文学与现代思想文化研究,近十多年来又不遗余力地倡导"新国学",弘扬中国学术与文化。作为一个师长,先生言传身教,关心下一代的成长,注重对他们精神人格的塑造。先生的逝世,是中国现代文学与文化的重大损失。今天我们在这里纪念先生,就是要继承先生的遗志,追随先生未竟的事业。

安息吧,先生!

(作者系广东嘉应学院文学院教授)

启蒙者的哀音

——怀念王富仁先生

汤奇云

今年是文学的凶年，至少是广东文学界的凶年。先是中国现代文学研究会原会长、汕头大学终身教授王富仁先生，携着他未竟的"新国学"研究撒手西归；两个月后，中山大学教授吴定宇先生也在敲完他的最后一部书稿（《守望：陈寅恪往事》）后驾鹤仙去。又一月，我的作家朋友，写出过《时代感》、《五〇后》等杰作的张若雪，也因病辞世。

在文学界，人们常常对诗人的横死感兴趣，如徐志摩、海子、顾城等，而对文学研究家之死则不然。可能他们认为，王先生和吴先生这些文学研究家之死，是顺天应命，用鲁四老爷说祥林嫂的话来讲，是"老死的"。但是，对于我们这些从事文学研究的晚学后辈来讲，他们的死就是先生之死、导师之死、精神父亲之死。因此，他们的死之于我等而言，就有如丧考妣之感。从此，我们再也没有接受这些先生们耳提面命的机会了；也从此，我们将在人文学术的江湖路上独自前行，只能孤独地去舔舐自己的伤口了。

我之所以这么说，是因为我们的现代文学创造和现代文学研究，从来就是由先生们这样的一代又一代启蒙者开创的。也显然，面对先生们之死，至少我对我本人能否成为一个新的启蒙者，能否成为点燃他人智慧与文明的灯火，既是心怀疑虑，也是不无恐惧的。如果连王先生这样走南闯北，名满天下的学者，一辈子追求作为人的"同类"的立场来说话都不可得，而只得在"公民的立场"和"老师的立场"之间狼狈奔突，并自我定义为一个"窝窝囊囊"的知识分子；那么我们还能说，启蒙者历来所具有的横站的命运消失了吗？我们还能说"五四新文化运动"的历史使命已经完成了吗？

人是语言符号的动物。受什么样的话语影响的人就会说什么样的话，这是现代话语理论的常识。但在这个开口现代化、闭口现代文明的时代，我们的社会什么时候真正尊重过现代理性的权利？什么时候又真正尊重过理性的话语呢？再往前追溯一点，在我们的人文学术界，那些知识精英们又是从什么时候开始，才真正认识到自己拥有理性言说这世界的权利呢？

至少在最接近大众的文学界，是鲁迅的文学言说及其真实的崇拜者，在忍辱负重地播种、扩散和传递着理性文明的火种。因此，他们一直是在我们这个社会承担着启蒙者角色。而以鲁迅研究专家和"新国学"的倡导者面目出现的王富仁先生，实质就是这没有鲁迅时代的鲁迅。这才有他半真半假的戏言：谁骂鲁迅，我就骂他。确实，如果他说鲁迅是中国文化的守夜人；那么，他自己就一直在自觉作着捍卫鲁迅精神和五四新文化的守夜人。

事实上，在这"读经"又重新盛行的年代，尽管鲁迅有人否定，"五四"也有人批（他们叫"反思"），但王先生是从没真正骂过这些人的。尽管他自嘲过，他是一个不无北方农民气质的知识分子——不吵架，说不出话来；但是，他还是厚道地开导着那些"经痴"们：国学不应是对五四新文化和鲁迅的否定，相反，而是应该在五四新文化和鲁迅的基础上，重新思考中国社会道德伦理与心性的重建。他没有否定"国学"的价值与当代国学家们的努力。他只是强调，传统文化的复兴必须建立在人的理性自觉基础之上。

不管是传统文化还是现代文化，作为一种文化观念，如果不能植根在人的心灵里，不能为我们的生命体验所印证，都只能是形而上学的畅想、书斋里的学问。现代文学作家和现代文学研究者更能深刻地体会到这一点。王先生"新国学"理念的提出，正是建立在他自身的生命体验和自我反思基础之上的。

他在《说说我自己》一文中真诚地自我反省道：他自从爱好文学起，就被政治空气锤砸过几遍，拥有的是一颗被砸得弯弯曲曲了的心灵。其实，我们又何尝不是如此呢？当前那些大大小小的国学家们又何尝不是如此呢？一个只拥有扭曲而空洞灵魂的人，那不是鲁迅笔下的阿Q或阿长吗？阿长不是拥有过《山海经》吗？《山海经》又何曾让阿长们完成过现代性转化呢？其实，人的主体性（不管是认知主体还是道德实践主体）的确立，不仅仅是现代人文学术的核心议题，更是人类社会道德文化建设的终极目标。只有确立具有主体自觉性的国学教育，才会真正产生"富贵不能淫，贫贱不能移，威武不能屈"（《孟子·滕文公下》）的"新人"。鲁迅自己就已经为所有后世的中国学人和作家做出了表率。

因此，如果人们能够认同，启蒙的意义在于唤醒人的主体自觉，那么它是永远也不会过时的。启蒙不过时，鲁迅精神和"五四"新文化就不会过时。王先生的著作《中国需要鲁迅》和开展"新国学"研究的学术倡议，就是基于这一常识性道理下的呼吁。但在这不屑于谈常识的年代，"现身说法"是他说话的唯一合法腔调。因此，严格意义上来说，这种学术呼吁从表面来看，是从他自身的生命体验中所发出的悲怆呼唤。而实际上,这种呼唤,从来就不是为了他自己,而是为了我们每一个活着的人能够拥有自己的精神家园。

然而,正像他所崇拜的精神偶像鲁迅一样,王先生的一生也都在北方文化和南方文化之间来回奔突,但收获的却无不是不满与失望。他自己也是一个在不断寻找精神家园的人。他曾这样夫子自道:

> 我是一个北方人。北方人憨直,南方人灵活。我认为"文化大革命"前那种硬邦邦的文化就是北方文化占了上风的结果。我是不满于那时的文化的,所以我在"文化大革命"结束时成了北方文化的叛徒,很喜欢南方文化那种灵活机智的文化风格。但到了最近几年,灵活机智的南方文化成了中国的主流文化,我才发觉我还是一个北方人。大多数的北方人都有点牛脾气,执拗,难变,一头碰在南墙上,死不回头;宁可杀头,也不求饶;宁可穷死,也不借债。说不了三句话就和人抬杠,不吵架说不出话来。大概我仍有北方人的这些弱点,所以对南方文化产生了严重的不满情绪。我总觉得,南方文化太灵活了,领着我们在新时期转了个大圈子,一切都又转回到原来的地方去了。新时期的文化是从批判儒家文化、提倡"五四"新文化传统开始的,可到了现在,一切都倒了过来。现在是批判"五四"新文化传统、弘扬传统儒家文化。开始时我所崇拜的两员文化大将也大谈起了"告别革命",他们不但"告别"了中国共产党的革命,连孙中山领导的辛亥革命、"五四"的文化革命也"告"了"别"。我于是有了一种上当受骗的感觉。但是,我又不愿意重新回到"文化大革命"前那种硬邦邦的文化中去,所以直至现在,我也弄不清我到底属于北方文化,还是属于南方文化。我成了一个没有文化家乡的人。北方人不会喜欢我,因为我是北方文化的叛徒;南方人也不会喜欢我,因为我有北方人的执拗。(《说说我自己》)

现在,这位"硬邦邦"的北方文化的叛徒而又对"太灵活"的南方文化拥有诸多不满的人走了,一个没有文化家乡的人走了;但是,人们只要读到他的这段不无伤感和无奈的文字就会意识到,他是带着一份骄傲与尊严走的。而这份尊严与骄傲,只属于一个当代理性自觉者。因此,他的死,是一个当代启蒙者之死;他的呼声,是一个现代理性主义文化圣徒的呼声。

也许是冥冥之中的一种历史的回响,90年前,也就是1927年,王先生终生都在围护的精神偶像鲁迅先生,也是带着对那"太灵活"的南方文化的不满而离开广东的。他原以为广东是中国现代革命的策源地,应该是一个充满思想文化活力的社会,应该是现代理性文明的摇篮;但当他来到广东后发现,这里依然是一片由商人和军人主宰的国土,从来就不曾拥有过理性文明的话语空间。时间之水在广东这块土地上流淌了近百年,但这两种"不满"却具极大的同质性。它们都是出自两个感应时代的现代理性主义者之嘴,也都是出于他们对这个国家与民族的爱,而无关于他们个人的功利算计。但愿到了下一个 90 年时,启蒙者的哀音不再成为这个民族的文化坐标。

2017 年 9 月 4 日

(作者系深圳大学人文学院教授)

王富仁先生琐记

李　浩

　　忘记了在何时、何地初见王富仁先生的,不过,有一点可以肯定的,我与王先生是在中国鲁迅学会举办某次鲁迅学术研讨会上认识的。他与我所认识的众多鲁迅研究的学者一样,是一位和蔼的前辈学者,没有什么架子。不过,由于本人才疏学浅,可与他对谈的内容不多,大都是会议间抽烟时的闲谈。所以,现在无法回想起当年所谈的具体内容来。

　　与王先生的见面和聊天基本是借助与鲁迅相关的学术会议,其他则很少往来。翻阅一些资料,查到王富仁先生曾在 2007 年和 2011 年先后受上海鲁迅纪念馆之邀,出席纪念周文诞辰 100 周年和纪念鲁迅诞辰 130 周年学术会议。奈何,作为会议承办方的工作人员,困扰于会务,未有能有向王先生进一步求教的机会,这是很遗憾的事。

　　1999 年,我曾参与上海鲁迅纪念馆与上海东方卫视合作拍摄文献纪录片《民族魂》的制作,这是一部有 6 小时的电视纪录片,为拍摄纪录片,制作组成员采访了 80 多位学者,包括当年仍然在世的鲁迅亲朋,如欧阳山、黄源、曹白、赖少其、贾植芳等。按照剧本的需要,制作组成员就不同的问题采访了不同的学者,那时王富仁先生也接受了采访,已经蜚声学界的王富仁先生接受采访,是对制作组的极大的支持。

　　现在已经无法找到当年完整的采访纪录了,只能从剧本中找到当年王先生谈话的片段:

　　　　从鲁迅开始从事文化活动开始,一直到他死,他都是在精神界战斗的一个人,他和各种不同的论调,像对封建主义妥协投降的论调,对西方帝国主义妥协投降的论调,进行不断地解剖,不断地斗争,对中国的国民性不断地来表现,来提醒,使人们思考自己,思考自己的生活,不断地提出问题,不断地让人们进入到现实生活当中。对一些陈旧的东西,对一些保守落后的东西,对于一些反动的东西进行斗争,实际上构成了他这一生的精神界的那种战斗历程。("精神界战士")

一开始读的时候,只是感到了他的一种精神,感到了他的一种情感,情感的力度。但是,对于他,为什么这样说,为什么这样做,为什么这样写,体会是不深刻的。并且一开始是感受他的作品的本身。你并感觉不到,他和中国社会现实的一种联系。("新文学开山")

到了"五四"以后呢,这一批人,向三个方向发展,一个是以陈独秀和李大钊为代表的一种政治革命文化,另外一根线是以胡适为代表,胡适、钱玄同、刘半农,这时候呢,他们寻找一种学院派文化,他们是都做了大学教授了⋯⋯("新人造就者")①

当年,限于王先生的工作安排,采访的时间并不长,纪录片采用的也并不多,但是,王先生的学术成果是构建当年整部纪录片的重要学术资源之一。这部纪录片分成"精神界战士"、"人之子"、"新文学开山"、"新人造就者"、"文化播火者"、"永在的民魂"六个部分。其中在编撰"精神界战士"和"新文学开山"两部分时,着重参考并借鉴了王富仁先生的学术成果,其首推是他的《中国反封建思想革命的一面镜子——〈呐喊〉〈彷徨〉综论》。正因为参考借鉴了包括王富仁先生在内的众多学者的鲁迅研究学术成果,文献纪录片《民族魂》能够站在当时的学术高度,以视听形式给予鲁迅精神文化遗产以正确解读。

1999 年,我在负责编辑《上海鲁迅研究》时,有感于老学者们的学术经历和感悟有助于青年学者的成长,便开设了"我与鲁迅"这一栏目,请老学者们回顾研究鲁迅的历程,总结其中的经验。未曾想到,王富仁先生也有这样的想法,在 2000 年第 7 期的《鲁迅研究月刊》上发表了《我和鲁迅研究》。这篇文章给予我相当的震撼,王先生以他平实而绵长的叙述、直白而缜密的推导,将他自己接触鲁迅、研究鲁迅的过程、他人生不同阶段对鲁迅的感悟毫无保留地呈现给读者,他当然也将他对于鲁迅的学术思考一一展现出来。该文虽然发表已经近 20 年了,至今仍给我留下深刻的印迹。

在这篇文章的第三节王先生在思考"鲁迅是谁? 我是谁?"的问题的时候,王先生在犹如鲁迅那样直白的解剖自己的同时,也清楚地界定自己的地位所在,任务

---

① 以上引文参见《望古格——王韧电视新闻作品选》,上海人民出版社 2007 年版。

所在：

> 我只是新文化和新文学的接受者,而不是它的创造者。我不会写小说,更没有多么超前的文学观念。我的文学观念是读着鲁迅,读着"五四"以后翻译的外国文学作品逐渐形成的。我自己实际是没有新的"主义"要宣扬的,我的"主义"就是如何理解鲁迅、如何阐释鲁迅的"主义"。

> 我喜欢鲁迅,我就得想法用我的感受和理解尽量平易地阐释鲁迅、论证鲁迅,把鲁迅变成中国人能够理解、能够感知的对象。

> 实际上,我早已知道,我实际上已经不是鲁迅文化传统中的人,我是一个大学的教书匠。这个传统是胡适给我们开创的,我写的那些鲁迅研究的论文,从方法到风格都与鲁迅的小说和杂文没有多少相同之处,倒是和胡适的学术论文更加相近。但我又是喜欢鲁迅的,同时也对我自己所处的学院派文化有着诸多的不满。

> 新文化发展了,会写文章的人多了,鲁迅在当时的中国是几个人中的一个,我却是十二亿人中的一个。新文化、新文学和鲁迅研究都不属于我自己,它们已经成了全民所有制的,我无法把它们据为己有。

> 鲁迅伟大,但他死了;我很平凡,但我活着。他能做的事,当然我是绝对做不了的,但我现在能做的事,尽管平凡,尽管不伟大,他也无法替我做。我承认他的伟大,但我也有我的自尊和自信。我不想成为他,也不能成为他。他做了他的事,我现在做我的事。在这一点上,井水不犯河水。各走各的路。①

距离第一次读这篇文章已经过近 20 年了,在这些岁月中,我们的社会文化已经发生了巨大的变迁,同样鲁迅研究也向着它自己的轨迹发展延伸着,王先生本人也是学术新见迭出,给予同仁,尤其是给予青年学者以启迪。但,王先生对于鲁迅研究的坚持犹如他自己所言的——一个人一旦喜欢上了一部文学作品,一旦建立了一种思想观念,往往终其一生是不会变化的。变了,说明他原来就没有。说有那是骗人的,是跟着别人乱起哄。——一直没有变。

---

① 以上引文均见王富仁:《我和鲁迅研究》,《鲁迅研究月刊》2000 年第 7 期。

编辑了十多篇左右的"我与鲁迅"的文章,我发现这些老学者的言说方式,他们的展开言说的切入点虽然各有不同,但他们对于鲁迅研究都有一颗真诚的心,都不自得于自己的学术成就,都期待着后来者能在学术上有新的突破和推进。相较而言,我私下以为,王富仁先生的文章的思辨色彩更为浓厚,能使后辈青年更易在阅读中审视自我位置,领悟到鲁迅研究的意义所在。

如果没有记错,2009 年的"中日视野下的鲁迅"国际学术会议是我最后一次见到王富仁先生,会间,王先生那句震耳欲聋的"鲁迅属于中国的、是大家的"仍在耳边回绕。我想,会场上王先生的这句话所包含的意义当然已经超出了他在《我和鲁迅研究》中谈到的鲁迅属于全民的那个意义了。文章中所谈的是基于学理,而会场上所说的则属于情感。王先生就是这样一位既有学理又富有情感、敢于言说的学者。

王富仁先生就是这样在以学理为基本,以情感为动力致力于鲁迅研究,致力于"阐释鲁迅、论证鲁迅,把鲁迅变成中国人能够理解、能够感知的对象",他的工作是引人注目的,之所以有这样的成就,正如他晚年的长篇论文题目《学识·史识·胆识》所示,王先生在以他的胆识,从中国古典文化发展的长河中寻求五四新文化运动在其中的正确位置,在分析五四新文化的历史承续性以及创造性价值和意义的同时,寻求鲁迅精神文化遗产在其中的真正意义。这是王先生的胆识所在,在鲁迅研究处于相对停滞的时期,他站在更高处,站在更扩展了的时空中,寻求新的鲁迅研究——应该说是如何正确看待鲁迅的精神文化遗产方面,寻求具有历史性的突破。

"然而我终于彷徨于明暗之间,我不知道是黄昏还是黎明",如果以粗略的方式将这话套用于鲁迅研究,那么,面对鲁迅,人们常常会在"看得见"与"看不见"之间徘徊,自得于"看得见",惶恐于"看不见"。学术研究作用就是使这"见"与"不见"之间的时空更为明了,哪怕获得的是新的"不见"。王先生在学术上的贡献在于,他没有满足于明了一部分"见"与"不见"之处,试图明了其全部,而是通过考察、分析、论证以图真正确立五四新文化运动、鲁迅的精神文化遗产在古今中国文化长流中的真正地位,并将之常识化,以他自己的思路和工作,试图将鲁迅精神文化遗产真正变为中国人的所有物。

2017 年 8 月 31 日
(作者系上海鲁迅纪念馆研究员)

愿"思想的自由运动"者王富仁先生安息

艾晓波

准确地说,我与王富仁先生仅谋过半面。意思是,我曾当面认识了他,他却对我没有发生任何认知。那是十几年前,我一个天津师大的硕士师兄正在北师大读王富仁先生的博士,他邀请我参加他的师姐、后来随王先生远赴汕头大学执教的彭小燕女士的博士论文答辩。我之所以愿意参加彭女士的论文答辩,一是因为她的导师是王富仁先生,我可以在这样的场合亲自"求证"那个在我硕士期间,以其思想文章给予我宝贵的享受性求学体验的、少数几个学者之一的王富仁先生究竟为何模样,二是彭女士的论文题目《存在主义视野下的鲁迅》对我很有吸引力,对于那时的我来说,鲁迅是我最为热爱和尊崇的思想健全、为人仁慈刚正的"现代"人和思想者,存在主义则是我最为颔首、服膺而选择作为安身立命之指归的人生哲学。彭女士的答辩词给我留下很好很深的印象……。但答辩会结束后我并没有主动上前去认识王富仁先生和彭小燕女士,而是自得其乐地独自走了。不过后来我还是觉得应该让彭女士知道我对她的论文的称赏意见,便找师兄要到她的邮箱和电话联系了一番,对于鲁迅和王富仁先生,我也简单表达了自己充满敬意的看法。后来就半年一年地与彭女士通过现代通讯工具偶有联系,那都是为了通过她向王富仁先生约稿,后来也向彭女士本人约稿。也正是在向彭女士表达安慰和约稿的时候,在我们隔着山重水复在微信语音里互诉着对王先生为人为学的敬重与离世的痛惜之情的时候,彭女士自然而然地约我写点纪念王先生的文字,而我竟然不假思索地就答应了!因为我本有我值得忙并且忙得团团转的事呀!

和王富仁先生谋过半面之后的转年,我终于鼓起勇气,再拾硕士毕业时就想报考王富仁先生博士的初衷。为了让王先生对我为人的可靠与为学的潜质有所了解,我写了一篇题为《我到底学了些什么》的文字,通过电邮发给了王先生。我知道自己几乎没有什么从事鲁迅研究和中国近现代文学研究的知识储备,所以只好向王先生兜售我比较自信的发现问题的眼光、解决问题的逻辑思维能力和将研究成果形诸文字的语言表达能力,以及我因确曾深研过某些其他领域而得的知识与识见。我的意思是,王先生您看,虽然在您所从事和作为您的博士最可能会从事的研究领域,我没有什么像样的知识积累和学术建树,但我还是有股治学所必需的韧劲和相当的创新能力的。您只要让我进了您的门,假以不长的时日,我一定是可以让您再一次体验到当伯乐的美滋美味的呀!但王先生给我的回复是:今年报考我的人很多,建议你多报考几所学校。我知道王先生是为我好,同时也知道了以我的"学养"基础在王先生这里真的是没什么戏!但其时我已交完钱报了名,那就到时来过一遍程序吧。不过,当我马不停蹄地参加完另外三所大学的考试再来到北师大疲惫不堪地过这遍程序时,并没有在面试中见到王富仁先生,可能那次他正在汕头大学,让北师大文学院的某位老师代劳了吧。

再次与王富仁先生发生一点远程关系,是在我做了《天津文学》杂志编辑几年之后。为了约文学评论方面的稿子,那年的某一天,我突然想到:为什么不试着向王富仁先生约稿呢?便找彭小燕女士联系,由她向王先生转达我的约稿意向。没想到不日就收到他老人家经彭女士发来的稿子,却是一个短篇小说,题目现在想不起来了,记得小说很有《阿Q正传》的味儿,让我很惊叹王先生却原来也有如此不俗的文学创作才华!前年吧,经我那位硕士师兄推荐,给发了一篇汕头大学文学院一位本科生采访王富仁先生的短稿。主旨是阅读文学和文化经典对于青年人安身立命和为人处世,具有无可替代的地基般的价值。王先生在采访稿中显然只极浅略地表达了他在这方面能说想说的冰山之一角,但这却更激起我对约到王先生"思想的自由运动"的宏文稿件的期盼和信心!(王培元:《送别王富仁》,《南方周末》,2017年5月18日)于是去年的某天晚上,我通过电话直接向王先生约稿,王先生当时答复说,现在年纪大了,身体也不大好,写得慢,写得少了,不像以前。等有了合适的稿一定先给你们。就在王先生去世前两三个月吧,我再次通过邮件向王先生"索"稿,因为我想老先生现在就是写得再慢,也该写就了一篇两篇文章啊。再不找他老人家索稿,怕是他却不了别的编辑的情面就给了人家呢。第二天即收到回复邮件,不想却是负责管理王先生邮件的他的学生回复的。对方回复说,等王先生治病回来,一定转告于他。于是我继续满怀希冀地期盼着王先生病好后会于某天突然赐来一稿!

但我等来的,却是王先生突然去世的消息!甫闻这一消息,我心里一阵惊悸,同时掠过一团疑惑:"这怎么可能?!"王先生示于人的照片,都是仿佛日进斗金而喜笑颜开的阳光汉子模样,虽然他因为研究鲁迅与中国现当代文化,即使遮遮掩掩,也难免要说出些近于真理而令一些人如坐针毡的话,使自己总不免受到这样那样的"威压",可是从古到今,哪一个立意本着良知说话的人不会感受到威压呢?从"文如其人"来推断,这样的威压对于"吾善养吾浩然之气"的先生来说,应该不致构成影响其健康的负面因素呀，王先生应该是一个表里如一的阳光老男孩啊！怎么可能就这么说走就走了呢?！直到读到他人纪念王先生的文字，我才知晓王先生没能兑现答应给我的稿子的"隐情"——呜呼，又一个烟草经济的受害者！而他竟然是王富仁先生！去年他在电话里说自己身体不大好的时候，其实已然病入险境了，只是我这个身在王先生生活圈之外的人，毫不知情罢了。

那么，我对王富仁先生的敬重之情是缘何而起的呢?

我从小就恨恶虚谎与不公，寻求诚正与公平。然而，学生时代的应试教育，师范专科毕业后不得不从事了四年的中学应试教育，为摆脱让自己良心难安的应试教育而去南方辗转打工六年的经历，都让我耳闻目睹了太多太多五花八门的虚谎和不公，我真的不知道那能让我安身立命的人生出路在哪里。一位高校老师建议我通过考研取得学位，然后在高校谋个职位教书科研，这样我只需与年轻单纯的学生打交道，不用见到那无所不在的虚谎和不公了！那时的我就真信了她的话！两年后，当我以学制被缩短为两年的专科生和本科同等学力的水平，在辗转谋生十年之后，考上天津师范大学中国现当代文学专业硕士的时候，我是多么的庆幸与欣喜啊！我当然不只是因为这可以让我拿到个硕士文凭，好在高校里与年轻单纯的学生们厮混，以避开太多的虚谎与不公。那样的话，我自己就成了一个虚谎和不公的实践者了。我为什么要选择中国现当代文学专业呢？因为学生时代和中学教书时期所读到的中学课本与其他选本单行本里的鲁迅作品，尤其是鲁迅的杂文，太能满足我对于诚正与公平的精神情感渴求了（现实中的诚正与公平鲁迅自己也没得到，我也不能找他要啊！）!

这样，王晓明、汪晖、钱理群、王富仁……便先后进入我的阅读视野。不过，对于王先生的论著，我最初读到的也是他最初写的东西。因为先已读了一些王晓明、汪晖、钱理群的东西，所以对于王富仁先生在其早期学术文字中所表达的见解我就颇有点无动于衷；更何况他早期的文字很有些啰嗦繁复的毛病，文章又一般都较长，所以读来让我真有些自寻煎熬的不爽。

然而，当我在某期的《鲁迅研究月刊》上邂逅王先生的《时间·空间·人》一文并强迫自己打起精神读下去后，我一下子就像被黑洞吸进去的光，顿时被王先生的这篇文章深深吸引住了！我的整个身心都被其立论视角的"别立新宗"而又与论述对象皮贴肉合得如此恰切的"智慧"和潜涌于其智慧之侧的"情感"所打动，不，是感动！王先生所用的是一套他临时征用的话语，带有某种高屋建瓴、深远宏阔的意味，使他的论述仿佛从高远的天际悠然而来，最后却潇洒而自是与自适地降落在他的论述对象鲁迅身上，使我豁然瞥见那常常"出离愤怒"又"俯首甘为孺子牛"的鲁迅，在他那瘦小的躯体里藏有怎样卓尔不凡的哲人之思和超拔群伦的"人"的理想。

王先生虽然临时征用了这样一套论述话语,表达的却是完全出于其个人独特体悟的真切的鲁迅形象,正如他自己所言,他与他的论述对象,真的是一点都"不隔"。(王富仁,王培元:《鲁迅研究与我的使命——王富仁教授访谈》,《学术月刊》,2001年第11期)一个人能够对另一个人理解到这样的份上,同时还能将这种理解表述得这样令人心生感动而不是仅仅折服于其逻辑理性的圆融自洽的份上,这需要上天赋予他怎样别具一格的才情,又需要他自己付出怎样辛劳而审慎的资源吸收和诚恳而勤奋的沉思默想啊。——当然,这样的认识是后来和现在才能清楚说得出来的,当时只是觉得王先生的文章写得实在是好,好到令我信服而感动。因为王先生的这篇文章,我对鲁迅支离破碎的认识开始聚拢、蜕变、粘合,而有了略具全貌的形象。

于是,在鲁迅研究和中国现当代文学研究的"师承"资源上,我也算是转益多师是吾师了:王晓明、钱理群、王富仁、陈思和、洪子诚……,都是在研读与研究的思路与理路上,尤其是在学术研究的价值取向上,为我补充了足量的提取自"有机原料"的"蛋白质、维生素与矿物质"的"恩师"。至于汪晖,因为他那本《反抗绝望》的文字诘屈聱牙,有一段时间我真的不那么乐意向他"请教"了。

不过,在所有这些吾师中,最令我心旌摇荡的,还是后来才识得的王富仁先生。在我看来,在性情上,钱理群先生更像鲁迅。但在立论的风范上,王富仁先生这种将论述对象GPS于特定的整体视域的图像中,然后一步步从全景走向景深,对其独特个性和本质属性加以抽丝剥笋般的条分缕析,使论述对象仿佛一个小黑点自天际而来,越来越大,越来越清晰可辨,最后终于成为一个形廓朗然、真切可感的庞然飞行物,轰然降落在人的面前的范式与"做派",却是连鲁迅先生也未曾为我们呈现过的。这种范式将"气吞万里如虎"的高格气势,与"蝇虫不能落,片羽不能加"(王宗岳《太极拳论》语)的绵密思维,如此无缝对接地融于一体,其所呈现出的逻辑与情感力量,是任何一个具有正常理性思维能力的人都能深刻感受得到的。王得后先生因此慨叹,王富仁先生的文章可谓"思想的自由运动"。我以为再没有比这更形象更契合的描述与称誉了!后来陆续读到王富仁先生的《中国鲁迅研究的历史与现状》、《中国文化的守夜人——鲁迅》、《中国现代文化指掌图》等著作,我一次又一次地击节叹服于王先生论著的这种"思想的自由运动"的独特魅力。王富仁先生理所当然地成为最能满足我对于逻辑理性和源于逻辑理性的情感力量的饥渴的学者了。正因为有王富仁先生为首的诸位"恩师"这样"远程"传道授业解惑,天津师大硕士三年就成为我求学生涯中最幸福最惬意的三年,也是我个人的"文艺复兴"时代和Enlightened时代。

我对王富仁先生的敬重之情,从最初邂逅《时间·空间·人》那篇宏文油然而生之后,便一直绵延至今。

王富仁先生的论著《中国现代文化指掌图》,属于"南京大学中国现当代文学研究中心文库"的"鸡鸣丛书"之一种。在该丛书的《总序》中,董健先生谓丛书取名"鸡鸣"的原因之一是,南京那座鸡鸣山上有座鸡鸣寺,鸡鸣寺里有座豁蒙楼。豁蒙即启蒙,解蔽以叫人心明眼亮也。意谓希望该丛书也能对读者诸君起到一定的启蒙功效。我以为,王富仁先生的全部论著,固然有前述论述范式上的独特魅力,但其更重要更有价值的却是,王富仁先生以其全部的论著,站在当代中国知识分子所能至的至高点上,高瞻远瞩于当下中国的纷乱世情幻象,以一个鲁迅研究者、当代中国文学研究者、当代中国文化研究者的身份和视角,用他那得之于"异禀"与勤奋的宏阔之思、绵密之文,无论在对鲁迅的认知上,还是在对当下中国文学与文化的认知上,都可以大大帮助当下中国有良知的学人狠狠地豁一番蒙,去一片片蔽的。我自己就是王先生论著的受益者。如果说硕士毕业时我对鲁迅多少读懂了一些,面对当下纷乱的世情幻象也还不至于手足无措,那正是因为王富仁等先生的论著,在一定程度上开启了我这个"民"的"智",熏染了我这个"民"的"情",让我可以在一定的高度上以一个"现代人"较为健全的思想和情感来思考和应对的缘故。当然,这首先得我自己有愿意受其所"启",为其所"熏"的内在渴求。

纵观王富仁、钱理群等前辈学人一生的学术与人生追求,他们其实还是在沿着鲁迅为代表的有良知的近现代中国知识分子所开创,或者准确地说,拟开创的"新"人以兴国的道路奋力前行。鲁迅他们意欲开创的道路最终并没有到达任何一个哪怕是中途的驿站,所以这条道路其实并没有成形,在逻辑和现实的角度上,王、钱诸先生其实是差不多站在与鲁迅他们当年的历史相一致的起点开始这一征程的。他们所倚赖以到达其目的地的交通工具,也还是鲁迅他们所用的思想启蒙,以及思想启蒙旗帜下的国民性改造。表面看来,作为性情更为耿介的文人学者,钱理群先生的论著与鲁迅和当下社会贴得更近;而王富仁先生,其论著尤其是后期论著,则更多地令他示人以文化学者的形象,仿佛离鲁迅和当下社会更远了。但正如王先生自己所言,其于"吞吞吐吐"的文化论说中,其实"是指涉于现实的"(王富仁:《中国现代文化指掌图·自序》,人民文学出版社,2004年2月北京第1版)。所以,他们其实都是秉承了鲁迅遗志的忠信传人。

不过,虽然我对王富仁、钱理群诸先生这种源于先天"异禀"、激活于鲁迅的启蒙实践的勇于担当、甘于担当的超迈人格和旷世才情,一直怀有不减当年的敬重之情,但我对王、钱诸先生这种继之于鲁迅的学术理路、人生理想的现实可行性和未来可达成性,却开始积聚着越来越多的怀疑和不以为然。这大概肇始于2010年某个一早起来的一刹那。到了2013年,我完全确信,从历史事实和现实情理上看,这条启蒙之路真的是根本走不通的。

我原本是极服膺于鲁迅及其传人王富仁、钱理群诸先生所欲行的这条通过思想启蒙达到改造国民性,从而"新"人以兴国的理想主义道路的。这与我对正义与生俱来的渴求有关。我的硕士论文的题目是《论中国现代杂文的"批判性"特质》,文章旨在强调作为现代写作文体之一的杂文,必须具有对社会和文明的"批判性";将"匕首"和"投枪"缴械后的所谓杂文,根本就不是真正意义上的现代杂文,只是内容杂七杂八的"杂"之"文"。强调现代杂文的"批判性"特质,正是因为我看到了以所谓"鲁迅风"为代表的杂文,通过对社会与文明痼疾的批判,极深刻地揭示了这社会与文明痼疾的根源——国民劣根性。那时的我也认同这样的启蒙思路:先让你看看你有哪些坏脾气,然后告诉你作为未来的"现代人",你应该有怎样的好脾气,再敦促你戒掉那些坏脾气,培养这些好脾气,一个全新的你就出炉了;由这样一个又一个新出炉的"现代人"组成的国家就终于建立起来了。而批判性的杂文,正是实现这一启蒙目标的有效途径之一,或者在最开始的时候,也许是首选途径甚至是唯一途径。

数次考博而终于不成,到高校与学生厮混的路子,对于非应届而大龄的硕士生我来说,是不可能的了。经硕士导师推荐而受聘的这个所谓文化单位,在我试用期满后又因故不能履行聘任协议的承诺将我专为正式职员,所以我还是尽早自谋生路的好。因机缘巧合,我选择了安利直销生意,因为按理它可以在一段相对较短的时间内解决我和弟妹们的财务问题,也就是生存的首要问题,这样我就从此可以一门心思地像王、钱诸先生那样,为了理想的人与国而奋斗。因为这是个完全靠着主动接触人、帮助人、带领人才能做成的生意,所以其培训的重点就是使你发自内心地愿意实践卡耐基那一套以人性的优点和弱点为根据而发展起来的为人处世之道,说到底就是如何使你更受人欢迎,也更愿意更容易接纳别人,从而实现双赢。

这套为人处世之道的一个题中应有之义,就是被人们叫作"三明治"式的沟通、促成模式,就是必须对你提出批评、意见和建议,也就是要对你"启蒙"的时候,先称赞你一番,"启蒙"完了再次肯定你一番。这样其"启蒙"更容易为你所接受并通过实践结出期待中的善果。很显然,这套沟通、促成模式,如果人不是纯粹为了个人的利益而虚伪地实施于人,而是为了对方的个人利益和整个团队、组织的利益而真诚地实施于人的话,我实在看不出它有什么值得某些人大诟其病的地方。

于是我突然明白,以鲁迅为先驱,以王富仁、钱理群诸先生为后继者的启蒙者们所拟开创的这条启蒙之路,为什么经由两代人近一个世纪的接续努力,几乎仍然在原地打转,他们虽奋力挥镐,披荆斩棘,前路却仍然荆棘丛生、四面楚歌。他们所拟开创的这条启蒙之路,以国民性改造为首务,以社会批评和文明批评为手段,以小说、现代杂文或文学文化学术论著为主要话语形态,其整个启蒙的情感色彩表现为批评和指斥的特征。既然人从天性上就不愿意听到别人对自己的批评(忠言逆耳,就因为忠言大多是带批评色彩的),他们又怎么会乐意听到这种以批评和指斥为情感特征的启蒙话语呢? 从人性上讲,至少这种通过淋漓尽致地揭示国民的劣根性,然后期待其自觉羞愧,按照给出的方子奋起改造之的"国民性改造"之路,显然是"不合民意"的,其不受待见而受阻,也就是情理之中的事了。

正如前面所提到的,王富仁先生将其"指涉于现实的"思想,都"吞吞吐吐"地抛洒在他那浩浩荡荡的文化论述之中。王先生为什么要这样做呢? 还是王先生自揭谜底:"又要说自己关于鲁迅的观感,自己又有很多顾忌,怎么办呢? 只好找一个大家都能容身的场所。我认为,中国现代文化就是这样一个场所。"(《中国现代文化指掌图·自序》,人民文学出版社,2004 年 2 月北京第 1 版)王先生为什么"有很多顾忌"呢? 因为王先生知道有很多人不愿意他说出揭示真相的话来,更何况这些话无疑是带着批评色彩的。于是王先生不惜让他那"指涉于现实的"话语浪迹于文化论述的海角天涯中,变成冲击力分散的霰弹而不是冲击力增强版的集束弹。王先生以为这样总算可以把想说的话都说出来,说出来就总会有些作用的。然而,既然这些零零碎碎的霰弹话语冲击力极其分散而有限,它们能达于拟想中的启蒙对象之耳畔的几率又还有几多呢? 即便到达了恐怕也不过如霰弹的弹壳摔落在启蒙对象行止歪扭的脚前,其抬脚将弹壳踢于道旁,继续兴致盎然地且歌且舞,一路迤逦行他(她)所惯行的路去了的吧!

既然启蒙之路到了王富仁先生这里,他基于对人性和源于人性的现实环境的清醒认识,被迫将响亮的启蒙之声变成了蚕蛹啃噬桑叶般的游丝之音,那这支启蒙的强弩,就还没怎么在空中恢宏地穿行过,即已到了其行将颓然栽落于地的末势了。王先生的沟通、促成模式,看来比"三明治"式走得更远,该是"五明治"乃至"十明治"了吧。有没有"三明治"式的启蒙范式呢? 看来是没有,否则以王富仁先生的睿智一定能找得到并善加利用的。

那么,启蒙的声音可以较为自由响亮地发出来,又会有怎样的结果呢?

王富仁先生说:"假如我们的处境像鲁迅、胡适、周作人、林语堂、梁实秋那一两代人,原本是可以用更简洁的方式进行对话的,例如用鲁迅喜用的杂文。"(《中国现代文化指掌图·自序》,人民文学出版社,2004 年 2 月北京第 1 版)王先生认为鲁迅曾用他的杂文与他那一两代人中的诸多学者文人发生过对话。可是,对话的目的是什么呢? 它至少是两个交谈者为了就某件事某些事达成哪怕一星半点的共识,作出哪怕至少一项的共同决定。或者,即使没有达成一星半点共识,没有作出哪怕至少一项的共同决定,但对话双方确实是本着这样的目的、怀着这样的诚意发言的。可是鲁迅与他曾与之"对话"的诸多学者文人们,在那些引发他们"对话"的问题上,可曾达成过一星半点共识,作出过哪怕至少一项的共同决定? 我记忆里好像是没有! 那么鲁迅的"对话"对象是不是怀着达成共识、作出共同决定的目的和诚意与鲁迅"对话"的呢? 显然也不是。如果是,那也是希望鲁迅认同于他们那多为罔顾事实、有违公正的看法和立场。是因为鲁迅是用批判性的杂文与之"对话"的吗? 这应该是其中一个原因。然而,和鲁迅"对话"的,可都是在欧美或日本受过近现代所谓科学、民主、自由、平等、博爱思想熏染的中国高级与准高级知识分子,后来又大多成为负有引领国民思想和人生观价值观之责的学者文人,可就是有着这样优良现代教育背景的文化人,在面对这样那样的中国国情的人与事的时候,他们的表现,可曾有多少"现代"意义上的"人"的逻辑理性、情感倾向、行为态度? 否则,鲁迅何至于要用嬉笑怒骂的杂文来与之对话呢? 他们听到鲁迅的指斥与批评,可曾有过被"启蒙"我接受我进步我向善的动念与举动呢? 没有! 为什么在学识上和鲁迅并无二致的学者文人,其国民的劣根性也是如此之顽固,硬是不能被"启蒙"的鲁迅改造一二呢? 因为他们"被自己的私欲所勾引诱惑","私欲怀了胎,就生下罪来"(新世界译本《圣经·雅各书 1:14,15》,WATCHTOWER BIBLE AND TRACT SOCIETY OF NEW YORK,INC. Brooklyn,New York,U. S. A. 2007年版)。所以,他们非要犯"罪"而不是行善。

由此可见,少数所谓思想精英想用那不证自明或证而可明的所谓真理来启蒙社会的大多数人,冀此而达成双方与全体成员进于同一立场,共同重塑金身,最后立起现代意义上的新国,这样的理想主义想法只是启蒙者一厢情愿的痴人说梦,那拟被启蒙的一方根本充耳不闻,甚至干脆来个更黑色的幽默,掩其耳盗汝铃,叫你怒伤肝无商量。因为启蒙者忘了自古就有的教训:"道不同,不相与谋。"又曰:"物以类聚,人以群分"。那导致道各不同、群类各异的根本因素,就是自我中心主义的私欲。更何况现在的人,越发的"专爱自己,贪爱钱财,自负,高傲,亵渎,忤逆父母,忘恩负义,不忠贞,没有亲情,不愿意达成协议,毁谤人,漫无自制,凶悍,不爱良善,出卖别人,刚愎自用,骄傲自大……"((新世界译本《圣经·提摩太后书 3:2—4》)你要让他们改造其国民劣根性,弃恶从善,那简直是与虎谋皮,真真是岂有此理。

其实,就连催使那些怀有赤子之心的少数中国近现代思想精英意欲启蒙国民改造其国民劣根性以"新"民兴国的西方诸国,也至今不曾有过这样理想的启蒙业绩。他们的国民与国家,也与他们国家和文化中的启蒙者所欲达成的启蒙目标相差甚远甚至很远呢。为什么? 根本原因与我们是一样的,都是怀揣私欲的自我中心主义的人以及由这样的人所组成的国家。于是,"现有的事,将来还有;做过的事,以后还做。天日之下没有新事。"((新世界译本《圣经·传道书 1:9》)这没有变化的旧事是什么呢？就是"人辖制人，使人受害"（新世界译本《圣经·传道书8：9》）。

那么，以鲁迅为先驱，以王富仁、钱理群诸先生为后继者的两代启蒙者所发出的启蒙之音，就真的没有人愿意听到并予以践行吗？有的！他们是谁呢？他们其实就是那些少数与启蒙者"同声相应，同气相求"的人，他们原本就是启蒙者的同路人，即所谓道相同、群相同的人。可是启蒙的目的不是为了让更广大的原本非启蒙者同路的人，也变成同路人，这样整个社会、国家乃至全世界才有望成为一个现代意义上的人间乐园吗？但正如前面所论，从历史事实和现实情理来看，靠人对人的启蒙来达成全国乃至全世界大一同的人间乐园，这是根本不可能的。

那少数清醒而心怀瑰丽理想的有志之士，就只能偃旗息鼓、装聋作哑，和社会的大多数一起，同呼吸共命运，喝酒吃肉，无聊地、无所作为地、毫无指望地"等待"那谁也不知道会不会到来的"戈多"吗？

当然不是！如果是这样，作为那心怀瑰丽理想的有志之士之一，我可宁愿选择继续服膺于鲁迅和王富仁、钱理群诸先生所欲努力开创的启蒙之路，硬着头皮却又常怀喜乐地走下去——既然前面已无更好的生路，积极的存在主义在我就是当然的选择了。

所幸我不需要靠着积极的存在主义来赋予我每天的人生"奋斗"以意义，事实上，我每天的人生"奋斗"都有着稳确的意义，它正指向鲁迅与王富仁、钱理群诸先生意欲通过思想启蒙和国民性改造塑出健全的人、建立正义的国的理想，却比他们所拟想所期待的要适合我得多。这是在我邂近了所谓西方文化的渊源与经典的《圣经》之后。

从3500多年前就开始写作，1600多年后才全部完成的《圣经》，其40位执笔者都是以色列人，当初《圣经》首先是为了将要定居和定居于现今巴勒斯坦地区的以色列人的福祉而写的，然后是让所有国族、民族、语言的人都通过以色列人的传播而从《圣经》的话语同样受益。只是由于历史的原因，这本内容和措辞都极为奇特的书，竟被大多数西方人和东方人误以为它仅仅是西方文化的渊源与经典了。

其实，对于现今的我们来说，作为一本其价值与其他任何所谓的"历史文化典籍"不同的奇特之书，《圣经》一直就在那里，等待着任何有心人去翻阅，等待着更有心的人去钻研，从中发现这个世界诸般问题的根源之所在，解决途径之所在，希望之所在。

也是因为机缘巧合，我竟有幸于2011年末开始钻研《圣经》这本古老而奇特的书。借着查考大量相关资料和不断地与人交流，2013年初，我确信我已获知《圣经》一书最重要的信息。当我确知，《圣经》的真正作者是谁，它对历史的记载是如此的真确可靠,对现时代的描述则已经或正在变为现实,对未来的预告也必不落空的时候,我意识到,我们应该以谁为我们的启蒙先驱,接续什么样的启蒙话语,以何种运作模式,去继续开展那由鲁迅和王富仁、钱理群诸先生,以及东西方曾经和现在其他前仆后继的启蒙者们一直想开展,却始终未能开未能展的启蒙实践。我更意识到,由于这套启蒙话语和启蒙所要达成的旨意,都来自那位伟大的作者,所以不管人听还是不听,这套启蒙话语都会扬声至地极,那期待着的健全的人必定汇流成海,那正义的国必定建立并万世屹立——虽然其启蒙的过程也是极其艰辛曲折的,但启蒙所欲达成的旨意却是必定会实现的。

我于是欣然,坦然,粲然。我曾经不得不中途舍弃的"建筑工程",如今却可以在另一个稳如磐石的地基上,和道相同日日相与为谋的仁人志士及建筑专家们一起,日垒一寸,一尺、两尺、一米、十米……我们确知,假以时日,我们的建筑就将塔顶通天,建筑工程的总设计师,那位伟大的作者和全人类的启蒙先驱,就会准时叫停,亲自验收并欣然为我们的建筑工程颁予"质量合格证"。我们所有参与这项建筑工程的同事朋友们——所有听从启蒙先驱的启蒙话语并参与启蒙工程的人,都将住在这座雄伟瑰丽的建筑里,在那敞亮舒适温暖的房间里,大享睿智的选择和一切辛劳之后所必得的美福……

行文至此,我不禁抚键暗忖,既然从人性弱点的角度,从历史事实和现实情理的角度,无论是在中国文化圈的范围内,还是在其他任何文化圈的范围内,靠着少数所谓思想精英对社会的大多数予以启蒙,从而"新"人,继而建立那梦寐以求的"理想国",甚而至于建立梦寐以求的"理想世界"即"大同社会",都只不过是痴人说梦而已,那么,即使再假以三十年、五十年于王富仁、钱理群诸先生,甚至他们的后继者——如果还有的话,他们在启蒙与国民性改造之路上又能结出怎样令人振奋的累累硕果呢?

因此,虽然从情感上,我们都痛惜于王富仁先生就这么突然地离开了我们,都极愿先生能再与我们同在个二十年三十年甚而至于五十年;可是,若单从王富仁先生一生的学术与人生追求之目的能否达成这个角度来思量,那么,对于先生就这么突然地离开了我们,无论是生前还有着这样那样诸多计划的王富仁先生自己,还是先生的亲友、挚友、战友、学生以及我这个与先生只有过半面之谋的人,其实都是可以不必过于难过与遗憾的。

另一方面,值得告慰于已在地母腹中的王富仁先生和我们所有还活着的人的是,由《圣经》的话语可确知,虽然王富仁先生生前没有机会听到那由全人类的启蒙先驱,在悠悠历代以前就发出的启蒙之音,只好"取法乎中,得乎其下"地在国民性改造的启蒙之途上徒劳无功地唔哧唔哧了一生,但那由全人类的启蒙先驱借着他的这套旨趣大异的启蒙话语所必建立的正义之国,却与王富仁先生有着莫大的关系,就是说,王先生将铁板钉钉地有机会成为这样的正义之国的公民之一。这算不算是对王先生和我们所有还活着的人的一个莫大的安慰呢?

至于王富仁先生为什么有机会成为这个正义之国的公民,又将以怎样的形态现身于这个国度,这个国度是在人们所说的"天"上,还是得到改造修复的现在的地球上,还是其他什么地方,如果您是个好奇心不减年少时代的幸运儿,何不到那全人类的启蒙先驱的启蒙话语中去探寻一番呢?

与您有着更切身的利害关系的另一方面是,您自己有机会成为这个必然到来的正义之国的公民吗?您既然都在省级、部级、国家级的科研项目中来去自由地走了几个十几个回合,您应该是有能力通过审慎而勤勉的科研来自己解答这个问题的。当然,如果寻得若干志趣相投的好奇者共同从事这个科研项目,你们一定会更快地取得更大更欣喜的收获。

怎么样呢?以其一生,如钟摆般不停地做着"思想的自由运动"、技艺已臻化境的王富仁先生,经我这番情浓理富却又啰啰嗦嗦的劝慰,是否可以长啸一声大享安息了呢?

我以为是可以了的!

愿王富仁先生安息!

2017 年 10 月 8 日

(作者系《天津文学》杂志社编辑)

纪念王富仁老师

曹清华

我首先是王老师的一个读者。我以为,纪念王老师最好的办法就是读他的著作,继续他的思考,我相信这也是王老师最希望我们去做的。

我读王老师的书,要上溯到上世纪 90 年代。1994 年我到厦门大学读中国现当代文学专业硕士研究生,那时就读了王老师的不少著作。《中国反封建思想革命的一面镜子——〈呐喊〉〈彷徨〉综论》不用说了。印象尤其深刻的是长春时代文艺出版社 1993 年出的一本王老师的论文集,叫《灵魂的挣扎》。在这本书里面,王老师对于中国近现代文化发展的逆向化性特征的论述,对创造社的青年文化特征的分析,对我有很大的启发。我写硕士论文时,王老师的这两处讨论,都被我引用,也是我有关讨论的起点。

《灵魂的挣扎》里头,还有王老师对人的存在价值的一处讨论。他说,"任何上帝已经垂告的真理,任何别人已经发现的真理,都只是上帝或前人存在价值的体现,只有自己的独立发现和独立创造,才是自己的生命和存在价值的体现。"王老师的这一处论述,十多年来,我在深圳大学讲授《文史哲通论》这门本科生课程时,每一学期都要专门讲到。而且每次辅导本科生研究生写毕业论文,我都要讲这一段话,向学生强调学术创新的意义。

我第一次见到王老师,是 2008 年 9 月在厦门举行的一个鲁迅研讨会上。我记得,小组讨论安排在一个比较大的会议室,我作发言时,王老师坐在听众席的第一排。我看到王老师也来了,便十分激动。发言时,我发现王老师一直看着我,满脸鼓励期许的笑容。会后,我就专门找王老师作自我介绍。王老师一点架子都没有。我至今还记得,王老师与我握手,他的大手,热热的,把我的手握得很紧。

这之后,我便有了多次听王老师作学术报告,甚至与王老师面对面交谈的机会。王老师即兴讲出的一些说法与意见,也让我深受教益。2009 年 3 月 9 日,王老师到深圳大学讲学。王老师讲到水浒传。他说,水浒里头都是些可敬可爱的英雄好汉,怎么在一些人的眼里,他们都成了十恶不赦的捣乱分子、犯罪分子呢? 又有一次,王老师谈到历史上某个政治人物,他说,很多教授学者,都瞧不起这位政治人物。而事实上,这个政治人物很了不起,他是历朝历代的统治术的集大成者,远比教授学者们厉害。

2009 年,王老师来深大演讲的那一天,我把之前已经买到的王老师的著作都拿了出来,请他签名。王老师在每一本书上,都认真地为我留下了他的手迹。他回去以后两天,于 3 月 12 日,又寄给我他编的《新国学研究》第一辑与第六辑,还有中国左翼文学会议的论文集。从那以后,王老师每有新著出版,他都会托谢晓霞捎我一本。而且扉页上都有他的亲笔签名。王老师竟然把我这样一个无名小辈当作了朋友。

近几年,深圳大学与汕头大学合办中国现当代文学硕士生学术研讨会。王老师也大力支持。2015 年 11 月 14 日,汕头大学担任东道主,王老师亲自出席了研究生研讨会的开幕式并发表演讲,王老师讲述了研究生教育对于一个国家的重要意义。他激励青年学子献身学术事业。王老师站在讲台上讲话的神态与手势,我至今记忆犹新。

这几天,我把我手头所有的王老师的著作,一本一本地拿了出来,堆在书桌上。堆了有一尺高。王老师走了,我们痛失一位和蔼可亲的良师益友。王老师走了,却留下了一大笔精神财富。读王老师的著作,学习王老师的品格,是对王老师最好的纪念。

2017 年 5 月 10 日

(作者系深圳大学人文学院教授)

"回到鲁迅"的启蒙图景与理论反思

符杰祥

在刊于 1939 年的一封谈尼采的信中,冯至曾感叹道:"近几十年,在德国被人引用最多而最滥的,莫过于尼采了。他的话出现于各党各派所著的书上,被人用为书前的题词,被人作为行文的引证……他的全集几乎成了格言宝库,尽量供给各党各派的人掠取。"①与深刻影响了鲁迅思想的尼采所遭遇的命运一样,鲁迅的幸与不幸,皆在于由一位孤独的思想者,成了公众视域的共享物。鲁迅的幸运在于,无论在何种形式与意义上,其思想与话语都得到了最为广远的散布与传播,这是一个一生以启蒙为志业的知识分子最欣然的意愿;鲁迅的不幸也在于,最广远的散布与传播却不一定是最真实的,盛于他内心深处的复杂而矛盾的思想实验在被作为立论依据与引证资源的同时,也最有可能由这复杂性的存在而成为各取所需、别有所用的"掠取"。在一体化时期由威权而来的权威理论那里,这境况就显得更为严重。因此,在极端意识形态曾决定一切而一切也似乎盖棺论定的背景下,王富仁先生在1980 年代的《呐喊》与《彷徨》研究中率先提出"回到鲁迅那里去"的口号,不啻是一种良好感觉倏然幻灭的"彷徨",一种压抑已久的突然"呐喊"。鲁迅研究所出现的情感波动与思想变动,也从一方面表征出那一特殊时期中国学界普遍的精神气候:激情与忧惧、犀利与谨慎、质疑与依赖、天真与复杂……弥漫着犹疑不决的矛盾与困惑气息,同时也充斥着坚定的理性主义与乐观的理想主义精神。就此而言,以"回到"为标示的鲁迅研究,其实也是一个需要再研究、再解读的复杂文本。这其中所显示的问题与意义,是个人的,也是时代的。

一 "回到鲁迅"的启蒙性与"回到起点"的科学性内涵

"首先回到鲁迅那里去"的呼吁,是"首先"针对鲁迅研究的理论偏向问题的,但它在当时所产生的思想效应,已经远远超出了本初的理论意图。相比于容易引发

---

① 冯至:《谈读尼采》,载《今日评论》1939 年 2 月 12 日,第 1 卷第 7 期。

猜想与争议的口号本身,更值得学界注意的还不是问题结果的确当与否,而是问题提出的动机、目的与方式。这就是:为什么会以这样的方式提出这样的问题,为什么要"回到"?"回到"何处,又如何"回到"?而这些问题实际上又都可以归结为一个问题:"回到"意味着什么?围绕这些问题或否定或肯定的指向不同的声音,相互纠缠又相互冲突,构成了1980年代初期中国知识界一幅典型的启蒙图景。

将中国社会的特殊现实与现代历史的普遍背景相对照,也许能让人更深切地感知到"回到鲁迅"的号召所蕴含的意义与价值。卡西勒在他的启蒙哲学研究中指出,"回到起点"是18世纪启蒙运动的内在价值与精神动力,而思想的发展,就在于它能够"一次又一次地从旨在开阔对客观实在的视野的探索旅行中返回自己的出发点"。① 事实上,人类思想一次次寻求新的突破与远行,往往是以回归文化源头为出发点,以重新解释文化原典为突破口的。唐代古文运动对秦汉文学的倡导,文艺复兴运动对古希腊文化的发扬,皆是以复古为表现形式,以革新为最终指归的。周作人因此说:"走复古的一条路,这原是革新之一法,正如欧洲的文艺复兴所做的。"(周作人:《夜读抄·颜氏学记》,河北教育2002年1月版,第24页)尽管对"回到起点"的可能性持怀疑态度,后现代主义的代表人物利奥塔也同样承认"回到起点"的启蒙意图,这就是:"力图基于事件和事件的意义来设想不仅被过去的先入之见,而且被诸如方案、计划、展望、整个精神分析的建议和谈话等具有未来维度的先入之见构成性地对我们隐瞒了的东西。"②也就是说,"回到起点"的努力,实质上是一种要求排除历史与现实的各种遮蔽、"回到事实本身"的意图。无论能否"没有任何'先入之见'"地"回到起点","回到"本身即意味着一种"对往事进行思考、探寻、自省"的启蒙态度和"重写现代性"的启蒙努力。③ 无可否认,鲁迅研究的一个重要出发点就在于他"为人生"的启蒙主义文学对现代中国的巨大影响和标志性作用,而"回到鲁迅"成为新时期文学"重写现代性"的一个重要起点,也就成为必然的选择。如果说,"回到鲁迅"的最初意图还只是寻找一个新的研究起点,表现出了一种"回到起点"的启蒙性诉求,那么它后来的意义则在于开启了文学研究"重写现代性"的启蒙进程。当"重写文学史"成为影响着此后以至当下文学史理念的一种重要思潮,是不应忽视"回到鲁迅"这一最初的呐喊所具有的启蒙先声意义的。

接下来的问题是,"回到鲁迅"这一以"思想革命"为价值支持的启蒙诉求为什

---

① 卡西勒:《启蒙哲学》,顾伟铭等译,山东人民出版社1988年版,第3页。
② 利奥塔:《重写现代性》,周宪主编《文化现代性精粹读本》,中国人民大学出版社2006年版,第280、281页。
③ 利奥塔:《重写现代性》,周宪主编《文化现代性精粹读本》,中国人民大学出版社2006年版,第280、281页。

么会在以"解放思想"命名的"新时期"发生,而以"解放思想"命名的社会思潮为什么会成为实现启蒙诉求的现实支持? 在利奥塔看来,"回到"和"重写"就意味着一种历史"变革"与"超越"的承诺。它要求"标出一个时代的结束和下一个时代的开端,并为它们定一个日期,因为要开创一个称得上全新的时代,就应让时钟以新的时间从零开始运转。基督教、笛卡儿主义者或雅各宾党人都以同样的方法确定了一个'元年',也就是新发现和新启示之年,是复兴或新生,还有就是革命和自由的复得之年。"①在一个始终以革命名义进行的文化浩劫时代结束之后,中国文学界更愿意使用"新时期"这样开辟历史新纪元般的断裂性命名而非"改革开放"之类具有延续性的政治修辞,也是出于同样的文化意愿。人们迫切希望跨过布满禁忌和灾难的文学荒原,来重新开创一个充满着"复兴或新生"梦想的"全新时代",鲁迅此时就成了为寻找"新发现和新启示"而需要"回到"和"重写"的一个重要选择。但是,启蒙思潮的发生从来不是、也不可能是在一种单纯的理论筹划中完成的,如福柯所说,它是包含着政治体制、知识形式、理性设想等"社会转型的各种因素"在内的一种复杂的总体结构。② 实际上,鲁迅在信仰惶惑与重建的年代成为新时期文学回归启蒙与理性的一个重要起点,是学术解蔽的需要,也是号召"解放思想"的意识形态转型的需要。"承认的政治"框架与"五四"的民间自由形态尽管有明显差异,但学界高扬启蒙旗帜的意图也是同样鲜明的。

求真务实的学术原则在新时期鼓吹的"实事求是"的思想风气中也得到一定程度的落实,这使得"回到鲁迅"的提出者能够敏锐地发现几十年来大陆学界从来没有人发现过的问题,并且敢于提出几十年来大陆学界从来没有人提出过的质疑。这就是:在一体化时期被尊奉为"惟一正确"的权威理论在相关的政治领域可能是正确的,在其他领域并不是万能的。比如,它与鲁迅实际之间就存在着"偏离"、"不协和性",甚至"彼此牴牾"。③ 在以政治化约一切问题的泛意识形态背景下,人们已习惯了先从和只从政治角度看问题,再加之原理论纲领是政治威权出于政治立意的权威说明,这一问题与质疑在当时引发了很多非学术的争议。实际上,"回到论"所质疑的并非该理论自身的正确性,而只是这一理论之于鲁迅研究的外在性,亦即:它是从归纳中国政治革命规律的需要出发,不是从鲁迅的文学实际出发的,所以并不一定切合鲁迅。王富仁由此揭示了一个更深层的问题:是"研究系统的方法论"而非"研究系统",造成了鲁迅"独特个性"的被遮蔽。因为外在于研究对象

---

① 利奥塔:《重写现代性》,周宪主编《文化现代性精粹读本》,中国人民大学出版社 2006 年版,第 280、281 页。

② 福柯:《何为启蒙》,《福柯集》,上海远东出版社 1998 年版,第 537 页。

③ 王富仁:《中国反封建思想革命的一面镜子·引论》,北京师范大学出版社 2000 年版,第 2、10 页。

的方法论思维,目的并不在于说明研究对象的是否正确,而在于以研究对象的是否正确来说明理论自身的绝对正确。在这样一个为解释他者、被他者解释的过程中,反抗"被描写"的鲁迅实际上又陷入了一生所反抗的"被描写"的命运轮回中。

卢卡奇在反思斯大林时期被僵化与歪曲的马克思主义哲学时指出,"官方的哲学被归结为斯大林著作的注释。马克思和列宁只是以提供证据引文的形式出现","如果今天马克思主义要再次成为哲学发展的活力,那么必须在所有问题上返回到马克思自身。"①从充当"证据引文"而沦为注释工具的遭遇看,鲁迅研究当时出现的严重危机正与此相类,而"回到马克思自身"与"回到鲁迅那里去"的问题背景与理论意图也是相似的。由于问题背景的特殊色彩,"回到鲁迅"的吁求往往被视为摆脱意识形态决定论、返归学术本体的启蒙要求。对意识形态以绝对真理的面目垄断一切解释权的宗教性、梦幻性、强制性曾有过深刻批判的汪晖,在这样的意义上对"回到论"给以了高度评价,认为它的革命性就在于"力图否定鲁迅研究的先定的政治意识形态前提"。② 不过,如果就此认为,"回到鲁迅"的意义仅仅只是一种摆脱政治决定论的努力,那就有可能重新陷入学界正急欲与急需摆脱的问题陷阱:摆脱政治决定论事实上也是一种隐蔽的政治决定论思维。

其实,人们在不同时期所接受和理解的鲁迅形象,都可能受到主导话语的影响,而某一时期所塑造的鲁迅形象也即是符合主导话语需要的结果。在原始对象的丰富性与复杂性被删略、剪裁成单维而可以接受的"正面"形象的过程中,被删略的因素是因为不符合解释的需要而并非它自身的不重要。相对于道德话语对历史事实的反复删减,探求真实的学术原则要求不断挖掘与彰显被权力话语所遮蔽与压抑的种种潜在、偶然的因素,力图使研究对象回到丰富、复杂的本原事实中进行整体性的理解与认知。无论是日本学者很早以前就提出的追索"原鲁迅"的主张,还是思想解冻时期才在鲁迅母国姗姗而至的"回到鲁迅"的呼吁,都是出于同样的学术诉求。瑞士哲学家奥特指出,学术的科学性"并非在于它拥有'科学'思维的某些最普遍的概念和前提,而是在于,它批判性地检验并且审理其本己的概念和最为本己的前提,或者说,它尽可能清晰地意识到其本己的概念和前提。"③科学性的内涵并不在于概念和前提是否具有普遍性,而在于能否批判性地质询、审视概念和前提的普遍性,这是理论学说得以发展的内在动力。由此而言,"回到鲁迅"深层的科

---

① 卢卡奇:《关于社会存在的本体论》,陈学明主编《二十世纪哲学经典文本:西方马克思主义卷》,复旦大学出版社 1999 年版,第 50、44 页。
② 汪晖:《鲁迅研究的历史批判》,《反抗绝望》,河北教育出版社 2000 年版,第 420、421、426 页。
③ 奥特:《从神学与哲学相遇的背景看海德格尔思想的基本特征》,孙周兴等译:《海德格尔与有限性思想》,华夏出版社 2002 年版,第 115—116、125 页。

学性内涵在于它对意识形态作为问题前提的反思,而非意识形态决定论的质疑。"回到鲁迅"是质询问题前提后产生的理论结果,与这个问题前提恰恰是一种意识形态理论并无内在联系。因此,与其说"回到鲁迅"的革命意义在于"力图否定鲁迅研究的先定的政治意识形态前提",毋宁说它的真正价值在于"力图否定鲁迅研究的先定的政治意识形态前提"。只有充分认识这一点,"回到鲁迅"深层的科学性内涵才会完整而充分地展现出来;也只有在这个层面上,包括鲁迅研究在内的学术理论才不至于重蹈覆辙,或走向另一个极端,而能够得到真正的推动与发展。

作为历史的产物,每一种理论观念都有其发生、存在的意义和理由;但同样,一种理论观念作为不断求索而向真理境界不断逼近的历史性过程,它的存在也只可能是作为问题前提存在的"中间物"。既然理论观念的历史过程性是无可避免的客观存在,那么问题就不是如何消除历史过程性,而是如何看待、理解这种历史过程性。如果不能正视前提存在的有限性与历史性,那就很有可能产生一种所谓终极、永恒的幻象,将自己接受或创造的理论学说臆想为永恒的权威和绝对的真理。伊格尔顿在分析这种意识错觉时说,它"经常以'当然!'或'哪还用说!'的面目出现","总是且到处总是将世界非历史化,使世界显得自然和不可抗拒"。[①] 如果一种理论观念总是以绝对真理的错觉形式被灌输与传播,那么它原有的建设性意义就可能从反面蜕变为僵硬的教条和"概念的囚衣",理论发展的内在动力即会窒息为唯唯如是的思维惰性,理论发展的动态过程也即会成为阿尔都塞所批判的"不断把我们送回到起点的封闭的宇宙"。[②] 反之,只有在反思与批判的过程中不断将问题向前推进,理论发展的意义才可能是开放性与启示性的。如同西西弗斯一次次将石头推上顶点、又一次次返回起点的故事,人类思想的求索与发展可能有结果,而永远不可能有结局;过程是螺旋形的,进程是向前性的;可能悲壮,但绝不悲观。正因为如此,西方学界提出要"回到柏拉图"、"回到康德",日本思想界提出要"回到福泽谕吉",维柯要"寻找真正的荷马",卢卡契要"返回到马克思自身"。这些发生于不同地域与不同时期的声音能够在各自的学术领域表现出惊人的一致,就是源于学术自身的一种不断追问前提而不断返归起点的科学性冲动。

被历史规定的鲁迅研究,同样是一个被历史反复阐释而不可能穷尽的历史过程。以异常自觉的历史意识,"回到鲁迅"抵达了一种与现代解释学殊途同归的理论追求:"文学研究是一个无限发展的链条","任何一个研究系统都不可能是这个

---

① 伊格尔顿:《意识形态》,《历史中的政治、哲学、爱欲》,中国社会科学出版社 1999 年版,第 88—89、78、94 页。

② 伊格尔顿:《意识形态》,《历史中的政治、哲学、爱欲》,中国社会科学出版社 1999 年版,第 88—89、78、94 页。

研究的终点,而只能是这个研究的一个小的链条和环节。所以,我们不应当以寻求终极性的真理为自己的职责"。① 以否定终极真理的"开放性"认识,"回到论"解放了自己,也解救了陷入危机的鲁迅研究,从而提出了呼吁个性的"五四"式要求:"首先发现并阐释《呐喊》和《彷徨》的思想个性和艺术个性! 个性的研究应该是最具开放性、最少封闭性的研究"。②

在告别了一个自诩可以告别"五四"、告别启蒙的革命浪漫主义时代之后,"回到鲁迅"对"个性"的呼吁,又把人们从"封闭的宇宙""送回到起点",使我们不得不重新正视"真正的问题都出现在'革命的第二天'"的残酷现实。③ 理论发展的链条是如何变异为禁锢思想的锁链的? 曾经给中国的现代性思考带来不少灵感与启示的理论又为何变异为"知识分子的鸦片"? 这是"五四"之后的一个历史问题,却依然是一个"五四"式的典型问题。在这个意义上,我们不能不对"回到鲁迅"、"真正的鲁迅"等相应命题,表达内心由衷的感佩。这不只是因为它对同时代文学研究的巨大影响,还因为它显示了中国学界问题意识的觉醒与思想能力的复活。而对以思想为生命的知识分子来说,可以思想(条件)与能够思想(能力),是至为重要的。

二 "从鲁迅出发"的方法论意识与体系困惑

如果说"回到鲁迅"的理论要求是一种思想勇气和理性力量,那么在提出"回到"之后,能否"回到"与如何"回到",则是更为具体与繁难的方法论问题。黑格尔曾以严谨的哲学语言将方法表述为"关于自己内容的内部自己运动的形式的意识",也即是说,方法"是从自己的对象和内容中引申出来"的。④ 这意味着,如果要展开"回到鲁迅那里去"的问题,就需要给出一个"从鲁迅那里出发"的解答。王富仁提出要"从《呐喊》和《彷徨》的独特个性出发","应当首先以鲁迅当时的实际思想追求和艺术追求为纲",就初步表达出了一种切近本体的方法论意识。

"回到鲁迅"的方法论是建立在原"研究系统的方法论"所存"弊病"的深刻认识与自觉反拨的基础上的,并由此完成了从"政治革命"到"思想革命"的命题转换。这样,"寻求一个更可靠的基础,一个较为开放的体系",就成了重建新的研究体系的基本目标。但问题是,合理的方法论意识在理论上是可能的,"可靠"的体系建设在事实上却并非完全可能。出于对理论体系作为一种"发展的链条"的自觉认识,"回到论"反对"以寻求终极性的真理为自己的职责",所以其用词如"更可靠"、"较

---

① 王富仁:《中国反封建思想革命的一面镜子·引论》,北京师范大学出版社 2000 年版,第 2、10 页。
② 王富仁:《中国反封建思想革命的一面镜子·引论》,北京师范大学出版社 2000 年版,第 2、10 页。
③ 丹尼尔·贝尔:《资本主义文化矛盾》,三联书店 1989 年版,第 75 页。
④ 转引自陈鸣树:《文艺学方法概论》,上海文艺出版社 1991 年版,第 8 页。

为开放"都是一种比较性质的。这种历史自觉意识构成了"回到论"最为深刻的理论结果,也构成了它由此展开新问题、重建新理论的基本前提。这说明,"回到论"的内心意图是要自觉抵制绝对真理之类的终极幻象的。但是,"以一个较为完备的系统来代替我们现有的研究系统"的努力,却有可能产生新的障碍。因为以一种研究系统"代替"另一种研究系统,虽然可能是"更可靠"、"较为完备"的,但出于寻求体系的目的和对研究系统的依赖,却也可能不自觉地出现一种追求终极的想象。这就会产生一种在自觉意识上承认历史性而又在不自觉中偏离历史性原则的内在矛盾。将这种矛盾理解为卡西勒所说的"体系癖"是有失公正的,但它的确体现出了中国学人对黑格尔式的体系思维的异常迷恋。汪晖曾引用恩格斯批评黑格尔的话对这一问题做过深刻的再批评:"他不得不去建立一个体系","虽然如此强调这种永恒真理不过是逻辑的或历史的过程本身,但是他还是发现他不得不给这个过程一个终点,因为他总得在某个地方结束他的体系。"[①]黑格尔的理性思辨精神对中国学界的影响在正反两方面都是极为深刻的,这当然也包括它给"回到鲁迅"的体系建构带来的理论灵感与理论困惑。

奥特在分析海德格尔的哲学意义时说:"海德格尔试图把西方传统哲学思想的'立场'或道路引回到他们的基础那里,引回到每一条思想道路得以从中源起的思想家的原初经验或遭遇那里。而且通过这种做法,海德格尔就使本源、前提本身相对化,并且恰恰因此发现了'一般思想的历史性'"。[②] 在如何使理解从传统的封闭中得以敞开的问题上,海德格尔的做法就是回到"基础"和"本源",使问题前提在"相对化"的还原过程中呈现"历史性"。"回到鲁迅"曾经以相似的思想历程抵达这里而表现出一种深刻的意义;然而,它也在绝对性的诱惑中一度离开了这里。它以"回到鲁迅"的宣言表达了一种解惑的可能,又以建构替代性体系的实践表现了一种新的困惑。然而,"回到论"让人瞩目的创造性、突破性价值并不能因此被轻忽:在方法论上,它完成了由威权主义代替科学方法到由科学方法代替威权主义的自觉转换,从而开启了鲁迅研究的"全新时代"。虽然在具体实践中出现了问题,但这毕竟是理论发展过程中的一个新问题,而新问题本身即标示着一种新的意义。对素有因循正统与传统的中国学界来说,这或许是最为需要和最为重要的。

在对原方法论提出质疑后,以鲁迅为出发点的理论构想无疑是更合乎方法论的本体意向的。但同时,新的理论纲领又给自己提前设定了一个可以预期的理论

---

① 恩格斯:《路德维希·费尔巴哈和德国古典哲学的终结》,《马克思恩格斯选集》第4卷,第213—214页。
② 奥特:《从神学与哲学相遇的背景看海德格尔思想的基本特征》,孙周兴等译:《海德格尔与有限性思想》,华夏出版社2002年版,第115—116、125页。

目标："以一个较为完备的系统来代替我们现有的研究系统"。这个提前设定的目标因此又构成了解决问题的前提。它意味着，只要找到一个"较为完备的系统来代替我们现有的研究系统"，鲁迅研究的理论问题就可以得到更为合理的解决；而这种以完备"代替"不完备、以合理"代替"不合理的理论雄心，也就构成了"回到论"重建研究系统的初衷与动机。问题正出现在这样一种寻求"代替"的雄心中。

重建新的理论体系在一种"代替"性的革新中仍然需要依赖体系，而理论体系所存在的问题也自然会以一种同样的形式出现在新的理论体系中。卢卡奇对此曾有过深刻的批评，他指出：体系结构"不仅是一种一劳永逸地存在的等级制，它还必须——甚至不惜以内容上的贫乏和歪曲为代价——使范畴成为同质的，尽可能把它们归结为联系的一个维度。"①体系对绝对理念的追求决定了其内在的等级性，试图"一劳永逸"地解决问题则构成了体系建造者的一种终极诱惑；而"为了把范畴纳入终极的联系"，对同一研究对象不符合体系要求的异质因素加以排斥和删除，则构成了体系自身的内在缺陷。在"回到论"所重建的理论系统中，体系问题虽然已得到了很大改善，却不可能从根本上得以解决。在反思过程中，"回到论"已经注意到原理论体系有意"强化"、"夸大"或"削弱"某些因素的"强制性"，并力图"打破原有研究系统的封闭性"，然而最终的问题却是相似的。如汪晖所说，"思想革命"在新体系中成为一种类似黑格尔绝对理念的命题，"是他论述的起点，又是他的论述终点，甚至连艺术方法和技巧都由这一命题支配，又反过来说明了这个命题"；"由于'体系'的需要，他在这里常常不得不求救于强制性的结构，而那种毋庸置疑的线性因果逻辑的实际前提，却是将现实世界、作家精神结构和艺术创作过程的复杂性纳入一个单一的强制性联系之中。"②"回到鲁迅"以人道主义与个性主义、浪漫主义与现实主义等几组二元对立的范畴搭建起了更接近鲁迅真实的理论框架，其思维体系之雄辩与严密在当时恐怕是无出其右的，但"强制性"的缺憾仍不可避免。反思问题前提的自觉与最终结果的悖反，也许更能深刻地说明非历史的终极体系自身所不可避免的历史局限性。

鲁迅研究暴露出的理论体系问题并不等于说，理论体系本身就一定存在问题。问题的关键在于，理论体系的概括形式是否符合鲁迅的思想方式？用一种理论体系来概括鲁迅思想的方式是不是可能与可行的？"从鲁迅出发"意味着，如果用理论体系的方式解释鲁迅的思想，那么这种方式一定是鲁迅自己的思想方式。但鲁

---

① 卢卡奇：《关于社会存在的本体论》，陈学明主编《二十世纪哲学经典文本：西方马克思主义卷》，复旦大学出版社 1999 年版，第 50、44 页。

② 汪晖：《鲁迅研究的历史批判》，《反抗绝望》，河北教育出版社 2000 年版，第 420、421、426 页。

迅思想的一个显著特征却是非体系和反体系的。鲁迅在自己的人生体验与现实寻索中建立了属于自己的独特哲学，但这并不表明他一定要用抽象的哲学体系方式来建立自己的哲学。作为一位更喜欢以个性独异的文学样式而非体大思密的哲学形式来表达思想的知识分子，鲁迅是希望"不拘于史法，不囿于字句，发于情，肆于心而为文"的，①文字风格也多是尼采式的诗性言说和杂文式的犀利批评。这种文学姿态与文学气质，意味着鲁迅对现实人生的理解，是文学态度的，而非哲学态度的。简言之，鲁迅有"鲁迅的哲学"，但鲁迅是"文学的鲁迅"，而非"哲学的鲁迅"，文学的鲁迅与哲学的体系是相悖的或相互冲突的。胡风说，"进化论也罢，阶级论也罢，这都不是鲁迅本人所创造的'思想体系'"，"他没有想到过创造任何'思想体系'，更看不起任何东方式的'思想体系'"。② 这是合乎鲁迅实际的。鲁迅的文学与思想或文学性的思想是建立在复杂的现实体验而非单纯的知识体系上的，这决定了他思想方式的独特性：一，鲁迅怀疑任何理论体系的终极性，而且也无意创造任何理论体系，这表明鲁迅自身思想批判性大于理论信仰性的基本特征。二，鲁迅思想的非体系性与其说是排斥体系内容不如说是排斥体系形式。对体系形式的拒绝并不妨碍鲁迅对体系内容的汲取，而且可以使他在"拿来主义"的开放心态中积极吸收与借鉴任何理论学说诸如进化论、阶级论的合理因素。在这种创造性的融合过程中，就形成了胡风所说的"活的过程和丰富的内容"。这是鲁迅思想的特征，也是鲁迅思想的形成机制。三，"活的过程和丰富的内容"同时说明，鲁迅的思想方式也是非体系的。因此，鲁迅思想难以概括的复杂性，不是需要我们建立更复杂和更稳固的理论体系，而是表明理论体系之于"文学的鲁迅"的不适宜与不可能性：鲁迅的思想不能用一种外在的理论体系来概括，而且也不可能从鲁迅自身的思想中抽绎出一种抽象的理论体系来概括。"回到鲁迅"的深刻之处在于，对前一种理论方式（外在的理论体系）进行了自觉的反思与批判；止步之处则在于，对后一种理论方式（内在的理论体系）放弃了自觉的反思与批判。由于体系依赖的不彻底性，"回到论"将问题的症结归结为原有体系的外在性而没有质疑体系自身的不合理性，所以它在否定外在理论的基础上将解决问题的重点放到了内在体系的建设上，结果又重新陷入了体系问题的困扰。在这个意义上，竹内好对李长之的鲁迅论表达了高度的赞赏，认为"他是用文学的眼光来看鲁迅的。虽然他的理论是不稳的。但那种不稳是与鲁迅一起振荡的不稳"。③ "不稳"的理论之所以富有意义，就在于

---

① 鲁迅：《汉文学史纲要》，《鲁迅全集》第 9 卷，人民文学出版社 1981 年版，第 420 页。

② 胡风：《作为思想家的鲁迅》，《如果现在他还活着：后期弟子忆鲁迅》，河北教育出版社 2000 年版，第 44、45 页。

③ 竹内好：《鲁迅》，李心峰译，浙江文艺出版社 1986 年版，第 38 页。

他看到鲁迅是"文学的","用文学的眼光"选择"与鲁迅一起振荡"。李长之的评论并不能让人完全满意,但至少在方法论的层面上,他用"文学的眼光"回到了"文学的鲁迅"。

三 "鲁迅是谁"的认知实践与知识分子的话语立场

丸山昇说:"于鲁迅而言,'思想'绝不是'终极的目标',而正是它与现实间的'中间项'才是问题之所在",①可谓切肤之谈。自喻如沾水小蜂"在泥土上爬来爬去"的鲁迅文学从来不会在一种理论设计或哲学筹划中发生,也从来不会在一种理论设计或哲学筹划中完成。② 同样,鲁迅文学的研究也首先是历史实践的,而非理论玄想的。面对问题本身的繁杂性,"回到鲁迅"在方法论上存在着一些问题是可以想见的;然而,它同时能在旧问题的困扰中发掘出新的意义,成功实现从"政治革命"到"思想革命"的范式转换,却也是发人深思的。在我看来,"回到论"在揭示意义的同时,实际上也触及到了一个更深层的问题,这就是从何而出、据何而论的话语立场。因为要"回到鲁迅那里去",就要"从鲁迅那里出发",而要"从鲁迅那里出发",就需要面对被称为"世纪难题"的"鲁迅是谁"的问题。③ 其后的问题是:谁来认知鲁迅? 或者说,谁来回答"鲁迅是谁"的问题? 我以为这是一个被普遍忽略的前提性问题。研究者以"谁"的话语立场把"鲁迅是谁"的问题呈现出来,决定着我们会以什么样的认同来理解鲁迅。如果研究主体的"谁"缺乏主体意识,不能以充分自觉的"谁"实现与研究对象的"谁"的视界融合,就不可能达成真正意义上的理解与对话。这样,不止会造成理解鲁迅的疏离与隔膜,甚至会造成与鲁迅精神背道而驰的非鲁迅、反鲁迅的倾向。从这个方面说,"回到鲁迅"能够回到"思想革命"的命题上来,也在于它首先回到了"鲁迅首先是一个伟大的思想家"、"首先觉醒的知识分子"这一话语立场。

在鲁迅的认知问题上,最早、最明确地以"鲁迅是谁"的提问形式提出思考与回答的应该是瞿秋白。在 1933 年的那篇著名的《鲁迅杂感选集·序言》中,瞿秋白以一种特殊的同情态度提出了这一问题,并以一则罗马神话作了形象的描述:

> 是的,鲁迅是莱谟斯,是野兽的奶汁所喂养大的,是封建宗法社会的逆子,
> 是绅士阶级的贰臣,而同时也是一些罗曼谛克的革命家的诤友! 他从他自己

---

① 刘国平:《论丸山升的鲁迅论》,载《鲁迅研究月刊》1995 年第 11 期。
② 鲁迅:《华盖集·题记》,《鲁迅全集》第 3 卷,第 3 页。
③ 钱理群援引郁达夫的话说,"一个民族要产生自己的天才作家,不容易;要认识他,却更难。"他因此指出,"'鲁迅是谁?'这可是个世纪难题"。见《鲁迅是谁:世纪末的回答》,载《当代作家评论》1998 年第 4 期。

的道路回到了狼的怀抱。

无论是狼的形象内涵还是譬喻的修辞方式,这段论述都是极为精彩的。鲁迅的文学世界中多次出现过狼的形象:叛逆的、抗争的、愤怒的、绝望的、痛苦的、孤独的、惨伤的,这也正是鲁迅在现实遭遇中复杂而隐秘的内心语言。狼的描述意义还在于表达方式的特别。瞿氏譬喻只在于说明鲁迅身上那种强烈的叛逆性与抗争性,相比于鲁迅精神世界的丰富性与复杂性要单一许多,但寓言式的描述方式却以自身的含混多义隐含了多重理解的可能,从而避免了一种简单化的结论性说明。

与生动的譬喻语言形成深刻联系的是瞿氏以明晰的学术语言对鲁迅所做的历史分析。他指出,西方"帝国主义的战神"对东方文明的强暴,导致了"中国的旧社会急遽的崩溃解体",从而"产生了现代式的小资产阶级的知识阶层。"[1]鲁迅就是在西方文明的暴力冲击下产生的现代知识阶层中的一个。如果说狼形象揭示的是鲁迅之为鲁迅的个性化特征,"现代式"则揭示了中国知识分子这一新阶层的普遍气质。作为处于相同境遇的知识分子,瞿秋白对鲁迅是有着一定的理解与同情的。在对"中国封建宗法社会崩溃"与"中国畸形的资本主义关系的发展过程"所做的阶级论的分析中,瞿秋白既看到知识阶层作为"早期的士大夫阶级的'逆子贰臣'"的反叛性,也看到他们如"'挤出轨道'的孤儿"一样面临的历史困境。由此,瞿秋白对鲁迅在充满可能又充满困惑的复杂历史语境中所体现出的诸如"最清醒的现实主义"、"'韧'的战斗"、"反虚伪的精神"做了总结性的概括;并由此将鲁迅与传统的士大夫、欧化派、"浪漫谛克主义"的"流浪人的知识青年"等其他知识阶层做了认真的区分与辨析。

能够把鲁迅作为现代中国知识分子的独特气质揭示出来,与瞿氏那气息浓郁的知识分子话语是分不开的。但是,人们在对他著名的"从……到……"的理论结果发生兴趣的同时,却似乎忽略了对这一问题的深层分析。

知识分子话语的模糊与缺失一度产生的非智主义倾向也许不能完全怪罪于鲁迅研究自身。在中国近现代语境中,知识分子的认知困境是普遍的。作为一个产生于西方语境的外来词,"知识分子"概念在中国本土遭遇过形形色色的误读、扭曲、挤压与损害,也在理解、应用上产生了许多混乱与分歧。但是,作为一个社会学的语词,它在诸如求真意识、批判精神等方面是有其基本特质的,这为思考鲁迅的知识分子认知问题提供了理论基础;同时,作为一个来源于 19 世纪法国和俄国的不同文化背景的历史语词,其语义也是流动的、丰富的,这又为思考鲁迅的知识分

---

[1] 瞿秋白:《鲁迅杂感选集·序言》,《瞿秋白选集》,人民出版社 1985 年版,第 528 页。

子认知问题在中国的独特意义提供了现实可能。

首先,"知识分子"作为一种基本理念,不是先验的、固定的范畴,而是开放的、实践的召唤。如鲍曼所说,"知识分子"是面对真理召唤的"被招募与自我应征的活动",是一种"创造",一种"广泛而开放的邀请"。① 换言之,"知识分子"是一个需要个体在现实人生中不断丰富与发展的实践理性问题。鲁迅作为"早期的士大夫阶级的'逆子贰臣'",他的知识分子认知不可能是传统文化先天孕育的结果,而只可能是在新文化思潮冲击下与传统母体的现代分离过程中产生的。在这一分离与寻索的漫长过程中,需要对过去世界自做反思,需要在现实社会中辛苦履道,其中还有他所说的"污秽与血",并且,不一定"保障最后的胜利"。② 所以,与其说"知识分子"的先在范畴规定了鲁迅个人的行为实践,不如说鲁迅以自己的思想实践创造了"中国现代知识分子"这个语词的新生;而在这场深刻的认知革命中,与其说鲁迅获得了一种社会角色的被证明与被承认,不如说他自己说明了自己,自己定义了自己。

其次,"知识分子"作为一个历史性的语词,也是一个历史理性的问题,这表明了鲁迅的知识分子认知在中国问题背景下的特殊价值。在特殊的历史前提与文化背景制约下,鲁迅精神中新旧纠缠的复杂的思想资源,执著于启蒙国民的文学实践,以及他所面临的问题,都是有着不同于西方知识分子的独特性的。如果说萨义德提出知识分子的"抵抗"概念是出于民族流亡背景,葛兰西提出"有机"的概念是作为党人的要求,那么处于中国问题背景且敏锐地觉察着中国问题的鲁迅,将怎样提出自己的概念,提出怎样的概念? 而在四顾茫茫的上下求索中,鲁迅心内发生的彷徨、绝望、虚无的精神困境,身外承受的流言、禁毁、"横站"的生存困境,又说明了什么? 这些问题,是鲁迅作为中国知识分子的独特感知,也是鲁迅作为中国知识分子的独特价值。在这样的认知立场中,鲁迅就不是被种种传说无限夸大的先知先觉者,一个死于神话的英雄,而是"不妨作为同类看待"的与我们一样在现实苦恼中摸索与挣扎着的活的思想者。③ 理解了这一点,我们也许能更深切地理解"回到鲁迅"所提出的"真正的鲁迅""渴求着我们的同情"的深刻焦虑。

鲁迅的知识分子认知问题长期以来被有意无意地漠视或忽略,不是因为他自身认知的模糊,而是他身后与身外的认知语境的模糊。"知识分子"概念一度声名狼藉,虽然在新时期后获得正名,并在社会交往领域中逐渐取代了"小资产阶级"之

---

① 齐格蒙·鲍曼:《立法者与阐释者:论现代性、后现代性与知识分子》,上海人民出版社 2000 年版,第 2 页。
② 鲁迅:《三闲集·"醉眼"中的朦胧》,《鲁迅全集》第 4 卷,第 63 页。
③ 王晓明:《无法直面的人生:鲁迅传·再版自序》,上海文艺出版社 2001 年版,第 7 页。

类的政治修辞,但刻骨铭心的精神伤痛与历史扭曲,已使它遭遇了"本根剥丧,精神彷徨"的深刻危机,即或有意去重新追寻五四时期的光荣与梦想,也无力恢复那个知识分子黄金时代的激情与自信了。所以,与"思想家,文学家,革命家"之类的宏大结论相比,它在揭示鲁迅历史地位的"伟大"方面不仅没有任何合法性可言,甚至连自己的合法性也备受质疑。事实上,在知识分子概念腹背受敌、内外皆困的境遇下,知识分子自身的求真意识、批判精神等核心意义的坚持是极为艰难与艰险的,也因为坚守理想的现实艰难与艰险,韦伯所说的"理想类型"的知识分子才会在坚守理想中显示出自有的可贵。鲁迅对"真的智识阶级"的呼唤,以自己为"知识阶级分子中最末的一个"的感慨,①在歧路穷途中坚持"跨进去,在刺丛里姑且走一走"的道路哲学,②是包含着危机重重的困境体验的。因此,回到鲁迅的知识分子认知问题,不会遮蔽鲁迅的意义光亮,而且可以找寻到真正的光源并释放出他自身所本有的意义。

从这个方面上说,"回到鲁迅"的深层意义还不在于它清楚地指出了鲁迅是"首先觉醒的知识分子"这样一个问题,而在于它首先具备了鲁迅是"首先觉醒的知识分子"这样一种明确的话语立场。它也再次显示了讨论知识分子问题和以知识分子话语立场讨论问题的本质不同。讨论鲁迅的知识分子认知问题,并不一定就是回到了知识分子的话语立场;而回到知识分子的认知立场,所讨论的即使是知识分子以外的其他问题,也都可能是一种知识的态度。比如,以流行的意识形态话语为依据,将鲁迅留日时期就已确立并贯穿一生的"立人"理想解读为"局限",将"任个性而张精神"的启蒙思想解释为"缺陷",就是认知立场的一种貌合神离。它并非没有立场,而是缺乏真正属于自己的立场。尽管知识分子回归自我的意识在此后日趋自觉,但要"达到真正地切实地认识鲁迅的道路",仍"将是一个荆棘丛生的过程",因为"它不仅仅需要研究者知识结构的更新,还需要知识分子独立人格的建立和自由思想的形成"。③易言之,知识分子要"回到鲁迅",首先还需要"回到自己"。

四 "回到自己"的起点思想与鲁迅的"起点"意义

荀子在《解蔽》篇中说,"凡人之患,蔽于一曲而暗于大理","失其正求"。达于"大理"与"正求"的要求不可能是一次性完成的,它是一个需要不断解蔽、去蔽的过程。而理论学说的去蔽,则首先要求主体的解蔽和能够解蔽。"回到鲁迅"的意义

---

① 许广平:《元旦忆感》,《许广平忆鲁迅》,广东人民出版社 1979 年版,第 5 页。
② 鲁迅:《两地书》,《鲁迅全集》第 11 卷,第 15 页。
③ 汪晖:《鲁迅研究的历史批判》,《反抗绝望》,河北教育出版社 2000 年版,第 420、421、426 页。

就在于,当鲁迅研究从民间的自由争鸣逐渐变异为一种官方的正统哲学时,它以"回到"的直观口号首先表达出了研究主体的解蔽要求。所以,"回到论"的真正价值并不在于它是不是"回到"口号的首创者或发明者,而在于它是否为"回到"的呼吁注入了新的思想、激情与活力。早在日本大正年间,田中王堂在其所著《福泽谕吉》的首章中,就提出过"回到福泽谕吉那里去"的口号,其意在于由对福泽谕吉的重新认识,来承扬一种启蒙精神。在日本思想界,福泽谕吉享有"日本的伏尔泰"之崇高声誉,"谈'启蒙'几乎就是谈'福泽'"。① 而中国思想界之所以"在新的历史时期重申鲁迅的思想原则",也在于"鲁迅是具有为历史的和现实的中国知识分子所普遍可以认识并可以接受的特征","借助于鲁迅的话语形式"能够满足与实现"表达自我"的启蒙需求。② 换言之,鲁迅被遮蔽的意义之所以需要清理与重新认知,是因为其深刻的思想魅力使人们认为,可以通过"回到鲁迅"的解蔽过程实现知识分子的自我解蔽,满足知识分子反思自我、表达自我的需求。"回到鲁迅"的提出者在后来就更为明确地指出,"任何的研究活动,其目的都在于增益人的认识,并且认识历史归根到底仍在于认识自我和自我存在于其中的现实的社会人生。研究标准的自我化越来越成为中国鲁迅研究的关键问题。"③ 在这个意义上,"回到自己"构成了"回到鲁迅"的前提,也构成了"回到鲁迅"的目的,从而成为"回到鲁迅那里去"的一个本质问题。

所有理论与理解都力图表达出一种客观性的真理要求,但实际上,理解首先都是理解者的自我理解。加达默尔指出:"在任何情况下,每一个对艺术作品具有经验的人无疑都把这种经验整个地纳入到他自身中,也就是说,纳入到他的整个自我理解中,只有在这种自我理解中,这种经验才对他有某种意义。"④ 所以,理解的意义并不是要消除自我,而恰恰是要实现自我。当我们与自己的内心有了对话与反思,才会在自己的内心与鲁迅有对话、有反思,也才会对鲁迅的思想遗产有所承继、有所发扬,在鲁迅止步的地方,发现问题,寻索意义,继续前行。从这个方面说,我们只有"回到自己",才有可能"回到鲁迅",当我们能真正"回到鲁迅"的时候,才可谓真正实现了"回到自己"。钱理群呼吁"把自己烧在里面","在鲁迅那里'发见我们自己'","在审视鲁迅灵魂的同时,更严峻地审视、解剖自己的灵魂",⑤ 是方法论的要求,也是精神反思的要求。正是在这样的意义上,他认为"回到鲁迅"完成了

① 丸山真男:《福泽谕吉与日本近代化》,区建英译,学林出版社 1992 年版,第 25、24 页。
② 王富仁:《中国鲁迅研究的历史与现状》,浙江人民出版社 1999 年版,第 202—203、192 页。
③ 王富仁:《中国鲁迅研究的历史与现状》,浙江人民出版社 1999 年版,第 202—203、192 页。
④ 加达默尔:《真理与方法·第 2 版序言》上卷,洪汉鼎译,上海译文出版社 2004 年版,第 5 页。
⑤ 钱理群:《心灵的探寻》,北京大学出版社 1999 年版,第 15 页。

"一次思想的清理与精神自赎",从而开始了"真正具有决定意义的突破"。①

自我意识的回归,显然成为鲁迅研究的一个根本性问题。瞿秋白的鲁迅论是有着经典意义的,他对鲁迅的独特个性曾有过深刻的揭示,但也存在着概念化解释的矛盾倾向。在人生的最后岁月中,瞿秋白以知识分子本性中最真诚的坦白、最矛盾的体验、最深刻的反思给后世留下了弥足珍贵的"多余的话"。在投身于政治革命的"历史的误会"中,他以知识分子最可贵的现实情怀将生命献给了底层人的解放事业,最后也以知识分子最可贵的反思精神袒露了自己在"扮演角色"中欲"回到自己那里去"的迷茫、犹疑与痛苦。他曾经"抛开了自己的'感觉'",从"所知道的那一点理论去推断一个问题",放弃了"独立思索"和"怀疑","把自己变成一大堆抽象名词的化身";但最终,他以对自己"二元化人格"的自我解剖"回到了自己那里去"。② 在"回到自己"的最后自白中,我们看到了一个与鲁迅极为相似的复杂而又真实的灵魂,也许在这个时候,被鲁迅引为知己的瞿秋白与他是最为接近的。

鲁迅自我意识的敏感与强烈,在现代中国作家中也是特有的。青年时期即认同"惟此自性,即为造物主"③之说,中年时期也坦言是抱着"以我为主"观念的,直到晚年加入左联,他表示愿意牺牲自我,拼命做工,但从不放弃自我,也从未放弃自我。不过,鲁迅的可贵之处还在于,在主张人应该"想到自己"的同时,他也强调要"想到他人的自己"。④ 也就是说,尊重自己,也要尊重他人的自我意识。这是一种比单一的主体意识更可贵、更深刻的互主体或主体间性意识。它使鲁迅认识到,自己也许可以成为自己的上帝("惟此自性,即为造物主"),但自己的文字绝不能成为他人的圣经(他人亦有"他人的自己")。所以,他不愿"被他人的权威意识遮蔽自己的独立思考,也提醒自己不以权威意识遮蔽他人的独立思考。"⑤反对把别人做偶像来崇拜,也反对别人把自己做偶像来崇拜,这或许才是五四时期的一种最不虚伪、最彻底的个性意识吧。

鲁迅破弃他人的偶像,而且也破弃被他人偶像化的自己,就是要通过否定偶像化的自己,来认知真实的自己。一个有着相对完整的自我意识的人,要能够认知自己有所能的一面,也要能够承认自己有所不能的一面。以此来否定自己,其实也是一种更深层和更清醒的自我肯定意识。所以,鲁迅自我意识的彻底性,还不是表现

---

① 钱理群援引郁达夫的话说,"一个民族要产生自己的天才作家,不容易;要认识他,却更难。"他因此指出,"'鲁迅是谁?'这可是个世纪难题"。见《鲁迅是谁:世纪末的回答》,载《当代作家评论》1998 年第 4 期。
② 瞿秋白:《多余的话》,《多余人心史》,东方出版社 1998 年版,第 50、55、62、63 页。
③ 鲁迅:《坟·文化偏至论》,《鲁迅全集》第 1 卷,第 51 页。
④ 鲁迅:《译者序二》,《鲁迅全集》第 10 卷,第 195 页。
⑤ 黄昌勇、符杰祥:《"鲁迅道路"问题的理论反思》,载《文学评论》2004 年第 3 期。

在自我价值的极端张扬上,而是表现在对任何超出自我的虚幻意识的能够否定和敢于否定上。这种决绝到否定自己的自我意识与鲁迅的"中间物"意识是分不开的。鲁迅从进化论那里认识到,"在进化的链子上,一切都是中间物",那么在改革开首喊出"一种新声"的先驱人物,也"至多不过是桥梁中的一木一石,并非什么前途的目标,范本。"①鲁迅意识到没有"什么前途的目标,范本",自己不可能也无意去做"什么前途的目标,范本",他因此非常认同、也非常罕见地在自己的文章中大段引用了有岛武郎"与幼者"的话:

> 你们若不是毫不客气的拿我做一个踏脚,超越了我,向着高的远的地方进去,那便是错的。
> 像吃尽了亲的死尸,贮着力量的小狮子一样,刚强勇猛,舍了我,踏到人生上去就是了。
> 你们该从我的倒毙的所在,跨出新的脚步去。②

"中间物"概念出自生物进化学说,原本是一种自然科学理论,但在鲁迅那里显然已转化为属于他自己的独特的人生哲学,这就是一种可以称为"起点"的思想意识:既然一切都是发展与进化的"中间物",那么前人的思想就决不是后人可以永久依赖与停靠的终点,而是一个可以由此重新出发与继续行进的起点。作为现在的后人,鲁迅是这样认知前人的;作为将来的前人,鲁迅自然也希望后人能这样认知自己。所以,他真诚地希望、也殷切地盼望别人能够把自己作为"踏脚"而"跨出新的脚步去"。如他后来反复所言,他自愿的角色就是"梯子"和"踏脚",自愿的义务就是"做梯子"和"踏脚"。而"梯子"也好,"踏脚"也好,都是由"中间物"意识而来的"起点"思想的一种文学修辞。在这样的起点思想中,先驱者的价值就不在于是否创造了一种可以称为"目标"或"范本"的偶像意义,而在于是否具备了一种"做梯子"或"踏脚"的启示意义。偶像意味着可以"赶上"而绝不能"超越","踏脚"则意味着不仅可以"赶上"而且应该"超越"。鲁迅是鼓励"赶超"意识的,所以他真心希望"幼者"们能"拿我做一个踏脚,超越了我,向着高的远的地方进去",能"舍了我","从我的倒毙的所在,跨出新的脚步去"。鲁迅作为"长者"是以起点思想要求自己的,也希望"幼者"能这样认知作为"长者"的自己。竹内好因此说,"鲁迅本身是个发展","通过破弃被偶像化了的鲁迅,通过自我否定鲁迅这一象征来从鲁迅身上无

---

① 鲁迅:《坟·写在〈坟〉后面》,《鲁迅全集》第1卷,第286页。
② 鲁迅:《热风·"与幼者"》,《鲁迅全集》第1卷,第362页。

限地生发新的自我",是"鲁迅赋予中国文学的教益"。①

因为否定所谓的终极思想而只愿做一个永恒的起点,过客式的"我只得走,我还是走",②就成为鲁迅的惟一选择,也成为鲁迅哲学中最动人与最独特的一个解答。永不止息的"走"集中体现出了鲁迅思想的实践性、行动性、开放性、超越性的特征。表现在时间方面,是以有限反对完美,以现实批判意识拒绝"黄金世界"意识;表现在在空间方面,是以"走的人多了,也便成了路"的朴素真理反对任何意识形态给定的路线与终点。③ 由此可以看出,鲁迅在"言"与"行"之间是更重"行"的,在"将来"与"现在"之间是更强调"从现在做起"的。他视窗下为死人坟墓,鼓励青年人走出研究室,与"实社会实人生"接触,强调的就是一种泼辣、有活人气息的现实态度与实践精神。

鲁迅的立言,是为了"行"的,所以他并不像传统文人那样期待自己文章的不朽,他劝青年人不读或少读中国书,目的也是为了不被麻痹了"行"的能力。中国有所谓道德文章之说,言以文存,文字不灭,精神亦不灭。这与鲁迅期待自己的文章速朽似乎构成了一个永恒的悖论。但对鲁迅来说,这何尝不可以理解为希望以自己文章的朽灭来期待后来者自己去开辟新的路径呢? 在文学内外,鲁迅的角色定位从来都是那个肩住黑暗闸门的牺牲者,那个为了放孩子到光明世界去而独自承担黑暗的父亲。所以,在他的身后,我们可以看到一串串践行着鲁迅精神的新的身影:胡风的孤傲、冯雪峰的正直、萧军的刚硬、萧红的揭示病苦与生命关怀……而在当代学人那里,也仍有一批批可敬的先生,在以自己的讲义与著述实践并延伸着鲁迅的精神与思考,有意识地面对当下的学生群落、青年群落与社会公众群落,努力去开辟一条繁难而艰苦的启蒙之路。

起点思想意味着我们要回到鲁迅,不只是要把鲁迅作为启蒙的起点,还要把鲁迅的起点思想作为起点的起点。回到鲁迅,还只是启蒙的出发与开始,回到鲁迅的起点思想,则意味着鲁迅启蒙思想的真正实现与完成。这也意味着,认知鲁迅,仅仅通过书斋内的咬文嚼字是不够的,还需要我们在各自的人生实践中自己去摸索、体验与实行。在这样的意义上,阅读鲁迅文学的过程,也是一种实践性的精神融合过程;面对鲁迅文学中的问题,也是面对我们自身的现实问题。而鲁迅之于我们,就不是以圣人面目抵达了完美、超验意义的世界终点,而是在现实的危机与苦斗中给人以丰富经验与启示的一个深刻的思想起点。

---

① 竹内好:《近代的超克·鲁迅》,李冬木译,三联书店 2005 年版,第 39 页。
② 鲁迅:《野草·过客》,《鲁迅全集》第 2 卷,第 194 页。
③ 鲁迅:《呐喊·故乡》,《鲁迅全集》第 1 卷,第 485 页。

有着深刻的"中间物"意识的鲁迅,是只愿意把自己作为后来者的起点的。而作为起点意义的启示者,鲁迅的思考只有与每个思考者的自我思考发生联系时,才可能是起点与启示的,也才可能是富有意义的。当竹内好从近代日本作为亚洲"优等生"的主体焦虑中发现鲁迅身上的"抵抗"因素时,置身于与鲁迅相同语境的我们,将要从中找寻什么,又能得到什么呢? 当以"回到鲁迅"为标示的当代文学研究试图从鲁迅那里重新找寻启蒙的资源时,这一问题是先驱者鲁迅所能启示和给予我们的,却不是也不应由他个人来回答的。

附记:

王富仁先生今夏遽然辞世,不胜感怀,修订旧作,谨表纪念。

在前辈学人中,先生是我最尊敬的学者之一,这不仅是因为其卓越的学术成就,还因为其巨大的人格魅力。虽无缘受教于先生,然诵其书,想见其为人,亦受惠良多。忆学术会议期间,数次往谈,寥寥几面,或温和蔼然,或激烈慷慨,终有幸得见"真的人"。

在 1980 年代,先生以一部《中国反封建思想革命的一面镜子》享誉学林,名满天下,开一代风气,启无数后学。对于这本经典著作,拙文试图在思想史与学术史意义上,探讨其如何开启了当代中国学界"重写现代性"的启蒙进程,如何表现出了一种"回到起点"的科学性内涵与方法论意识。虽"不悔少作",亦自知浅陋,不能再向先生讨教,憾甚,痛甚。

2017 年 9 月 3 日修订

2017 年 12 月 2 日补记

（作者系上海交通大学人文学院教授）

悼王富仁，步陈思和原韵

龚　刚

千秋怅望忆斯人
天地无情草木新
夜宴春园思逆旅
南游粤岭寄孤身
托尼学说称知己
魏晋文章叹如神
已自庄禅明要道
尤因怒目见情真

2017 年 5 月 4 日
（作者系澳门大学人文学院教授）

先生已作古，铿锵有回声

魏智渊

一

第一次读到王富仁先生的文章，是在教育学院的阅览室里，偶尔看到他关于鲁迅的现代性的研究。当时非常吃惊，没想到鲁迅还可以这样读，这是上个世纪90年代。毕业后我到县中教书，最喜欢讲的作品就是鲁迅作品，当时的教参还非常陈旧，先生的文章和书籍（当然，还有林贤治等鲁迅研究者），就像打开了一扇窗户，鲁迅先生的形象一下子立体起来，丰满起来，不再是一个与当下无关的历史符号，或某种观念的片面的象征。

2002年前后，我进入网络，两年后脱离体制，开始了教育吉普赛人之旅。大约2006年的时候，我加入了全国最大的民间教育改革团队"新教育实验"，并与干国祥、马玲两位名师一起组建了一个叫"新教育研究中心"的研究团队（即现在南明教育的前身），开始了长达十多年的教育改革的研究与实践。在团队中，我负责教师专业发展，包括专业阅读、专业实践，以及专业发展共同体，教师发展书目的研究实际上从这时候就起步了。

有一天，干国祥（南明教育总校长，"全人之美"课程的总设计者）给我推荐了一本书，正是先生的《古老的回声》。一读之下，立即十分喜欢。上次因一本诗歌研究的书而兴奋不已，还要更早上十年，是叶嘉莹先生的《唐宋词十七讲》。

实际上，诗词研究的大家颇多，但研究方式，仍然大体不脱"训诂、义理、辞章"。而讲义理，又多是一种所谓客观的解释。不说专门的研究，类似《唐诗鉴赏辞典》这样的作品，仿佛商店里摆满了精致的货物，琳琅满目眼花缭乱，但是却勾不起购买的冲动。用之于教学参考，可以解决基本的词句梳通，却少了一些能够触及灵魂的东西。然而，《古老的回声》却给人以完全不同的感觉。什么感觉呢？这些被分析的诗歌，我第一次感觉到"看见"了它们。例如先生对《春晓》的解读，短短四句，写了一万多字，然而，这首诗却第一次清晰地活在了我的生命里。究其原因，似乎恰恰是先生不守诗歌研究的本分，大量地引入心理学、哲学与文化理论，从而将一首诗歌创作的心理过程，细致入微地呈现出来。而且，这一过程是充分潜意识的。诗人在这个春天的早晨醒来，他的心理所经历的变化过程，一下子变得清晰可感。读诗的感觉，不再是面对一个客观的东西，而变成了一次再经历，并且是十分新鲜的有层次感的经历，似乎自己的感官也再次被唤醒了，这是一种阅读解读诗歌的文章时很难遭遇的高峰体验。相形之下，大量学院派的解释，更像是解剖文体为诗歌的尸体。

应该用什么样的词来形容呢？

生命感！

这是在《文心雕龙》原道篇，在《人间词话》，在叶嘉莹先生的解读中所曾经历过的。在这里，丰富的浪漫、与惊人的精确，被水乳交融地结合起来了。而解读本身，也便成了诗，成了诗人、解读者、阅读解读者围绕着诗歌本身的一场隐秘的狂欢或高峰体验，妙不可言。

二

之后，这本书便成了团队内部的必读书。当然，一个重要的原因，是因为南明教育的"全人之美"课程体系，是超越知识中心主义的课程建构而崇尚儿童中心或生命中心的，我们的研究本身也在力求恢复知识的动词属性，恢复知识与生活、生命之间的关联或共鸣。我们甚至开发了专门的晨诵课程，反对死记硬背，强调当下感受，是谓"与黎明共舞"。而《古老的回声》，无疑成了深具启发的利器。不久我写了一本教师专业发展方面的研究习作，最初叫《构筑合宜的大脑》，后来改名为《教师阅读地图》，一直比较畅销。这本书中选取了几本文本解读方面的书籍，《古老的回声》就在其中。

2009年开始，我牵头负责组建了一个基于网络的"海拔五千"新教育教师读书会，旨在倡导深读。半年后，升级成为"新教育实验网络师范学院"(简称网师，即今日南明教育网络师范学院前身。我们试图改变教师不读经典的现状，因此以哲学、教育学、心理学、课程领域、文本解读等领域的经典作品直接作为课程。而在文本解读领域，我们最初开设的课程有三门，就是《人间词话》、《古老的回声》和"文本解读与设计"，而且一开就是多年，影响了许多老师。不过遗憾的是，《古老的回声》并没有畅销(我认为跟书名也有一定的关系)。不过，好书绝版，坏书大行其道我们已经司空见惯。买不到怎么办？我们发动网师学员，开始了手工录入，然后制作成电子书当教材用，大家热烈响应。因此，听到先生作古，网师学员们纷纷留言：

很多记忆在眼前飘，因为这个《古老的回声》，我真正蜕下虚饰的铠甲，真正走进网师。（灰菜燕燕）

有点沉。但不悲！有些东西在薪火相传。

这是网师第一门功课第一部书。从这里，了解屈原和家族"神秘主义"之间的"生命密码"，在《野草》解读篇中第一次认知整体与部分的关系，从《春晓》里知晓意识与潜意识。而灰菜以《孔雀东南飞》的切身体验跟王先生的解读对话，也开启了我对文本的批判认识……也从这里，我开始步入"大学"殿堂……

王先生精神永恒！（夜色飞蛾）

……

当时网师的课程要求很严格，都要提交作业，而且作业动辄上万字。因此，穿越了这些课程的老师，对这本书的感受是不一样的。可能先生根本想象不到，他在《古老的回声》中所运用的工具，所解读过的诗歌，已经被一批一线语文老师仔细消化过，并且从此活在一些教室里了呢！

三

大约五年前，我接受执掌新阅读研究所的好友朱寅年兄的邀请，组建团队，开始了持续三年的"中国中小学教师基础阅读书目"的研究。当时，在寅年兄的努力下，新阅读研究所的书目研究已经十分严谨和出色，具有广泛的影响力。因为对我的专业和公正度的信任，在书目选择上我获得了极大的自主权。在计划中，书目分为100本基础阅读书目和100本学科阅读书目。基础阅读书目主要以教育学、心理学、课程与教学、教育管理、教育教学实践和人文社科背景为主，而在学科阅读书目中，语文约有20本，也涉及到从语文课程论、文本解读到教学实践等诸多领域，而在仅有的几本文本解读书籍中，《古老的回声》是当然之选。当时的想法是，这么好的书，不能容忍被埋没，一定要让更多的老师看到。就在书目制作期间，大约2014年前后，意外地接到一个电话，是北师大的杜霞教授打来的。原来，她是先生的弟子，从网络上搜索到我们将《古老的回声》制作成了课程，很感兴趣，希望我来参与，推动这本书的再版。我当时大喜，立即告诉杜霞老师，我正在制作书目，这本书肯定会入选。而且当时很有把握地说，书目2014年9月就会公开发布，除新阅读研究所召开新闻发布会外，腾讯网也会有专题同步发布。我讲得这么肯定，是因为我是这个书目的主持者，而发布时间也是跟寅年兄约好的。

为什么我会"大喜"呢？

因为我虽然从未拜访过先生，但他的作品很早就影响了我。而《古老的回声》制作成课程后，在我们团队以及辐射的教师圈内（这里教师遍布五湖四海），已经成了大家的共同语言与密码之一。更何况发掘好书和推动出版，一直也是我们的心愿，从童书《特别的女生萨哈拉》，到教育学类的如怀特海的《教育的目的》之类，都是我们团队挖掘、传播和呼吁的。能为推动《古老的回声》再版出点力，当然是求之不得的。

很快，四川人民出版社的张丹老师就联系了我。我也表态，完全配合和听从安排。张丹老师嘱我写一段话用于封底，我写了这样一段：相比于那些铺天盖地却隔靴搔痒的诗评，先生从心理学等角度入手，既有深切的生命感受，更能真切地还原诗歌涌现之初的微妙与生动，并抽丝剥茧地展现开来。在诗与思的交融中，那些曾经鲜活的生命留下来的古老的回声，第一次如此清晰又动人地呈现在眼前，令人如饮美酒，难以忘怀。

这已经是 2014 年 3 月的事了。我说得信心满满，板上钉钉。于是，等拿到书，封面上添加了这样的字样："中国中小学教师基础阅读书目入选图书，书目将于2014 年 9 月由腾讯网和新阅读研究所联合发布。"然而就从这一年开始，发生了许多变故。先是因为一些原因，新教育研究中心不得不整体脱离新教育实验，成立南明教育，开始在河南、山西、安徽等地投身私立学校，让"全人之美"课程落地生根，再是朱寅年兄因为一些原因辞去新阅读研究所所长一职，书目就被拖延了，审查了，修改了。更重要的是，学科书目被整体取消了，这样，《古老的回声》终于没有进入书目，我很尴尬和不安，觉得很对不起先生、杜霞老师和张丹老师，但似乎也无能为力。

再后来，就听到了先生作古的消息。

寅年兄也很伤感，转来了钱理群先生怀念王先生的文章，我这才知道，先生并不是一个传统意义上的学院派，在某种意义上是学院派中的另类。他不仅是一个卓越的教授，更是或者首先是一个大写的人，一个大写的中国知识分子。他研究鲁迅，是怀着深沉的使命感的，是自觉地有所担当的。他所做的，不是所谓的客观的学问，实际上是将学问同时作为性命之学。因此，他的研究，包括对诗歌的研究（这也算是跨界吧），是蘸着生命的汁液的有温度的研究。而他的作品，能够在我们团队中引起强烈的共鸣，也是因为我们一直在做人的教育，有温度的教育，反抗异化的教育，同时，我们又不是一味地反抗，或者主要不是反抗，而更强调一种建设者的姿态，例如对文本细读的重视。而在这两方面，《古老的回声》同时满足了我们。

很早我就知道先生很关注中小学语文教学，并且出版过相关论著。但也是通过钱理群先生的怀念文章，我更真切地领会了这种关注背后所潜藏的使命感。如果说，先生只是作为长者，作为有使命感的知识分子而关注、关心中小学语文教学的话,我们则是以教育(当然包括语文教育)为终生使命的研究者和实践者,在某种意义上,我们听到了这种召唤,并且积极地响应。

所以,先生,请安息吧。

哪怕在基础教育界,您也并不孤独。您的思想与学术,您对教育、对文学、对学术,对我们这个民族的深沉的责任感,将在我们这里,在更多的人那里,产生悠远的回声⋯⋯

我想,这也是纪念您的最好的方式。

2017 年 5 月 13 日星期六于运城国际

(作者系新教育实验教师专业发展项目主持人)

我所知道的王富仁先生

朱崇科

2017年5月2日晚上7点,著名学者,中国现代文学研究会原会长、北京师范大学文学院教授、汕头大学文学院终身教授王富仁先生病逝,享年76岁(1941—2017)。

我并非王富仁先生的入门弟子,却有幸得到王先生赐序两篇,真是毕生的荣幸。我素来对王先生充满敬意,毕竟,作为鲁迅研究界的前辈,王先生树立了一个新高度——他是"文革"后真正让鲁迅回到人间的国内学者,也是"长远时间"内鲁迅研究界的佼佼者。某种意义上说,作为鲁研界的后辈,我是读着他的专著和各种论述长大的,从鲁迅研究到新国学,从现代文学到文学教育,等等。

由于地处南荒、出生也晚,我和富仁"乡贤"(山东人)的交集不太多,但他2003年南下后我们才有了更多可能的学术交叠。2007年1月,为纪念鲁迅先生来广州70周年,中山大学中文系(广州)举办了有关纪念活动,那时还是副教授的我担任幕后的学术策划,也负责接待富仁先生和王德厚(得后)先生。有幸和两位前辈一起在紫荆园餐厅喝早茶,王先生谈笑风生,对广州的点心赞不绝口,并特别喜欢吃凤爪,我那时特别把服务员叫过来多点了一盘,王先生边吃边谈,兴致很高。此后,我把每年出版的拙著都送给二王先生斧正。二老特别有人情味,要么是必回电邮,要么则是手机短信郑重致谢,让人温暖。而他有新的论著出版,也会赠书,让我有机会认真拜读。

2009年时我准备出版《鲁迅小说中的话语形构》一书,特别想请王富仁先生赐序,当惴惴不安的我提出请求时,古道热肠的他当然答应了,但他也对我说因为太忙,可能需要一些时间。于是我把该书的书稿寄给了王先生。时间大约过了半年,我又把《广州鲁迅》书稿的前身《1927年广州场域中的鲁迅转换》奉给王先生指正,请他多提宝贵意见。谁承想王先生那时大病初愈(用他的话说"差点见了阎王"),在完成"文债"时居然把我征求意见的书稿当成了要出版的书稿,撰文《当代鲁迅研究漫谈——朱崇科〈1927年广州场域中的鲁迅转换〉序》并且很快发表在2010年

11月的《鲁迅研究月刊》上。因为拙著《鲁迅小说中的话语形构》2011年要出版,而我告诉人民出版社责任编辑并一直等着王先生赐序,没想到他先完成了《广州鲁迅》的序言。无奈之下,只好斗胆告诉王先生真相,请求他继续赐序,没想到王先生忙不迭道歉,并在2个月内又完成了另一篇序言,让我感恩到无话可说——又感激又不安,甚至觉得连庄重的谢谢都显得轻浮。

在请前辈赐序的时候,我往往会特别说明,我不只是希望提携,而更是希望点拨,也欢迎批评建议:虽然绝大多数人都喜欢听表扬的话乃至溢美之词,但我还是觉得,如果前辈们能够以我为个案,指明某种研究路向的可能性,包括缺点,这或许也是一件功德无量的事情,至少让后面的年轻人少走弯路。2003年美国哥伦比亚大学王德威教授在应邀为有关新加坡马来西亚华文文学的论文集——拙著《本土性的纠葛》(台北:唐山出版社,2004)赐序以前我也特别有此请求,结果王德威教授在序言中有一小段话特别触及了我的有关本土性论述的"抽刀断水水更流"的尴尬和虚妄,某些特别喜欢表扬的人以为厚道厚重的王德威老师不愿给我写序,殊不知这是一种信任和更高要求,在序言末尾,王德威先生笔锋一转,"我对朱崇科的论文集也许有求全责备之处。但惟其因为朱所要处理的问题如此复杂,而他所显现的兴趣又是如此专注,我们对他的期望自然更较一般为大。离开了中国大陆,朱反而发现了华文文学的丰富面貌:不论是他乡是本土,语言文字的流传及其所折射的现象,千变万化,哪里是一二主义或权威所能尽涵?以朱崇科对文学史及文学理论的深厚训练,未来的批评必有可观,也值得我们继续期待。"

说句实话,作为一个山东人,作为一个坚持运动20余年韧性十足的学者,我从来不畏惧任何压力、挫折和批判,更不要说是恶意的流氓行径。我往往可以坦然面对甚至虚心和乐于接受有意味的建设性意见和批评。王富仁先生在给拙著《鲁迅小说中的话语形构》撰写的序言中既有表扬,也有少许批评和更多期待,更关键的是,作为前辈大佬,他从来都是和蔼可亲、厚道可爱的,"朱崇科先生给我寄来他的《鲁迅小说中的话语形构:'实人生'的枭鸣》这部书稿,并希望给它写个序言,我非常高兴,但也非常为难。高兴的是在这个鲁迅研究相当冷落却倍受指摘的历史时期,朱崇科先生持之以恒地坚持着鲁迅研究并且毫不以故意挑剔一点鲁迅的似是而非的毛病而显示自己的'进步'或'超脱'为荣,反而以更加严肃的态度去开掘这种极难开掘的研究课题,是非常令人感动的,也是令我这个'鲁迅党'的'党员'感到十分高兴的。"而在为《广州鲁迅》赐序时,在花了很长篇幅阐明他对鲁迅研究的范式观感和总结后特别指出,"朱崇科这部学术著作是坚实的,而不是虚浮的。"最后又可爱地加了一句说,"唠叨得太多了,请本书的作者和读者原谅。"

作为一个研究、学习鲁迅近20年的学者,我从蹒跚学步逐步成长为70后青年鲁迅学人,对自己的学术优缺点还是了然于胸的,迄今为止,已经出版了《张力的狂欢》《鲁迅小说中的话语形构》《广州鲁迅》《〈野草〉文本心诠》四部鲁迅研究专著。其间也遭受到某些别有用心人士的恶意批评乃至诽谤(居然也是两篇)。我一开始还会生气,但后来干脆一笑置之:其实他编排的对象根本不是我。这不是在于我气量有多好,而是因为我知道自己辛勤耕耘背后的底气和可能的问题,当然绝对不至于"连小学语文水准都达不到"。更令人感慨的是,同样是前辈,厚道热情与变态刻薄、同情之了解与肆意谩骂、指明方向与词汇校对是近乎天壤之别的存在啊。尽管如此,每每念起富仁先生的提携和品格感召,我总想:如果有一天我能够成长为学术大佬,一定会善待孜孜不倦求学的学术后辈,努力为他们提供一个活跃、包容、健康而又可人的学术平台。某种意义上说,王富仁先生以他的人格魅力和学术品味为我辈树立了典范,就此一点,在日益浮躁和山头林立的学界,他老人家可以千古了。

的确,"有的人活着,他已经死了。/有的人死了,他还活着。"

王富仁先生以他的学术和人品风范令人感念。斯人已逝,但他的精神长存!至少作为后辈的我,必将努力传承下去,至少作为一个"鲁迅党"党员,我乐于从学术和精神上接过旗帜。我想,王富仁先生作为一个厚道的前辈,作为一个把生与死看得很淡泊的可爱学者,九泉之下或许、也应该会赞成我的感念的。

愿王富仁先生天堂安息!

2017 年 5 月 13 日

(作者系中山大学中文系教授)

"鲁迅怎么看我们"

——王富仁的鲁迅研究断想

张　克

若是依据王富仁老师的为人为文,由我来妄议下他的鲁迅研究,自然也是可以的。那原因之一在于他不会以身份、成就之类鄙夷每一位热爱鲁迅的普通人。谈起他来恐怕说"王老师的为人为文"比"王先生的道德文章"更接近他本人一些,这大概是我感受中他的真实存在,平民气胜于学者范,宽厚、亲切。更重要的,他始终如一的深切体认、发展着鲁迅的精神和思想,在他那真诚、朴茂且别具启发性的研究里,对鲁迅感同身受的情感催生出了绵密的思想,思维的拓展又唤醒了更多的体悟,他那行文论说的率真和勇敢常常令人心向往之。他的研究不仅值得学术性的汲取,恐怕还将成为测量新一代研究者精神成色的重要思想资源。他曾对远离所谓上流京海文化界、已沦落至外省小校的卑微的当代鲁迅研究者乃至一般知识分子的悲哀与尊严有着动人的体察。① 作为正粉墨登场的 1970 年代鲁迅研究者的一员,本人恰恰正过活在相类的处境里。这其实也不足为怪,每个人都得为自己散在中国社会各处的生命负责,虽然和鲁迅一样,"我自爱我的野草,但我憎恶这以野草作装饰的地面"。② 王老师热爱鲁迅却不曾躲在鲁迅的背后唯唯诺诺,我们自不必猫在王老师的研究文章里掩饰属于自己的困惑,以下关于他的鲁迅研究的点滴断想,自然是立足于自己的问题意识的,只是限于篇幅也只能讲些梗概的东西了。

"鲁迅怎么看我们"

我愿意借用王老师未必偏爱的大儒朱熹的那句"新知培育转深沉"来综括他的鲁迅研究。这里的"新知",是指以鲁迅为杰出代表的中国现代文化里最宝贵的精神传统、思想追求熔铸成的"新知";这里的"培育"既是指他的研究本身就是这一传统的传承和发扬,又是指迄今为止这一传统并不像时人想像的那样强大,反倒是常

---

① 王富仁:《中国文化的几个层面——段国超先生〈鲁迅论稿〉序》,《宝鸡文理学院》2004 年第 5—6 期。
② 鲁迅:《野草·题辞》,《鲁迅全集》第 2 卷,人民文学出版社 2005 年版,第 163 页。

常被涂油抹粉、抽筋敲骨,依然需要用心"培育"乃至激动的争论,林林总总的以冷漠、温热乃至苛严的情绪对待这一传统的评说虽然也提出了特定的问题,但在骨子里毕竟是隔膜的。"转深沉"的"转"既是指这一传统本身的生长性、转化性,也是指王老师作为研究者与社会思想变动高度同步的动态感,"深沉"则是一种渗透着理性的有风骨的深刻,有深度的风骨,它是鲁迅这一精神传统培育出的人格力量。

当初阅读时,王老师的《中国反封建思想革命的一面镜子——〈呐喊〉、〈彷徨〉综论》(以下简称《镜子》)给我印象最深的,还不是他那高度自洽的系统性研究范式多么高明,而是他那绵延不绝、层层皴擦、枝枝蔓蔓的文风。这文风恐怕到现在都令不少有深厚文言修养尤其有着咬文嚼字嗜好的同行头疼。奇异的是,在这涌动着情绪、裹挟着类比、直白着好恶的语流里,竟然流淌出了令人应接不暇的对于鲁迅作品无与伦比的真切感受。譬如:这是他讨论小说《在酒楼上》里的吕纬甫的温情的一段文字:"吕纬甫所表现出来的种种温情,就其本身而言,并无可以深责的地方,是在正常状态下的人之常情,但在当时的思想环境中,却成了沉埋吕纬甫的陷阱,这里的条条葛藤都把他拴住、捆住、缠住、绑住,把他牢系在封建现实关系的网络中,再也动不得、挪不得。"[1]这句子里的情绪以"但"字为界,由贴心的理解逐渐紧张乃至最后推向恐惧、窒息,与吕纬甫的生存轨迹却是高度偎贴的。再譬如,这是分析《孤独者》里的魏连殳的失败的文字:"他的失败,不像吕纬甫那样是被封建传统传统势力的流沙掩埋了的一株灌木,也不像涓生、子君那样是被封建思想势力的巨浪颠翻的一叶小舟,而是被封建思想势力的狂飙摧折了的一株巨木。"[2]这论断一波三折的总体节奏是铿锵的,但这语流里充盈的却是发散性想像带来的三幅生动的生命景象图,对比之下魏连殳的悲剧性命运愈加昭然可见。再看如下关于鲁迅本身的直白文字:"只有在压迫者面前,鲁迅的面目才是可怕的,他会因神情紧张而脸色变得铁青,因用力而肌肉抽动、面目变形,但在我们这些贫弱者面前,他会同我们一起哭,一起叹息,一起诉说人生的艰难,一起袒露内心的矛盾,一起哀叹斗争的疲惫,一起在混茫的人生之途中困惑地辨识着每一条似路非路的东西摸索着前进。对我们,他不是审判者、训导者、指挥者,而是亲人和朋友。在他的意识中,不是他应当审判我们,而是我们,我们这些属于平民百姓的华夏子孙,我们这些对他来说属于未来的人们,应当审判他,审判他的一生,审判他的未经证实的言行和

① 王富仁:《中国反封建思想革命的一面镜子——〈呐喊〉、〈彷徨〉综论》,北京师范大学出版社 2000 年版,第 88 页。
② 王富仁:《中国反封建思想革命的一面镜子——〈呐喊〉、〈彷徨〉综论》,北京师范大学出版社 2000 年版,第 94 页。

追求。"①这段话简直是一处炽热心曲的激流,热腾腾的,鲁迅的神情紧张点燃的是王老师的激越,一方面他热情地呼唤着我们一道去亲近鲁迅,另一方面似乎又迫不及待,隐隐的似乎要失去对我们的信任,转而又为鲁迅的身后命运嘘唏,在微妙心思的转换中,语言的闸门打开,郁积的情感索性一股脑朝我们倾泄过来,并最终将我们拥抱、淹没。

王老师的行文,正如他感受到的鲁迅小说那样,"感情的热焰包容着他的理性认识,他的明确的知性认识给他的感情的热焰续这燃烧不尽的柴薪。"②我以为不能领会王老师如此文风的力量和热度,恐怕是很难真正进入到他的研究世界里的。我们也的确要承认一个事实,中国文化强大的文言传统锻造的文章多非这样急切的遄流,多的倒是四六句顿挫的文字方塘,鲁迅称许的庄周那样的"汪洋恣肆,仪态万方",苏东坡被称道的"涣然如水之质,漫衍浩荡"毕竟是极少数卓越的生命才迸发出的异彩,即使鲁迅自己何尝不也认为自己的文章是"挤"出来的。有意味的是,王老师自己倒是常常感叹自己的文章究竟还是属于学院派的,和鲁迅作为一个伟大作家的传统还得分属两类,大概是认为学院派偏重于理论的推衍而短于情感体验的凝结吧。他深以为憾、感受到差距的、也是他努力靠近的,其实正是全部鲁迅研究的基础,那就是对鲁迅这样一个生命个体的真实感受,由此出发才能展开对鲁迅的情感、愿望、意志、思索的评头论足。在王老师的鲁迅研究里,希望建立的也是以鲁迅的文学尤其《呐喊》、《彷徨》里的小说为根柢的世界。它可以以情感的吸附力吸引到与鲁迅心灵相通的人,这是在社会政治、文化的思潮频繁变迁后鲁迅研究的重生之源;与此同时它也以情感的真挚性测量着各类围观之人的真实心思。这和包括我自己在内的众多鲁迅研究者更倾向于以某种思想资源为凭依、寻找某种思想、心理支点撬起(翻)鲁迅的做法是决然不类的。在鲁迅研究史上,以"文学"而非思想作为鲁迅精神世界最深沉的所在,也不乏其人,如日本学者竹内好在《鲁迅》一书里也曾提出过鲁迅身上"文学家"与"启蒙者"的对立问题,但像王老师这样执着的其实并不多见。他几乎把中国现代社会、文化发展的诸多命题都纳入到了鲁迅文学世界里描述的种种人生图式中加以审视,例如他对《孔乙己》里鲁镇酒店格局的分析就是这样。他视这一格局就是迄今为止中国社会权力结构的文学性表达,自己就是当代的孔乙己而已,小说高度容纳了他作为当代知识分子最真实的私

---

① 王富仁:《中国反封建思想革命的一面镜子——〈呐喊〉、〈彷徨〉综论》,北京师范大学出版社2000年版,第167页。
② 王富仁:《中国反封建思想革命的一面镜子——〈呐喊〉、〈彷徨〉综论》,北京师范大学出版社2000年版,第5页。

人情感和社会感受。① 他的绝大多数研究都是如此，他是想借鲁迅的眼看清生活的世界，所以他的很多表达可以说都是在以自己的语言重新唤醒、推衍鲁迅的感受和思致。他那急切、热烈、绵长的文风正是自己努力贴近鲁迅文学世界，感悟鲁迅文学世界里各种情感振荡的表征。每个研究者的性情自然是不同的，但恐怕也得承认，没有敏锐多感的体悟，在分析鲁迅作品时是不可能写出这类随处可见的文字的，譬如："鲁迅是以极其强烈、极其深厚的同情，以即将迸裂的心，以即将断弦的忍耐，来叙述魏连殳的悲剧命运的。"② 再比如："在《在酒楼上》的吕纬甫的悲剧是深沉的，浓郁的，它更多地唤起的是人们的忧郁的情思，而较少压抑着的愤懑。他是被琐细的温情蚕食掉的觉醒者的形象，在这一过程中他有着哀婉的叹息，但却无剧烈的痛苦，鲁迅对他的同情也由于这种性质而呈现着浓郁而不炽热的色彩。"③

王老师自己是这样"体验"着研究鲁迅的，也是以这样的标准衡量鲁迅研究的，在他《鲁迅研究的历史与现状》一书里或礼赞或批评最多的就是鲁迅生前身后各色人等、研究者的真实人生体验。在这个意义上，王老师自己感受到的自己的学院派属性不利于理解"文学"的鲁迅的矛盾是有普遍意义的。也恰恰在这一点上，王老师的鲁迅研究，的确如前文所说"恐怕还将成为测量新一代研究者精神成色的重要资源"。反躬自省，恐怕当下不少所谓的鲁迅研究文字是既无"力"也无"心"的，甚至是反鲁迅精神的，是一种可悲的研究的变异，这是那些文字里唬人的权威腔调、浮夸的才子气，精明的大述小引套路（按王老师的说法这是绅士、才子、流氓气）等等都无法掩饰的。

记得 2006 年在绍兴"纪念鲁迅诞辰 120 周年大会"上做总结发言时，王老师曾说，鲁迅研究无非两个问题，"我们怎么看鲁迅"和"鲁迅怎么看我们"。他的研究表明，他是把"我们怎么看鲁迅"时是胡说八道还是言不由衷的标准放在"鲁迅怎么看我们"那里的。虽然，本质上他体悟到的鲁迅只能是他自己的鲁迅，是不可以霸道地成为普遍的鲁迅研究的标准的——这也是他常常既谦卑又豁达地承认的，但全部的鲁迅研究要接受"鲁迅怎么看我们"的诘问却是真切的，严肃的，不容回避的。这个诘问其实是要确立我们研究者的品质和身位，老实说是巨大的精神拷问，我本人就常怀有"对他入谜又心怀恐惧"的感受。在王老师看来，他的研究要持守的立

① 王富仁：《中国文化的守夜人》，人民文学出版社 2002 年版，第 209—224 页。
② 王富仁：《中国反封建思想革命的一面镜子——《呐喊》、《彷徨》综论》，北京师范大学出版社 2000 年版，第 91 页。
③ 王富仁：《中国反封建思想革命的一面镜子——《呐喊》、《彷徨》综论》，北京师范大学出版社 2000 年版，第 92 页。

场是明确的,那就是"中国文化本位论"。① 他的研究是有前提的,"鲁迅与中国文化的研究永远是一个有前提的研究,……我们这些生活在中国文化内部,身受着这个文化结构的束缚,希望中国文化继续朝着更加科学、民主、自由的现代化方向发展……"②我以为,王老师确认的这些前提并非没有反对意见,譬如想以"基督信仰"、"儒家礼制"等等重新规化中国社会、文化的人就未必首肯。思想界的歧途与对峙是不可避免的,王老师的很多论说我们新一代鲁迅研究者自然不必盲从,争辩与挑战时有点"太岁头上动土"的张狂恐怕也是可以宽容的,但就鲁迅研究来说,尤其是对于"我们这些生活在中国文化内部,身受着这个文化结构的束缚,希望中国文化继续朝着更加科学、民主、自由的现代化方向发展"的研究者来说,他倾心热爱鲁迅的热情、意志、浸润着鲁迅精神的风骨是我们应感佩且传承的。离开了这些深厚沉实的精神动力,鲁迅研究者只会离鲁迅的精神越来越远,攀缘着各种精明的管道成为又一个成功的"做戏的虚无党",那简直是一定的。

"我们怎么看鲁迅"

在各个时期,王老师在鲁迅研究范式的更新上高度的自觉和探索的开拓性是引人瞩目的。最为鲁迅研究界熟悉的,莫过于《镜子》一书以社会思想革命与政治革命对局,以两者之间的偏离角为切入点,最终在二者异同之间的细致辨析中建立起了庞大的论述系统,颇有马克思的博士论文《德谟克利特的自然哲学和伊壁鸠鲁的自然哲学的差别》的方法论神韵。而在《鲁迅与中国文化》的长文里他先以共时性的文化空间观念审察了"纯客观或流线体的文化历史观"的不足,然后以文化的创造性、超越性又将历时与共时,断裂与延续两者合二为一,建立了研究"鲁迅与中国文化"的文化空间架构,结构感十足。③ 其他具体问题的论述中每每也是先从调整人们习以为常的研究观念入手的,如《鲁迅小说的叙事艺术》一文很明确就是要以"文化分析与叙事学研究的双重变奏"实现以具体的分析取代传统叙事学偏好抽象的旨趣。④ 再譬如《中国文学的悲剧意识与悲剧精神》一文是以人的自由意志与宇宙意志的对局研究悲剧,以悲剧性的生活感受与悲剧性的精神感受的对局来讨论中国人的悲剧意识。⑤ 至于借用鲁迅对自己思想的自陈——"个人主义与人道主义的消长"那样的对局来分析鲁迅的作品更是自然晓畅,譬如:"假若说《在酒楼

① 王富仁:《先驱者的形象》,华东师范大学出版社 2014 年版,第 453 页。
② 王富仁:《中国文化的守夜人》,人民文学出版社 2002 年版,第 6—7 页。
③ 王富仁:《中国文化的守夜人》,人民文学出版社 2002 年版,第 2 页。
④ 王富仁:《中国文化的守夜人》,人民文学出版社 2002 年版,第 149 页。
⑤ 王富仁:《中国文化的守夜人》,人民文学出版社 2002 年版,第 293 页。

上》是对失去了个性主义骨架的人道主义的否定。《孤独者》则是对失去了人道主义枝叶扶持的个人主义的否定。但它们的否定又都不是简单的否定,而是在二者的消长情势中的相对的否定,其否定的对象都不是人物本身,而是导致觉醒知识分子发生这种思想变化的社会思想的现实状况。"①诸如此类的具体论述不胜枚举,不必赘引,可以说,无论从宏观还是微观,王老师都自觉地建立起了一个属于他自己的鲁迅研究的解释系统。

这一解释系统最显著的特点是,在不同论述层次上都建立起了一对对局的核心概念,以这一对核心概念的对立、差异、偏离、互相转化乃至在更高层次上的对立统一的运动逻辑构成思考、行文的骨架。对立概念的其中一个常代表着某一时期人们习以为常的解释角度,它在特定历史阶段、特定社会位置上自然有其合理之处。但随着它的覆盖范围日渐扩张、其内在的生命力却愈见枯竭,其合理性超出了边界后必然因脱离鲁迅的生命体验本身变得虚伪和言不及义起来。此时,人们或出于惯性还在继续使用这些概念但也因此了无新意、虚情假意乃至现出了残酷的吃人面相,或出于情绪上的厌恶对其嗤之以鼻,不屑一顾。其实,最需要的是在更高层次上理性地打捞它的合理性乃至宝贵的精神潜力,从而审定它的边界,安放它的位置,寻找它的更生。不如此而一味趋新,企图依靠万花筒一样的新词汇、时髦观念的轰炸、覆盖其实是另一种虚浮的表面功夫,究其根本也是不诚实的,这当然也是看重对鲁迅的感受、体验的王老师同样不以为然的。不过,王老师的尴尬在于,旧习惯浸透的人会固执地反感王老师的更动,《镜子》出版后对其偏离马克思主义理论的指控正是如此;他们实在批判错了对象,在王老师的研究中,他从来不鄙薄任何关于鲁迅的观念,总是努力揣摩其创造者、提出者真实的人生体会、问题意识,然后将其安放在鲁迅研究历程的适当环节和位置上,他是努力将知人论世的宽厚、真诚和社会理性批判的严肃性高度相结合的;其实若仔细思量,这不正是鲁迅本人在整个中国现代社会思想文化发展过程中开展文化批评的真实写照吗?

虚浮的趋新者自然也是不以为王老师有先锋性的,王老师自己的思想理论资源的确也没有那么丰富、新锐和高明,他视 19 世纪的文学才是最有深、广度的文学资源,虽然谙熟大多数马恩著作却连《资本论》都没看过,思想资源、现代艺术趣味的单一都是显豁的。他更仰仗的还是现实社会与鲁迅的精神世界之间双向激发的生命感受。王老师也不是很看重自己研究方法的抽象化和理论化,对概念的分类、使用也不那么的精密,只要能传达出他真实的感受和认知他是更倾向于得鱼忘筌

① 王富仁:《中国反封建思想革命的一面镜子——《呐喊》、《彷徨》综论》,北京师范大学出版社 2000 年版,第 90—91 页。

的,这和当下人文学术高度的科层化、刻意经营的品牌化潮流都是相逆反的。然而这种研究方法在鲁迅研究这里却是高度贴切的,与朴实的活泼和睿智相伴的是它强大的解释力量。何以能如此呢?那秘密是值得细细体会的。

我以为,王老师的研究方法其实就是生命本真的"辩证法",只是他没有大量援引辩证法的理论表述罢了。黑格尔以无比抽象的哲学系统写出《精神现象学》等著作后,辩证法的真意被封存在了晦涩的理论高墙内,王老师自己零星提到过精神辩证法,根据我的阅读印象他对马恩的一些引述里不乏辩证法的影子,但未见引述过《精神现象学》。当然,读不读黑格尔的《精神现象学》并不能成为是否具有辩证法精神的标准,鲁迅自己更喜欢的倒是敌视黑格尔的诗性的尼采。不过,熟读黑格尔的《精神现象学》,有助于对王老师乃至鲁迅的运思方式进行理性审视,这点阅读心得我倒颇想敝帚自珍。譬如,黑格尔讲到作为植物的花蕾到花朵的流动性时说,"它们的流动本性却使它们同时成为有机统一体的诸环节,它们在有机统一体中不但不互相抵触,而且彼此都同样是必要的,并且正是这样同样的必要性才构成完整的生命。"[1]的确,如若我们把整个中国现代文化作为一个正在发展的"有机统一体",与鲁迅有各种差异、对峙关系的各类文化的代表人物也应该在他特定的位置上成为一个"环节",情感上的好恶不能影响判断的理性,这其实正是王老师在考察鲁迅与中国传统文化、现代文化的各种人物时所主张的。

按照邓晓芒的研究,黑格尔的辩证法,究其根本是一对对立的概念构成的矛盾的运动,即作为矛盾双方的努斯精神与逻格斯精神之间既对立又互相转化形成的否定之否定过程。这里的努斯精神与逻格斯精神,在西方哲学的精密分析中自然有其复杂的意涵,如略而言之,其实就是人灵魂的超越性、自发性和语言、思维的规范性、一致性之间的矛盾,前者追求自由,后者强调必然性,但其实二者又必须互为基础,最终在"理性"中合而为一。[2] 黑格尔在《精神现象学》里步步为营,层层递进,为我们展示了人类的精神从最简单的感觉开始,在自身的否定之否定(自否定)的不断新生中生成人的全部精神世界的过程。我在阅读时每有辩证法内在的精神(自否定)与鲁迅的精神特征可以相对照的强烈印象,譬如,黑格尔说"精神的生活不是害怕死亡而幸免于蹂躏的生活,而是承担起死亡并在死亡中得以自存的生活。精神只有在绝对的支离破碎中把持住其自身时才赢得它的真理。精神之所以是这样的力量,不是因为它作为肯定的东西对否定的东西根本不加理睬,就像我们对某种否定的东西说这是虚无的或虚假的就算了事而随即转身他向那样;相反,精神之

---

① 邓晓芒:《黑格尔:〈精神现象学〉句读第一卷》,人民出版社 2014 年版,第 59 页。
② 邓晓芒:《黑格尔辩证法演讲录》,北京大学出版社 2005 年版,第 7—10 页。

所以是这种力量,仅仅是因为它敢于面对面地正视否定的东西并停留在那里"。①我认为这可以看作是对体现鲁迅精神深度的散文诗集《野草》里的"野草"、"过客"、"死火"、"枣树"等等意象的精神实质,对鲁迅"野草"式的生存哲学最深湛的哲学化阐释了。或者说,鲁迅精神世界内部的运动性本身是内蕴着"辩证法"的特征的,这才是王老师充盈着情感体验的辩证法的研究方法的源头。

这里需要为自己通过黑格尔《精神现象学》的哲学智慧审视王老师的研究范式乃至鲁迅的精神特征这样一种方法略做解释。如果说仅仅把黑格尔的思考定位成金科玉律,以此鞭打出鲁迅的浅薄以自高,那自然是可笑的。毕竟辩证法的内在精神是属于全人类的,不仅在中国的道家哲学、《易经》等文化典籍里有着相类的丰富的思想,重要的是在人们的现实社会生活里也是不缺乏"辩证法"的生活智慧,这一点在深谙中国社会人情世故的鲁迅那里更是不在话下,各种揭露所在多有。从思维方法上,王老师的鲁迅研究中体现出的力量、深度与此多息息相关。但若是承认辩证法的成熟理论形态的确是由黑格尔完成的,对他精深的思考刻意拒绝怕也不是鲁迅主张的"拿来主义"的气度。鲁迅是不以诘问自己、批判中国传统文化的缺失为耻的,自己倒是愿意遍引人类精神世界的各路豪杰大德,如拜伦、达尔文、尼采、陀思妥耶夫斯基、克尔凯郭尔、耶稣、佛祖等等的眼光来审视自己和中国,晚年他更是欢迎真正的马克思主义者对自己展开批评。看来,"援引某种精神资源看鲁迅"这种看鲁迅的方式并非没有它的价值。其实这不恰恰是人类精神活动、尤其是学术思想活动的常态吗?王老师的鲁迅研究里,也是很强调比较的研究方法的,甚至在不同文化传统、人物之间进行同中之异和异中之同的比较,正是王老师无比娴熟的拿手好戏。

但的确他是不太强调理论本身的自足性的,他更重视的是在中国的境遇里某种表达的社会功能,恐怕对"援引某种精神资源看鲁迅"的方式也是疑虑大于信任。生活的经验、某类挟洋以自重的中国现代文化人物的表现,鲁迅的感受等都提醒着他,这种"援引某种精神资源看鲁迅"的做派是很容易催生出当代的"假洋鬼子"的,因为"援引某种精神资源看鲁迅"是很容易在这种精神资源与鲁迅之间建立起等级关系的。毕竟中国社会从其本质上还是一个法家的法、术、势这套系统才能深切解释的社会,在这种境遇里文化活动中的权力、等级关系导致的文化的变质,是一切有良知的中国现代知识分子都深恶痛绝、异常警惕的。鲁迅对中国社会的很多批判,王老师对围绕在鲁迅世界的各色人等的评价,常常首先就会考虑这种权力关系,反抗这种权力关系。从某种意义上,如果说在鲁迅自身精神世界的探讨中,王

---

① 邓晓芒:《黑格尔:〈精神现象学〉句读第一卷》,人民出版社 2014 年版,第 280—281 页。

老师的研究方法主要来自于生命本身的辩证法的话;那么在讨论鲁迅与社会的连接时,他首先要做的就是先理清、揭露这种权力关系,这在他对如梁实秋、陈西滢、胡适等留洋文化人的剖析中、在对中国现代文化现象的各种评论中都是异常清楚的,甚至会给人以一种常以鲁迅是非为是非的印象,尤其那些不从这种权力关系着眼而只从儒家式的私人道德的角度臧否人物的就更会如此认定。我本人高度认可这种"反用法家"的智慧——反抗权力、捍卫权利,并认为深入研究"鲁迅与法家的关系"应是鲁迅研究最为重要的内容之一。悲哀的是,除去王老师的研究、日本学者木山英雄的一篇短文《庄周韩非的毒》以外,其实并无太多切实的研究积累。

然而,我在理解王老师更强调"人生体验"、尤其对中国社会、文化处境的真实体验的时候,也想依据辩证法的智慧指出,在生活中更真诚的体验、在行动中更理性的思索是中国社会的现代化同样需要的。而后者是必须援引诸如黑格尔关于辩证法的理论论述等全世界最杰出的思想资源才能得到磨砺和提升的。我们不是不需要而是浸润太少了,这才会使得"假洋鬼子"有了投机的空间。对于鲁迅研究来说,依据辩证法的精神,体验与思辨本是互为自否定的过程,体验经过思辨的测试才能成为凝结的理性而非易变的感慨,思辨接受体验的检验才能化为灵魂的沉实、意志的坚定。当然,对于新一代的鲁迅研究者来说,以理论资源的摆弄掩饰社会人生体验的匮乏、心灵的苍白是令人心伤的;以忠实于自我的感受为由封闭起来也不能算勇敢,最理想的状态当然是如王老师那样体验与思辨互相激发的才好,至于那些等而下之的操持着学术套话招摇于学术江湖的,不说也罢。

"我们"是谁?

以上挂一漏万地讨论了王老师提出的"鲁迅研究无非两个问题,'我们怎么看鲁迅'和'鲁迅怎么看我们'"。我所说的"援引某种精神资源看鲁迅"并非王老师没有意识到的鲁迅研究的第三个问题,它只不过是"我们怎么看鲁迅"的其中一种方式罢了,且有着自身易变质的风险。不过认真说起来即使变质也并非研究方法本身的错,变质的只能是人,真正的问题出在"我们怎么看鲁迅"和"鲁迅怎么看我们"的"我们"身上。

"我们"是谁?

在回答"'我们'是谁?",更具个体性的"'我'是谁"这两个问题上,王老师自己讲过很多坦率的话,比方说自己只是一位公民,一个吃鲁迅饭的学者,一个教书的,一个窝窝囊囊的知识分子等等。或许有人认为这太不雅驯了,可如果我们在整个现实的社会权力结构中看"我们","我们"可不就是这样的吗?

其实,王老师的回答还是暗暗地以鲁迅为榜样的,他是自觉的"鲁迅党"的一员。那么,鲁迅又是谁呢?

"中国文化的守夜人"——这是王老师"心目中鲁迅的样子","鲁迅是一个醒着的人","他是一个夜行者","鲁迅原本也是有条件趁机捞一把的,但他非但没有捞,反而把中国知识分子的那些小聪明、小把戏、戳破了不少,记录了不少"。① 这是我看到过的关于鲁迅之于中国文化、之于中国社会极朴实也极深刻,极诗意也极犀利的定位。在我看来,这几乎也是继毛泽东关于鲁迅的定位——"现代中国的圣人"之后唯一真正具有自身力量的定位了,因为这是回归到鲁迅作为一个知识分子而存在、发挥社会作用这一客观事实的定位,这可以说是王老师早年曾提出的"回到鲁迅那里"命题最动人的凝结。我在不少尊敬的前辈学者那里都能感到他们对鲁迅由衷的热爱,他们同样试图凝结出"心目中鲁迅的样子",但结果却并不理想。要么沉溺于鲁迅的精神世界不能自拔,跟随、隐藏在鲁迅的身后被鲁迅巨大的阴影所吞没;要么采撷些鲁迅身上的各种零碎,咂摸味道独自取温;要么热情地把鲁迅拉到自己更喜爱的另一位国外精神巨人的身旁一同或明言或暗喻地礼赞,视之为中国的尼采、中国的陀思妥耶夫斯基、中国的高尔基、中国的耶稣、中国的苏格拉底……;这些当然都属于鲁迅精神向中国知识分子群体渗透时的正常现象,"我们"对鲁迅的接纳未必全是以最具有鲁迅精神气质的方式进行的,有多少"鲁迅梦"就会有多少"鲁迅梦魇",不足为怪。不过把鲁迅作为"中国文化的守夜人"加以定位,我以为是有着鲁迅精神的神韵的。受王老师的启发,我自己的理解是:守夜人最大的特征是必须清醒,这或许也不并是他始终乐意的,甚至有时是以之为苦的,然而这是他的职责,他的使命,也是他的价值。守夜人是更习惯于从黑夜看待世界的,白天的色彩斑斓在他这里均归于黑色,它们之间微妙的色差将会被捕捉,虽然也会有出现幻觉看错的时候。守夜人得不停地走动,在警惕小偷出没的同时也防止自己因疲倦而昏睡,因为一直清醒并非易事,对职责的热爱、意志的锻造一直持续着方可做到。比照鲁迅,他作为"中国文化的守夜人"的特点不是太清楚了吗?他是清醒的,也常以之为苦、烦闷。他习惯于把喧闹归于简约,喜欢从拆穿权力、等级把戏的角度看待世界,以至于被人骂为"刀笔吏"。他还不停地走动,关心、感应着社会生活中并无永恒价值的各种小细节,警惕着那里的瞒与骗。

不过,当我说鲁迅作为"中国文化的守夜人"的定位是基于"回归到鲁迅作为一个知识分子而存在、发挥社会作用这一客观事实"并非全然没有问题。因为,如果继续追问,对鲁迅作为"中国文化的守夜人"的定位是否能直接成为"我们"这些鲁

---

① 王富仁:《中国文化的守夜人》,人民文学出版社 2002 年版,第 1—5 页。

迅研究者乃至更广泛的知识分子共同的定位呢？恐怕是不可以如此类推的。"我们"并不能以"守夜人"自居，虽然严格说来从社会功能上看理当如此。前文提及王老师提出了研究"鲁迅与中国文化"的前提，在我看来，"我们"的鲁迅研究恐怕还得有一个前提，这个前提就是："'我们'不是鲁迅"。这是句大实话，但这个事实首先提醒"我们"，鲁迅既属于作为知识分子群体的"我们"，又不完全属于"我们"，他以自己的全部生命活出了超越"我们"这个群体的风采，才成为孤独的"守夜人"的。被他作为"守夜人"守护着的不仅仅是"我们"，他属于全体生活在中国文化里的中国人。这句大实话还提醒我们，如果没有"守夜人"的存在，如果"我们"自己没有习得一点"守夜人"的精神，其实"我们"是很容易走散的，甚至愚蠢的自相残杀起来的例子也比比皆是。王老师感慨中国现代知识分子迄今为止依然没有建立自觉的共同体意识，他创设"新国学"立意也在此，这是他禁不住的大声疾呼。我敬佩但谨慎乐观王老师的呐喊，那原因很简单，那个叫权力的幽灵恐怕还常蛰伏在当代中国知识分子的心灵深处，有的恐怕已爬上了眉梢，那是"我们"所处的现实社会植入到"我们"身体内部的病毒，毒性不可小觑，发作起来是不以"守夜"为然的。更何况，"我们"要"守夜"就需要"夜行"的自由，品尝了自由的好处还想把它延伸到白天去，然而社会需要"我们""守夜"的原因却首先在于维护秩序，是不许乱走乱动的。社会对"我们"的需要并不以"我们"的自由、感受为基础，与塑造秩序、等级的权力相比，"守夜人"的精神力量是微茫的，当然正因为此也是宝贵的。

这里不揣浅陋想和王老师对照下我自己关于鲁迅的定位。我曾摸索着提出鲁迅的历史定位，我称之为"作为试毒剂的反讽者"。[①] 这说法自然是和王老师从自己的生活感受中直接提取出的"守夜人"这一生动的形象不能相提并论，我的定位仅仅是功能性的。我尝试以古希腊社会以雅典为代表的城邦文明出现危机时，苏格拉底的出现及其特殊的思维方式与西方文明深刻的变迁这一关系相参照，来审视鲁迅在中国历史变动中的作用，这自然也是一种"援引某种精神资源看鲁迅"的方法。对于苏格拉底，意识到他的思维与历史变迁之间的关系并做精深研究的是鲁迅并不陌生的克尔凯郭尔，他称苏格拉底的思维方式为"反讽"，其精义是"通过提问而吸空表面的内容"，有着"无限绝对的否定性"。他认为在世界历史的转折点上必然会出现这种思维方式。我以为鲁迅的思维方式，身处的历史转折处境都和苏格拉底的情况有着相当的类似性，是可以相对照的。在写作此文的过程中我在王老师著作里发现了一点类似的感慨，他在考察周作人评论《阿Q正传》时提出的

---

① 张克：《颓败线的颤动——鲁迅与中国文学的现代》，上海三联书店 2011 年版，第 239 页。

鲁迅的"反语问题"时说,这"接触到了鲁迅语言风格的主要特征,扩大开来,深入下去,就可以发展为'反讽'这个现代文论中的重要概念。似乎至今人们还没有从'反讽'的意义上解读鲁迅及其作品的整体意蕴。"①老实说,我在无意中恰恰是按照王老师描述的这个递进的逻辑进入鲁迅研究的,我的结论是:鲁迅的历史功能就是"作为试毒剂的反讽者"而存在的。"反讽"是他的思维方式,"试毒剂"是他的社会、历史功能。其实,就是"试毒剂",在王老师那里也是可以找到相类的感触的,例如王老师在鲁迅作品中看到,"严格说来,鲁迅所选取的人物典型主要不是以自身存在价值的大小和自身行为的优劣为基准的,在很大程度上他们只是封建思想环境的试剂,谁能在更充分的意义上试出这个环境的毒性,谁都有可能进入鲁迅小说形象的画廊。"②鲁迅与他作品中的人物尤其真诚的知识分子在精神上有着高度重合性,把这段话里作品人物与环境的关系置换成鲁迅与他所在的思想、社会环境的关系是同样成立的。

我举出自己关于鲁迅的历史定位与王老师的相对照,并非想谬托知己。王老师的"守夜人"更富诗性,也更温暖,他对鲁迅的情感也更宽厚。我的"作为试毒剂的反讽者"的说法拗口而冷冰冰,全无心肝,有些问题也没想清楚,例如"辩证法"与"反讽"的异同。这大概是包括我在内的新一代研究者的问题之所在,王老师那一代的前辈学者是由中国走向鲁迅,我们却是由鲁迅走向中国的。在前辈们常怀着对鲁迅的深情的时候,"我们"却狠心地首先把鲁迅当作一个问题,要经由对他的逼问才能探究我们并不深切了解的中国,这是很残酷又令人惭愧的,但也别无选择,因为鲁迅是为数不多的不会欺骗我们的人,只好从他这里下手。"把鲁迅当作一个问题"自然有先天的不足,但也应该被接纳为"我们怎么看鲁迅"的一种方法,我以为王老师会乐见这样尝试的,其他的前辈也不必深恶痛绝,因为我们同样要接受"鲁迅怎么看我们"的诘问。

我当然也明白,在作为"试毒剂"试出社会思想处境的毒性这一功能上,和王老师一样,"我们"都是"守夜人"鲁迅的子嗣。这是充满反讽的命运——"守夜人"的反讽,这自然是"我们"共同的悲哀,然而又何尝不是"我们"共同的尊严,一个鲁迅研究者的尊严。

2017 年 3 月 2 日

① 王富仁:《中国鲁迅研究的历史与现状》,福建教育出版社 2006 年版,第 32 页。
② 王富仁:《中国反封建思想革命的一面镜子——〈呐喊〉〈彷徨〉总论》,北京师范大学出版社 2000 年版,238 页。

补注:

此文源于黎保荣教授2017年年初所邀,草于2月下旬,3月2日写就。其时毫不知晓王老师的病情,鄙陋如此难免贻笑大方,自己亦深感愧疚。文中所思之浅薄、凌乱已是无法更动,惟有修辞立诚的自期或可告慰王老师在天之灵。呜呼,哲人其萎,引人潸焉出涕,心伤难平。望我后学,为代代鲁研学人守夜精神感召故,自省自尊砥砺精神,是所盼祷也。

2017年12月14日

(作者系深圳职业技术学院人文学院副教授)

吾师王富仁先生

——在大潮汕望京

郭小东

王富仁先生最后的岁月,是在汕头大学;其生命的终结,在北京望京花园寓所。他的思想高度伫立于民国,在中西方思潮交织最为激烈的 20 世纪二三十年代。他的一生,以他的方式,始终与王国维、蔡元培、鲁迅等站在一起……

先生知鲁迅,国中知者有几? 先生一文,毁了之前鲁研几千万言。一语道破天机,岂止于里程碑!

先生在学界,情怀在家国,人在书斋,如入江湖之险! 先生是可以在任何时期,但见不平,拍案而起的。他的骨头和脊梁,如鲁迅般坚硬。他是新中国知识分子中坚信自己的学问,以之立言,并将之捍卫生命尊严的人。他绝不苟且,处处以独立的人格面世的勇气和学识,令他的存在,成为学界潜在的典范。他置生死于度外的风度,我们并不陌生。他的人生,诚如烈酒,诚如甘霖,诚如炉中的炭火。他的坚强是惊人的。他早就是王国维和老舍了。所以,他以这种方式谢幕,没有什么不光荣,一如他向来的独立的选择。

先生和别的知识分子不同的是,他一直都是在写自己,而别人大多是在写他者。王富仁先生从不抱怨,而别人更多是在抱怨。这就是区别。当大家都努力把真实的自己藏起来的时候,王富仁先生旁若无人地站出来,自说自话,自己嘲笑自己,并不说及他人。他的所有作品中,只有一个主人公,这个人就是王富仁自己。即便他说胡适,写鲁迅、评巴金、论曹禺,他言说的依然是自己。他把他者当成了另一个自己,而已。

我不时去请教先生,我和先生在北师大他那陈旧狭小有些杂乱的书房里,空腹喝着一杯杯老酒,说着一些不合时的话的时候,我就是这种感觉。更多时候,我都在听先生说,先生说累了,便喝一口酒,然后再接着说,只要有话说,他就永远不会累。有时干咳一下,这就是休息,北方人叫"歇息",很短暂,也就是换一口气。

不管说什么话题,先生的脸上总是洋溢着一丝笑意,那种有些忧虑,有些苍茫的笑意。先生大部分照片,都有这种似有若无凭感觉方能捕捉到的笑意。那笑意大有文章,或全无内容,而有一种"宋本"的极简。我忽然就会想起宋瓷,想起全无渲染、不事雕琢的宋代极品汝窑,青白色的那种,严格说没有色彩,像苏东坡的《寒食帖》,丑到美极的感觉。

说不好,所以,我也喝了一口酒。先生的笑意极为平常,又极深。

当虚伪和装饰已经习惯性地成了正剧与喜剧,则真诚与纯朴也许就天然地成了悲剧。听王富仁先生说得最多的是,中国作家身上的悲剧性。他对中国知识分子的悲剧人生,当然更多倾向于文学中的悲剧性分析,其细致与深刻所指,皆在于人类对自我存在的认同与抗争,而这种认同与抗争,在不同的文化时期,不同的文化环境下,因其观念与概念构成的范畴,对人自身的约束,或压迫,或摧残,或人的局限性,人的错误所造成。他又进一步指出:

> 但人的错误又是在人的自然本能欲望的永不满足中造成的,是在追求一种根本不可能实现的更崇高的目标中表现出来的。也正是在这种错误中,激发了人的超常的情感态度,激发了人的超常的意志,表现了人对宇宙意志、世界意志和大自然的悲剧性的反抗,证明着人的主体性的存在。

中国知识分子,特别是现代知识分子,他们作为最先被西方文化启蒙的一群,他们对自己、对世界的先知先觉,本能地反抗自己和这个世界的现状,在无法避免的人的错误面前,他们既无法避免自己的错误,也无法真正向世界妥协,因而人也无法避免自己的悲剧。他分析了从古至今的众多例子,来证明他的立论。

那一天,天色已晚,冬天日短,王夫人上班未归,我趁便邀王先生到附近饭庄,有一个地方叫隋园,主营潮州菜和粤菜。海鲜全是从南方潮汕空运,生猛鲜活,还有城里一般潮州菜馆不敢也不太愿意做的"潮汕生腌",这种美味令北方人跃跃欲试又不敢消受。我曾经鼓励几位北方的朋友,赏味生腌龙虾和生腌虾蛄、瘰蟹,还有各种"含"出来含苞待放的生腌海贝,那种妙不可言的奇香美味,令骠悍的北方汉子,如入靡靡温柔之乡,不能自拔。但诸位大快朵颐、大开眼界、大餐秀色美食之后,个个中招,又吐又拉了好几天。大酒大肉的北方汉子,终究经不起南方的奇技淫巧,个个折戟沉沙,再不敢猖狂。这种悲剧,在王富仁先生这儿,不会发生。

在隋园,主题当然是烈酒与龙虾,无关悲剧。几年前,我请王先生在民族宫的"潮江春",吃过龙虾刺身,此后,每到北京的第一件事,就是要与王先生喝酒,请他吃潮州菜,如果关纪新、朝戈金、尹虎彬有便,一起来最好。他们都是酒客,又与王先生有深交,都是可以从黄昏喝到午夜,喝到天亮的角色。在 90 年前后的日子里,只有喝酒,是最伟大的使命。至少我个人是这样的,至于学问等等,权当儿戏。所以,喝酒就是喝酒,就是痛快地消磨太多太腻太长的时光。激动和激情已然被剥夺,故作多情令人恶心,而喝酒,至少还有真性情在。每个人,都在反抗着自我,都在用酒,去浇灭那种本来就子虚乌有的所谓崇高的悲剧精神。

隋园人很多,其奢侈也令我感喟。五六百元一斤的澳洲青龙供不应求,北京人真有钱。来北京办事的潮州人、广东人,多来这里宴客。那天,我们来迟了,找不到座。原来,我想去先生家小坐一会儿,就请他上隋园,不料先生说话,一个下午就过去了。隋园已经人满为患,好多人在门外的小树林里等座。先生连说到别的小餐馆,随便涮涮羊肉算了。我有些动摇,却绝不气馁。既然是潮州人开的潮州菜馆,几句潮州话不就搞掂了么? 也趁机让先生体会一下潮州大佬的本色。我说服了店主,在小树林里摆上了他儿子做作业的书桌,权当餐桌,又从卧室搬来沙发,沙发太矮,添了两个枕头。想必先生从未坐过如此舒服的餐椅。等餐的客人们纷纷要求如法炮制,个子矮小肚腩却大的店主,用潮汕话大声吼道:"开玩笑! 北师大教授,胶己人!"好在客人们听不懂店主的潮汕话,否则,还不炸锅? 北师大教授又怎样?在北京,最不值钱的,是教授,满大街都是……

王富仁先生目睹这个过程,有些不安,他笑问:"怎么办到的?"我说:"用你的牌子,说将来他儿子考北师大中文系,问你找后门。"先生认真地问:"他儿子多大?"

"小学一年级!"

先生笑了:"还有 12 年,何况,我哪有后门可走? 这他都信?"

"信。潮汕人一生都在铺路,走到哪,铺到哪,自己走不上,给子孙走。"正说着,店主光着上身,腆着肚腩,满脸油汗,端着茶壶,他把私藏的好茶乌崇,拿来孝敬老乡和王教授,口里一个劲地说:"胶己人,客气做呢!"

我趁机说:"王教授说,没有后门可开啊!"

店主乐了:"说笑呢。来,胶己人,食茶食茶!"

我也笑笑:"穿个衫吧! 不雅呢! 这是北京隋园啊!"店主哈哈大笑:"先生,实不相瞒,这种地方,不比民族宫,土里土气才是财气,人客看着亲切,不耽心上当。说你知,这条龙虾,胶己人收 400,北头人收 600! 人客还觉得实惠。"

我把这意思说给先生听。

王富仁先生说:"我很敬佩潮汕人! 他们总能心想事成,锲而不舍地做事,老天总是为他们开路,我很想知道潮汕人何以如此。我的学生中潮汕人不多,朋友中你算一个,方便的话,很想去潮汕看看,究竟是个什么地方?"他有些感喟。显然,店主的做派对他很有触动。这本是生活中很小的细节，微不足道，但在先生看来，此公却很通达，颇具玩味。所谓世事洞明皆学问，人情练达即文章。先生看似粗犷，却是很注重人情的细节部分的。

我借机邀请先生去潮汕走走。两年后(1994年)，我邀请王富仁与陈骏涛先生来到潮汕一行……我想，2003年先生终于落户潮汕，成为汕头大学终身教授，与隋园之夜和1994年的潮汕之行，是有关联的。

先生晚年移居潮汕，在他声名正隆之时离开京城，令许多人匪夷所思。正如当年他从山东到西北到北京一样，毅然决然。在全无征兆的情况下，他已安居汕头。我是在报纸上看到他赴任汕头大学消息的。他从北京移居我的家乡潮汕，我可能是最后一个知道的，这似乎有些不合情理。

先生就是这样，他在生活中何曾有过犹豫？如他的文章，他的谈吐，坚定得令人只有疑问，不思讨论。他思想的独立特行，坚持坚决，立论之毫无疑惧，缜密严正，在《中国文化的守夜人——鲁迅》一书中，表现得淋漓尽致。

先生的性格直接作用于他的文化立场和学理态度。他的决然决断，来之于他对历史时空的僭越，对庸常论调的厌恶与抗拒。他总是与流弊为敌，这是他内心深处最为本能的姿态。他对世界本象的谦恭，为卑微的生命所授的敬畏，罗织而成的伦理，令他对物事之间的联系，有一种别样的、更接近真相的逻辑。

我求学于先生的日子，很少见他专门举出一个论题，进行正式的答问。时常在闲谈之中，先生有些忽然而至令人气急的话题，然后一触即发，滔滔不绝，歌与文章同时诞生。抑或在酒里，顿生话语，由是风生水起，控无可控。先生的内心，真的从未平静过吗？他永远生存在思想的波涛汹涌中吗？

我想是的。我以为他平时很少看风景，哪怕在汕头大学如画的风景里。但是他遛狗，颇有几分八旗子弟京城遛鸟的意味。他关心的是那只狗，而不是正在遛的狗。

先生对真相的执着追问，首先是对真相剔骨一般的条分缕析。然后从各个方向，向人的主体性存在汇集。每一个方向，都演绎着真相与主体性存在之间的距离。寻找距离与区别，就是先生的方法论基础。

在问到悲剧意识和悲剧精神时，先生说得最多的举证，就是中国古代三则神话故事。先生在说尽了中国与西方悲剧问题的辨析之后，在人的主体性存在背景上，将它们与古希腊罗马的神话，接近或相似之处予以强调。在人的本质上，中西方悲剧并不因文化文明的殊异，而相离相远。

我特别醉心于先生对三则神话的辨析。他对之的分析及方法论，实在是先知的启应。

中国和西方的悲剧在哪里有着最接近的特征呢？我认为，是在中国古代神话和古希腊悲剧之间。在这里，我可以举出三则中国古代神话故事：一是《精卫填海》，一是《夸父逐日》，一是《刑天舞干戚》。

这段话，读者也许不陌生，在《中国文学的悲剧意识与悲剧精神》中开篇部分，先生在人的主体性存在、人的局限性、人的错误、人的绝对服从、人在死亡中的表现等问题上，发出了一系列诘问。总根于人的一切问题，都是产生悲剧、悲剧意识、悲剧精神的原因。先生是在这些复杂的原因中，时时照见自己，并在敦促与纪念中，慎终追远反省与检讨人的主体性存在的合理性，与不可逆转的悲剧。

先生在这三则神话故事中，确立作为人的悲剧的种种立论。

大荒之中，有山名曰成都载天。有人珥两黄蛇，把两黄蛇，名曰夸父。后土生信，信生夸父。夸父不量力。欲追日景，逮之于禺谷。将饮河而不足也，将走大泽，未至，死于此。

对此，先生写道：

夸父不自量力，但也正因为他的不自量力，使他要与日竞走。他焦渴而死，但却使他的生命充满了力量的感觉，充满了英雄主义的精神。他是一个失败的英雄。

先生进一步强调说，这是他真正要说的话：

"不自量力"，是人类的根本性错误，也是人类的一个根本性的特征，人类的一切英雄行为都是在这种不自量力的错误中完成的。

当我听到这话从先生口中说出时，我忽然明白了许多事。同时彻底地明白了先生在各个文化时期，在各种各样的学术活动中，他的自守，他的踽踽独行，他像夜路上的灯笼，是他之所以受到尊敬的真正原故。乃至于有一年，他并未到现场，却被公选为中国现代文学研究会会长，这在沽名钓誉的文坛学界，似乎是天方夜谭。

先生正如夸父。他又是一位过分明白，不时自嘲，戏谑自身功名的行者，他自觉地去履行学者的责任。他亦焦渴，却不饮河，他亦走大泽。夸父是，未至，死于此；先生是，已至大泽，且知将死于此。他不是焦渴而死，而是到此而去。他明知这是所有人的悲剧,他自己也难以忤逆,但他宁愿在精神上悖反而归。他在终点上起始,用自己的手,掘开了一个新的结束。所以,当我接到他的死讯的时候,我马上明白,先生想象的那一刻,终于到来。而这一刻,在一星期前的一次通话中,我已得到了他明快而欣然的预告。

先生在电话那头,劝我不必去北京探视他。他朗朗地说:"我这就要回去了!"我们谈话的前提地点,是潮汕,这话通常指的是"在潮汕再见"的意思。而其文学修辞或常识修辞,都可理解为他在暗示一种永诀!只是当时我没有意识到这一点,没有把问题想得严重,以为他真的很快会好起来。

先生最后的时光在北京。可是,噩耗传来时,我却听一个与他很亲近的同事告诉说:"几天前,还在汕头大学见到先生,还一起说了话!"在那一刻,我没有惊骇。我相信先生的灵魂就在那里。就在汕大遛狗的林荫道上。只是不知道,汕大的人们,会不会在那儿为先生留下一点痕迹,哪怕是种下一棵以他命名的树。也许,这并不是先生的愿望。

在当下时代,王富仁先生通常不会被认为是一位英雄,他自己似乎也没有这种打算。尽管他的学术思想及身份贡献,在中国现代文学史研究上,暂无人可比,但他可能只活在极少数人心中。先生早就为英雄定义:"人类的一切英雄行为都是在这种不自量力的错误中完成的。"他不乐意做一个不自量力的人,相反,他非常明白,在何时开始,将在何时结束。这一切,都在他的把握之中。先生说过:

> 英雄精神是不受理性约束的精神,是在非理性状态下表现出来的人的力量和人的意志……这种精神导致悲剧,但也是人类主体性力量的最充分的表现形式。

先生通透了人类的欲望和力量的全部势能和弱点,他在刑天的存在方式中,寻觅到人类主体性的根本特征,在错误中感受到自己的存在。这种存在感,在先生看来,是一种不可回避的命运,同时也就注定了人类始终处于悲剧的各种围困之中。

> 刑天与帝争神,帝断其首,葬之常羊之山。乃以乳为目,以脐为口,操干戚以舞。

这是失败者不可理喻的反击与进攻,它不求结果,而追逐着一种非理性却包含着崇高感的悲剧精神,这种悲剧精神不管在人类的任何文化时期,都一直被作为伟大行为的隐喻。这些伟大行为,超越了常识常规以及人的世界的规范,而进入一种恣意的激情。这非常符合现代革命者的理论认知。王富仁先生由中国神话故事,贯通了古老中国与现代中国的历史因袭:

> 当激情控制了人，人便超越了死亡，超越了自己。他不再为生存而生存，
> 而是为了反抗自己苦难的原因而生存。

他一语道破了多年来我们苦苦思索而不得要领的思想歧义。先生用大量篇幅分析了激情所至的"高峰体验"。当整个社会生活及机制都陷于这种体验的涡漩之中时，神性和魔性以及一切由激情混杂着的"不洁物"，就颠覆了一切现实的法则。他通过文学现象，破解了这个中国政治文化的原教旨主义。

先生的许多言说与主张，惊世骇俗，而其陈述，却是冷静说理的。谈鲁迅的《记念刘和珍君》，说到儒家文化与知识分子的道德勇气、社会正义等问题，先生尖锐指出："而当儒家文化为了趋时而与现代资本主义相结合的时候，儒家文化的特质也就被现代资本主义的精神同化了，作为一个独立的思想学说就没有了实质的意义和价值。"先生看出了鲁迅的反儒，主张对之既不掩饰，也绝不曲解。先生对鲁迅整体文化观的透彻分析，杜绝了将儒家文化与孔子个人品格与学说混为一谈的倾向，并一针见血指出了"新儒家"的弊端。先生写道：

> 当前活跃在人们口头的"儒商"就是儒家文化向现代资本主义献媚的产物，这不会提高中国传统儒家文化的社会声誉，只会败坏中国传统儒家文化的纯洁性。儒家文化不是经商的文化，不是资本主义的文化。这是它的弱点，也是它的优点。任何把儒家文化"现代化"的企图都只会扼杀它作为一种人类文化存在的独立价值和意义。

痛快乃尔！是对新儒家以及有意为资本主义贴金的文化掮客之当头棒喝，亦是给长期流行的所谓"文化搭台，经济唱戏"的闹剧，狠扇了一记耳光。惟先生风骨。

听先生说话，与先生同饮，这两件事其实是一件事，也必须是一件事，它才成其一件重要的事。在学问上，我没有任何功利，我之所以希望成为王富仁先生的学生，固然因他显赫之名，更重要的是他在学界的口碑与血性。他不事权贵、不拜祖师爷的气概，乃至信仰的孤绝。我看先生的酒量、酒的风度和饮者的率性，几可以把他当作一位知青朋友，一位迷路时的同伴，一位可能决意同时指引前行的智者，甚至是一位两肋插刀的山东响马；先生更是一位义气铮铮的大学者、大教授、新中国第一位文学博士。于师于友，这都可铸成人生的大境界、大格局。我看惯了中国大学里碌碌无为却志得意满的教授们，奴才一般的活法。而王富仁先生，却是如此不同！

关于先生的许多传说，传递了中国许多民间仁人志士的正义力量。而先生的

文章里,那种坚决、绝不妥协的评论口气,突显的立场和姿态,更让人血脉贲张。先生的酒气、胆气和血气令人着迷。和这样的人一起喝酒、同行、处事、研究时事文章,快哉!1991年,我终于决定去北京拜王富仁先生为师,先做访问学者再说。此前,我虽与王富仁先生见过几面,但未及深交,心中忐忑,于是请先生的好友陈骏涛先生投石问路。陈先生古道热肠,当天就有回音,说先生今年已收了陕西师大的李继凯为访问学者,我迟了一步。

但很快,快得不可思议!两天后,事情有了转机。骏涛先生来电转达了王富仁先生的意思。先生说动了李继凯,把当年的机会让给我,请继凯先生明年再来。这消息令我吃惊,事关先生、陈先生、李先生三位的交情。而后,每回见到李继凯先生,我都十分感激,感谢他的大度。要知道,国中仰慕王富仁先生,期望成为他学生的人,很多。

师大的宿舍太杂,冬天要上公共浴池,南方人很不习惯,我便住到劲松西中科院宿舍,每天往来于师大劲松之间。先生怕我辛苦,说,不必天天过来,一周过来一次足够。每有朋友相约共饮,先生便主张到劲松找地方,他说:"郭小东路不熟,喝了酒回不去,就定在劲松吧!"每回,饮至午夜,他一个人,从东边到西边,走半个北京城,回到家天都亮了。我开始没在意,后来明白了,这是先生的好意。此后约会,坚决选在师大附近,不出北太平庄,免先生赶路。

有好长一段时间,凡是先生夜半不归,王夫人便四处电话,开口便问:"是不是郭小东又来北京了?"有时,午夜时分,夫人把电话打到我的手机上,而我人在广州,连忙回答说不会有事,赶紧一一询问朋友,先生人在何处?其实,先生凡事很是节制,大家喝得一样多,醉倒了,他却还清醒。那时大家都还年轻,90年前后颓靡的日子,太需要老酒的鼓励了。

先生向来看重的是知识人的尊严,而非这尊严背后的时价。对此,他是极为悲观的。有的人为了这点尊严,而在不断地出卖这种时价,哪怕这点时价本身就没有多大的价值。先生在不断地释放和磨平这种内心的苦楚。他比任何人都清楚鲁迅,所以他在更深的程度上理解,鲁迅作为中国知识界中国文化的守夜人的价值。这种价值与鲁迅本身因此所由的焦虑与痛楚,是同等意义的。先生说:

> 反正在我的感觉里,鲁迅是一个醒着的人。感到中国还有一个醒着的人,我心里多少感到踏实些……由这种感觉,我认为称鲁迅是"中国文化的守夜人"更为合适。

> 守夜人有守夜人的价值……在夜里,大家都睡着,他醒着,总算中国文化还没有都睡去。中国还有文化,文化还在中国。

先生在经历了八九十年代之后,于 2001 年,写下这些话,这是他对鲁迅的作用,及其深重的忧患所下的结论。

鲁迅在他的那个年代,还葆有知识人的尊严,并以此尊严,击退了无耻和谎言;还能有司马迁的风骨,还能在黑屋中,不断地发声发言,痛其所痛,骂其所骂,把上下五千年,翻了个遍,批了个透! 他还有权利醒着,然后恣肆地呐喊,然后放纵地彷徨,不受什么控制地生存、写作,怒骂权贵和虚伪者。王富仁先生对此是感同身受的,中国知识界、文化界、文学界,因为有了鲁迅这个守夜人,这个清醒者,甘愿为黑暗中的中国守夜,使胆小的人不再惧怕黑夜。先生写道:

> 即使对现实的世界仍然是迷蒙的,但到底少了一些恐怖感。中国现当代文人说的多是梦话。梦话也有文学价值,但对我这样一个胆小的人,说梦话的人甚至比不说梦话的人更加可怕。

因为有了这个守夜人,在黑暗中睡觉的先生,感到踏实了。可以不说梦话,然后入睡或清醒地醒着。

并非所有的人,所有的研究者,都能够如此看取鲁迅。先生对鲁迅的认识,超越了当代理论界对鲁迅的一般见解,是有深刻原因的。鲁迅的作品,特别是他的小说,就是鲁迅的宣言,一般人看不出其中的隐曲,那些鲁迅研究专家,或许感知一二,却因有诱惑或控制,而不愿真实说出,藏匿了许多的瞒和骗。先生看透了这些把戏。他写道:

> 对于现代社会,中国大多数的人还不知道是怎么一回事,只有少数的知识分子明白了一点世界大势。只要他们不管别人的死活,不管整个中国的前途,耍点小聪明,施点小诡计,就能捞摸到不少的好东西。鲁迅原本也是有条件趁机捞一把的,但他非但没有捞,反而把中国知识分子的那些小聪明、小把戏,戳破了不少,记录了不少。我常想,要不是有鲁迅的存在,中国的知识分子还不知道要把中国的历史描绘成一个什么样子的。还不知道怎样把黑的说成白的,把臭的说成香的。有了鲁迅的存在,他们再想任意地涂抹历史就有些困难了。这实际就是一个守夜人所能起到的作用。

先生对中国知识分子内心的洞穿,犀利深刻,犹如俄国的陀斯妥耶夫斯基。

每每读到教科书或某些专家对《孔乙己》的分析,说着一些"哀其不幸,怒其不争"的所谓真理,且把一切罪错归之于科举制度,归之于旧时代云云,我当真为先生

对《孔乙己》的分析,从心底冒出冷汗。先生写道:

> 正是在孔乙己最落魄的时候,他偷到了丁举人的家中,结果是被丁举人的家人"打了大半夜,再打折了腿"。从此,他的生计更加艰难了:"他脸上黑而且瘦,已经不成样子;穿一身破夹袄,盘着两腿,下面垫一个蒲包,用草绳在身上挂住。"这样的知识分子,我在社会上也是经常遇到的,那些被打成胡风分子的人,那些被划分为右派的人,那些在"文化大革命"中被定为资产阶级学术权威的人,他们在自己的人生道路上,已经不能用自己的腿走路,而是用自己的手,拖着自己的身子,一步一步地艰难地爬行——他们生命的腿被打断了……

有时我想,我们这些人,连自诩为孔乙己,都是没有资格的。孔乙己多少还有些骨气,有些尊严,有些血性,有八股文章的学问,至少知道茴字有四种写法,记住了字板上欠账的铜板,至少还能喝得下几口苦酒。而我们,有什么? 怎么样呢?

和先生一起喝酒,是最快乐的事,我可以直视他的内心,那种透明,那种不羁,那种痛快的陈说。先生把一个让人污浊的世界,泡在酒里来看,看出了它的美丽和纯真,看到了自然的长成,率真的血性,其惬意快意难以言状。先生每回到南方来,在广州,在海南,在潮汕,我总是到野地找寻喝酒的地方,和先生畅饮。

在繁华的广州天河北,到处是豪华的食肆,我只想寻一处雅静的大排档。先生一到陌生之地,便乱了方寸,真的摸不着北,任我带往。先生说:"你说好就好,你是地主嘛!"我很想请先生吃潮州菜。在北京时,去民族宫的潮江春,先生有些拘谨,总怕着多花钱;去隋园,很合他意。因为光膊的店主和荒疏的小树林,临时搭起的餐台,看起来一切很是简陋,令他心安。他总是说他不过就是山东农民、西北土包子。我说:我更是,海南岛黎母山原始森林的山里阿哥,一个知青而已。先生是新中国第一位文学博士,我荣升您的学生,很是受宠若惊。他连忙打断我的话,笑说:"还是称兄道弟舒服!"他不忘顺带抬举我几句,反倒弄得我不好意思。就这样,有一搭无一搭地走进一家潮州菜馆。

这是一家颇有经营创意的菜馆,店主是个潮州文青,只要花 138 元,可享受一份主菜:一小碗鸡鲍鱼翅。同时备有 138 种潮汕小菜,酸甜苦辣,生的熟的,半生半熟所谓"含"出来的蚬、蛤等各种海贝,五花八门,应有尽有,任取,随便吃。完了还可再点一份炒菜或炒饭什么的。亦可自带酒水,不限,不收开瓶费。店主有些共产主义信徒的味道。八九十年代的人还真有些纯真,像还没被污染过的白云珠水,清亮清亮的。这种状况,令王富仁先生眼界大开,也很愕然,居然还有明知可能亏本而为的潮汕老板! 后来,我又带北方朋友去这家菜馆,在原地址怎么也寻不到,一问方知,菜馆只开了几个月,早已关门大吉,去开夜总会了。再后来,听说这位潮州文青,成了酒行老大,酒厂就在白云山下的棚屋里,那里专门生产法国南部的百年轩尼诗。有次碰见他,他告诉我,别喝洋酒,还是喝回三块钱四两的北京二锅头为好。我说与先生,先生很是吃惊。

现今光怪陆离的各种人种种事,渐渐进入王富仁先生的视野与经验,对他深入研究鲁迅先生一定很有参考。

大约在 98 年,先生到广州来参开一个会议。我说,南方很时髦吃古里古怪的东西,有些还真代表真正的老广州风味。先生听说是老广州,说那一定很合鲁迅的口味,去过了鲁迅白云路故居、越秀南纪念馆,也应该去尝一尝鲁迅一定尝过的老广州菜。有一种菜是蟛蚷,字面看起来就有点吓人。专营此风味的菜馆,门口通常会支一块大大的牌子,写着"蟛蚷"两个大字。字形很是狰狞。

没有证据证明鲁迅吃过"蟛蚷",也没有证据证明鲁迅没有吃过。鲁迅在广州住过,鲁迅是学医的,无理由对此无动于衷。蟛蚷就是俗称的"癞蛤蟆",奇丑无比,十分恶心。若把皮剥去,与青蛙无异,美味无比。蟛蚷全身是宝,蟾酥、干蟾、蟾衣、蟾舌、蟾肝、蟾胆,都是名贵的药材。

我建议王富仁先生,一起享用,试试看。先生并不十分反对,我反倒有些犹豫,怕先生一时水土不服,吃出什么毛病来,还是畏而却步。先生也很随意,并不坚持。他说,既然此地到处都在做这等菜式,想必十分受人欢迎,试试也无妨。那就以鲁迅之名,吃一回蟛蚷吧!我终于找到一个堂皇而可笑的借口,至于吃不吃蟛蚷,已无关紧要。此后,只要触及这两个字,我会想起王富仁先生。

有一天,我去白云路,那个我和先生去过的巷口,原来做蟛蚷的菜馆,已经不在了。

先生每回南来广东或海南,我都会带他到一些偏僻的地方,去寻一些偏僻的吃食,比如黎族的"nang dua",一种经过发酵封埋土里的酸鱼腩,生吃,非常美味,但一般人不敢吃。先生吃一口,喝一口白酒,然后说不错。还有一种沙地里的四脚蛇,类似蜥蜴,有点像壁虎,油炸了下酒,也很有风味。这些,都是我当知青时的体验与雅遇,先生小试之下,也很感叹。有次我带他去番禺,在一处河沿,草草搭起的竹棚里,吃明火烤熟的田鼠。田鼠跟老鼠不同,生长在稻田土里。

先生奇怪我为什么挖空心思,寻觅这些东西与人共享。我也不明所以,只是觉得,生活太乏味了,记忆却很丰富,方如此。先生十分理解,葆有一点野兴野性总是好的。这是先生的结论。

先生虽然每次不是吃得很多,我也看出他多少还是有点忌讳的,毕竟南北方口味还是不同。可是,他真的很高兴,他特别能感知并珍惜别人的真诚,并于其中尽情地释放一种快乐。

我一直想陪他去海边吃野生的河豚,潮汕人叫"青乖鱼",一般无毒,但非常美味。潮汕有习惯,餐桌上可以"乖鱼"宴客,但不可以邀人或劝人吃食,吃食与否,只可意会,不可言传,宾客自便。此习俗更添"乖鱼"的神秘。我之想陪先生去见识一下"乖鱼"的美味,并非劝先生吃食,而是觉得先生在潮汕,不吃一回乖鱼包括生腌,似乎很难真正从精神或情感上贴近潮汕人。这个愿望一直没有实现,盖因先生在潮汕的这些年,似乎身体状况大不如前,至少,感觉他渐渐喝不了太多的酒。一起吃饭,我再不主动请酒,渐觉出他的心重。

我一直在想,先生为什么在晚年,离开他熟悉的北京?说实话,作为文化中心的北京,最需要王富仁先生。有些事,我不愿意多想,我从未为此问过王富仁先生,先生的决定,自有道理。有些道理,是我辈永远都无法洞悉与理解的。所以,在我得到先生的死讯时,很是吃惊,但知道先生是以那样的方式谢幕,我反而释然。

先生已经远行。读他的遗作,读先生为拙著所作的序,读先生的旧信,追忆与先生在一起的日子……先生就在那里,在无数可能记忆的地方……

有几件事,必须记下。2015年1月,郭小东文学馆开馆,北京上海等地来了许多专家学者。王富仁先生专程来广州,由学生陪着。我给他定机票,他说:人那么多,别管我,我坐高铁来。那次,我感觉先生十分虚弱,我突然发现,先生戴上了帽子。原来十分精壮的先生,走路竟有些气喘,看得出身体大不如前。他住了一夜,第二天上午开完会,他就悄悄走了。我很内疚,多谢那位陪他的学生。他在电话里朗朗笑说,你忙,我好着呢!

2016年,又是1月份,《铜钵盂》首发及研讨会在汕头举行。这次,他一个人来,我陪他用餐,说了很多话。有好几年没一起喝酒了,可是,先生已经滴酒不沾了。他突然问我:"听说你们那个学科没了?"我一下子懵了,他直视着我。我回过神来,方明白他所指为何?他深深叹气:"很可惜啊!简直是犯混!太无知了!"他很严肃。我不知从何说起为好。

2003年,我所在学校文学院的二级学科"中国当代文学"学科要上硕士点,全省有几个竞争对象,名额只有一个。先生所在学科是其中最强大的。我与主管申报的林伦伦副校长及几位导师,专程去了汕大,拜访王富仁先生。说是拜访,其实是去走私。目的很明确,盼先生支持,实际就是让出一条路。先生意会,私下对我说:"放心,早就应该了!"那一年,我们申报成功。我明白其中不能言说的隐曲。十年来,我们这个学科有很大发展,其"中国知青文学",在2012年,成了广东省特色重点学科。2015年,学校为了谋求更大发展,说是根据什么政策,可以把有成绩有硕士点的二级学科,置换成一级学科,以获取更多的教学与学术权益,从二级直接晋升一级,而规避了诸多条件。这种所谓"置换",其实是一种学术兑水,把一个经过几十年积累的"中国当代文学"学科,变成毫无基础毫无中坚的"传媒学"。究出何说? 这是先生的原话。什么置换? 无非是挂羊头卖狗肉,瞒天过海! 这种所谓"政策"本身,是一种学术兑水,弄虚作假罢了。我明白先生已经不仅仅单指这件事,他的意指是广延的。把中国当代文学,莫名其妙置换成"传媒学",把"中国知青文学"抹掉了。它们之间有什么逻辑联系呢?

"你不坚持? 这不是你的学术风格啊!"先生戳到我的痛点,我无言以对。先生很少有这样具体尖锐的质问。

我想过坚持,但是,你抵抗不了集体的利益,那些虚无得高尚的说辞,和无数滥竽充数的期待。何况,当真有一个崇高的信仰或事业,值得渺小的个人去坚守吗? 我自问。

先生隐忍的批评,令我无地自容。我很无奈地说:"当年真不该去截了先生的……"

"哪倒不然! 记得吗? 去年我给你写的几个字!"在条形餐桌边,我与先生相对而坐,先生的目光在别处。

他说起题词,我自然记得,题词镌刻在格木上。先生题道:"岭南文化之子,知青文学之父——王富仁题赠郭小东教授 二〇一四年十一月十一日"。

若不是珍重先生题词,我不敢公开,令人汗颜。先生说:"这不是某个人的问题,是文学的良知,知青文学是中国当代文学史无法绕开的重大课题,中国高校只有你们学校有'中国知青文学'学科,如此草率就放弃了。"先生叹气! 又说:"你的知青文学创作和评论都做得好,更不能放弃!"

我一时语塞。先生的文学大义和坚执,无人不知,我相形见绌,只好敬先生一杯茅台。此刻先生忌酒,我乃自饮。周遭人声鼎沸,杯觥交错。我悄悄扶先生下楼,嘱司机小心慢开。先生有些蹒跚,想必他心中明白,彼此颇为伤感,此乃一诀。

又过了几个月,我去牛田洋,见雾气里先生住的高楼,遂邀先生一起去南澳住一晚,先生说很想去,但有些不便,怕添麻烦……我有些惶惑,未及深想。

斯人已逝。

以先生之傲骨,追未来之理想。

曾经的风华,茂林修竹一般的形意与形胜,在污浊的世事中,暂栖于诗与酒,在曲尺形柜之内外,神意游走。这一次,便是若干年后潮汕的启应。潮汕人,应感悼王富仁先生。把对韩愈的纪念,相与先生。

2017 年 8 月 31 日

（作者系广东技术师范学院教授,作家）

高山仰止，景行行止

——怀念恩师王富仁先生

钱振纲

一、与先生的交往

　　1984年秋，王富仁先生博士毕业后留北京师范大学中文系工作。1985年秋，我从山东大学中文系硕士毕业来到北师大中文系工作。来北师大后，我接到的第一个教学任务就是给中文系85级本科生讲授中国现代文学史课。这门课程要讲一个学年。教研室主任安排先生讲第一学期（1985年下半年），我讲第二学期（1986年上半年）。当时先生在学术界已经小有名气，讲课也颇受学生欢迎，而我则一切刚刚起步。感到压力很大。我想到的办法就是马上去听先生的课，向先生学习。于是，先生的每堂课我都去听，既领会他授课的具体内容，也揣摩他讲课的方式方法。

　　我自幼是在信息封闭状态下生活的，青少年时期又被"文革"荒废了。1978年考入山东大学中文系后，受到思想解放浪潮影响，原来被动接受的"思想"受到冲击，对许多问题尝试着重新思考。但那时接触到的新思想并不系统，因而我对于社会历史的看法仍处于混乱和懵懂状态。1982年开始师从孙昌熙先生攻读中国现当代专业的硕士学位。除完成规定的学习任务外，花在鲁迅《中国小说史略》和美学方面的时间较多，对社会历史问题仍未来得及深入思考。因此我在听先生的讲课时，常有醍醐灌顶之感。例如对于五四文学革命的发生原因，之前的文学史著作主要从经济基础视角进行阐释：第一次世界大战期间列强忙于战争，因而中国民族工业得以长足发展，中国资产阶级和无产阶级也得以壮大，为五四文学革命的发生提供了社会基础。这种阐释对于说明五四政治运动的发生和成功比较合适，而对于说明五四文学革命的发生却有牵强之感。而先生在讲这个问题时则从中西方文化碰撞的角度作出解释。他说五四文学革命的发生是中国先进知识分子向西方近代文化深入学习的结果。首先主张向西方学习的是洋务派。他们主张在器物层面向西方学习，而对西方近代伦理文化是轻视的。这时候中国文学的近代化变革不可能发生。甲午战争失败之后，维新派登上历史舞台。他们虽然意识到要全面向西方学习，但学习的侧重点仍在政体层面，在伦理精神层面的学习力度不够。所以晚清文学改良运动发生了，但很不彻底，结果半途而废。到了五四时期，启蒙派意识到伦理之觉悟乃最后之觉悟。所以坚决主张在伦理精神层面以西方近代的独立、自由、平等之说代替儒家的三纲之说，于是才有了《新青年》的创刊，有了彻底的，不妥协的五四思想革命。文学属于伦理精神层面，所以五四文学革命便跟随着五四思想革命而发生了。先生的讲述有根有据，令人信服。先生讲鲁迅及其作品，也颇多有深度的见解，对我很有启发。先生讲课黑板上一般不会列出多层标题。他习惯删繁就简，就某些重要方面深入挖掘，也是一种特色。

从那时起，我会常常去听他讲课，也常常当面请教。我是 1997 年在职考到先生名下攻读博士学位的。但从 1985 年秋天起，实际上我已经是先生的及门弟子了。

2003 年，汕头大学文学院聘先生为终身教授。但他在北师大文学院仍然带研究生。所以我与先生仍然有不少联系。2016 年 5 月下旬，我受先生之邀去汕头大学文学院参加硕士生毕业论文答辩。先生却因病没有到场。我到汕头大学附属医院看望了先生。先生家人说先生得的是肺炎。但不久就听说先生已经回京查病，并被确诊其肺癌已到了晚期。但先生依然以豁达的态度来往于北京和汕头两地，一边与病魔斗争，一边继续工作。之后我又在北京看望过他两次，到汕头大学他的家中看望过他一次。几次见面时先生精神都还不错。我心里一直在祈盼着奇迹在先生身上出现。但今年 5 月 2 日下午还是听到了先生去世的噩耗！

在与先生交往的三十多年的时间里，先生对我事业，思想，生活，都曾有过帮助。尤其在思想方面，影响是深刻的。我爱我的先生。我会永远深切地怀念他！

二、先生的学术

先生的学术成就首先体现在鲁迅研究方面。先生的博士毕业论文《中国反封建思想革命的一面镜子——〈呐喊〉〈彷徨〉综论》是他这方面最有代表性的著作。该著作最初由北京师范大学出版社于 1986 年 8 月出版。2000 年 12 月，北京师范大学出版社以"北京师范大学博士文库"的形式再版此书。2010 年 1 月，中国人民大学出版社又出版此书。在该著作出版之前，有关这方面的思考，先生也曾以论文的形式在一些重要的学术刊物上发表过。如完稿于 1982 年 8 月的《中国反封建思想革命的镜子——论〈呐喊〉〈彷徨〉的思想意义》一文就发表于《中国现代文学研究丛刊》1983 年第 1 期。一篇博士论文能如此持续地发生影响是少见的。

　　先生这部著作的第一个重要贡献,是在鲁迅研究偏离了它自身的轨道许久之后,首先明确区分了中国政治革命与中国思想革命的不同含义和不同方式,并在此基础上提出鲁迅研究应回归鲁迅自身。鲁迅研究自 20 世纪 20 年代就已经开始,一直以来也是颇受关注的领域。但正如先生在这部著作的引论中所说,"从五十年代开始,在我国逐渐形成了一个以毛泽东同志对中国社会各阶级政治态度的分析为纲,以对《呐喊》、《彷徨》客观政治意义的阐释为主体的粗具脉络的研究系统"。①这个研究系统对于鲁迅研究是有一定意义的。它让人们从另外一个角度了解了《呐喊》、《彷徨》的一些客观思想。例如从这一角度可以发现,鲁迅笔下的民主革命者没有有效地组织和发动底层群众。但这个研究系统与鲁迅前期小说的创作意图,与鲁迅前期思想和艺术个性发生了主视角的偏离。这个偏离角的存在,不仅导致人们不能系统、全面、深入地去挖掘鲁迅小说的思想意蕴和艺术特征,而且还会导致人们将鲁迅思想的独到而深刻之处视为鲁迅思想的历史局限。例如有文章就将鲁迅对国民精神弱点的深刻揭示误判为鲁迅只看到农民思想落后一面,而没有看到农民是革命主力军的一面。先生认为必须调整鲁迅小说研究的主视角。鲁迅思想和鲁迅小说有其自身独立的价值,而不应仅仅是毛泽东新民主主义政治革命思想的印证和体现。鲁迅早期和前期是从"立人"的角度去思考中国社会和文化问题的。《呐喊》和《彷徨》是从启蒙主义的角度进行创作的。先生在书中写道:"本书的主要口号是:首先回到鲁迅那里去! 首先理解并说明鲁迅和他自己的主导创作意图! 首先发现并阐释《呐喊》和《彷徨》的思想个性和艺术个性!"②这一研究视角的调整,不仅为先生这部博士论文的成功铺平了道路,同时也为之后其他学人的鲁迅研究指明了主要方向。

　　这部著作的第二个重要贡献是从反封建思想革命的角度对《呐喊》、《彷徨》中的小说作了系统、深入、细致的分析。这部著作由四章组成。第一章对《呐喊》和《彷徨》展示出来的生活画面中所蕴含的作者的反封建思想作了分析。第二章论述的是鲁迅体现在这些小说中的主体思想:个性主义和人道主义。第三章论述《呐喊》、《彷徨》以现实主义为主的创作方法的特色以及鲁迅为什么采用这种创作方法的依据。第四章论述《呐喊》、《彷徨》的艺术特征以及这些特征与作品思想的密切关联。全书以反封建思想革命为红线,从思想意蕴到主体意识,再到创作方法、艺术特征,对《呐喊》和《彷徨》中的小说作了全面系统的解读,不仅整体感强,而且新见迭出。

---

① 王富仁:《中国反封建思想革命的一面镜子》,北京师范大学出版社 1986 年 8 月第 1 版,第 1 页。
② 王富仁:《中国反封建思想革命的一面镜子》,北京师范大学出版社 1986 年 8 月第 1 版,第 9 页。

这部著作当然不是《呐喊》、《彷徨》的研究终点，其中有些作品的思想和艺术还有进一步探讨的空间。但这部著作对《呐喊》、《彷徨》思想和艺术的整体把握的准确性是前所未有的，其对大部分作品分析的正确性和深刻性也是前所未有的。如果说它是鲁迅研究史上的一个重要里程碑，是后来从事鲁迅研究者的必读书，应当不是夸大之言。

2005 年，《社会科学战线》在 1 至 3 期上连载了先生的一篇长达十二余万字的长篇论文《"新国学"论纲》。这是先生的又一学术壮举。

"国学"一词在中国上古就有，但含义是"国家设立的学校"。含义为"本国学术文化"的"国学"概念是 20 世纪初由梁启超、章太炎等人首先使用的。有人认为他们可能受了日本人的影响。因为日本江户时代即开始使用这一意义上的"国学"一词。1923 年，胡适对"国学"一词有了新的界定。他在《国学季刊·发刊宣言》中说："中国的一切过去的文化历史，都是我们的'国故'；研究这一切过去的历史文化的学问，就是'国故学'，简称'国学'。"①胡适界定的"国学"的含义与章太炎等人使用的"国学"含义有所不同。章太炎等人的"国学"的"学"指的是研究对象，而胡适的"国学"的"学"是"研究"或者"学科"的意思。胡适的"国学"可以与数学、物理学、社会学等其他学科并举，也可与国外研究中国学术文化的汉学（Sinology）或者研究中国历史与现状的中国学（China Studies）对举。但至今胡适的"国学"概念并不流行。长期以来大家习惯使用的"国学"概念其外延虽然有宽窄之分，但内涵基本上是"本国的学术文化"。先生的"新国学"概念正是针对当前流行的"国学"概念提出的。

先生认为，现有的"国学"概念是在中西文化刚刚发生激烈碰撞的 20 世纪初提出来的。当时所谓的"国学"，外延是中国传统的学术文化。这在当时是没有问题的，因为当时受西方文化巨大影响而形成的中国新文化还基本没有出现。"但是，当'国学'这个学术概念重新出现在中国大陆学术界的时候，中国社会和中国文化却已经经历了一个世纪的变化。"而这时的"国学"仍然"都是以中国古代文化为主要研究对象的，都是与'古'紧密联系在一起的。这就与'国学'这个学术概念本身发生了更为严重的矛盾。'国学'，顾名思义，是一个国家，一个民族的文化和学术。"②国学仅以中国古代文化为研究对象，就将现代中国文化排斥在中国文化之外了。这显然是不合理的。将传统中国文化与西方文化进行比较是有意义的。但这并不能成为将中国传统文化与国学概念绑定的理由。所以先生认为，国学在时

① 胡适：《国学季刊·发刊宣言》，见《国学季刊》一卷 1 号，1923 年第 1 期。

② 王富仁：《"新国学"论纲》，见《新国学研究》第 1 辑，人民文学出版社 2005 年 5 月，第 120 页。

间上应当向前延伸,不仅应当包括中国古代文化,还应包括中国现代文化。而且,先生还主张"从动态角度感受和思考'国学'的构成形式。作为中华民族的学术整体的'国学',在纵向的流程中,永远以积淀与生成两种形式存在并发展着。"①即随着时间的推移和中国文化的发展,国学涉及的时间也应继续向前延伸。除了时间的不断延伸,国学的横向内容范围也应合理扩大。即除了汉族文化之外,还应包括中国各少数民族的文化,除了中国人自己的著述之外,还应包括中国人对外国著作的翻译和评介。这样就从纵的和横的两个方面都合理地扩大了国学范围,国学就名副其实地成为了动态地指涉中国学术文化整体的国学了。"新国学"就不再是"规定性的,而是构成性的"了。② 先生的这种对于国学范围的界定,无疑是富有创见和有理论深度的。证之以国外研究中国文化的汉学,也可以说明先生观点的正确性。汉学过去主要研究中国古代文献,而今的汉学或者中国学,也将当代中国纳入其研究范围了。还要说明的是,先生所说的"新国学",就是他心目中的"国学"。只是为了与原来的国学概念相区别才称之为"新国学"。他说,"'新国学'也是'国学',只不过应当与原来理解中的'国学'有所不同。"③

我认为,先生提出"新国学"概念有重要意义。这意义就是告诉我们,应当用开放的态度去对待外来文化,以发展的眼光看待中国文化。我们知道,自国学这个概念在中国学界出现时起,它就是与西学对举的。甚至一些国学研究者还是以反西学影响的保守主义态度来进行国学研究的。而 20 世纪中国文化恰恰是在包括西方文化在内的外来文化的巨大影响下发展起来的。这也就是多年来国学研究者总是以凝固的眼光看待国学,不肯将现代中国文化作为国学研究对象的原因。承认近百年的中国文化是中国文化,并将其纳入国学研究的范畴,其实就是承认了中国文化是可以接受外来文化巨大影响的,中国文化是可以在外来文化巨大影响下继续发展的。

而先生之所以能够率先提出新国学概念,与他一向的开放思想是密切相关的。先生曾在《中国现代文学研究丛刊》1985 年第 1 期上发表过题为《在广泛的世界性联系中开辟民族文学发展的新道路》的论文。在该文中,先生认为现代世界各民族已经不再可能在封闭的状态下孤独地发展自己的文化,而必须在广泛的世界联系中发展自己的文化。正是以此思想为基础,先生提出并系统论证了他的"新国学"概念。

---

① 王富仁:《"新国学"论纲》,见《新国学研究》第 1 辑,人民文学出版社 2005 年 5 月,第 133 页。
② 王富仁:《"新国学"论纲》,见《新国学研究》第 1 辑,人民文学出版社 2005 年 5 月,第 127 页。
③ 王富仁:《"新国学"论纲》,见《新国学研究》第 1 辑,人民文学出版社 2005 年 5 月,第 150 页。

《"新国学"论纲》不仅提出了"新国学"概念,而且对自晚清至 20 世纪后期近百年的中国学术进行了全面系统的评述。其内容之丰厚,见解之独到,也令我折服。

2005 年,先生还在汕头大学和李嘉诚基金委员会的支持下创刊了《新国学研究》。该刊以新国学的理念刊载包括古代国学和现代国学的研究成果。至今已经出版了 13 辑,引起学术界的广泛关注。

先生的著作宏富,仅学术专著和论文集就有 15 种以上。我研习不够,只能先谈以上一点体会。

三、先生的为人

根据我与先生三十年多年的相处,我对先生的为人也有一些体会。

第一,先生是一位知行合一的人。

先生是主张人人平等的。他曾在课堂上讲过,在古代,人与人之间的关系是纵向的上下关系,而到了现代,人与人之间的关系应当是横向的平等的关系。在现实生活中,他也坚持这一原则。这在他对待学生态度方面,表现得尤其突出。他在学生面前从不摆架子。该批评的他也会批评,但平时总是非常亲和平易。我的同门,都不惧怕先生,感到能做先生的学生是一种幸运。先生待人不立崖岸,即便是原来陌生的青年人也很容易与先生接近。先生的平等待人还表现在组织学术会议方面。记得 2005 年他在汕头大学组织过一次中国左翼文学思潮的学术研讨会。他当时坚持按年龄和特别需要安排住宿房间,而不按行政级别安排。这在当时也曾被传为佳话。

在《中国反封建思想革命的一面镜子——〈呐喊〉〈彷徨〉综论》一书中,先生认为鲁迅的伦理思想是个性主义(individualism,也可译作个人主义)的爱己与人道主义(humanitarianism,也可译作博爱主义)的爱人两个方面的组合。据我看来,先生与鲁迅一样,秉持的也是个性主义与博爱主义结合而成的人道主义(humanism,也可译作人本主义或者人文主义)伦理原则。他也在爱己与爱人之间努力寻找着平衡。他不是一个毫不利己专门利人的人,他也从不主张别人这样做。自己的权利,自己的幸福他是要努力维护和争取的。但同时,他也会尽力帮助他人,体谅他人。爱己的一面不必说了,我只谈一谈先生爱他人,体谅他人的一面。1985 年秋我来北师大中文系就职。第一次教研室会议,主任介绍过我之后,又按顺时针依次向我介绍在座的老师。当介绍到某位老师时,我会鞠躬示意,这位老师也会礼貌地点头示意。但当介绍到一位年长的老先生时,他却有意将脸转向旁边,不理睬我。我感到意外并受到伤害。等介绍到王富仁先生时,先生却非常热情地向我打招呼,并说他也是山东人,我们是老乡。我当时就对先生有了非常好的印象。事后我才了解到：原来教研室老师们在教研室进教师问题上有过斗争；那位老先生坚持推荐的人选被我顶了；而王富仁先生与那位不理我的老先生的关系还很不错。于是，我对那位不理我的老先生理解了，同时王富仁先生那天对我热情招呼的深意我也体会到了。我想在进人问题上先生很可能与那位老先生观点一致。但他的可贵之处是事后也能体谅我的无辜和我作为一个初到者的孤独处境。因此他没有跟着那位老先生一起冷落我，反而热情地招呼我。不久，我在儿子落户问题上遇到了麻烦。我和我妻子当时都是集体户口。而集体户口的管理者因嫌小孩子粮票、油票等年年有变动而增加他们的麻烦，不愿接受我儿子的户口。他们建议我找个单立户家庭将我儿子的户口落下。我思来想去，最后还是怀着忐忑的心情去先生家试一下。没想到刚刚说完原委，先生和赵师母就痛快地答应了。因我妻子也姓王，我儿子是以先生外甥的名义落的户，所以先生还开玩笑说，"我又多了个外甥，值得庆贺！"不仅对我这个同事如此。我还亲眼见过，先生在给陌生人指路时，也是非常认真和充满热情的。这就是我的先生！

先生在《中国反封建思想革命的一面镜子——〈呐喊〉〈彷徨〉综论》中分析封建礼教时曾说，封建礼教主张尊礼抑情，结果人们的真实情感往往受到压抑。长期隐忍不满的人性格会变得阴毒。这种人常常会等待时机或者用隐蔽的手段去报复别人。所以先生在生活中常常并不隐忍自己的不满。在与先生相处的过程中，我有时也会因言行不当惹先生不高兴。每逢这种情况，先生总是直接向我表达他的不愉快。而当我过后还为此感到惴惴不安时，却发现先生早就忘却了他的不愉快。有情绪就直接表达，先生是有意为之的。我总的印象是，先生的为人与他在学术著作中表达的思想是高度一致的。

第二，学术活动是先生的生命存在方式。

与许多人仅仅将学术活动作为安身手段不同，学术活动已经成为先生立命的方式。他全身心地投入到学术活动中，从学术活动中找到了生活的乐趣，实现着人生价值。先生对饮食和服装并不讲究。对旅游和其他的娱乐活动也没有太多的兴趣。据我所知，他曾在北师大中文系的娱乐室打过克郎棋，到汕头大学后，也与宠物狗胖胖一起散过步。但我没有见过先生对娱乐活动迷恋过。在我的同事中曾流传过先生的一句他表达自豪也带一点自嘲的话："工作上我是一只狼，生活上我是一只羊。"我想，与先生接触较多的人是会认同他的这个自我比喻的。

第三，坚守知识分子思考和表达的权利。

先生经常谈到知识分子的生存方式。他认为思考和表达是知识分子的职业。没有了独立思考和表达的权利，就没有了知识分子的基本生存条件。先生思考问题的特点之一就是其独立性。他从不迎合任何人，任何思潮，也不受任何条条框框的束缚。这是他的思想具有独到性的原因之一，也是其思想总是充满活力的原因之一。先生不仅见解独到，而且敢于表达。说真话，不怕有人听了不高兴，是先生几十年来一直坚持的一个学术原则。当谈及此事时，先生常说的一句话是："我没有任何个人的政治野心，我说话作文仅仅是在表达我的学术观点。这是我要坚守的基本权利，也是所有真正的知识分子应当坚守的基本权利。"说起来好似很平常，但真正具有这种优秀品格的知识分子，在现实中又有多少？而先生多年来却一直坚持着。

最后借用一句古话表达我对王富仁先生学术和人格的景仰：

高山仰止，景行行止，虽不能至，然心向往之！

2017 年 11 月 19 日于北京寓中

（作者系北京师范大学文学院教授）

可以追随但不可复现的存在
——怀念恩师王富仁先生

谭桂林

5月2日的晚上10点半,按照惯例,我已经上床休息,手机放在书房充电,没有关机。突然一阵铃声响起,在夜晚的静谧中显得格外的急促,紧张,惊醒了处在朦朦胧胧睡前状态的我。爬起床来到书房接电话,是山东师大的老同学魏建兄打来的,他劈头就问,听说王富仁老师去世了,是真的吗?我脑袋嗡的一下,有点懵了,回答说我不知道呀。魏建说,网上已经传得沸沸扬扬了,我想找你求证一下消息。电话挂断后,我立马微信看王门微聊,果然上面已经是蜡烛成群,泪流一片了。几分钟后,电话铃又一次惊乍地响起,这次是北师大的李怡师弟打来的,他告知了相关情况,语调低沉,沙哑,听得出内心的悲痛。确实,虽然富仁师患病已久,从去年9月以来数次北上住院治疗,对先生病情了解的弟子们可能都有一定的心理准备,但遽然听到这一消息,仍然像被刀锥一般地心痛。这天晚上,彻夜难眠,先生的音容笑貌一直在脑海中呈现。多少往事,多少情景,多少追悔莫及的遗憾,一齐涌上心头。

最早见到先生,是在上个世纪80年代中期,那时我还刚进入山东师范大学师从冯光廉先生读研究生。那个年代就像五四时代一样,是个文学的时代,一个充满理想与激情的时代,学术界明星璀璨,偶像群集,像富仁师,还有钱理群、吴福辉、赵园、刘纳等等,都是我们这些在读研究生的崇拜偶像,他们才情横溢、思想激扬的文字,每每在我们的寝室中争相传阅。但比较而言,对于我们这些山东师大的研究生而言,富仁师似乎显得更加亲近些。因为先生是山东人,早年曾在聊城工作过很长时间,那些来自聊城的同学讲起先生的故事就像讲家人故事一样的有趣,冯光廉先生当时在中文系做主任,也给我们提到过先生研究生毕业时,山大和山师大都有引进他的计划,据说先生乡情深厚,当时也确实有着回山东的打算。所以,提到先生,我们不由得感到亲切,感到自豪,当先生真的要来山东师大做讲座了,同学们的那种激动和兴奋简直难以形容。那次讲座简直就是一场学术的嘉年华,先生说他不会讲别的,只会讲鲁迅,而一个鲁迅被先生讲的如此震撼人心,至少在我是从来没有过的听课体验。记得好像是先生来济南后就患了感冒,带病连续做了好几场讲座,喉咙都嘶哑了。回北京的票是晚上的,当时就有老师建议他下午休息好了,但为了满足青年学子们的愿望,先生硬是嘶哑着喉咙,扎扎实实又讲了一下午。临走的时候,还像道具一样坐着,分别和学生合影留念。折腾完了,我们去送先生,感到他连说声再见都好像很困难了。那次见面,先生好像戴着一个呢子的鸭舌帽,身着一件磨得发亮的旧中山装,中山装的口袋上方端端正正地别着北京师范大学的校徽。印象很深刻的是,先生的衣着,和我下放在农村时见过的许多大队干部比较,简直没有什么区别,不过从先生的炯炯发亮的眼神中,我得到了一种异样的、前所未有的强烈感觉。我觉得先生很特别,他似乎是一个矛盾的结合体,当他沉浸在自己的言说中时,那种眼神似乎像刀一样锋利,撕开着愚昧的假相,洞穿着世俗的诡计,闪烁着睿智的光芒,但一旦从言说状态中退出,回到与学生们的日常交谈中,那眼神还是炯炯有神,但瞬间就柔和起来,温暖起来,随意起来,就像一个有点溺爱孩子的家长,对学生们的要求开始有求必应,百般顺从。

1993年秋考到北京师大读博,我有幸同萧同庆一起成为先生招的第一届博士生。入门后,听先生讲话的机会就多了。先生的书房就是我们的课堂,差不多每个星期我和同庆师弟都要去先生家聊一个晚上,说是聊,只是说形式上的随意,其实主要还是先生讲,我们听,偶尔插插嘴,提个问。聊学术,聊人生,也聊时事,什么话题都聊,当然聊得最多的还是先生最崇敬的鲁迅。先生烟瘾很大,一支接着一支,同庆兄虽然年轻,满身的书卷气,但烟民的资历也颇为不浅。在这一点上,他们师徒俩对上了脾气,你一支来,我一支去,抽得欢畅极了。整个书房烟雾弥漫,我身在其中,居然毫不觉得。最近读同门师兄弟们写的怀念文章,多有深情地回忆起在老师的书房里享受烟熏的情景。对我而言,能够享受这样的烟熏,不仅是一种幸运,一种福气,而且还具有一种特殊的象征意味。因为二十多年来一直活跃在我心中的鲁迅影像,就是在这种浓重的烟雾中完整起来的。读硕士时,导师冯先生也是鲁迅研究专家,他是一个相当理性的学者,讲究明晰,清楚,引领着我去辨析一个鲁迅的侧影,去解决鲁迅研究中的某个问题。而在富仁先生这里,烟雾弥漫之中,感受到的则是情感的激越和心灵的震撼。在我的印象中,先生从来没有津津有味地讨论过鲁迅日常生活的细节,也从来没有专心致志地讲叙过鲁迅学术工作上的雅趣,他呈现给我们的鲁迅,从来就是精神上的先哲,思想上的智者,一个觉醒的受难者,一种孤独的大写人格。先生为我们展现的鲁迅影像,构架清晰、逻辑圆满,但是他的饱含张力的话语,他的滚雪球似的增值性思维,又似乎时时刻刻在诱引你走向一个朦胧的鲁迅,一个深不可测的鲁迅。那时,先生的研究领域正在拓宽,陆续发表了一些鲁迅之外的现代作家综论,在书房的聊天中,先生也常把这些作家与鲁迅对谈。我的感觉是,鲁迅在富仁师那里,始终是一个原点,一个标杆,一种尺度。所以,那几年的烟熏,不仅让我从先生那里继承了一种浓浓的对鲁迅的敬仰,而且也让我明白了一个道理,也可以说是体会到了先生的一个经验。这就是,一个做现代文学研究的学者,无论你研究的路数有多丰富,方式有多炫目,最终你还是要以鲁迅为基点;无论你开拓的疆域有多宽阔,走过的领地有多璀璨,然后你还是想回到鲁迅那里去。

随先生问学三年,学术上的亲炙不计其数,最不能忘怀的事情是我的博士论文选题的确定。80 年代末到 90 年代初期,因一个很特殊的机缘,大概有两三年的时间内,我相当认真地读了一些常见的佛经。而且一时兴起,也不揣浅陋地写过几篇现代作家与佛学的单篇论文。1993 年去先生那里读博前,《文学评论》又发表了我的《佛学与中国现代作家》一文。这篇论文综合地梳理了现代作家与佛学之间的关系,也宏观地阐析了现代作家与佛学关系的一些共同特征,在现代文学学术界或许算得上是首例。我当时觉得,已经写过几个单篇,现在又做了一个综论,这个课题可以到此为止了。所以,入学后同先生商量开题时,我说想写道家文化与中国现代文学,当时确实也做了一番准备,于是对先生大谈自己的写作计划。先生还是一支接一支地抽着烟,透过袅袅的烟雾盯着我,听我的汇报。听完后,他把还未抽完的烟按熄在烟灰缸里,往烟灰缸里倒了一点茶水,静静地反问了我一句,你的佛学与中国现代作家就是一个好题,为什么不继续往下做呢?接着他又说,遇到一个好题目,不要轻易放弃,要做细,做深,做成一颗钉子,钉在学术史上,让后来者无法绕过你去。先生说这番话,随意得就如叙家常,对我而言不啻醍醐灌顶,如雷贯耳。回到宿舍,整个晚上我都兴奋得无法入眠。1995 年的暑假,我写完了博士论文的初稿,一开学就交给先生去审阅。那本稿子是学先生的习惯,用蘸水钢笔写就的,还特地用了 500 字规格的稿子,有较宽的空白处可供老师批阅。记得先生接过稿子,很高兴的样子,当时就和我谈到了这部论稿的取名。先生说,一部书稿也好,一篇文章也好,看它是否有创见,就看它能不能用一句话来概括它的内容,而这句话要是别人没有听过的话。后来我把博士论文的题目由"20 世纪中国文学与佛学"改成"佛学与人学的历史汇流",就是听了先生这一言语的启示而得来的。在此后自己的教学经历中,我把先生的这些教诲归纳成"钉子"主义和"一句话"原则,不断地对我自己的学生传授。我的那些学生是否真正理解了富仁师的这些教诲,我不知道,但我知道自己是获益多多,受用无穷。1996 年元月,我提前半年举行了博士论文答辩,答辩主席是《文学评论》的王信先生,答辩委员是钱理群、宋益乔,还有本校的郭志刚和朱金顺四位先生,吴福辉和凌宇先生也为拙文写了通讯评语。答辩整整一个上午,但我过得还是比较轻松,因为让我答辩的问题其实不多,大部分时间是老师们自己围绕这个话题兴奋地讨论。后来,拙文出版时,富仁师效仿师祖李何林先生,将七位评审委员的评语串联起来,放在序中,立此存照。这些评委都是在自己的研究领域内做出了重要贡献的著名学者,他们的评语本身就是一篇精彩的学术短文。这些年来,自己在学术研究的道路上,时不时会把他们的评议翻开来,不断地温习,从他们热情的鼓励中吸取力量,从他们细致的建议中启发灵感,我想,这也许就是先生如此这般写序言的初心吧。先生在序的结尾中也说:"谭桂林的这部论著的主要意义就在于它的开拓性,在于它做的是披荆斩棘的工作,是翻耕这块生地的工作。这也是一种'收获',但这'收获'还不是最终意义上的,还只是为种庄稼做了必要的准备,真正意义上的收获还有待于后来更细致、更深入的研究,还有待于更多的研究者的共同努力。它是进行曲,而不是主题曲"。从那时到现在,一路走来,我虽然做鲁迅研究,做诗学研究,兴趣来时,也去当代文学评论领域中敲敲边鼓,凑凑热闹,但始终还是牢牢记着先生的教导,把主要精力坚持不懈地用在"翻耕这块生地"上。最初是研究现代作家与佛学的关系,后来拓展到研究现代作家与其他宗教的关系,最近又出版了《现代中国佛教文学史稿》,能够有这些成绩,无疑都要感恩于20多年前那个晚上先生的当头棒喝。

毕业之后,我回了湖南工作,虽然有时到北京出差,抽空到先生家里看望一下,有时开会见到先生,也尽量利用时间随侍左右,但见面的机会毕竟不多了,主要还是通过电话联系,谈话的内容也不再是学术,而是嘘寒问暖的寒暄、照顾身体的叮嘱之类。但我就像80年代读先生的《呐喊》《彷徨》综论一样,始终关注着先生自己的学术发展,为先生提出的每一个震撼现代文学学界的新见而击节叫好(如先生提出的现代文化发展的逆向性特征、中国现代主义文学是中国式的"现代"主义文学等等),并把它们化入到自己的教学与研究中;也随时跟进先生的学术步武,到先生所开辟的每一个新的学术天地中(如先生后来提出的"新国学"、先生曾经热衷过的语文教育改革等等)去领略先生的思想与智慧,来开拓与提升自己的学术境界。所以,在先生身边也好,不在先生身边也好,一样地可以沐浴浸润着先生的精神熏陶、学术光耀,这对我们这些王门弟子而言,不啻是人生最为幸福的事情。当然,我也深知,就先生的学术成就和影响而言,先生不仅属于我们王门弟子,而且属于鲁迅研究界,属于现代文学研究界,甚至说属于当代中国的学术界也毫不为过。学术乃天下之公器,学者乃人类追求真理之楷模。先生也许并不在意自己的声名,也许并不着意追求自己的影响,但桃李无言,下自成蹊,先生创造性的学术成就,已经自然而然地成为我们这个时代里学术的一个奇迹,一种标志,一种思想力量的化身。

先生离开我们一个多月了,这些天来,一个令人伤感的问题始终在我的心里纠结缠绕。先生的离去已经成为今年中国学术界的一个不幸事件,这个事件对于未来的学术界它将意味着什么?对于我们这些弟子乃至许多敬仰先生的青年学子而言,我们失去了一个可亲可爱的导师,对于先生同时代的各位尊长而言,他们送别了一位值得信赖和敬重的同伴,而对于整个的鲁研界、现代文学界乃至当代中国学术界呢?这个损失恐怕也是无法估量和弥补的,因为先生的思想、先生的学术是一个极其独特的存在,也是一个可以追随但无法复现的存在。先生的学术之路深深刻印在中国的土地上,但每一个足迹的深度及其震撼力,除了来之于本身具有的严密的逻辑推论与高屋建瓴般的理论思维之外,无疑也来之于先生对中国文化心理结构深邃的洞察,以及对自己生存在这片土地上的个人经验的富有意义的发现、升华与坚守,它们不仅记录了一个非常时期中国学界的思想风云,而且昭现着一位杰出学者的良知、激情、智慧与真诚。新世纪以来,中国学界的分化日益显明,被五四新文学严厉批判过的"文以载道"的传统方式在卷土重来,而重考据,作实证,爬梳整理,旁征博引的研究方式也大行其道,但真正熔铸着学者个人良知、激情、智慧与真诚的学术成果则越来越珍稀,学术的纯化与规范化正在付出激情萎缩与思想褪色的代价。先生去世的第二天上午,我正好给研究生上鲁迅专题课,内容是鲁迅文学中的革命叙事。强忍着心中的悲痛将课上完,临下课时,我向同学们宣告了先生离去的消息。看着学生们惊谔的神态,我实在情不自禁,满含泪水,用颤栗的声音又补了一句"这位先生的离去,或许将预示着鲁迅研究一个时代的结束",随即宣布下课。事后想来,这话说得有点情绪失控,但它确实是我心里想说的话,显示着先生的学术成就和影响在我心中的地位与分量。

2017 年 6 月 9 日写于秦淮河畔半空居

(作者系南京师范大学文学院教授)

心中有只不死鸟

何希凡

　　大约三十年前,曾在一个小报上读到一篇中学生写的短文,题目是《壮哉,不死鸟》,内容虽然还有些印象,但"不死鸟"这个意象却长久地吊住了我的胃口。我明知它不过是个比喻,但每当想起它,总是要追寻这世间究竟有没有不死鸟。从古至今,多少痴心妄想者都在苦求着长生不老之药,秦始皇、汉武帝等威加海内之辈都曾有过"服黄金,吞白玉"之举,但到头来不免是"刘彻茂陵多滞骨,嬴政梓棺费鲍鱼"。看来,世间真的难以有不老不死之人了。没有不死的人,如果真有不死鸟,那也算得上生命的奇迹了,但后来知道那也不过是神话传说而已。郭沫若长诗《凤凰涅槃》篇首的小序就说"天方国古有神鸟名'菲尼克斯'(Phoenix),满五百岁后,集香木自焚,复从死灰中更生,鲜美异常,不再死"。这其实就是中国人所谓的凤凰,亦即"不死鸟",在《孔演图》和《广雅》等文献中都有记载。由此可知,凤凰之能不死,必先经过死而"更生"。我想,鸟尚能如此,作为万物之灵的人怎么就不能创造同样的生命奇迹呢? 没想到,在我平淡无奇的人生中竟有缘际遇了真正的"不死鸟"。

一、"不死鸟"之死

　　去年5月2日傍晚,文学院领导傅学敏教授打来电话说,半年前曾拟定请王富仁老师来我校讲学,现在可以请他老人家过来了。我拿着电话犯了踌躇,因为几周前我曾给王老师打过电话,接电话的是他家的保姆,她告诉我说,王老师又到了北京。我知道,自从王老师被确诊为肺癌后,就一直往返于北京与汕头,只要北京的放化疗结束,他就要回汕头去给学生上课。虽然他一直对自己的身体很自信,曾对我说,除了医生告知他患了癌症,自己并没有任何异样的感觉。我也曾在心里期盼着奇迹的发生,经过多次的放化疗,这一次到了北京究竟是什么结果,谁也难以判定。我只得对傅学敏老师说,等我与王老师联系上了再说。谁知我刚挂了电话,伏俊琏老师就发来信息:著名现代文学专家、鲁迅研究专家王富仁先生于今日19点

20 分在北京逝世。噩耗来得如此突然又如此巧合,就在文学院师生几个月的热切期待即将实现之际,它却瞬间变成了泡影!泪水潮湿了我的眼眶而没有充溢,因为我不相信富仁师这么快就走了。窗外突然间雨暴风狂,室内也有了阵阵寒意,我忽然想用王老师生前并不感兴趣的俗套礼节为他撰写一副挽联,但我却想写出最不落俗套又最能契合他的生命本质的内容。只要读他晚年的文章,那无比健硕而大气的文笔,那强大的思维运动力量,你怎么能够想象这是一个身罹绝症的老人生命终结前夕的绝笔?只要深味他波澜壮阔的学术生涯,你看他的身上可曾有"著书都为稻粱谋"的历史回光返照?他虽然曾担任中国现代文学研究会会长,但他何曾表现出丝毫的学霸气与领袖欲?他是凭着自己著述煌煌的最诚实的学术劳作高擎起中国现代文学的猎猎大旗,他的思想锋芒和学术个性不是为了逞一己之能,更不是为了猎取一己之名利,而是满含着对国家和民族的深爱,满含着对自己所献身的学科命运的深切系念,满含着对后学的万缕仁爱!但他这一走,一个时代的稀有之音渐行渐远,他所发出的振聋发聩的呐喊正如魏晋时代的嵇康临终前之广陵散绝!我没有想到,撰写一副技术含量不高的挽联竟然伴着整个风雨长夜,当陕西师大的著名学者、书法家,也是王老师弟子的李继凯仁兄见到我撰写的这副挽联,当天就不吝他漂亮的笔墨书写出来:

> 椽笔犹健硕,先生岂求一己富,长恨苍天摧人哲;
> 大纛失飘扬,后学俱感万缕仁,但悲学界绝广陵。

二、"不死鸟"与我

当我来到大学教书之前,要把王富仁的名字和我联系在一起,那简直就是"吾不识青天高,黄地厚"。早在上世纪 80 年代中期,我就略知王富仁,他是新中国第一位现代文学博士,他的博士论文改变了过去几十年间鲁迅研究的强大惯性,是学术界思想解放的标志,也是鲁迅研究史上里程碑式的成果。他名满天下,也招来了惯性的严重质疑。我在给师范生讲鲁迅的时候,也偶尔谨慎的搬用了他的一些见解,但我从来没有奢望有朝一日会直接面对他,还能听他的课。1993 年 7 月,命运突然改变了一个低学历者自以为已经定格的人生棋局,我来到西华师范大学文学院(当时的四川师范学院中文系),被安排任教中国现代文学课程,与此同时,学校同意我先到北京师范大学中文系进修。记得是年 9 月 14 日到了北京,我的导师是新文学史料学研究的名家朱金顺先生,他向我介绍了即将开课的六位教授,其中就有大名鼎鼎的王富仁、童庆炳、郭志刚等先生。王富仁的名字已不陌生,但他是本专业首位博士,而且当时还算学术新锐,他的著述已凸显出鲜明的个性锋芒,而且字里行间流淌着学术主体的生命自信,我料想他一定是一个有些脾气乃至有点傲慢的人,而像我这样一个早已过了而立之年却尚未学术起步的渺小灵魂,怎敢去擅扰一个大学者宏图杰构、吞霞吐锦的滔滔思绪?我想早一点见到他,但他的课安排在 1994 年春天,我就把读他的博士论文《中国反封建思想革命的一面镜子——〈呐喊〉〈彷徨〉综论》和《先驱者的形象》等著作当作与他的提前会面,偶尔也能从老师和同学口中听到他的故事,听到他独到深刻的见解,其实他的面影已经在我心中渐渐鲜活起来,但整整一个学期,尽管数度经过他所住的丽泽 8 楼下,还是不免有叩门无路之虞。

春节刚过我就到了北师大,校园虽然还凛冽着寒意,残霜还横陈在道路左右,但图书馆前的草坪已经微吐绿意,迎春花也稀疏地开了,北京干燥的气候与还算淡蓝的天空已把暖意送到心头。记得正月初九就开学了,在领略了朱金顺、刘勇、李岫等老师的精彩讲授之后,又迎来了盼望已久的王富仁、郭志刚、童庆炳三位先生登台,他们都是中国学界的顶尖级学者:郭志刚先生是老一代现代文学研究名家,尤以孙犁研究蜚声学界,而且因为对孙犁的几十年私淑,其高华雅洁的文笔似与孙犁同构,因为他对我的多年错爱而在一定程度上影响了我的学术文笔。童庆炳先生是中国文艺学的泰斗,不仅在文艺理论上著述等身,声名卓著,而且还涉足文学创作,出版过两部影响较大的长篇小说,培养过莫言、余华、毕淑敏等著名作家,被誉为"中国文学的教父"。童老师 2005 年来我校讲学,十余年后我们师生重逢,童老师竟与我动情地拥抱,当着我的众多学生说我是他的老学生。王富仁老师给我们开了《鲁迅小说研究》,这是他誉满天下的专攻。他的精彩不是人们常见的精彩:从来没有讲稿,但口中飞珠溅玉,深刻的思想,独到的见解,严密的逻辑常令我们猝不及防,他不断颠覆着我们的惯性思维,拨开现象的花絮,撩开似是而非的面纱,让我们看到了从未看到过的人性真相、文化真相和历史真相。听他的课你会感到新鲜而陌生的刺激,你也会感到自我的渺小。但即使如此,我对他积久存有的敬畏惶恐之心却渐渐烟消云散了,你看他那一身老农民的打扮,你看他刚过知天命之年却已是满脸沟壑,你看他那一头染过的黑发无论如何也掩盖不住那些调皮的银丝。虽然也穿着蓝色的西装,因为它并不笔挺而略显褶皱,你仍然可以毫不费力的置换出他曾经被称为"公社干部"的那一身老式中山装。他接连不断的抽烟更增添了人间烟火气的质感与厚度,我们实在是在被他熏陶啊。神秘感一旦消失,他在我的心中渐变为亲人和朋友,有些问题想和他讨论也就再没有了先前的心理障碍。

因为上一个学期我曾就茅盾 40 年代的未竟长篇小说《霜叶红似二月花》写了一篇论文,得到过李岫老师的热情鼓励。在此之前我也读到过富仁师的关于鲁迅和茅盾小说比较的长篇论文,其中关于《霜叶》的一些观点我深以为然。于是趁一次课间休息,我并没有过多体谅他讲课的辛劳而不失时机地凑上前去向他表达了自己的一点浅薄看法。我说,学术界都认为这部小说最大的遗憾是没有按照作者的最初构想写完,这是一个令人遗憾的半成品,而我却认为这部小说好就好在没有写完,如果写完了就一定不如现在的更好。没想到富仁师对我大加赞赏,当即鼓励我尽快修改出来,他一定在《中国现代文学研究丛刊》给我推出。我自然大喜过望,连续熬了很多长夜反复修改,也请一同进修的同学帮我把关,然后我和富仁师约定在他家里交谈。还记得先后有三个下午就在他家的饭厅,我和他在饭桌对面而坐,他还是那么随和慈祥,但我能感受到他读了我的文章已经没有初次谈话的激动。他首先问我究竟想表达一个什么意思,然后指出我的两处引用说,你引用的这些话有什么高明之处?能帮助你有哪些独特的思考,这些话你自己都应该说得出来,何必要引用呢?引用是为了推动你的思考和论述,让你做出超越别人的表达,否则,为引用而引用有什么意思呢?你对小说原作做了那么多繁琐的分析,自认为很精彩,你究竟是在写讲课教案还是在写有自己独到见解的论文呢?分析作品应该是为你的新鲜见解服务,与此无关的分析是没有任何意义的……连珠炮似的问题把我打蒙了,他失望于我还徘徊在学术门外,但也注意到我表情的颓丧,于是心生怜悯,说可以把我的文章推荐给他家乡高校的学报。我当时就感到怜悯是改变不了失望的,我还要在学术界混几十年呢,怎能就这样靠怜悯混下去呢?我婉谢了富仁师的好意,表示回到自己的学校后还要继续思考,继续修改。然而,富仁师为我这篇匮乏学术品格的文章前后所花的三个下午时间并没有打上句号,越到后来,我越是感到了富仁师那一连串问题所蕴含的价值远胜于我的文章发表在任何高级别刊物上。因为我知道了学术研究不仅仅是对研究对象有了浓厚的兴趣,也不仅仅是对文学文本的烂熟于心,而是要有对于研究对象与众不同的认识,而这种认识也要能够对已有的同类研究成果尽可能有超越性的进展,否则,我们就根本没有在学术研究上取得发言权。我也深知,作品研究不是繁琐滥俗的赏析,研究作品的过程也就是表达思想、揭示学术主体自我发现的过程。别人的见解再精彩,如果被我们去重复证明,那就是无效、无意义的劳动。

后来,读到富仁师更多的论述,我进一步知道了学术研究不能只靠灵感的闪现,仅仅读了很多书或者很有学问,仅仅有了足可骄人的才华,这些都不等于学术本身,才华和学问要靠学术主体的生命和思想去照亮。但我们的文化传统是一个特别重视才华与学问的传统,正因为如此,当人们拿着这个标准去比较周氏兄弟的时候,总是想用周作人的才华和学问把鲁迅比下去,而鲁迅卓越的思想常常被人们忽略不计。富仁师并不轻视一个人的学问和才华,但他是希望我们这些想要吃"学术饭"的人更要有自己独立的思想。有了这些感悟,我没有放弃当年那篇文章,经多次修改,几至十年辛苦,终于 2002 年未经富仁师知晓发表在《中国现代文学研究丛刊》,而富仁师当年严肃追问的意义也绝不仅止于砥砺我写成了这篇文章,其更重要的意义则在于让我懂得了学术研究的基本道理,这些并不高深却为很多吃学术饭的人一再忽略的道理伴随着我的学术生涯,我渺小的学术生命就靠这些道理而有了方向,与此同时,我也把这些足以终生受用的珍贵启示渗透给我的学生。

三、"不死鸟"之不死

我是富仁师的学生,这是真实的,而不是想借他的高枝炫耀自己,但作为他的学生我又是不够格的。他早年的硕士生和后来的许多博士生都是中国学界的风云人物,如果我胆敢在他的博士生面前自诩是富仁师的学生,他们一定会做出权威性的澄清,在王门弟子中谁也没有听到过我的名字,而一个仅仅听过一学期课的进修生定会被他们嗤之以鼻的。然而,他们何曾想到,一个渺小的灵魂与一个伟大灵魂之间就这样不可思议地有了长达二十余年的精神牵连,但我可以坦然地说,我从未请他为我办过任何一件私事,我们是纯洁的君子之交。他有几位博士生与我略有交往,刘殿祥就是当年我们在北师大进修的同学,当他知道我与富仁师的深交,不无歆羡的说,你比我们更幸运! 这种幸运主要不在于富仁师每出新书一定要寄赠给我,还寄赠给我的学生,更令我感动的是,有一次他要我帮他把有关他的"新国学"观讨论的文章搜集出来寄给他,当他看到那么多有价值的文章,就希望我编辑成书,并与我商讨了书名,他要私人出钱帮我出版,还口口声声说:我完全可以帮你,我有这个经济能力。虽然后来因为种种原因,这部六十余万字的书最终流产,但富仁师的一番拳拳爱意永远铭刻在我的心间!

二十几年来,我用心读了他的每一篇文章,虽然多是长文,但没有一篇不彰显着他的原创和独创,而且行文之间绝少学究气、学霸气,每句话都似汩汩清泉自心底流出,是那样的明白晓畅,又是那样的震撼人心,几乎人人都能读懂,但很少有人能说得如此到位。我曾经多次对我的学生说,富仁师的文章都是"高水平的大白话"。我还发现,富仁师越到后来越是很少去研究令人眼前一亮的新话题,但老题目一到他的笔下你就不能如风过耳,你虽然听到很多名人言说过这些话题,但王富仁一旦发言了你就得用心看看。比如,关于最受争议的鲁迅的《青年必读书》问题,关于中国现代新诗的诸多问题,关于一再被人翻云覆雨的鲁迅与顾颉刚关系问题,关于胡适与学衡派的历史定位问题等等,这些都经很多学人一再言说,但当富仁师重新思考这些问题的时候,总会有令人叹为观止的深宏之论。自然,富仁师不是完人,他也有自己的生命局限,也有自己的知识盲点,他的论著甚至也有些许的知识硬伤,同行中也有对他的这些并不完美私下非议者,我就曾听到过一个年轻教授居高临下、声色俱厉的批评他的不是,甚至说他这也不懂,那也不懂,但当这些人面对他整体性强大的学术生命,面对他那些力能扛鼎的论著都不得不投以折服的目光。

就我个人而言,最幸运的是每次和他通电话都在不经意间作了没有预谋的长谈,一旦触及到感兴趣的话题,听富仁师滔滔不绝的惊人之论实在是难得的精神洗礼,直到说得我的电话没电了方才罢休,北师大的一学期听课竟然延续到二十几年的教益,你能说我没有得到他的特别眷顾吗? 他初到汕头大学又新任中国现代文学研究会会长,繁忙可想而知,但他却在身患背疮打着吊针的疼痛之中坚持为我的书写了长达五千余言的序言,并发表在《鲁迅研究月刊》。作为学术界作序最多的著名学者,他的拳拳之爱岂止于我,简直可以说洒向学界都是爱! 如此生命健旺而具有凌云健笔的人怎么会死呢? 但他却实实在在的走向了生命的尽头,只是他站在生死之门上比谁都显得更加从容淡定。当我知道医生已经确诊他患了肺癌后心情很是沉痛,他反而还来劝我:"活得再长也不过是这世界的匆匆过客,岁数是给别人看的,一个人的生命价值不在于它的长度,而在于生命的质量。我王富仁活了76岁也不算短寿了,我此生只要对得起自己的事业,没有做有损于民族的事,我就已经心满意足了。"当我劝他不要在病中写作,这样会更加使病情恶化,他却自有一番道理:"你不知道,写文章使我分散了对病的注意力,相反有助于病情的稳定"。他的这些话不是强词夺理,而是真正懂得生命意义的肺腑之言。听了他的这一番话,我这个向来怕死的人也有了向死而生的生命启悟。于是,我想起了他很喜欢的黄仲则的两句诗"如此星辰非昨夜,为谁风露立中宵",一个快要走到生命尽头的老人活得如此清醒,如此不失生命的尊严,他那凛凛风骨撑起的挺拔身姿哪里就会倒下去呢? 他怎么会真的死去呢?

我相信,几年之后,几十年之后乃至更长的时间,学术界不会停止对王富仁学术高度的瞭望,更不会停止对他的学术著述意义的阐释,因为中国学术有了他和他的同道的介入,才有了不一样的学术风貌和精神风景! 当一个人的生命之光具有了历史时空的穿透力,我敢确信他并没有死,因为在我的心中,他实在是一只鲜活异常的不死鸟。

2018 年劳动节写毕于蜀北嘉陵江畔之小城书斋

(作者系西华师范大学文学院教授)

仰望您的一万多个太阳和五百多个月亮

——怀念恩师王富仁先生

孙振春

正是聊城七月流火的丁酉溽暑季节，一般气温都高达35到37度左右。可7月下旬这几日，聊城一反常态，先是下起了几天大雨，接着又转为连绵小雨，使得这里的中伏大暑和初秋一样，竟有了些许的清爽。此刻，我正在阅读王富仁老师的散文集《蝉声与牛声》。王老师的著作，我读了几十年，好像今天才有些开窍。王老师书中故乡的蝉鸣，我离得最近，听得最清。王老师书中的牛声，因在乡下，自然离得远一些，好像好久没听到过了。但是，无论听见听不见，那都是最可爱的乡音，一如此刻楼外窃窃私语的小雨，甜美而清爽，宁静而悠远。王老师的散文，情挚古朴，意境深邃。犹如高山流水，瀑声铮铮。聊城听得着，汕头听得到，北京听得见。这散文之瀑声，我爱不释手，白天听，晚上也听，春天听，冬天也听。听雨雪霏霏，听春暖花开。听甜酸苦辣，听悲欢离合。王老师的散文，为鲁迅守夜，为文化歌唱。于依稀仿佛之中，我听见东昌湖岸一个熟悉的乡音传来：同学们，回到鲁迅那里去，回到鲁迅那里去吧，那里有一条路，通往精神的永远。此刻，我出现幻觉了，我好像又回到当年的聊城四中，在简陋的教室里，听王老师讲课：回到鲁迅那里去，回到四中那里去，回到年轻那里去。我好像看到王老师刚刚写完的散文在飞：飞清明的柳絮，飞母亲的白发，飞一种思想，飞一种骨气。在飞，在飞，在飞，确实有一种王老师的精神在飞。飞梦幻，飞痛苦，飞憨笑，飞沉醉。我不解地举起手发问：王老师，您是王老师呢，还是夸父呢。王老师跃上太阳的讲台，耸立起鲁迅的书峰，和着浩荡的天风大声呼唤：同学们，太阳的孤岛，到了。请你们把手里的太阳都打开打开打开吧。

我的梦醒了，我忽然泪如泉涌。

我此刻想起：我最尊敬的王富仁老师走了，走了，永远的走了，我再也听不到他的教诲了。在绵长的悲痛之中，我想起了和王富仁老师交往的遥远而又漫长的点滴往事。

那是 1970 年 1 月，我按居住的片区，划到聊城四中上学，成为王富仁老师的第一批学生。那时，王老师刚刚从解放军农场锻炼回来，因父亲是当权派挨批斗，上级教育部门要把老实本分的学了五年俄语的山大高材生王老师分到边远的农村教学。是赵育岚老师看不下去，试着找了县教育局的同学，把他分到了刚刚组建的聊城东城墙内的四中任教。王老师当时 28 岁，我 14 岁。王老师是青年，我是少年。

王老师当时教五排和六排的语文，并兼任六排的班主任。我弟弟分到六排，我被分在了五排。当时的学校，一律实行军事化管理，教学班不叫班，叫排。但班主任依然称之为班主任，不叫排主任。那时的学校，正处在"文革"中期，学习环境非常恶劣。我应该是 1969 年春天上初中。但是，1969 年学校关闭，全年没有招生，我就在家赋闲一年，主要的任务就是夏天在环城湖游游泳，冬天在环城湖滑滑冰。直到 1970 年初，才按家庭分片，被分到聊城四中上学。那时有个好处，上学不用考试，爱上不上，反正到处都是斗私批修闹革命，读书无用，知识越多越反动，老师都是臭老九。这些谬论，成了社会的主要潮流。在这样的社会背景下学习，情况可想而知。记得开学已经半年了，英语课本还没有发到手。没发到手，学生们倒也不急，因为政治课老师说：英美等国家都是资本主义国家，是大坏蛋，我们要和他们做坚决的斗争，不能听他们的胡言乱语。我是很听老师教导的学生，尤其是政治老师，因为她是我们的班主任，她说的话就是圣旨。这就大大影响了我学英语的情绪，大多数同学都和我一样，认为英语是坏东西，谁也不愿意学这玩意，可是英语老师却急了。他说：聊城一中几个月之前课本就发下来了，现在，我们已经落下一大截，同学们要抓紧学习，迎头赶上。我很厌恶英语，比较喜欢语文。一上英语，我就头疼，舌头忙不过来，音也读不准，读不准，就想了一个好办法，注上汉语，结果读时用汉语读，老师听得皱眉头，默写考试就考得一塌糊涂。有趣的是，王老师和英语老师关系非常好，结果一年下来，我英语没学好，和英语老师的关系却非常好，仔细一想，是沾了王老师的光。当时王老师教我们五排和六排语文课，主要讲鲁迅作品。初中两年的学习时间，大多用于学工学农学军和批判臭老九。工宣队，军宣队，常年进驻学校，领着斗私批修，搞得老师人人自危，地位非常低下。有几个老老师，或出身不好，或当过右派，或有海外关系，就成了长年挨批的对象。他们每天的工作，就是打扫校园，挑粪清厕所，往外拉垃圾，看守学校农场。有一位教化学的老师，常年打扫厕所，见了工宣队和学生毕恭毕敬，点头哈腰。因表现很好，被转到食堂负责卖菜票。那时，反潮流的上几届学生，有的奉命回校造老师的反，革教育的命。经常开老师的批斗会，让他们互相揭发各自的罪恶。记得有次批斗会，几个学生把一排板凳排好，把瓦罐大尿桶倒扣过来，放在板凳上，再让挨斗的老师站上去，进行批斗。只要不听摆布，一脚就踹过去，挨批者就会一头栽下来，摔个头破血流。

有一次开班级批斗老师大会,我就亲眼看到,一位同学走到讲台,一拳打过去,把近一百公斤重的语文老师打倒在地,重重地仰在讲台上。这些场景让我时常感到恐惧。因为早在1967年夏天,一些造反派就说我父亲在地委工作时有政治历史问题,他们在古楼北地委门口贴了我父亲的大字报,接着凶神恶煞般去抄我们的家。当时我年龄很小,不明事理真相,见了这些横行霸道的造反派,吓得瑟瑟发抖屁滚尿流。母亲和我们几个十岁左右的孩子偎缩在墙根里,不敢吱声。旁边则是家属院的很多人,在那里看怎样抄家,有的则是幸灾乐祸地站在那里看笑话。十一岁的我见了造反派家的公鸡啄我的脚,也不敢撵它,由着它啄我,直到把我的脚面啄破。父亲见到我的血淋淋的脚面,简直怒不可遏,这个为救南下战友敢跳火车的英雄汉子,刚想对公鸡发脾气,一下子不知想起什么,只是唉了一声,接着冲我大叫:笨蛋啊笨蛋。他把我抱到自行车前面的大梁上,用复杂的眼神看了一下委屈的我,骑上车子走了。就是在这样的激情燃烧着委屈和痛苦的日子里,我在懵懵懂懂之中,走近了王富仁老师课堂里的鲁迅作品。

在我的印象里,除了讲课,年轻的王老师手里经常拿着一本书低着头在读。往他的面部看,首先看到的是,两道浓浓的剑眉,从额宇之上,横而竖直的泄了下来。他手里的那一本书,隔几天就会更换一本,手里永远是不空的。一般的动作是,左手拿烟,右手拿书。那时,批判会,政治会是不断的,四中操场上,几年几乎就是这个样子。那时对学生实行军事化管理,我因个子矮小,排在最后。只要开会,我也是坐在最后,正好和六排班主任王老师挨着。他当时看的书是《马克思恩格斯全集》和《毛泽东选集》及《鲁迅全集》,这都是伟人著作,可以随时阅读。说实在的,鲁迅的文章,我不是太喜欢的,主要是作品太难懂了,看上一遍就不愿意看了。14岁的毛孩子,想读懂鲁迅,那真是开天大的玩笑。我和同学一样,只会每天早自习背老三篇,别的什么也看不进去。说来奇怪,自从王老师给我们上鲁迅课,我就慢慢喜欢上了鲁迅的作品。现在想来,主要是王老师讲得好,讲得生动形象,一下子就把学生吸引住了。说实话,那时的初中生,和半个文盲差不多。从小学一年级开始不久,就赶上了"文革",整天看着高年级学生游行示威,批斗老师,没上几天正常的课,处于野生散养状态。每一家大多都有四五个孩子,吃不饱,穿不暖。家长只知道孩子姓什么叫什么,最多知道在哪个学校上学,至于孩子在哪个班哪个年级,家长就不知道了。在这样的处境中,能叫学生听进去鲁迅的作品,说明老师的教学水平是相当高的。记得王老师那次上课,讲的是鲁迅作品《祝福》,真是把我们这些小孩给震住了。那天,正好是下雪的天气,漫天飞舞的雪花从透风撒气的破窗户里飘了进来,同学们都冻得瑟瑟发抖,有的同学搓手搓脸还跺起脚来取暖。只见王老师微笑着说:同学们冷吗?大家都说冷。老师说:鲁迅的作品里有火,听听他就能取暖,马上就会不冷了。大家一听鲁迅作品能取暖,都说太好了,随即哑雀无声。之后的 40 分钟,王老师连课本看都不看一眼,充满感情绘声绘色声情并茂地讲起了祥林嫂的命运。大家从来没有这样聚精会神得听讲过一节课,都被王老师带到了鲁迅作品的意境中去了。好像在漫天风雪之中,祥林嫂真的来到了我们的教室之中。窗外,寒风中的雪花还在飞飘,天还是出奇地冷。可是,在我的心里,我早忘记了寒冷,感到了一种莫名的麻木和沉重。直到现在,王老师那天讲的《祝福》课文里的一句话,还记在我的心里:只有那眼珠间或一轮,还可以表示她是一个活物。就这一句话,我思考了几十年,每次都有不同的含意在心里出现。王老师当时特别好抽烟,几乎每一次上课,到最后几分钟的时候,就会说,同学们自己看看复习复习,边说边到教室前门的门后头,掏出烟来,把火柴一擦,点着烟就抽了起来。我们当时还小,不知烟为何物,以为烟是取暖用的。可是在夏天,王老师也吸烟,那肯定不是取暖用的了。我弟弟在六排上学,个矮,坐最前头,但很爱学习。王老师经常叫我弟弟去校门口给他买烟,一般是掏出二角钱,买上二盒葵花牌香烟,九分钱一盒,还剩二分钱。王老师打趣地对我弟弟说:你买个琉琉球弹着玩吧,我弟弟羞涩一笑说:俺不。

王老师教我们的时候,身体不是太好,有些瘦弱,脸色发黄而白,一看就是长期熬夜,睡眠不足,营养不良所致。记得有一次是星期天,我去学校打乒乓球,刚走到校门口花池子边,就看见王老师正低头拉着地排车上沿儿,很吃力的样子。我以为拉的是蜂窝煤呢,就赶紧跑过去帮忙。走近了一看,原来是一车书,足足有几百斤重。后来我才知道,那是王老师从山师聊城分院借的,是薛绥之教授推荐的一些书让王老师阅读。从那以后,我又帮王老师从地排车上卸过几次书。在夏天王老师居住的小北屋门口,经常看见摊晾一些书。地上铺着一些塑料膜,好像是盖棉花苗用的,上头是发着潮气的书。有几只麻雀,在书旁蹦蹦跳跳嬉戏着,高高的白杨树和低垂的柳树枝上,则有无尽的蝉声不停地传来。

王老师不但教我们鲁迅作品,更主要的任务是带领学生学工学农学军。1974年 12 月 31 日,皑皑白雪覆盖着聊城,我们在手表厂学工已经一个多月,衣食住行,全部集结在那里。那天早晨,王老师在表厂办公楼会议室,正在用中楷毛笔书写他创作的诗歌:《聊城过新年》。这首古体新作,足足用了五大张宣纸,内容我记不清了,主要是歌颂聊城的大好形势。字体应该是曹全碑汉隶字体,但字形结构偏长,很有书法意味,可惜没有保留下来。在手表厂学工完毕,接着就是学农。我们四中有自己的农场,占地几百亩,在古城西母向庄,离城八里远,隔上一段就要去那里进行学农锻炼。用大批量地排车送肥料,割麦子,刨地瓜。各排最难完成的任务就是借地排车,没有地排车,就无法运送肥料等等。劳动竞赛还要公布成绩,和今天歌唱比赛一样，要上排行榜。各排借地排车是一件非常头痛的事情，当时的地排车是主要的道路运输工具，如果再配上几头毛驴，那简直就相当于现在的大型货车。大多数地排车都属于私人工具，分属于村里的各家各户，一般城里人家没有，所以每次借车，师生都很头疼，和现在论文答辩一样，都感到难度很大。可非常奇怪的是，各排每次借地排车，王老师所在班级，几乎排名不是第一就是第二，第三的时候很少。校领导经常在全校表扬，排行榜总是位于榜首或榜眼。因为当时我任班级团支书，班主任叫我去打探情况，问问王老师有什么高招，俺们班也学学。可是对方说，也没什么高招，只是王老师一动员，说的话叫大家热血沸腾，千方百计去借车，就这么简单，可谁也学不会。当时学农还有一个内容，就是每周下午抽出三个自习时间分小组去街上拾粪，最后运往学校农场。这项活动学校不评比，而是班级每周末评比。为了争前几名，上进心强的学生中午也不休息，沿着古城满大街顺着驴车去找粪。只要看见驴粪忽然在太阳下闪着银色的光芒，大家就会欢呼雀跃，一拥而上。我就看见过我班一位穿着很干净的女同学，非常的泼辣勇敢。为阻挡别的小组争抢，一下子就横卧在那里，铺开自己的小手绢，把四个热气腾腾的驴粪蛋子放进去，跑到学校，放在讲台上，挨个叫老师检查胜利成果。于是，这个女同学所在的小组名次栏里，就上升了一个位次，为集体争得了荣誉。学农告一段落以后，接着就是学军。由学校军代表上军事课，学拼刺刀，每个人都要自做一支木头长枪，上军事拉练课时，必须全部带着。在堂邑刘盐场和广平英雄村拉练时，还有夜间军事行动，一吹军号，马上从地铺上出发，直奔集合地点。每周还有挖防空洞的任务，统计挖洞进度。所有这些活动，王老师他们都得亲自跟着，忙得不亦乐乎。忙着忙着，就把学习给荒废了。加上我被选入地区射击队，每年参加山东省两次射击比赛，赛前集训总数几个月，一年下来，好多课程基本没学，课本也没学几页。就这样，1975年夏天高中毕业了。毕业前夕，我把自己高中两年半时间创作的几十首诗歌钉成一个大本子给王老师看，叫他指点迷津。因为我当时就感觉到，王老师思想有深度，非常厉害，到底多厉害，我也不知道。反正他讲课，大伙都愿意听，他上课，那两道剑眉凸显得格外明显，教课严厉过人，从不敷衍。他下了课，走在校园的小路上，你只要一喊他，他马上从若有所思中醒过神来，笑眯眯地和你打招呼。记得1973年我上高一，王老师出的作文题目叫《电影〈侦察兵〉观后感》，我写的观后感作为范文，王老师在全班宣读。他说：孙振春同学，我已经说了两遍了，你把望字的望写错了，望的下面是王，不是主义的主，没有那个点，你要记不住的话，就想我叫王富仁，王在望下面，就好记了。我真的不好意思，吓出了一身冷汗，从那一次，望字的望我再也没有写错过。高中毕业二十多天后的一个黄昏，我去学校找王老师问问我写诗的情况，他和赵老师及孩子正在吃晚饭。王老师坐在一个小椅子上，还放着一本厚厚的书，半翻着放在一个小马扎上。王老师给我拿过来一个小椅子，示意我坐下。赵老师给我倒了一杯水，王老师点着了一支烟，他问我现在在干什么，我说在干临时工，做泥瓦匠的活。他问累吗？我说很累，有天累得眼黑，差点从房顶上栽下来。王老师皱了皱眉头，一会儿，他从屋里拿出一个大白纸本子，一看就知道是我的诗歌。王老师翻着本子说：你写的诗我都看了，总的说还是有一点诗的感觉的。不过，下一步，要紧紧贴近现实生活，为工农兵而歌唱，才能写出优秀的作品，让工农兵认可。他又说：每一首诗的后头，我都给你提了意见和建议，你好好看一看，不一定对。我说：王老师，我一定按您说的，努力去写，写出好的诗歌再叫您看。那年九月，我就上山下乡了，来到徒骇河南岸的杨胡大队，接受贫下中农的再教育。随着高强度的社会历练和农村田野的摸爬滚打，我感觉到，王老师嘱咐的话是对的。那年的秋天，一个雨中的黄昏，我在王光宇桥头上又拿出那一大本诗歌来看，越看越不顺眼，感觉写的真的不行，淋着飘飘的秋雨，忽然一阵子冲动，拿出了一根火柴，呼的一声就把诗歌本子燃着了，顷刻间化为灰烬。多年以后，我又后悔了。一是这些诗毕竟是处女作，更为重要的是，王老师对每首诗的批语都在上头呢。那长形的红色字迹批语，醒目的谆谆教诲，我再也看不到了，我太后悔了。

　　1978 年秋，王富仁老师考取了西北大学硕士研究生，这成了聊城四中的光荣，师生们奔走相告。那时我已参加了工作，并依旧爱好着文学创作，和文化圈打交道比较多，所以经常打听王老师的消息。后来，我们之间主要靠书信和电话联系。王老师当时的生活学习状况，是我在看了王老师赠给我的著作《历史的沉思》之后，才知道的。他考取了西北大学研究生后，就学于单先生门下。因工资不高，每到下半月，钱就所剩无几。有一次，他和一个同学只剩下一两角钱，吃不上饭了。是单先生接济了他们。王老师后来充满感情地回忆到：我至今还欠着单先生 70 元钱。这何止是钱呢，我欠的是他的爱。每每读到这里，我心里就非常难受。王老师读硕士的时候，已经 37 岁了，妻子带着两个嗷嗷待哺的孩子在聊城。也就是说，赵老师每月 34 元的工资，成了她和两个孩子的全部生活费。而王老师呢，每月 50 元生活费，给老母每月 18 元，剩下的 32 元，他几乎都买了书和几条劣质烟，所以下半月吃饭成了问题。就是在这种情况下，王老师才写起了小说，挣点稿酬，贴补费用。1978 年和 1979 年，王老师在小说月报和上海文学，分别发表了《集邮者》和《长祥嫂子》，笔名用的则是王老师的爱人赵育岚的名字。当时，聊城文化馆的几位本土作家看了作者简介，知道是王老师的作品，都说写得太棒了，看来作者是有充分写作时间的，我在旁边，听了非常高兴。岂不知，王老师写作，哪有什么时间，他是拼命透支身体写作的。因此我想说：凡是大文艺家，都是大悲剧家。古今中外，概莫能外。曹雪芹是,贝多芬是,梵高是,路遥也是啊。路遥得了茅盾文学奖去北京领奖,身上没钱,和他弟弟借了五千元。他弟弟说:你这是去北京,有人民币。你如果去外国领奖,我就没法为你借钱了。路遥心里五味杂陈,接过弟弟的金钱,忍着心痛和病痛,从西安去了北京。王老师何尝不是这样啊,在他认准的文化道路上,默默耕耘,苦苦求索,为了思想的火炬能触接到太阳,他如夸父追日,一年一年,穷追不舍,穿越风霜雪雨,涉过春秋冬夏。他的身上有远古以来的灵光,他的脊梁有民族自信的精髓。所以,后来的王富仁老师,当之无愧地成了新中国培养的第一个文学博士。

从王老师1978年离开聊城后,我们的师生情谊不但没有失联,反而随着年龄的增长思想的变化岁月的变迁,更加浓厚了。几十年来,我们动用了所有的通信手段,进行各种联系。我每次出差去北京,只要时间允许,必去看望王老师。那座北师大丽泽八楼,我也去过几次。给我印象最深的,是屋里存放着各种书籍,几乎成了旧书仓库,且散发着霉潮气的书香味。2000年国庆节我去的时候,一进了王老师家的门,几乎是跳着走,绕着行。我想:这狭小的空间,一家四口怎么生活啊,王老师适应了,可赵老师不厌烦吗?但是看看王老师乐呵呵的,看看赵老师,笑眯眯的,再看看肇磊肇毓,也兴冲冲的。一家子这样的喜庆祥和,其乐融融,真是知足者常乐啊。我几次去看王老师和赵老师,老师几次请客,绝不叫我掏钱,又是推又是夺,每次都是老师结的账,弄得我很不好意思。有一次,大概是2000年10月,王老师领我去吃饭,同时还有辽宁大学和湖南大学的他的博士生。好像是在离丽泽八楼不很远的小饭馆里喝酒。王老师很高兴,叫我给他当副主陪。我有些汗颜,也有些飘飘然。当时心想,这都是王老师的博士生,我一定要陪好他们,否则就完不成王老师交给的光荣任务。于是,我借着王老师的充实和我的空虚,主动敬起酒来,喝了一杯又一杯,没完没了地敬。结果,人家没事,我倒有些晕乎乎的了。本来,王老师拿我当学生和孩子看待,在他跟前,同学们撒娇放胆的可不是我一个。平时只要听说王老师来聊城,同学奔走相告,恨不得把王老师一下子高高举起来,一解多年不见之念想。话说北师大喝酒这次,王老师开始还笑眯眯地,高兴得像个大孩子,可一见我喝酒这个疯狂劲儿,就微微皱起了眉头。我一见王老师皱眉头,就说,王老师,你哪里不舒服,我给你买黄连素去吗?因为我知道,王老师胃里一直不太好,教我们的时候,我就亲自看见老师在校路边呕吐过,脸色蜡黄。王老师赶紧打圆场说:我这个学生很实在,第一次见你们高兴,喝多了,别在意。又说:振春,不能这么喝酒,会把身体喝坏的。说着,拿出一颗烟,接上原来手里的烟头,深深抽了几口。我确实喝多了,但是还没迷糊。一看王老师抽烟,知道报复他的机会来了。我就反唇相讥说:王老师,你也别光说我,你也少吸烟,吸烟还不如喝酒好呢。喝酒喝到肚里去了,吸烟呢,吸到天花板和墙缝里去了。王老师看着我酒后顽皮失态的样子,不知想起了什么,说了一句:我这学生也不听我的话了,他今天成了我的老师了。说完哈哈大笑起来。王老师的那几位学生一看王老师大笑,也跟着哈哈笑了起来。饭后,王老师怕我迷路,亲自把我送到公交车上,又嘱咐开车师傅,提醒我在哪里换车去北京广播学院。

王老师在 2000 年前后,几次来聊城,我们都是早早在火车站等候,生怕错过车次。当时,中银大酒店和昌润大酒店总经理王继华是我同学,很有文采。他一听说王老师来了,就抢先对我说:叫王老师住我这里,我接待,好好和王老师聊聊。有几次,是在聊城八一宾馆和大地宾馆听王老师讲座,听众多是由我邀请组织前来的聊城本土诗人作家。他们对王老师的文化思想佩服得五体投地,从心里愿意接受洗礼。王老师则是谦逊幽默地说:我没有什么思想,我是胡说八道,大家不要作笔记。其实,大家心里都有数,早准备好了笔和纸张,在如饥似渴地听着,用笔快速地记着。在聊城大地宾馆那一次文学爱好者座谈会上,王老师回答文艺创作爱好者问题,左右逢源,对答如流,旁征博引,滔滔不绝。大家如沐春风,听得如痴如醉。我一看表,已是凌晨二时,又是一个雪夜,天气寒冷。这时的王老师已经疲惫,烟灰缸里,烟头已经爆满。有一记者问:王老师,您最近上了央视的《东方之子》,您高兴吗?王老师说:谢谢你的提问,时间不早了,下次再回答你好吗?我大声说:好。赶紧叫王老师下楼,送他回三院的住处。2000 年 7 月 19 日,王老师的母亲病故。7月 21 日下午,我和几个同学搀扶着王老师,护送灵车,走在去城南安葬的路上。王老师做为王家的长子,为母亲俯地摔了老盆,他浑身颤抖,满脸是汗,放声痛哭,我们也是泪流满面。正如王老师在后来的文章中伤心地写的那样,把母亲的老盆摔碎了,母亲对我全部的爱也摔碎了。

最让我最难忘的一次,是 1996 年王老师来聊城。那是 9 月 26 日,阴历八月十四,星期四。我下午接到一个电话,一听,是王老师的声音。他说:振春,我到聊城了,只给你打了一个电话,咱见见面,我晚上就得坐火车回北京。我一听是王老师回来了,高兴万分,可一听晚上就走,又感觉时间太紧了。我马上约了几个文友,叫他们迅速往我家里赶。一边火速骑自行车,去三院接王老师。那时,聊城只有一辆公交车满城转,更没有出租车。我的自行车又没有后座,这可麻烦了,没法驮王老师。我很不好意思的说:王老师,你骑着吧,我跑着。王老师说:那怎么行,还是你骑着,正好我散散步,看看聊城街景。我怎么好意思骑呢,就说:王老师,我骑着可以,你不能走着,要不你坐到车前头大梁上,我驮着你。王老师一听就笑了,说:那怎么行,小孩才坐车大梁上呢。我这么大个人坐前头,人家以为咱是杂技团的呢。就这样,我俩走在九月的秋天里,走过四里地,到了我的家里。当时我在任庄的县委第二家属院居住,是一排平房,走到大门口,王老师忽然问:你家里有狗吗? 我怕狗。我一听王老师这么幽默的问话,不仅笑了起来。我说,这个家属院有两大特点,一是老人多,二是狗多,不过我家里没养狗,您不用害怕。一文友说:王老师,你研究鲁迅还怕狗吗? 鲁迅就不怕狗,痛打落水狗。另一文友说:鲁迅不怕狗,怕猫。王老师一听哈哈大笑起来,笑得那么自然,那么开心。文友到齐后,上了几个菜,就听王老师谈了起来。那天,王老师闹肚子,不能喝酒,我说王老师,让他们喝酒,您喝水,我上药店给你买黄连素去,吃三片准好,说着我叫上一个文友走了。我对文友说,王老师今天晚上就回北京,现在都晚上六点了,咱好不容易见到王老师,得多聊聊啊,要是王老师不走就好了。回来后,我就说:王老师,还有几个小时就是中秋节了,你来一次也不容易,就看看老家的圆月亮,明天早晨再走吧。几个文友一听就明白了我的意思,都说,您明天再走吧,在聊城过早晨,在北京过晚上。王老师稍一沉思说:好吧,今天不走了,明天再回北京陪老母亲过节,给我退票去吧。我们一听,都高兴地鼓起掌来。就这样,我们又和王老师聊了将近一晚上。有两个文友聚精会神地记着,都记了大半本子,我也记了二十几页信纸,直聊到凌晨三点多,大家才恋恋不舍地离去。第二天中秋节,一大早我和杨卫星、王昕送王老师去火车站。在进站口例行检查时,我发现王老师只有一个网状尼绒绳提兜,里面装着两块月饼,几盒烟,一本书,书名好像是《超越自我》,除此,再无随身携带的物品了。1996 这一次听王老师谈话,对我启发很大。在歌词创作上,王老师叫我要实现三大突破:先是市级,再是省级,三是国家级突破。不要小看市级,这是创作的根基,根扎深了,枝繁叶茂。当时,我还不是很认同王老师的说法,认为直接往国家一级刊物投稿是对的。20 年来的创作实践证明,王老师的见解是正确的。在易经研究方面,王老师通过他身边的一些实例告诫我:易经可以研究,但是,不要搞一些不必要的预测。可以从理论的一个角度,用线条把珠子穿起来,以备以后出书之用。事实证明,王老师的观点也是正确的。王老师为什么这么有预见性呢? 直到今天我才知道,王老师当年阅读了大量的此类书籍,作了长时间的思考对比和研究,所以能去粗取精,去伪存真,不为浮云遮望眼,只缘身在最高层。

王老师是一个心怀大爱关心学生谦虚坦诚的人。记得 1972 年,我弟弟报考聊城一中高中,因报名有误,没被录取。此前,王老师是我弟弟的班主任,已经提前问过我和弟弟,为什么不上四中高中。我说,我想参加工作。我弟弟说,我上一中去读高中。王老师又问我弟弟:你真被一中录取了吗? 我弟弟说:真被录取了。可是,一中黄了,现在又去找王老师,好意思吗? 当时,王老师已兼教务处主任,知道了我俩的来意,考虑了一会,把录取登记表拿出来看了一番说:好了,我给你调整了一个备用名额,开学来就行了。那时虽然不兴考试,但是,如果王老师看我们如此反复无常,生了气拒绝录取也是正常的,四中还缺你这一个学生吗? 2004 年夏天,我准备出一本歌词集,可叫谁给我作序呢? 想来想去想了好几个月,我选择了王老师。因为他最了解我的情况。可又一想,王老师现在名气这么大,学术这么忙,能答应吗? 我惴惴不安地在电话里向王老师表达了我的意思,王老师接着说:好啊。你给我把歌词集复印一份邮来,说明什么时候出版,我写完给你邮去。那年底,我的歌词集出版了,正是王老师给我作的序。后来我得意洋洋地问同学:我的歌词写得怎么样啊? 同学说:歌词没看出好来,王老师的序写得真不错。

2008 年 9 月,王老师的学生、我的同学湛江学院教授杨卫星博士病故。我把这个消息告诉了王老师,王老师听了,声音非常沉重,好长时间才说:你替我给杨卫星同学买个花圈,写上我的名字,回去我把钱给你。另外,你代我向他的家属问好。如果需要钱,你和我说一声地址,我给他寄去。我把王老师的意思转达给了卫星的家属,他们都非常感动,叫我转达对王老师的谢意。王老师平时很低调,从不在公共场合抛头露面,他怕耽误做学问。我几次见到王老师,和他要名片,他都笑着摇头不给,并说:学问是做出来的,磨出来的,悟出来的,用心血换来的,而不是用场面换出来用关系炒出来的,我不够资格,请不要宣传我。他从来不叫说他是这专家那学者,这博导那教授。他非常平静地说:心静如水,比什么都好,我是一个非常非常平凡的人物,没有任何值得炫耀的地方。和大家一样,我就是一个实实在在干工作的人,没有任何不切实际的想法。今年 7 月中旬,我去北京看赵育岚老师,她也讲起王老师不善张扬和关心学生的事情。有很多次,王老师给学生作序,常常一顿两顿不吃饭。赵老师给他端上了饭菜,过了几个小时,赵老师走过去一看,饭菜还原封不动地放在那里。赵老师有时就急了,催促说:你都饿了半天了,吃了写不行吗? 每到这时,王老师赶忙摆手说:你别打断我的思路,写完这一点儿再吃。说完,又埋头在那里写了起来。赵老师说:恁王老师经常这样,不是熬夜,就是不吃饭,赶写文章,透支身体,说他也不听。我认为,王老师是一个真正做学问的人,一个踏踏实实为了学术苦苦探索的人。他不会别有用心地想从中得到什么,也不会拉大旗做虎皮去无谓地打击什么攻击什么。他是一个人不犯我我不犯人的人,他是一个人若犯我我也不犯人的人。他是一个甘于奉献乐于助人的人,他是一个从不投机取巧沽名钓誉的人。他是一个爱护后学的好人,他是一个拿着学生真当学生的亲人。他是一个先生之风山高水长的真人,他是一个独自跋涉醒着飞翔的纯粹的学人。诚如我理解的:你去了一次扬州,你可能不会成为李白;你到了一次泰山,你也不是杜甫。你葬过一次花,你敢说你就是林黛玉? 你发配海南,你也不是明月几时有但愿人长久的苏东坡。你什么也不是,你就是你。

我最后一次见到王老师,是 2009 年 5 月 19 日。应高唐县委县政府邀请,他来家乡高唐,在县委党校礼堂给县科局领导干部上党课。因为我从聊城市早晨坐车去高唐县,有一百多里路,司机开车又走错了路,迟到了,礼堂人已爆满。我就在主席台右侧门外坐在石头阶梯上,听了一上午。王老师那一次党课讲得太精彩了,我听过中央党校几位教授讲过课,感觉没王老师讲得深刻真切气象宏大。三个多小时的报告,全部脱稿,中间就休息了十分钟。讲课过程中,整个礼堂非常安静,大家都在聚精会神地听。最后报告结束,全体起立,报以长时间的热烈鼓掌,向这位有着真才实学心系家乡的著名文化学者致以崇高的敬意。王老师出了礼堂门,一下子看见了故意站在过道中间等待王老师的我。他高兴地说:振春,你怎么才来。快快快,咱一起去吃饭,下午在房间里好好聊聊。可是那天中午,我在聊城有一个安排,不能脱身。我很遗憾地说:王老师,对不起,我得马上回聊城,中午不能陪你了。你明天能去聊城玩一天吗? 我全程陪你。他说:没时间去了,今晚的机票已定好了。我说:咱以后再见吧,我有时间去看您。我目送王老师走远后,就上车回聊城了。谁知道啊,这一次和王老师见面,竟成了最后的一面。从那一次起,到现在的 2017 年,8 年间,我再也没有见到王老师。逢年过节,我必须给王老师打个电话,几十年雷打不动。非常奇怪的是,在通电话的八年里,我从来没听见王老师咳嗽过一声,真的,一声也没有听到过。在我的印象里,王老师身体一直比较弱,但没听说有什么大病,加上王老师教我们的时候才二十几岁,后来又一直在外,所以就一直认为,王老师永远是年轻人。直到去年春节,我听出了一句话,越来越感觉不太对味。从前打电话,我问王老师何时来聊城,王老师总是笑呵呵地说,看看吧,有时间就回去。可从去年春节起,我问何时来聊城,王老师改变了口吻,他弱弱地说:老了,回不去了。放下电话,我就感觉这句话非常刺耳,就琢磨这句话的含意:老了,回不去了。老了,回不去了。王老师真的老了吗,不会不会啊。但是,我也没往别处想,后来几次见肇磊,我问询王老师的情况,肇磊总是自然地说没事。肇磊说王老师没事,那就是没事,对肇磊的话,我是绝对相信的。再者,在电话里,我也没听出一点王老师咳嗽或者难受的声音,所以,我更加坚定了我判断的正确性,王老师没有病,绝对没有病。去年中秋节前夜的阴历八月十三,我又拨通了王老师的电话,预祝他中秋节愉快,并让鲁迅作品研究者刘若曦和王老师通电话。王老师说了较长时间的话,嘱咐了许多有关鲁迅研究方面的事项,并鼓励刘若曦好好研读鲁迅作品,在学术上做出一些成绩。刘若曦非常感动,不知说什么好,只说了一句:祝王师爷好,祝王师爷中秋节快乐。我又接过电话,还是有意地问:王老师,你何时来聊城看看啊。接着,王老师又弱弱地说起了那句话:老了,回不去了。这一次,我放下电话,心里有些异样的感觉,望着运河岸圆圆的月亮,我哭了。

2017 年 3 月初,聊城晚报记者林志滨给我打电话,意思是为了宣传聊城的文化成就,聊城晚报要作一个系列采访,宣传介绍聊城籍的文化名人大师,出几个专版,总题目叫:聊城走出的大家。他说目前已经做了两期,第一期写的傅斯年,第二期介绍的季羡林,第三期以后,准备介绍李苦禅和王富仁。志滨说:都知道你是王老师的学生,想麻烦你和王老师联系一下,我做个电话采访。另外你邀请几位了解王老师情况的聊城本土作家,每人写上几百字的回忆文章一并发表。他说:时间很紧,请你快一些联系。我对志滨说:我很长时间没见王老师了,只是经常通话,我问问情况再说吧。当时的我,心里很忐忑,王老师是文化大家,远在千里之外,带着研究生,还要著书立说。据说高端媒体采访他,他都会很低调地拒绝,这次他会答应吗? 就这样,我犹豫了一天,没给王老师打电话。心想,只要志滨不问我这事就算过去了。可是志滨意志很坚定,次日晚又问我打电话没有,说时间很紧张了。我一看志滨态度如此诚恳,第二天就给王老师打了电话。王老师二话没说,马上答应采访。我立即把老师的号码给了志滨,他一面叫通讯员刘岩组稿,一面对王老师做了半个小时的电话采访。岂不知,这时的王富仁老师,已病入膏肓,生命行将走到尽头。就是在这种让疾病折磨得痛不欲生的状态中,坚强而又乐观的王富仁老师接受了家乡媒体记者的采访,这令记者林志滨感动不已。据我所知,这是王富仁先生生前接受的最后一次采访。

2017年5月3日早9点,我正在安阳出差吃早餐,忽然接到了记者林志滨的电话。他吞吞吐吐地说:孙老师,你听说了吗? 王富仁先生昨天病故了。什么? 什么? 我说志滨你说什么? 我猝不及防,放声大哭起来。我根本不相信,但我还是在哭,可又不敢问别人,就这样闷了一天。直到第二天,我才敢拿起电话问了肇磊,肇磊一说,我俩在电话上失声痛哭起来。5月5日下午,我和执意要去吊唁的林志滨、马国君去了北京。5月6日上午,在八宝山革命公墓向敬爱的王富仁老师告别,聊城大学聊城四中也去了很多王老师的生前友好和他的学生。见了赵育岚老师后,都是泣不成声。我强忍着悲痛,缓步来到王老师身边,向敬爱的王老师做最后的告别。我的泪水还是不听使唤,一个劲哗哗地流。我看着永远躺在那里永远不能说话永远不能笑呵呵的王老师说:王老师啊,我已经八年没见你了,你怎么就这样走了呢? 你为什么不说你有病了呢。我们这些老学生如果知道你有病了,轮流来北京伺候你也行啊,省得叫肇磊肇麒他俩骑一个半小时的自行车,从望京小区到301医院去照看你啊。你如果不愿叫伺候,回聊城住一段去养病也行啊,老家的空气至少比北京要强一些吧。王老师啊,如果医院不叫探视,我们几个同学就是在病房的窗户外头望上你一眼也行啊。王老师啊,你怎么一句话也不说啊。

王老师走后的日子里,我心情非常不好,总是想流泪。自己根本控制不住,就是控制住,泪水也是流回心里,那样更难受。王富仁老师从年轻时当老师,第一批学生里就有我。47年啊,16910个太阳,556个月亮,就这样过去了。风霜雨雪里的太阳,悲欢离合里的月亮。每一次的升起,都那么圆那么亮,那么让人思恋,那么让人怀想。我只回忆升起,我不回忆降落。中秋云遮月的时候,元宵雪打灯的时候,我都拥有过灿灿的太阳圆圆的月亮。我的太阳没有毕业,我的月亮刚刚开学。我的太阳月亮,确实受到了委屈,正因为受到了委屈,我会更加珍惜他。我会用少年的天真,去擦洗太阳月亮。王老师就在我心中,他就是我心中的太阳月亮。太阳给我以温暖,月亮给我以团圆,太阳月亮从来不和我要钱,他说过一斤阳光要一万七千元吗,他说过一斤月光要九千九百九十九元吗? 越贵重的越伟大的越真越善越美越有骨气越有良心者从来不和你要什么或索取什么,而是你需要什么他就无私地从从容容地给你什么。给你恩,给你情,给你心,给你爱,给你暖,给你烫,给你陆,给你海,给你地,给你天。给你寂寞他,给你孤独他,给你痴迷他,给你打击他,给你热爱他,给你痛苦他,给你需要他,给你折磨他,给你忘记他,给你后悔他,给你回忆他,直到把全部的他给完,直到他把全部的自己给完。

我想:今后,我可能不会在文化大漠里迷路了。王富仁老师的一万多个太阳和五百多个月亮,足够我的文化孤旅之用了。

2017年8月7日

(作者系山东聊城人,著名歌词作家,周易特邀研究员,国家一级射击教练)

追寻王富仁老师

张学义

　　1984年,我尚在渭南师范专科学校中文系读书。在一个晚自习的时间里,我在学校阅览室里读到了人民大学复印资料《鲁迅研究》上刊登的《〈呐喊〉〈彷徨〉综论》,从第一句到最后一句,文章的每一个字都深深地抓住了我。也就是这次阅读,王富仁的名字深深的刻在我的脑子里,从此,我开始了35年的追寻。

　　1985年7月,我从渭南师范专科学校毕业分配到大荔师范学校当老师,心里盘算着怎么能和王老师建立联系,直到1986年,我才以邮购他的博士论文《中国反封建思想革命的一面镜子》为由,得到了他一封简短的回信,意思是说他手头没有书了,无法寄我。当时我一边工作,一般挤时间读点鲁迅方面的著作(包括研究著作),也更关注王老师的研究成果,也就在这个时候,我萌生了找机会拜访王老师的想法。但是一个中等师范学校的普通教师,想找个到北京出差的机会根本不可能。在1992年的《中国青年报》举办"社会主义与改革开放"(大意)的答题竞赛,"说明"里说,如果参赛单位获得了"组织全优奖",有关人就可以到北京参加颁奖仪式。这一点深深吸引了我(这个时候我已经担任了学校的团委书记)。于是我组织全校的青年团员参加答题比赛,按时把一千多份答卷寄给《中国青年报》报社。能不能得奖?我真没有把握。可是机缘就是那么巧,我们学校竟然真的获得了"组织全优奖"。我拿着获奖通知,找到校长李诚杰老师,要求去北京领奖。我顺利而如期地到了北京,团中央把会议安排在港澳中心,短短颁奖仪式结束后,我有几天在北京闲逛的时间。我先到鲁迅博物馆拜访了王世家先生(第一次见),又拜访了周海婴先生(第一次见),也到天安门广场一游,最后就是想办法拜访到王富仁老师。

　　王世家先生只知道王老师住在北师大,至于电话号码、居住楼号等一概不知。我抱着试一试的态度到了北师大,到处打听,从一个修鞋的师傅那里知道了老师住宅的大概位置。我就在楼下徘徊,逢人便打听,终于一位路过的老者指给我说:"这个单元里好像有一个中文系的"。此楼共5层,王老师住那一层?我根据自己的判断从顶层开始找,可是到了顶层,是左边住户还是右边的住户?还是闹不清。我无

264

法判断、却添了勇气。率性选了一户径直敲门,门打开。开门人问我找谁? 我说我找王富仁,回答说:“我就是王富仁”。我算是第一次见到了王老师,这跟我第一次知道他的名字间隔了7个年头。记得王老师在谈话中对我有所鼓励,也对鲁迅研究、中国文化表达了自己的看法。说着说着,他起身到书房,拿出两本书赠我,一本是《文化与文艺》,另一本正是我寻购多年而不得的《中国反封建思想革命的一面镜子》。

1993年,陕西的中国现代文学学会通知说,将举行一次纪念毛泽东文艺思想研讨会,希望会员写文章,我和李寅虎合写了一篇《毛泽东的文艺思想过程论析》。文章写成打印出来后,寄给王老师一份,希望得到他的指正。过不多久,在王老师的回信中出乎意料说我们的文章已经编入《中国现代文学研究丛刊》当年的第4期。这个好消息,令我们非常激动,真不相信幸运就这样降临。要知道,当时能发表文章,是多么大的满足! 何况是在重量级的刊物上。2000年,我们学校鼓励教师以各种方式出外进修,年轻的教师多选择西北大学读研究生班,有的直奔硕士学位。我反顾自己,外语基础很差,恶补也无益,再加之感到在读书学习研究思考中遇到了瓶颈,我最终选择到北京师范大学王老师门下进修。

一个西北边远地区普通中等师范学校里普通的语文老师,想到北京师范大学这样全国一流的高校里随王老师这样的著名学者、教授、博导进修,当是一种奢望。然而王老师满足了我的心愿。2000年9月至2001年7月,我是在北师大随王老师求学度过的。这一年里,王老师名下的进修生有4名,我之外还有锦州的周景雷、延吉的邹志远、鲁迅文学院的张天芒。这一年里,我是在远离家乡、家庭而在千里之外的北京度过的,已近中年的我饱受着身处异地的孤独、无助和贫困,是王老师的热忱和真诚,搭救了我! 我当时最大的奢望,就是能多遇见王老师、多一些机会聆听他讲课、辅导或聊天。除了每周一次听他的课外(当时他给北师大的老年大学讲中国传统文化),我总设法踅摸到王老师跟前“蹭学”。初略估计,我除了每周听一次课(近一年大概听课三十多次),还在不同场合接触、请教三十来次。

2003年,得知王老师到汕头大学任终身教授,既为王老师骄傲,也感到北京对我的吸引力打了折扣,而对汕头有了注意和兴趣。2004年夏,我和杜绪生校长到东莞出差,便中绕道到汕头大学看望王老师。我们在汕头大学的招待所住了一夜,和王老师吃了一顿饭,饭中饮酒,酒后作别。我忽然感到从未有过的伤感,看着王老师渐为老迈的体态,想到从此分别不知何时再见的无奈,心里很不是滋味。自从2001年之后,我和王老师的联系主要是通电话,每每我的读书学习遇到什么问题、或者有了什么心得,不由自主地想到向王老师请教和汇报。一根电话线,联着我和老师,距离虽遥远,而问学时发生。

　　王老师门下的正宗学生多多,却不拒绝我这位王门边上的求教者,这是老师的无私、高尚和伟大,也是我的荣幸。他向我施教的方式之一,就是每每出版新著,都不忘记送我一本。自他打出"新国学"的旗帜后,《新国学研究》从第 1 辑至第 13 辑,我总是如愿获赠,在第 9 辑里还刊登了我的《张奚若年谱稿初编》。再往前溯,除了前面提到的《镜子》和《文化与文艺》外,他后来每每出版的著作都不忘送我一本。如《王富仁序跋集》(3 卷本)、《古老的回声》、《中国文化的守夜人》、《中国鲁迅研究的历史与现状》、《中国文艺的复兴》、《端木蕻良小说集》、《先驱者的形象》、《解读语文》、《中国现代文化指掌图》、《语文教学与文学》、《中国文艺的复兴》、《〈雷雨〉导读》、《突破盲点——世纪末社会思潮与鲁迅》、《说说我自己》、《呓语集》、《蝉声与牛声》、《中国需要鲁迅》等我都荣幸获赠。自然,作为学生,我从王老师处求学的主要方式,除了煲电话请教之外,就是反复阅读和揣摩老师著作的微言大义,由此还不失时机的补买一些王老师的著作,如《现代作家新论》、《灵魂的挣扎》、《鲁迅纵横观》(译著)、《闻一多作品欣赏》、《鲁迅前期小说与俄罗斯文学》等。值得一提的是,《中国鲁迅研究的历史与现状》的内容,我先是在《鲁迅研究月刊》的连载中一期期读完的,但出版了单行本后怎么也买不到。2001 年 6 月当我在北师大进修学习即将结束的时候,一个偶然的机会在北师大中文系大楼的地下室里发现此书有售,我不客气一次性买了五六本,且直接捧着一摞书到王老师家里让他一一签赠(赠给我想结业回陕西后想赠送的朋友),王老师一一照办,还笑着说:你掏钱,我落人情。

　　2013 年 8 月,西北大学举办单演义先生诞辰百年学术研讨纪念活动,王老师也把我列入参会者。我又一次见到了王老师,且在会前会后有幸陪了王老师好几天,最终还和白建西、任葆华两位教授协同运作,成功的请老师到渭南师范学院作了一场"中国现代文化里的四个伟人"的专题报告,他讲述了孙中山、胡适、毛泽东、鲁迅四位伟人,在中国现代史上不可替代无法复制的历史文化贡献,有力论证了其历史作用和现实价值。2016 年某月,我与老师电话中知道他患病了。从此,再不敢轻易给王老师打电话。2016 年 9 月,我到北京 301 医院看望老师,他精神尚好,只是不再吸烟,床头放着好几本摊开的书,谈话中表示化疗结束后还要回汕头大学继续上课。对于病,他似乎很淡定,说以前不知道,现在知道了,而已。但肇磊悄悄告诉,医生说已经是晚期了。我极愿意把"晚期"理解为"中晚期",更不由自主地把"中晚期"换算为"中期"。我预想以王老师豁达乐观的性格、强壮的身体底子和尚未完工的学术牵挂,他的生命总可以支撑四五年吧。我打算在今年七八月份到绍兴参观,然后到汕头看望老师,谁想到 5 月 2 日下午,他竟往生了。我因家事无法到北京吊唁,便以个人名义拟了一副挽联传给刘殿祥兄,托他转致治丧委员会。挽联如下:热爱真理,学问根植中国大地,精辟见解有外溢;热爱学生,育人深扣世道人心,苦心教诲含慈悲。2016 年 5 月 3 日下午,我突遭父丧之伤;2017 年 5 月 2 日下午,我再遭师丧之痛! 我感到从未有过的绝望和无力。王老师的遽然离世,警示我清醒地意识到生命的脆弱、无常和时间的紧迫,假如从此刻算起我有幸挣得一个80 岁的寿数,也只剩余 25 年的时光。活到 50 多岁时的感觉只是匆匆一瞬间,那走完剩余的 25 年,也只有可怜的"半瞬间"了。如今,王老师的形体消失了,但他的"神"永在! 我不用思念他,因为他苍凉雄辩的声音就在耳畔、他亲切和蔼的笑貌就在眼前、他一本又一本的著作就在我手边。鲁迅教导说:得赶快做!

2017 年 5 月 11 日草成于渭南职业技术学院

(作者系陕西渭南职业技术学院教授)

王富仁先生

——亲友琐忆之十五

廖四平

一

王富仁先生是我最后一位"真正意义"上的老师。

我最初是在 1985 年冬阅读曾小逸主编的《走向世界文学——中国现代作家与外国文学》(湖南人民出版社于 1985 年 7 月出版)一书时"结识"先生的——该书是国内一部全面研究中国现代文学与外国文学关系的学术论文集;先生的论文排在该书之首,加上观点鲜明,见解独到,层次清晰,逻辑严密,行文流畅,因此,给我的印象特别深刻,我也由此爱屋及乌般地"爱"上了先生——此后,不论是先生的论文还是先生的专著,我只要一碰到就阅读。

我在王先需先生门下学习时,在一个特别"闷热"的夏日中午,我与高文平、李家宝、王鸿生、曲春景等几位同门吃完午餐后路过一个书摊时,王鸿生师兄忽然停下来,拿起一张报纸——记得好像是一家深圳的报纸,报纸上刊登了有关先生研究鲁迅的报道。王师兄看完那篇报道后与我们一起离开书摊回宿舍时,边走边谈先生的鲁迅研究——王师兄对先生及其研究评价非常高。王师兄长我十多岁,学问做得很好,我平常在心里是把他当老师的,因此,他对先生及其研究的评价,我不仅"盲从"般地"接受"了,而且由此更加"爱"先生了。

1989 年秋,我们那个班全班从桂子山"移师"北京,在鲁迅文学院修一门学位课——"文学批评"。我们这门课与通常的课很不一样:每次课都是专题讲座,都是由大腕学者或作家主讲,其中,有一次课便是由先生主讲的——记得先生所讲的是一个关于"美"的话题。

一般来说,秋天是北京最好的时节,但那个秋天给人的感觉特别不好——特别"冷",而且是一种从外到内"透彻"的冷!在那个秋天,人们一般都深居简出,即使是外出也不会——也很难——在入夜之后还在街头闲逛,也很少有人会早起。但是,在先生讲课的那天,我却不顾寒冷地比往常更早地起床、更早地吃早餐、更早地进教室。进教室后,我一边阅读伍蠡甫的《欧洲文论简史——古希腊罗马至十九世纪末》(该书由伍先生寄给我)一边等着上先生的课。当时,我打算投伍先生门下攻读西方文论专业的博士学位。平常上课之前,我总是一边阅读那本书一边等着上课,而且每次都能很潜心地阅读。然而,那一次我却怎么也不能潜心地阅读——心像被一根线系在先生身上似地遐思迩想起来:时而想起所阅读过的先生的文章,时而想到所阅读到的或听说过的关于先生的赞评,时而想象先生的风采,时而"畅想"先生的讲课……

就在我没完没了、静静地遐思迩想的时候,教室里忽然响起一阵热烈的掌声——先生在何镇邦老师的陪同下走了进来。

"今天,我们请王富仁教授给大家讲课!"掌声落下之后,何老师介绍先生道,"王先生是我们新中国培养的第一个现代文学专业的博士……"

在何老师介绍先生完毕之后,先生开始讲课。

在去北京学习之前,有传闻说先生被"学习"过。因此,我最初很有点担心先生会情绪低落、讲课缺乏激情的,然而,先生那天在讲课时却情绪高昂、神采飞扬——笑容满面、声如洪钟,在讲到兴致高处时,本来就"上指"的头发似乎更加"上指"了。

在桂子山时,我曾系统地听过张玉能老师讲德国古典美学、邱紫华老师讲美学——邱老师还把自己阅读过的黑格尔的《美学》借给我看(这类书在当时很难买到),也曾研读过朱光潜的《西方美学史》、黑格尔的《美学》、鲍桑葵的《美学史》、朱狄的《当代西方美学》等相当"专业"的美学著作,因此,自以为对美学知之甚多了。然而,在听到先生结合"大"人物的"风采"讲"壮美"与"秀美"时,我才知道自己对美学不是知之甚多,而是知之甚少!

先生那次讲课给我留下的深刻印象除了讲课的"风采"以及讲课的内容外,还有讲课的方式——

在此前,无论是像王愿坚、汪曾祺那样的作家,还是像袁可嘉、朱寨、何西来那样的学者,他们在讲课时尽管都是旁征博引、纵论滔滔,但又总或多或少地看看讲稿或讲课大纲,然而,先生在讲课时却不仅旁征博引、纵论滔滔,而且自始至终没看过任何东西,但又讲得非常严密,甚至可以说是讲得"滴水不漏"!

在听完先生的讲课之后,我随即改变了我先前攻读西方文论专业博士学位的打算,决定投奔先生门下攻读中国现当代文学专业的博士学位。但是,当时先生还没有开始招收博士,我便只好先工作,以待时日。后来,先生开始招收博士了,可我又因孩子太小,一时不能"脱身",便直至1998年才实现投奔先生门下的理想!

二

进先生门下之后，先生给我上的第一节课实际上是我们几届同门在出游西山时的"闲聊"。

我由于是"跟踪"先生长达十年之后才进先生门下的，因此，进先生门下之后，有一种从梦寐以求到如愿以偿的感觉，也迫不及待地想聆听先生的教导，于是，在正式开学之前，先生带领我们在西山游玩时也"不放过先生"——在游玩的过程中（也包括在去游玩的途中），我"缠着"先生不停地问这问那，问得没完没了，以至于在凭吊梁启超墓时本应该安静下来的，可我仍然没有安静下来。先生对我的所有问题都不厌其烦地解答，而且完全是像一个老师在上课时认真地为学生释疑解惑一样为我释疑解惑——深入浅出，透彻以至于"穷尽"！同时，先生也重启发性，比如，在谈到蔡元培时，我问先生道："蔡元培当年在北京大学做校长时为什么那么'自由'——想做什么就做什么，想怎么做就怎么做？"先生说："如果邓大人现在在你们村做村长，那么他会不会也是很'自由'呢？"在谈到中西方人思维模式的异同时，先生说："西方人信奉进化论……我们的传统文化最主要的是儒释道，而佛是讲轮回的……"听到这些时，我忽地彻悟到了什么叫"辩证法"！什么叫"学术视野宏阔"，什么叫"高瞻远瞩"！什么叫"鞭辟入里"……那次在西山，虽说是名为"游玩"，但对先生来说，无异于一次给学生讲课——其劳动强度绝不比上一次课的劳动强度要小，然而，先生并没有因为劳动强度太大而"罢工"！而对于我而言，那次游玩绝对可以说是一次正式上课——那次课的课程名完全可以称之为"文化思想纵论或纵谈"！同时，在那次课上，我绝对比我在此前的任何一节课上所学的知识都要多所受的启迪都要大！

除了那次在西山游玩的"闲聊"外，在先生门下三年的时间里，我曾好多次到先生家里听先生"闲聊"——先生常常是一边抽烟一边"闲聊"；"闲聊"到兴致高时，先生往往会很用劲似地抽一口烟，然后徐徐地吐出袅袅青烟；稍顿之后，又接着"闲聊"……我虽然平生不抽烟，并且有时会因被动地吸烟而咳嗽，或头晕，但是，在听先生"闲聊"时，无论先生如何抽烟，我从来没有咳嗽过，也没有头晕过——大概是因为我听先生"闲聊"听得太专注了吧！

在最初一边听先生"闲聊"一边被动地吸烟时，我不禁想起徐志摩在其《吸烟与文化》中的"妙语"："牛津是世界上名声压得倒人的一个学府。牛津的秘密是它的导师制。导师的秘密，按利卡克教授说，是'对准了他的徒弟们抽烟'。真的，在牛津或康桥地方要找一个不吸烟的学生是很费事的——先生更不用提。学会抽烟，学会沙发上古怪的坐法，学会半吞半吐的谈话——大学教育就够格儿了。'牛津人'、'康桥人'：还不毂中吗？我如其有钱办学堂的话,利卡克说,第一件事情我要做的是造一间吸烟室,其次造宿舍,再次造图书室；真要到了有钱没地方花的时候再来造课堂。"

同时,我也莫名其妙地产生一种阿Q式的"骄傲感"——我虽然是在北京师范大学求学,但也能享受牛津学子的待遇！

后来听先生"闲聊"的次数多了,对先生的"闲聊"习惯了,特别是先生在"闲聊"中建议我要认真地读两部书——冯友兰的《中国哲学史》和罗素的《西方哲学史》之时,我忽地意识到：咱们北京师范大学实际上也是一所牛津或康桥,我的老师也是一个罗素！

当然,在先生门下的三年里,我并不只是听先生"闲聊"——也正儿八经地听过先生所讲的课！而且听得很认真、很积极！记得有一次,我和李某兄一起听先生所讲的课时,我们是属最早进教室的少数几个人之列,而且是坐在第一排靠门口的座位上。我至今还清楚地记得,那次课间休息时,我要擦黑板,但先生不让我擦——他要自己擦！

高远东先生说："王富仁老师的人格中/最不可追的是平等精神/学界论资排辈陋习甚多/常见硕学大儒因座次不当生闷气闲气/富仁老师毫无权力心势利念/长幼尊卑男女/完全一视同仁/弘扬平等,真正从儒家等级权力秩序中脱离出来/知易行难啊/富仁老师是真正做到此点的真人至人之一/这一道德成就更不可追",现在想来,先生要自己擦黑板虽然是一件很小的事,但也体现出了他人格中的"平等精神"！

三

在从北京师范大学毕业离校前夕,先生忽然打电话给我让我去他家一趟。

在先生门下的三年里,先生很少主动地打电话让我去他家——仅有的几次是因为刊物编辑部或出版社催着先生的稿件,而先生又一时抽不出身,需要我帮忙送一下稿件,才打电话给我让我去他家的。因此,那次在接到先生所打的电话时,我以为又是有编辑部或出版社的催稿之事,便匆匆赶到他家。然而,当我到达先生家之后,我才发现我原来是"以小人之心度君子之腹"——先生不是要我去给什么刊物编辑部或出版社送稿件,而是要给我一些家具！

原来,先生有乔迁之喜,同时又得知我在新单位分到了一套过渡房,便打算把他的一些质量很好但又不太用得着的家具送给我！由于我那套房子是过渡房,用不着先生那么好的家具,因此,我婉拒了先生的好意。然而先生却说,如果我不要那些家具,那么,他也会把它们当作废品卖掉的——那太可惜了！尽管先生说的是真心话,也非常有理,但我还是不想要——那么好的家具,如那张实木床和那些实木椅,即使是被当作废品卖掉也能卖不少钱!然而,在我再次婉拒之前,先生似乎看出了我的心思,便说:"别犹豫了!你刚参加工作,手头不会很宽裕!再说,你那过渡房只能过渡性地住一下,你现在买新家具,将来买新房子又得买新家具,这么买来买去不划算!"见先生这么说,我便答应了。但是,由于我的那房子太小放不下太大的床,我便只同意接受先生送给我的一套席梦思,但先生却认为我那套房子即使再小也不会只放得下一套席梦思的,便硬是把一套布沙发也给我了。后来,我辗转搬了好几次家,先生所给我的那套席梦思和布沙发也跟随着我辗转了好几次。最后一次,它们实在不应该继续跟随我辗转了,我才依依不舍地放弃它们——不过,我在放弃它们的同时,也留下了几个沙发垫子,而且我至今仍然保留着那几个沙发垫子!每当看到它们时,我都会想起先生——甚至是先生的音容笑貌!

四

从先生门下毕业之后的第一个教师节前夕,我给先生打电话,告诉他我要去看望他。

接到我的电话后,先生笑呵呵地说:"你现在也是教师了——也要过教师节嘛!不必来了!再说,从你那里到我这里来要穿过半个北京城,太费事了!"

毕业之后,我已经有几个月没有见先生了,确实很想见他,便直言相告。

我的话音刚落,先生又哈哈笑道:

"要见见面——那好说!等几天,我要去文学馆参加一个学术会,要不你也去参加一下吧!如果我们都去参加那个会议,那我们就既参加了会议,又见了面,公私兼顾,两全其美,多好!何必专门跑一趟呢?"

先生所说的那个学术会是关于一个革命作家的百年诞辰纪念会暨作品研讨会,那个会议的通知书我已经收到了,我也决定参加。

在得知能在那会议上见到先生时我很高兴,但我又觉得在教师节去看望先生和在那会议上见先生是两码事。因此,尽管先生不同意我专门去看望他,但我还是在教师节那天去了。

先生虽然平时总有干不完的活,总是时间不够用,但是,在晚饭后一般都会遛一会儿弯的,于是,我便选在晚饭后的那个时间到达先生的家。我原以为可以瞅那个空一边陪先生遛弯一边和先生聊聊天的,然而,那天那个时候先生并没有去遛弯,而是去看望他的恩师杨占升先生了。

先生当时已是花甲之年了,博士毕业也近二十年了,且已是享誉学界甚至是享誉中外的学者了,可仍然在教师节去看他的恩师,这确实是我事先丝毫没曾想到过的！因此，在得知先生去看望他的恩师杨先生时，我确实很惊讶！很感动！同时，我也感到很有一点儿羞愧——觉得自己应该一大早就去看望先生的。此外，我还很有一点儿庆幸——幸亏我坚持了自己去看望先生的意见！

事后，我从其他老师口中得知，先生在每年的教师节里都去看望他的恩师杨先生。先生大去之后，在去送别先生的途中，杨先生的女公子更是亲口告诉我，多年来，先生不仅每个教师节都必去看杨先生，而且在其他节日，如端午节、中秋节、春节等，也都去看杨先生。杨先生去世之后，先生则像杨先生在世时看杨先生那样去看他的家人，而且持之以恒。在大去前的那个春节，先生因病重而行动艰难，加上人在汕头大学，不能像往常那样去看杨先生的家人，便在春节来临之际给杨先生家寄去了两千元以表慰问。

五

也许是先生意识到我太冥顽不灵，且很固执任性、嫉恶如仇，不适合干"社会性"很强的工作了吧！我进先生门下之后，先生曾几次对我说，你这辈子就好好做学问吧！从先生门下毕业之际去找工作时，我想去那常常被老百姓戏称为庙的学府。那儿文学专业的掌门人李先生虽是一位才高八斗、学富五车、人见人服的学者，但很钦佩、敬重先生，我便请先生给我写张"路条"。我提出"申请"后，先生一方面按我的要求给我写"路条"，一方面又直言不讳地对我说："你最好别去那里——你不适合去那里，那里也不太适合做学问。"从先生当时说话的表情和语气来看，先生显然是在说，在那里，人得时时处处谨小慎微，得尽可能地少发表或不发表自己的"真知灼见"……也就是说，我如果去那儿，那么是不大可能把学问做得太好的。后来，我几经选择，最后到 C 大学工作。临行前，先生说：

C 大学也不太适合做学问——我们系里的 Y 老师就是在那里呆了一段时间后通过读博士回来的……

先生在说这些话的时候，我没太在意——因为在我看来，所谓做学问不就是看看书，然后把从书上"看"来的东西"拢"一"拢""拼"一"拼""组装"成自己的东西吗？我们这时代又不是兵荒马乱的时代，在哪儿都可以找得到一张安静的书桌，在哪儿都可以看看书都可以把从书上"看"来的东西"拢"一"拢""拼"一"拼""组装"成自己的东西！

当时，我不仅是这么想的，而且实实在在地干了起来——大肆地搜罗与我的学业方向有关的书籍，准备一安顿下来便开始"两耳不闻天下事，一心只读圣贤书"，做一点学问以安身立命，同时也不辜负先生对我的期望。然而，很快，事实就证明我的想法错了——我和 B 先生做学术带头人申请下来的学位点得由那里的"总学术带头人""带头",而那所谓的"总学术带头人"却是一个做古代文学专业的学术带头人,集全院之力,与我们同时申报学位点,但最终却没有把古典文学学位点申报下来的"角儿"!

由此,我深深地意识到,在那里,我不能也没有必要做学问了! 我最多只不过是一头拉磨的驴——驴拉完了磨后,被不被杀,不由驴说了算! 或者只不过是一个"种人"——"种人"生的孩子并不就是属于"种人"的! 于是,我下定决心不再与那"角儿"为伍! 不再做学问! 不再做拉"学术磨"的驴! 不再做下"学术种"的人! 后来,我还写了一篇标题为"种人"的中篇小说——所叙写的是关于一位俊彦为了摆脱被一些没有生育能力的达官贵人用作"种人"的命运而把自己阉了的故事。

也许是先生发现我没有好好地做学问的缘故吧,先生在那段时间里不时地把他的新作寄给我以"鼓励"我做学问,每到春节来临之际,则又给我寄明信片,明信片上除了祝福语之外,便是"鼓励"我做学问的"鼓励语"。在对我进行"鼓励"之后,见我仍然"无动于衷"——连博士学位论文也没有修改和出版,先生便对我进行"鞭策"——直截了当地批评我没有做学问,甚至在一次同门聚会上当着众多同门面带不悦地说:"我一辈子能带多少个博士? 你那论文占了一个题目,别人不太好做,而你又不好好做,那怎么行呢?!"不过,在那次聚会结束之后分手时,先生又私下里语重心长地对我说:"你现在还这么年轻,又是在大学里工作,以后换工作的可能性也不大,如果不好好地做点学问,那么做点什么呢?! 再说,你也不是做不了学问的人!"我向先生坦言了我的那种"种人"环境和感受之后,先生急切地说:"那更应该好好做学问——做学问也是在排除体内的毒素呀!"先生似乎意识到我仍然没有把他的话听进心里去,便在第二天托一位小师妹送给我他新出的一本书以示进一步的"鞭策"。

六

先生患病之后第一次回北京治疗之事,我一点儿也不知情——我平常几乎不看电视,也很少上网,而且手机至今没有办上网套餐,因此,对很多被炒得沸沸扬扬之事,我往往知之甚少或一无所知。对先生生病之事,我最终是在先生第一次回北京住院治疗结束返汕头大学之后,在参加张志忠老师所主持的一个会议时,从与朋友的聊天中得知的! 对先生第二次回北京住院治疗之事,我则是在无意间得知的——当时,一个影视投资公司把一个关于我小说改编的合同文件发到我微信上了,打电话给我让我接收一下,我在接收合同文件时,在同门微信圈里看到了有关于慈江兄等去301医院探望先生的消息,便得知先生又回北京住院治疗了! 一得知先生再次回北京住院治疗后,我便决定与我爱人一起去看望先生,并发微信给于慈江兄征求他的意见——我问于慈江兄道:"我和我爱人去合适吗?"于慈江兄回复道:"当然可以,王老师会很高兴,因为谈话对象多一点儿,气氛会活跃一些。"当我问及给先生买点什么食品合适时,于慈江兄建议道:"进入化疗,以后就可能吃不下什么东西了,所以看看什么营养吧,给老师带两本有趣的书看也行","买点儿水状的,可以随时喝的东西也行。"

在与于慈江兄微聊之后的第二天,我特地到西单金象大药房给先生买了一点"水状"的营养品——几盒总统牌灵芝西洋口服液;随后,又去一家书店给先生买书。考虑到先生深厚的文学素养及住院时可能会有的心境和趣味倾向,我在买书时颇为踌躇,在反反复复地选来选去之后,最后"差强人意"地给先生买了一本许渊冲先生所翻译的《高老头》,一本《罗亭·前夜》(大概是李毓榛先生翻译的)。当我从西单回到家后正准备向我爱人"汇报"我给先生所买的两本书时,手机微信提示铃声响了(那天我恰巧开通了微信)——肇磊兄在同门微信圈里发微信道:

"考虑到我爸目前的身体状况,为了能够让他充分得到休息和治疗,请近期有意到医院看他的各位同门暂时不要前来探望,在此对大家的心意表示感谢,如想了解他的情况可以随时跟我联系! 希望大家能够理解,谢谢!"

随后,我与爱人商量,由我一人前往看望先生,去看望先生时不要惊动先生——在远处静静地看看后就撤。

我随即把我和我爱人商量的意见告知了肇磊兄,在得到他的同意后,我在第二天前往 301 医院看望先生。

一走进医院大楼,我便下意识地放轻了脚步——脚步轻轻的,好像是怕惊动先生似的,同时在心里默念道:

"老师,我来看您来了!"

眼泪也随之一涌而出。

到先生病房的门口后,我停下来静静地"瞭望"先生——我觉得先生太累了,实在需要安静地休息,我怎么都不应该打扰他的休息,"瞭望"一下就行了!

肇磊兄发现我后,把我迎进病房——我俩谁也没说话。

在走到先生病榻前之后,我静静地凝视着先生——先生戴着氧气袋,闭着眼,脸色灰黄,好像是一个人在极度的劳累之后,疲倦地睡着。

我再次在心里默念道:

"老师,您太累了,好好地休息一下吧!"

也许是我与先生之间真的有所谓的心灵感应吧! 我刚默念完毕,先生就睁开了眼,然后很吃力地露出一个笑容,声音极为微弱地说:

"你来了……"

"老师！您别说话!"我赶紧道,"您静静地躺着……"

但先生继续声音极为微弱地说:

"还好吧?……"

"很好!"没等先生把话说完,我打断先生的话道,"您先好好休息,等您痊愈了我再向您细细地汇报!"

说完,我用力地握了握肇磊兄的手,接着,我俩心领神会对视了一下,然后,我向先生告辞,强忍着眼泪快步走出了先生的病房。

进电梯后,我放肆地嚎叫了一声,眼泪随之潮涌而出。

走出医院一楼大厅时,我下意识地回过头,冲着似乎站在我面前的先生默念道:

"老师,您好好休息,休息好了,我再来看您!"

回到家后,我对我爱人说了先生的情况,我爱人哽咽着流出了眼泪!

我儿子下班回家后,我告诉他道:

"王爷爷病了!"

"真的吗?"我儿子好像不大相信先生会生病似地盯着我问,然后,又盯着我爱人,好像是要从我爱人那里得到否定的答复似的!在没有得到我爱人否定的答复后,我儿子满脸失望地低下了头,好一会儿默默不语。

第二天,我总不时地想起先生,便把刚刚收到的张志忠先生为我的新作《同学少年》所写的序发给肇磊兄,明言请他告知先生,并转达我的想念;后来,在收到赵京华、沈立岩等先生为我的同一部拙作所写的序之后,我也同样发给肇磊兄,同样明言请他告知先生并转达我的想念——在送别先生的前一天同门相聚时,肇磊兄亲口对我说:

"我爸很想念你!也叨念过你!他说他是想看你自己写的书,可你却只发来了那些序!"

至此,我忽地明白先生始终没有"放弃"我!始终都在关注着我的学业——哪怕是他自己在大病之中!

七

在得到先生大去的噩耗时,我刚踏进家门。一开始,我感到非常的吃惊——以至于过了好一会儿也没有将背在肩上的背包放下;也非常地不相信——我去看望先生后才过了短短的几个周,先生怎么会这么快就走了呢?!再说,先生是那么好的一个人,上帝怎么都不应该不顾我们这些舍不得先生的人的感受而这么早地强行把先生接进天堂呀!我随即给师兄钱振纲、师弟孟庆澍打电话,但均没打通。随后,我从李林荣兄那里得到了确证!

在确知先生大去之后,我泪如泉涌,同时,下意识地起身,打算前往 301 医院,我爱人还特地提醒我得去给先生守灵,但还没来得及出门就收到了师兄钱振纲发来的微信:

"我刚去帮忙了。现在回家路上。"

紧接着,又有其他人告诉我先生已经不在 301 医院了。

"啊! 老师已经不在那里儿了!"我在心里感叹道,"我再也没法在那里见到老师了!"

随后,我给师兄谭桂林发微信报丧。一会儿后,谭师兄回复微信道:

"恩师千古!"

当晚,我一夜未眠。第二天,天还没有亮,我就发微信或短信给我一些尊敬的师友报丧,同时,也收到了师友们对先生的大去表示哀悼的微信或短信——最先收到的是陈建文兄所发的微信,建文兄写道:

"老廖兄:我也听说了,王老师身体不好一段时间了。王老师是我们敬重的老师,他走了,我们表示哀悼! 建文"

随后,我又收到了其他师友发来的短信或微信——解志熙先生写道:

"我刚从孟庆澍处得到消息,很难过,走得早了。我 6、7 日都有课,不能去吊唁了。已托庆澍转上挽联:

王富仁先生千古

学术先进,深造自得,为新文学传法护镜,

思想老到,进退自如,治新国学开源通流。

解志熙敬挽。"

吴晓东先生写道:

"多谢四平兄相告! 王先生千古!"

(后来,我又听说,北京大学中文系现代文学教研室所发的唁电是出自吴晓东先生之手的。)

孔庆东先生先后发来了两条微信,第一条写道:

"每次开会,都是我陪着王老师抽烟喝酒,他把我称作'烟友酒友'。其实我不能喝酒,抽烟也是外行。"

第二条写道:

"我 1987 年跟随钱理群老师读研究生,正式进入现代文学研究圈。从那时起,就认识了可敬又可亲的王富仁老师,多次同游同席,也曾酒酣耳热后激烈讨论。王老师不把我这个山东老乡当晚辈看,而是叫我'酒友''烟友',每次相逢,老远就喊

277

'庆东,过来!'。我虽然喝酒吸烟的段位都很低,但每次遇到王富仁老师,都陪他连喝带抽。我因为在现代文学研究会做了多年的跑腿工作,从北京师范大学到汕头大学,多次亲炙王老师的殷切教诲。许多年前,有位与王老师同名的学者去世,我万分悲痛,次日才知道搞错了。此番真的噩耗传来,往事历历涌上心头。愿王富仁老师在天堂喝好抽好,写好讲好,那里有鲁迅先生陪伴着您呢。"

韩震先生也发给我两条短信,第一条写道:

"啊!什么时候,后事如何做?"

第二条写道:

"廖老师,本应去与王富仁先生告别,但教育部让我主持教材审核会,望代我向家属表达我的哀思和慰问。韩震"

············

华南师范大学文学院副院长吴辛丑、海南师范大学文学院院长邵宁宁、武汉大学文学院教授樊星、华中师范大学文学院原副院长张岩泉、湖北大学文学院院长刘川鄂、中国传媒大学文法学部部长李怀亮、南开大学文学院院长沈立岩、渤海大学副校长周景雷、《东方论坛》副主编冯济平、首都师范大学文学院资深教授张志忠、北京第二外国语学院文学院副院长胡继华、《北方工业大学学报》副主编王文革等师友则在表达自己对先生的沉痛悼念的同时,也把各自所在单位的唁电转给我,或告知所在单位已经对先生的大去表示了哀悼之事。

虽然先生的大去令我悲痛不已,但是,如此众多的师友(都是饱学之士、都是硕学鸿儒)不约而同地对先生表示敬重则使我感到无比的欣慰,我也油然想起了郁达夫在《怀鲁迅》一文中的经典名句:

> 没有伟大的人物出现的民族,是世界上最可怜的生物之群;有了伟大的人物,而不知拥护、爱戴、崇仰的国家,同样是没有希望的奴隶之邦。因鲁迅的一死,使人们自觉出了民族的尚可以有为,也因鲁迅之一死,使人家看出了中国还是奴隶性很浓厚的半绝望的国家。

八

送别先生时,我见到了处在极度悲痛中的师娘!

在见到师娘时,我再也控制不住自己的悲痛了——我跪在师娘面前失声痛哭了起来,并向师娘喃喃哭诉我的悔恨:

"我要是早知道老师会这么快就走的,我那天去医院看望他时怎么都会和他多说几句话的！也会和他合几张影的！……"

我说的是肺腑之言！我确实非常悔恨那天去 301 医院看望先生时没有和他多说几句话！没有和他合几张影！而且在看到于慈江等同门与先生在 301 医院的合影时我的这种悔恨尤为强烈！

我那天之所以没有和先生多说几句话、没有和先生合几张影，本是想让先生静养、本是以为先生会康复的——至少不会很快就走的！可先生最终却还是走了——就像徐志摩当年再别康桥一样：走得轻轻的！走得悄悄的！走得没让我——不！是我们！——稍稍知晓，也没让我们有任何思想准备！

现在想起那天没有和先生多说几句话、没有和先生合几张影之事，我真是非常地悔恨！而像这样的悔恨，我平生还有一次——对我父亲的悔恨：

我的父亲目不识丁，平生不仅不看书、不看报，而且也几乎不看电视。我父亲唯一的"娱乐"是抽烟。但是，我父亲因为从早年到晚年一直都是过度地劳累，而且长期抽劣质烟，因此总咳嗽，有时甚至是没日没夜地咳嗽，而且常常是一抽烟就咳嗽得更厉害。于是，我每次见到他时，总劝他不要抽烟，每次回家时绝对不给他买烟。我父亲在见到我时也绝对不抽烟。

我原以为我父亲如果不抽烟或少抽点烟，那么身体就会好一些，也会更加长寿一些的！可是，我父亲最终还是在进入古稀之后没几年就大去了！在我父亲大去之后，我对他最悔恨的一件事便是劝阻他抽烟——早知道他不抽烟或少抽点烟并不能让他更健康、更长寿，我是绝对不会劝阻他抽烟的！而且后来，我侄子们每次回家探亲时给我三哥买烟，我不但不劝阻，反而叮嘱他们要多买一点烟买好一点的烟！

在我父亲大去之后，我不时异想天开：

"要是时光能倒流，要是我父亲还在，我绝对不会再劝阻他抽烟！也一定会买烟给他抽！而且他想抽多少烟我就给他买多少烟！"

在先生大去之后的一连几天，我也不时异想天开：

"要是时光能倒流，要是老师还在，要是我再去 301 医院去看望先生，我绝对不会因怕影响他的静养而不和他多说几句话、不和他合几张影的！而一定会和他多说几句话多合几张影的——甚至像于慈江兄等那样和老师说他几个小时的话合好多张影的！"

其实，像我这样对先生的悔恨绝对不仅仅是只有我才有的——李某兄也有：

送别先生之后，在北京师范大学南门的那条街上，李某兄和我边走边聊，在聊到最后一次见到先生时，李某兄说：

"我最后一次见老师时是在他大去的前几天——当时，我去给老师送医保卡，见老师比较虚弱、气喘,就匆匆告别了! 老师平时在谈到病时总是笑嘻嘻的,从未说过'痛苦'之类的话,谁知他这么快就走了! 早知道他会这么快就走的,那天我怎么都会和他多说几句话的!"

我跪在师娘面前对师娘的哭诉不但没有缓解我的悲痛,反而加重了我的悲痛,以至于当众嚎啕大哭起来。好像是肇磊兄把我从师娘面前拉起来,之后,我的手被另一只手握住了,随后又被那只手拉到师娘旁边的沙发上,我透过眼泪看清是孔某兄之后,下意识地握紧了手中的手,那只手则用力地回应着我的手——好像是要给我力量似的! 同时,我忽地意识到,孔某兄也很可能正在心里悔恨道:

"要是早知道王老师会这么快就走的,我一定会去陪他好好地抽烟好好地喝酒的——不论我多么不能喝酒,抽烟多么外行!"

…………

不过,无论我及我的师友们如何悔恨,先生也是不会回来了的! 我现在能做的事情就是做好正在做的和将要做的事情,力争杜绝新的悔恨的产生!

斯人已逝,风范永存! 我的恩师王富仁先生千古! 愿先生的在天之灵永远沐浴在上帝的光辉里!

附记:

台湾《新地文学》是一个纯文学季刊,该刊自 2013 年秋季号至 2016 年秋季号,持续不断地发表了我的系列散文《亲友琐忆》——一共 13 篇。刊发第 13 篇后,我把第 14 篇《萧贵真先生》及长篇小说《同学少年》发给编辑部。不久,编辑部来函告知我:因另有长篇小说需要发表,刊物以后再发表我的作品。我原以为是因为我的作品在刊物上发表得太多——在长达三年零三个月的时间里,刊物除了一期不落地发表过我的散文之外,还发表过我的《中国现代诗论的一种总结——论袁可嘉的诗论》、《袁可嘉的诗论与西方影响》、《政治性与诗性的完美结合——论袁可嘉的"都市"题材诗歌》等论文;我也以为或许是因为我的作品所占的版面太多——我的那篇《中国现代诗论的一种总结——论袁可嘉的诗论》论文一共占了 28 页的版面。因此,刊物或读者厌烦我了,刊物便不再发表我的作品了——以后也可能再也不会发表我的作品了! 于是,我停止了系列散文《亲友琐忆》的写作。然而,2017 年春节过后,编辑部来函告知我,《新地文学》2017 年春季号刊发了我的散文《还乡杂记》和论文《远离文学的文学评论——〈丰乳肥臀〉批判平议》,由此,我意识到我原来是"以小人之心度君子之腹"了——刊物或读者并没有厌烦我的作品! 我便决定恢复系列散文《亲友琐忆》的写作。

在 2017 年春节前夕,我在无意间得知我的恩师王富仁先生病了,随即便想去看望先生,但有朋友提醒我,快过春节了,我如果那个时候去看望先生会提醒先生,使先生意识到自己生病之事,那不太好。于是,我便没有去看先生,而只在心里不时地为先生祈祷。之后,我总不时地想到先生,于是,在决定恢复系列散文《亲友琐忆》的写作时,首先想到要写先生。然而,由于当时刚开学,我既要忙于教学,又要忙于指导本科生和硕士生的毕业论文写作,加上我的长达五百多页的长篇小说正在出版过程中,我需要配合出版社做一些事情,如参加出版社的宣传活动,请人写序……因此,迟迟未能动笔。本科生毕业论文答辩完毕之后,我打算稍事休息之后就动笔写先生,但还没来得及开始休息,便收到了先生大去的噩耗!在大悲大痛之中,我情感翻涌太甚,于是,每次动笔之后都不能竟笔,故短短的一篇文章,从 5 月 3 日起一直写到 5 月 13 日!完稿之后,我回头再看稿时,觉得不如意之处太多,但又觉得实在不能再拖了——先生的头七已经过了,于是,我决定先就此打住,等心情稍稍平静之后再撰他文来进一步地悼念和怀念先生。再说,来日方长,我也有充足的时间再撰他文来进一步地悼念和怀念先生,就此打住也并无不可!

2017 年 5 月 13 日星期六

(作者系北京第二外国语学院教授)

你带着永远的笑容走了

——沉痛悼念恩师王富仁先生

谢晓霞

2017年5月2日晚注定是一个不平常的夜晚。在这个晚上的7点,一个噩耗砸向了我,我的恩师王富仁老师去世了。巨大的悲痛如潮水涌来,无边的凄凉和惶惶中,我如一个无家可归的孩子,除了流泪,还是流泪。老师,你就这样走了吗? 你说过,你爱我们这些学生,你怎么忍心就这么走了? 你走了,可是我的精神还没长大呢? 从今后,我还能上哪儿任性去? 从今后,我还能去哪儿发我的小议论,讲我的小得意呢? 下一次再遇到困惑,我该把电话打给谁呢? 心里有个地方在钝钝的痛,这个5月的夜晚,一个孤独的孩子注定要彻夜不眠,在回忆里寻找您那和煦的笑容。

初见王老师是1999年的4月初,我到北师大参加博士生入学考试。考试前一天,我带着几分不安、几分难为情和几分期待第一次走进王老师在师大丽泽楼的家,见到了从上大学时就在文字和书本中接触过无数遍的王老师。至今还记得我当时的激动,终于要见到自己的精神偶像了。至今也还记得我当时的忐忑,我会成为他的学生吗? 因为心里翻来覆去乱想,临进门的一刻变得格外的难熬,我生怕自己的学业和资质王老师看不上,更何况,我当时的脸部又是那么的奇怪吓人。被二炮招待所窗外的猫扰得一夜未睡的青灰色的脸上,右眼皮上是蚊子叮的大包,乍一看,像个独眼龙。然而,王老师来开门的那一瞬,我的疑虑就打消了,那是怎样宽厚而又和煦的微笑啊,暖融融的,好像北京初夏的风一样。接下来的谈话细节我已经记不清了,只是记得,每当我说到自己想法的时候,王老师一直是带着笑容鼓励地看着我。临走时,王老师把自己的书送给了我两本。于是,考试前的这个晚上,我一边摸着王老师那力透纸背的签名,一边熬夜看完了那本我刚刚才拿到手的《王富仁自选集》。笔试完了的面试,一向爱怯场的我,在王老师的笑容下,居然也能侃侃而谈。

终于作为王老师的学生进入北师大了。丽泽楼王老师家的客厅成了我常常光顾的所在。记得那时候去王老师家的客厅,几乎每次都碰到有人来,有时候是北师大或者外校外地来找他的学生,有时候是北京或者外地的学者,也有时候会有一些文人来光顾。大家一起谈论鲁迅,谈论中国现代文化,有时候王老师也会专门就我们感兴趣或者有困惑的问题进行讨论。他说话的时候,情绪总是很饱满,有时说到好笑畅快的地方会哈哈大笑,笑得把自己呛得咳嗽,有时候也会义愤填膺地用拳头砸眼前的茶几。不大笑不愤怒的时候,他或者面带微笑自己说或者听我们说,而这时,烟卷总是在他的手上静静地燃烧着,袅袅的青烟中,北师大丽泽楼的那个小客厅成了许多北京和外省青年思想的启蒙场。那个年头,王老师不仅仅是我们这些入门弟子的导师,事实上,他也是每一个愿意学习愿意思考的中国青年的导师。王老师从来没有任何门户之见和所谓的等级观念,他是我见过的知识分子中心胸最开阔的人。只要是有困惑来找他的,不管对方是中学生、大学生、研究生还是博士生,他都会一视同仁,耐心与对方讨论,他也从来不会在意来找他的人是自己的学生还是别人的学生,是有地位有名望的学者还是初出茅庐的青果。我们当时的同学有时候互相之间也会开玩笑,有同学就曾对另一个同学说,你的导师只是你们师门的人的导师,王老师是大家的导师。的确是这样,王老师一直是大家的导师。

我们有时候也会去听王老师讲课。有一学期,王老师给本科学生讲《中国现代文化》,我和同级的师妹一起去听。第一次上课,我被吓了一大跳。我们提前十分钟到了教室,发现上百人的大教室已经没有空座位了。等到正式开始上课,不仅座位没了,教室的走道里也站满了学生,上课中间,教室后面,窗子外面也是学生。那年月,没有今天时髦的PPT播放音频视频之类的东西,王老师衣领上夹的是一个时好时坏的小麦克风,但是,黑压压的一大教室人却都听得津津有味,没有说话的,没有做其他事的,大家都被王老师的课所吸引。王老师只要跟人说话,就总是笑着,但是他讲课的时候却显得很激动,很认真,几乎每一次的课都讲得像一场激情四溢的演讲。课后,我们这些听课的弟子照例会跟着王老师去师大北门外面的湘菜馆蹭饭。王老师喜欢吃湘菜里的臭豆腐,其他的鱼和肉倒不见他特别加以青眼。大家风卷残云一通后照例进行精神加餐,就上课的内容跟王老师接着讨论。那时候,王老师也五十好几了,但他充满激情的神态常常让我们忘记他的年龄。我们每个人都幸福地陶醉在他给我们准备的精神盛宴中。我不知道别人怎样,至少我那时是非常自豪的,我有一位多么了不起的老师啊,而且,他不仅学问了不起,他的担当和胸襟更是了不起。也是从那时候起,我痴迷地爱上了学术。我的三年读博岁月过得异常充实,就得益于王老师的言传身教。

后来,王老师搬到了望京,终于换上了大房子。我们一伙学生嘻嘻哈哈地赶去祝贺,吃了老师的饭,又在各个房间里乱窜说笑,大家都忘记了自己的年龄,王老乐呵呵的在边上看着我们闹。到了望京，我们不能随时光顾王老师家了，偶尔的光顾，就有着节日般的喜庆。我们跟老师谈自己论文写不下去的地方，谈对某些文化现象的困惑，有时候听王老师跟其他学界前辈谈话。什么都不谈的时候，是我们这些学生"胡闹"的黄金时光。记得有一次，我们去他家，家里新添了一个成员，一只小小的松狮狗，那时候，它还没有大名"王胖胖"，喜欢张着没牙的嘴乱咬，有同学则把这胖胖的小家伙掀翻，目的是要求证它究竟是男是女。王老师像一个慈祥的父亲看着胡闹的孩子一样无奈地笑着看我们折腾。去王老师家的喜悦不仅在于能有精神会餐，能胡闹，还在于我们这些人大多数时候总是会满载而归。老师知道我们作为学生手头不免拮据，因此，不仅自己每有新书都会赠给我们，他也会把出版社和杂志社送给他的许多书和杂志送给我们，自己只留够用的就行。

印象中，王老师总是笑着，他很少批评学生，他以自己的方式爱着每一个学生。记得那时有一个师兄是个急性子，为了写论文天天焦虑絮叨。王老师每次见他，都会宽慰他，让他慢慢来，别着急。我自己写博士论文的过程中也多次焦急上火，王老师则不厌其烦地开导我的思路，宽慰我的心情。开始，我雄心勃勃地要把商务印书馆的《小说月报》前后22年全做完。那时候，前面11年没有影印本不能外借不能拍照不说，也没有今天的电子版，我只能白天在图书馆过刊室拿着放大镜边看边做笔记，晚上在宿舍看相关的其他资料，周末，北师大图书馆过刊室不开，我只好跑到国家图书馆去看。一年下来，我就意识到，我根本做不完整个22年的《小说月报》。我在王老师家把这一发现说出来的时候，已经哭唧唧的了。王老师笑了，等我情绪平静一些了之后，他让我聊聊我目前阅读的体验，接着他又谈他的看法，最后，我们决定只做前面11年。写作的过程中，每当思路堵塞的时候，我都会跑去老师那里聊天。不拘什么话题，跟老师聊聊天之后，整个人都会觉得豁然开朗。

我到深圳后不久，王老师也南下了。先是去北师大珠海分校教了一段时间的课，后来就到了汕头大学做终身教授。距离上远了，我没法常常去他那里，电话就频繁起来。我并没有因为工作了就把自己看作一个实实在在的大人，独立处理自己的事情。而是像读书时一样，高兴时找老师，惶恐时更是要找老师。至今想起来，我依然心怀惭愧。我自始至终都没有想到老师也会老，他是老师，也是一个老人，我只是任性地每隔一段时间就在电话里跟他絮叨。或者说我的惊喜的"新发现"、"新体会"，或者像当年读书时那样哭诉自己的紧张与委屈。每当这时候，电话那头的老师总是耐心地听我絮叨，或者安慰哭得乱七八糟却说不清有什么事的我。而不管我是哭还是笑，王老师总会用他的"长篇大论"让我重新信心满满。我一直在想，我被许多人称赞的纯善和豁达，也被一些人不屑的"不成熟"，除了从小到大得到了亲人们毫无保留的爱之外，还因为在我远离亲人们求学的时候得到了老师无私的爱。

去年夏天真是一个不好的夏天，老师病了。听到消息时我正在甘肃老家探望父母，急急忙忙赶回深圳，我想去看他。电话打过去，老师的声音一如平日的慈祥和开朗。虽然在病中，他还是只为别人考虑，让我不要专程去看他，别耽误了我自己的事情等等。到了汕头大学老师的家里，开门看到是我，他又像个孩子一样笑了。那两天，汕头大雨如注，一如我起伏的心情。我看着老师规规矩矩地吃他的药，带着老花镜看书做笔记，有时候还写点东西，雨停了的下午，穿得漂漂亮亮地去校园里散步。我们偶尔也谈到他的病情，他之后的打算。老师没有我想象的紧张和伤感，他很坦然地谈论自己的病情，也直言自己即使有什么也不算短寿，没什么可怕的。化疗之余，他还是要坚持给汕头大学的学生们上课，他不想把自己完全当作一个病人，在能做一些事情的时候还是要做事。那几天，也有一些朋友们闻讯前来看他，客厅里又洋溢着老师爽朗的谈笑声。我担心他的体力，不免会暗示大家不要聊得太久，老师这时候就会有种意犹未尽的索然。记忆中，王老师总是会忘记自己的身体状况，只要一讲起话来就会陷入激动和兴奋之中。2009 年 3 月，我邀请他到深圳大学讲学那次也一样，看着他讲得兴起，我听得当然也很过瘾，然而过瘾之后又担心他的身体承受不了这种兴奋和激动，一场讲座的后半场我完全在纠结中度过。

2016 年的 9 月，我到北京开会。老师这时正在 301 医院化疗。会后，我赶去医院看他。酷爱自由的老师在治疗期间却不得不被束缚在病床上。看着他手上固定着的针头和日益稀少的头发，我悲从中来，那个永远不知疲倦，永远忧患深重的老师居然就病了，在我的内心中，他这样的人是不应该病的呀。看望的最后，老师反倒成了安慰我的人。一再跟我说，除了要打针，他的生活别的也没有什么变化，还是看书、上课，这没有什么，让我别担心。在疾病面前，我深感自己的无力。在坦然的老师面前，我深感自己的脆弱。告别时，我又一次陷入悲伤之中，老师虽然每次在我要去看他时总要阻止，去了他那里还要催着我回去忙自己的事，但每次我离开他时却都能感觉到他的不舍。病中的老师明显地变得柔软了，去汕头看他那一次，临走时我每次回头，他都还在楼前站着，直到我再也看不见他。这次探望，我们没有过多交谈，我甚至也没有多陪陪他就匆匆返回了深圳。如果我知道这是我最后一次见他，我一定不会那么着急就回来。如果我知道，他会这么快就离开我们，我一定会去多看看他。可是，这世上最没有用的就是"如果"。

这个"五一"，我跟儿子聊到他在我这里已经听到过无数次的王爷爷，我们母子约好了，暑假后如果老师在汕头，我们就先去汕头看他，然后回老家探望我的老父老母，如果老师在北京，我们就去北京看望他，再回老家。令我没想到的是，5 月 2

日晚上,我就收到了王老师离开我们的消息。一时间,我的世界彻底变了颜色。那几天,除了哭,我不知道自己还能做什么?我从来没有想到过老师有一天会这么突然地离我们而去。寒假的时候,因为老父老母有事,我赶不及去看他,打电话拜年时,还想着下一年直接去他家里拜年,可是,他却这样急急忙忙地走了,连一个机会都不给我们。

5月6日,北京阳光明媚,八宝山却连风都在哭泣。在悲痛和不舍中我们送别了老师。这一天,许多人来送老师,有他生前的好友同行,也有许多晚辈后学,还有很多热爱他的学生。人们从北京、四川、南京、天津、山东、广东等地赶来送他。那个健谈的、一说话就激动就兴奋的老师,那个只要演讲就不讲重复内容的老师,那个永远思索着承担着中国文化的命运的老师第一次沉默地躺在那里,脸上是永远的笑容。

2017 年 5 月 11 日

(作者系深圳大学文学院教授)

今日宜昌大雨
——谨以缅怀王富仁恩师

孔育新

题记

2017 年 5 月 2 日夜,恩师王富仁先生往生,不胜悲痛。昔日音容笑貌,谈笑风生,历历在目。辗转反侧,昏昏沉沉,今日大雨,潦草一篇,恩师不要责我。

您走了吗? 您走了吗? 您走了吗?

育新　于 2017 年 5 月 3 日夜

其实昨夜就下了
一夜昏沉
准备上课
今日讲《雷雨》

我捧着他的书
一字一句的读
这场戏是全剧的一个关键
她看到了他的凶横
也看到了他的不幸
她那么热烈的爱过也那么热烈的恨过
她的眼里涌出了热泪

他到底是爱过鲁侍萍的
他一生获得的真正的幸福是与鲁侍萍的爱情
他是有愧悔之意的
并不说明他已经不是怯弱和自私的

而是变得更加怯弱　更加自私了
这是一个怎样自私、可恶的伪君子呵！

她付出的是爱的代价
是一生苦难的代价
她要在周朴园的心灵中
永远留下一个罪恶的感觉

这就是"戏"
窗外
大雨下

附记：

本人在北京师范大学博士研究生期间师从王富仁先生。以上诗中所述内容均
摘自恩师主编的《〈雷雨〉导读》。

（作者系湖北三峡大学文学与传媒学院副教授）

汕头大学里的那一道风景
——纪念王富仁教授

王伟廉

和王富仁教授的交集源于一个偶然的机会,我们都是 2003 年来汕大工作的。他从北京来,我从厦门来。他比我好像早几个月。我来汕大之前就听说汕大从外面聘请了一位人文学科的著名学者加盟汕大。由于在人文学科领域,汕大建校以来就没有来过在全国有影响的著名学者长期就职汕大,这可不像北大未名湖畔,随时可见那些文科泰斗,那是北大的风景。汕大比不了。所以,王先生的名字很容易进入我的脑海里,也迅速进入了很多汕大人的视线里,就不足为奇了。

隔行如隔山。王先生的研究领域,我是外行,隔山观景,就是"一山障目"了。所以,不识庐山真面目,只缘身在山门外。到学校后,与王先生的交往,除了公事,如开会、调研、听取意见,其他时间里几乎没有谈过任何学术方面的东西,因为我不懂。其他方面也很少私下交流过。今天想来,的确是一个很大的遗憾。

但与王先生的这个"很少"的私下非学术交流,却给我留下了很深的印象。

我与王先生有几点是相同的。我们都来自北方,我生长在天津,他生长于山东,都爱好抽烟,又是同一年加盟汕大,加上俗称"本家",所以,见面总会有自来熟的感觉。王先生常在路上停下抽烟,我若路过,一定会老远就平和地微笑着把手伸向裤兜,然后熟练地掏出一包香烟并拿出一支,没等我走近,那只拿烟的手就已经抬起来,等待我来接烟。当然,借着这支烟,我们会聊一会儿。这种借烟聊天的事情发生过很多次。聊天内容从互相认识,到各自对汕大的前景的展望,到自己的打算,再到其他能够想到的除了学术内容之外的一切。2005 年 5 月,我开始分管文科,也更加关注王先生的学术追求。那时我才开始稍微了解了他想把汕大作为他提倡并矢志不渝追求的理念——新国学的诞生地、成长地。每当一本新国学的文集出版,他总要送我一本,并认真签上他的大名。我因行政工作比较忙,只看过其中几篇他写的文章。当时的感觉就是,能看懂,但懂得不透,因为其中很多概念我都是不熟悉的。但我很支持他的研究。这并不仅仅因为他是著名学者,也因为我自己有一个自认正确的理念：办大学就是办的文化嘛。所以，对于真正花力气且又造诣很深厚的研究文化的学者，我是很尊重的，更何况王先生在全国的影响力。当然，这也源于一个特殊的原因，就是我跟王先生在路上抽烟的多次接触，我感到他身上有一些东西，让我敬佩。

王先生常常挂在脸上的微笑似乎是一种生物电波，多次电波的感应很自然形成了我的一个比较稳定的感觉：先生身上有一种"静气"，这是搞学术工作的学者都渴望也应该具备的。在当下学界浮躁风气太盛的状态下，静气似乎成为奢侈品。先生的静气不仅是"每临大事有静气"，而是一种古贤的气质在当今的一种随时而又无意识的显露。这让我不禁想起很多我接触过的老一辈知识分子。我自己是在大学里长大的，父母都在大学工作，童年记忆里，左邻右舍到处是上世纪三四十年代以前出产的学者，所以对这种气质有着一种似曾相识的深切感觉。王先生的这种静气，我只是模模糊糊感受到，并未向任何人说起。直到王先生离世后，看到人们纪念他的文章，这种感觉才逐渐清晰并坚定起来。

王先生有一次突然郑重其事地、但仍然平和地微笑着对我说，希望我写一篇东西，纳入他的《新国学研究》辑刊。我一时不知如何答对，知道王先生是认真的，所以当时只是说回去考虑一下。事后经认真考虑，我对王先生说，一来我是研究教育的，不懂得如何与国学挂钩；二来我自己理论水平有限，勉强凑数感觉不是太好。王先生说，新国学包括的东西很多，当然也包括现代的教育，你大胆写，只要是有所创新，有思想就行。我听后记得是这样回复他：有时间我可以试试。然而这个似是而非的允诺一直拖到我退休还没有兑现。当我得知王先生因病离世的消息，在悲痛的同时，也难免想到了我的这个欠债，心里很不是滋味。

上面这些可能文不对题的话，其实是想说，平和、静气、追求，这是我在与王先生不多的接触中留下的印象。而后来当我看到钱理群先生写的《"知我者"走了，我还活着》这篇文章时，我才第一次知道王先生应该是：平和下流动着激情，静气下伸展着风骨，追求里隐含着执着。想到这些，不禁长叹一声：为什么在先生生前没有好好向他讨教？

我没有能力赞许和评判王先生的学术贡献，而只能把他看做是汕大的一道人文风景，一道美丽和炫目的，永远留在心中的风景。

谨以此小文纪念我心中永远的风景——王富仁先生。

2017 年 8 月 21 日

（作者系汕头大学原副校长、教授）

他是为建设"新国学"研究基地而来的

林伦伦

今年的国庆、中秋前夕,彭小燕博士再次来信为《王富仁先生纪念集》约稿,提醒我记得在双节期间写纪念王富仁先生的文章。

今年5月份,王先生去世两周的时候,彭博士就跟我约过稿,不过因为正是学期末最忙的时候,再接着我卸任韩山师范学院院长调动回广州,搬家和安家,杂务缠身,未曾动笔。谢谢彭博士温馨提醒,双节来临,也正好坐下来,静静地追思我学习的榜样、曾经的同事王富仁教授——一位当代真正的先生。

我与王富仁先生的交往真的还不算多。2002年8月到2003年8月,我到澳大利亚悉尼大学进修教育管理学,回到汕头大学的时候,王富仁先生已经在汕头大学上班了。我在悉尼的时候,汕大文学院的同事们就已经喜大普奔:终于,搞文学研究的也有值两百万的了!

"两百万"几乎成为了中国高教界2003年的流行语。据说,当年李嘉诚基金会为了引进王富仁先生,年薪、安家费、购房补助、科研究费加起来一共是200万元。这在当年,真的是笔大钱!那年头,我的月工资就几千块钱,广州市的房价,每平方也就三四千块钱;汕头市的房价,只有千把块钱,汕头大学周边的,有的还不过千啊!

接着就有人问我:"王富仁教授真的值两百万吗?"

我的回答只有一个字儿,但斩钉截铁:"值!"

王先生当时已是中国现代文学研究会会长,在鲁迅研究及中国现当代文学研究方面,成就卓著。他精通俄语,能翻译外国文学作品和文论,是国内外研究鲁迅的一流学者。他到汕头大学来,是汕头大学的光荣。仅在当时对汕头大学产生的广泛而良好的广告效应方面,就太值了,汕头大学花两百万去中央电视台做个广告,都达不到这个轰动效应。

王先生其实成为了汕头大学的形象代言人,到汕头大学文学院讲学的学者,有不少是慕王先生之名而来的,想与王先生有一面之缘,再当面请教,甚至切磋切磋。在路上偶遇,有认识王先生的朋友一定会这样介绍:这就是那位值两百万的王先生。"两百万"几乎都成为王先生的雅号了,他的遛狗散步,就是汕头大学的一道靓丽的风景线,一如当年北京大学大腕教授们在未名湖边的散步。

第二个疑问是王先生来汕头大学干什么?

我与王先生经常接触、交往的时间,其实只有从 2003 年 9 月到 2004 年 4 月的 8 个月。我从悉尼大学回来,还继续当我的副校长,文学院是我分管的二级学院,经常与王先生一起商谈新国学研究中心的建设事宜。他衣着朴素随意、言行谦恭有礼,一副文质彬彬的知识分子做派。我在与王先生的亲切交谈中了解到,他是希望利用汕头大学比较雄厚的财力,引进一批志同道合的专家学者,在汕头大学建设一个"新国学"研究的南方基地。

在王先生眼里,汕头大学是国内改革开放之后新创办的大学,捐资创办的李嘉诚先生受过改革开放的总设计师邓小平的接见,办学体制方面应该是比较灵活的,也是有志于创新的;其次,汕头大学基金会有雄厚的财力和灵活的管理体制,应该有雄厚的实力支持"新国学"基地的建设;其三,汕头大学文学院已经有一定的办学基础。汕大文学院以中文系为基础,中文系的首任系主任是中国著名古文字学家梁东汉教授。梁教授出身于西南联大的研究生,原在北京大学中文系任教,后来支边去了内蒙古大学。在这样一位学者型的系主任领导下,中文系招募了不少国内一流的学者,如北京师范大学的著名古代汉语专家王宁教授、上海大学著名文学家戴厚英等等。后来继任系主任的刘叔成教授也是著名的文艺学专家,在中央电视台主讲《文学概论》,是当时的视频红人。他引进了夏之放、肖鹰等美学和文艺学教师也是个顶个的优秀教师。文学院里的港台与海外华文文学研究中心及其所刊《华文文学》,是国内最早成立并创刊的同类研究机构和刊物,在海内外有广泛的影响力。在全国高校的专业排名榜上,汕头大学的中国语言文学学科曾经名列第 60 位上下。

王先生就凭着建设"新国学"研究基地的满腔热情和上面所述的三点,义无反顾地来了汕头大学,并很快进入"新国学"的学科建设工作。他的计划是:建立一个基金会,筹备一笔引进人才和进行科研的经费;建设一支"新国学"的教学和研究队伍;创办《新国学研究》刊物;最后建成一个"新国学"研究的南方基地。

他在汕头大学安家之后,便朝着他的建设计划开展工作。很快,汕头大学的"新国学"研究中心成立了,引进了同样是鲁迅研究和文艺学研究方面的陈方竟教授和一批中青年博士、教授。《新国学研究》刊物也于 2005 年出版了创刊号,至今已经出版了十数辑,在国内外产生了良好而广泛的影响。

尽管,在研究中心的建设过程中,碰到这样那样的问题,有些不如意之处,但王先生却是无怨无悔地带领着他的团队,坚忍不拔地继续着他的工作。

后来,我离开了服务了19年、在那里贡献了我的青春岁月的汕头大学,但却一直与王先生保持着联系。《新国学研究》一出版,王先生一定托人给我送来,或者快递给我。所以,当我任职的韩山师范学院复办了韩山书院,开办了国学班的时候,我想到要邀请来讲学的专家之一就是王富仁教授。2017年春节前,他托学生送来了最新一期的《新国学研究》,还答应春暖花开的时候,来韩师讲学。但没成想,天妒英才,"五一"刚过,噩耗传来,王先生走了。

王先生走了,汕头大学的那道靓丽的风景线消失了!

王先生走了,但一名学富五车的、高贵而又谦恭的知识分子的先生形象,却永远活在我的心中!

丁酉中秋挥泪写于广州

（作者系广东技术师范学院教授、汕头大学原副校长）

Der alte Mann im jungen Garten

Ein Sonett zur Erinnerung an Wang Furen

Wolfgang Kubin（顾彬）

Da ging er einmal der treue alte Mann,
so langsam unter den Bergen, über dem Wasser,
und mit ihm ging ein Hund in seinem Bann.
Darob wurden beide zeitig blass und blasser.

Der Hund ging wie ewig an der langen Leine.
Auch er trug schwer an des Schmetterlings Traum.
Liebend umspielte er seines Herren Beine.
Da schnupperte er an einem jungen Saum.

Ich sah den Meister so bang im letzten Jahr.
Die alte Frage. Wann bist du gekommen?
Die seltsame Antwort: Ich habe viel vernommen!

Sein Lächeln, der tägliche Gruß sind heute rar.
Einsamer liegen der Teich, der Berg, der Garten.
Was dürfen wir dennoch weiter dankbar erwarten?

Der chinesische Gelehrte Wang Furen (1941 – 2017) beschäftigte sich an der in den Bergen gelegenen Universität Shantou（Provinz Guangdong）während seiner letzten Lebensjahre hauptsächlich mit dem taoistischen Philosophen

Zhuang Zi（um 365 - 290），berühmt für das Gleichnis"Schmetterlingstraum".

2017 年 9 月 2 日

（作者系汕头大学文学院讲座教授）

译文：

青春花园中的老人
——纪念/怀念王富仁教授

张冰烨　译

他曾走过这里，那赤诚的老人
慢行于山之下水之上
一条狗在他的魔力之下紧随
他们越走越苍白

狗温顺地在牵引绳里
很难受，它也觉得蝴蝶与其梦的故事太重
它在主人脚步之间嬉戏
嗅着新鲜的裤脚

去年我最后一次见他，我的心不安。
老的问题：你什么时候来的？
奇怪的回答：我听到很多！①

他的微笑，他每天的问候，不再
池子，山坡，花园更孤独
我们还能感激地期待什么？

原诗后注译文：中国学者王富仁(1941—2017)曾就职于汕头大学。汕头大学

---

① 指听到王富仁教授患病的消息。

位于广东省汕头市的桑浦山下。王富仁教授在世的最后几年多研究庄子,他也研究过"庄周梦蝶",因此诗中提到庄子的蝴蝶梦。

(译者系北京外国语大学在读硕士、汕头大学文学院 2015 届学士)

三江有幸遇斯人

刘西瑞

王富仁老师 2003 年来汕头大学执教, 2017 年离世, 他人生的最后 14 年是在汕头度过的。作为中国现当代文学研究界的领军人物, 作为鲁迅研究的执旗者, 作为思想犀利而深邃的思想家, 王老师或许是饶宗颐大师之后在这片土地上生活过的最重要的思想人物。汕头的三江之水,①其奔腾, 其静淌, 其长啸, 其哀鸣, 其亘古源长的波流, 迎接王老师的到来, 又送王老师远行。

王老师来到汕头, 我才有缘与王老师结识。与王老师第一次见面是在他来汕头大学不久举办的一次学术会议上, 那时与王老师并不熟识, 但是在聆听他的讲座, 与他几次交谈之后, 便惊异于他所具有的思想深度, 虽不是门生, 却把他视为导师一样的人。在当今的学术圈里, 思想达此高度者寥寥无几, 而人品高尚, 不畏强势者, 就更为罕见了。他用朴素的语言讲解深奥的道理, 毫不做作和故弄玄虚; 他虽然是文学圈中人, 却像哲学家一样用极其明晰的逻辑阐释理论; 他熟知中外典籍, 学养深厚, 却十分自谦, 从不炫耀。他不仅是一位学者, 也是一位战士, 他是鲁迅的研究者, 更是鲁迅精神的承载者, 因此, 他必须面对坎坷, 做出牺牲。

王老师病重的消息是他亲口告诉我的。我在腰椎手术数月后, 刚刚开始走动, 第一次去超市, 远远看见王老师, 心里高兴, 又有些不敢相信, 赶紧迎上前去。王老师也看见我, 微笑着走过来, 这才方信是真。互道问候之后, 简单说了我的近况。也随口问王老师, 你还好吧? 不想, 王老师回说, "不太好"。我不禁一怔, 急忙问"怎么了?""生病了。""呃? 是心脏病吗?""不, 是肺癌晚期。"我完全无法相信这样的回答, 头脑一下子混乱起来, 口不择言地说, "那不严重吧?""肺癌晚期, 怎么会不严重。"我知道自己说错了, 忙说, "是希望不严重。"王老师笑笑说, "大家都这样希望。"我一时无法从懵懂中恢复过来, 下意识地说了几句泛泛安慰的话, 也自知没有什么分量。倒是王老师安慰起我来, 大意是目前自己的感觉还可以, 不用想太多,

---

① 汕头为韩江、练江和榕江三江汇聚之地。

太看重了;已经做过两次化疗,效果还好,不必太担心。我听别人说过做化疗是个很痛苦的过程,问及情况,王老师说,他的耐受性比较好,不像别人那么难受。"那掉头发了吗?""头发还是会掉的。"我心里想,掉头发无论如何不会是一个轻松的过程。话题转向关于生死的看法。我经历过多位亲人以及旧友新朋的故去,自认为对生与死已经看得透彻,相当超脱了,然而王老师豁达淡然的态度仍使得我怦然心动。王老师说,他是鲁迅的研究者,鲁迅在55岁就去世了,而他已经活了70多岁,自觉足矣。死亡或迟或早都会到来的,自己一生经历了许多事情,已经没有什么遗憾的了。他始终面带微笑地说着,有时还会呵呵地笑出声来,全然不像是一个病人在说自己。谈了不短时间,看王老师依然那么健谈,心里升起一个念头:会有奇迹出现的! 期盼着出现一个特例,肺癌也可以逆转。真想再多说几句,但毕竟不能让他太劳累,于是我说改天专门去看望王老师,大家告别。

汕头的深秋(日历为初冬)是一年中最好的季节。三天后的一个下午,天气晴好,便去汕大看望王老师。已经问过王老师仍经常散步,便想少一些打扰,直接到可能的散步地点去会王老师。先到湖畔,又到水库,这是两个最可能的散步去处,仔细看过,都不见王老师的身影。于是开着汽车在汕大的各条路上转了几圈,依然看不到王老师的影子。只好打电话,可是手机座机都没有人接。我心中泛起些不祥的感觉,得去王老师家看看。爬上二楼,敲门按门铃都没有回响,天色已经暗下来,若去散步也该回来了。王老师去看病了? 他是在北京做的治疗,会去北京了吗? 我想不出答案,怀着忐忑的心情离开了。回家后,再往王老师家中打电话,电话通了,是王老师本人接的。那声音传来,我紧绷的心一下子松了下来。我说了下午到访未遇之事,王老师说他去上课了。上课? 完全出人意料! 继而得知,王老师每个星期仍在(给本科生)上课。"您的身体能上课吗? 为什么还要上课呢?"王老师说,上课是令他心情愉快的事,能上课,说明自己还有用处;一辈子都在上课,不上课还能干什么呢。"上课太辛苦了,您现在需要多休息。""如果什么都不干了只能休息,那样活着又有什么意义?""现在休息,等恢复以后再干嘛。""和学生在一起,心情愉快,也是一种休息;再说,那些课上过多遍了,准备起来也不会太费力。"总之,他有很多应该上课的理由。我自知是没法说服王老师的,他在癌症晚期的时候依然站在课堂上,这是他对生命的一种认知。在生命长度和质量的天平上,他更加看重的是生命的质量。

天气渐冷,想等春天再去看王老师。没想到又一次与王老师不期而遇。春节时去附近餐馆就餐,恰好也有学生陪王老师在。看上去王老师气色尚好,自然又交谈起来。谈话中得知,他不久要去北京做化疗。我说,现在正值隆冬,北京天气寒冷,等春天再去做吧。王老师说,开学后他还有课,赶在开学前做完治疗,就不影响上课了。开学后,往王老师家中打过几次电话,一直没有人接,想来王老师还没有回来。心想,能在北京多治疗些日子也是好的。王老师逝世的噩耗传来,我全然没有思想准备。本以为还会有三五年的时间,至少也一两年吧,竟这样突如其来!看罢消息,我躺下来,躺着躺着,自己也想不到,突然嚎啕大哭起来,无法控制,不能自已!那个亲切和蔼的人,那个娓娓述说的人,那个嫉恶如仇的人,那个坚毅而毫不妥协的人,苍天为什么不留他在人间多一些日子呢?

王老师的追悼会是在北京开的,没有参加。汕头大学为王老师开了追思会。会场上播放着王老师不同时期的照片,看着那音容笑貌,悲痛的情感凝聚起来又弥散开去,心中的压抑有了些纾解。我和王老师的接触不算多,但听过他的讲座,也交谈过。这为数不多的几次都给我留下深刻的印象。记得一次讲座谈到中国社会转型时,王老师说我们现在实现的仅仅是洋务运动的目标,即张之洞李鸿章这代人的目标:建设一个物质上富强的国家;而这之后还有康有为梁启超的目标,孙中山辛亥革命的目标,都需要今后的继续奋斗,需要很多代人不懈的努力。一次交谈中,王老师谈到契约精神是西方社会的思想基石,在契约社会中,个体是基本单元,个体的人是独立的平等的。而中国缺乏这样的基础,中国传统文化的势力是容不得这种精神的。但他认为,不能着急,文化转型不会是一个一蹴而就的过程,需要耐心,当然更需要积极作为。我没有能力全面述说王老师的思想,以上转述也不一定准确。但这些思想让我感到振聋发聩。

追思会上王老师的儿子代表家属发言,或许是要表达对汕大的善意吧,说到,王老师在汕头大学的十多年是他一生中度过的最愉快的时期。这话让我心中又是一震。我不了解王老师在其他单位的情况,但是王老师在汕头大学的情况,还是有所耳闻,这样的经历竟会是一段最愉快的时光吗?

我知道王老师倡导"新国学",来汕大后出版了十数本文集;在汕头大学召开了多个高水平、影响甚广的学术会议;指导硕士生,开设各种层次的课程。但是我似乎感到王老师的工作开展并不是一帆风顺,反倒是阻力重重。王老师没有受到应有的尊重!他像是一棵独立支撑的大树,孤独地立在那里。我与王老师不是同一学院的,王老师自己也从未讲起过,所以并不知道细节。我希望,我这朦胧感觉并不准确。

现今中国大学中存在一个普遍的现象,令人扼腕,即:在看待人和事时,人们达不成一种共识,干部和教师之间往往没有共识,教师内部往往也没有共识,这在文科中尤为突出。一个大多数人可以接受的、客观公正的标准是不存在的,每个个人或者小团体都有自己的评价标准,根据自己利益关系建立起来的标准。一个人对我发展不利,他的一个小的缺点就会被无限放大,学校的发展算什么,学术的发展算什么;一个人的成就,如果我不能从中得到什么好处,也就视而不见,甚或尽力贬低。不要说外面社会,只看大学中,还有真理(真相)存在吗? 还有客观公正性可谈吗? 还有学术的标准吗? 或许还是有的,但这在实际的评价中分量很轻。但是,在大学里,有一个群体保有更多的客观公正性,这就是学生群体,所以王老师在学生中享有很高的威望,在那里得到了公正的评价,这从追思会也看得出来。王老师本该有更大的作为的,同时也为汕头大学赢得更多的荣誉。王老师是用不着我来鸣不平的,我是为汕头大学,为汕头,感到惋惜:这样一位大家的到来,却没在这里留下更加深刻的印迹;而十二个世纪前,韩愈在潮州不足一年,曾经给潮汕地区带来多大的影响啊! 王老师不是政治家,但是如果他成为汕头大学人人尊重的名家,如果潮汕文化能够吸收一些当代思想家的思想养分,那将是何等的情景啊!

　　文化的建设需要大学,大学是科学共同体的所在之处,而科学共同体正是要超越阶级社会中阶层诉求的偏颇性,在真善美基础上建立起正义性选择。由谁来承当呢? 如果大学里多数人没有这样的责任感,大学就已不是真正意义上的大学了。王老师逝去了,是汕头大学的损失,也是整个文化事业的损失!

2017 年 9 月 11 日

(作者系汕头大学医学院教授,已退休)

巨人的背影

——送别王富仁先生

张惠民

自谓年过花甲,忧患担当,沧桑见惯,宠辱皆忘。然而蓦然回首,发现自己并未能做到太上之忘情,心中还一直有几个时时牵挂的人。离开汕头大学之后,王富仁先生成为我对这个校园唯一的眷恋。

2013 年的 6 月 30 日,我结束了在汕头大学整整 31 年的工作,准备离开这个我生命中最富实、为之努力并自我实现人生价值的地方。草草收场匆匆离去,故乡在东面,却向西边去,雇车前往儿子谋食的广州。寄身校园以为终生托命之地本是吾生之素志,而汕大以教授为雇员,下课之时即挤之走开,冷漠而又冷硬,使人不免不舍之中有几分落漠。离开之前,学生们分批前来惜别,有的竟来了数次。王先生也郑重为我践行,频道珍重,并专门让彭小燕君送纪念品——珍贵厚重的根雕笔筒。走的那个日子,是内子专请精通易学的朋友郑重选择的。早晨,搬家的车刚到楼下,就下起了一场让我终生难忘的大雨,送客的雨迎客的风,十几个学生帮着搬东西,脸上分不清是雨水还是泪水,惹得内子也两眼汪汪。约九点钟的时候,天大放晴,艳阳高照。近午,所有该拆该带的东西都已搬完,环视这个曾经安宁静好的家,一个充满书香,经常洋溢着学生欢声笑语的地方,书房外的绿树依然繁盛而婆娑,这时,才油然生出告别汕大、告别校园的深深别情。鲁迅说,时至将离倍有情,此之谓也。人将走楼已空,正在入神之际,楼梯一步步沉稳厚实的脚步声,回头一看,意想之外,王先生来为我送行。我上前一步,两手紧紧相握,四目深情相视,执手相看,无言相对。王先生的眼中,我领受了一份深沉、凝重、不舍、落漠、感伤、祝福与期待。先生的手厚重有力,传给我一份出自内心的温热。这时我有一种平生未有的欣喜,我确切无疑地知道一代泰斗的王富仁先生,把我当作他真正的心灵相通的道友与兄弟。王氏家风,善于惜别,王右军与亲故别,心情作数日恶;王勃与友朋别,有天涯海内知己比邻之约;王维送元二,西出阳关,故人相忆。而先生之送惠民,言犹在耳,他说,有开始就有结束,旧的结束就是新的开始,前路甚宽,起程吧!

我们互道珍重,我坚持送他离开我始起驾,他顺从地答应了。他放下一直相执的手,回头一笑,慢慢地回去。我看着他渐渐远去的背影,人越走越远,而背影在我心中却越来越高大。

离开汕大以后,我曾几次回校,理完公事我会第一时间去看望先生。依然是促膝长谈,人生社会,古往今来,每次总要保姆阿姨提醒先生不宜纵逸,我们才匆匆打住。而每次的告别是轻松的,因为,每次的惜别,总为着重逢的欢欣。殊不知,噩耗传来,先生仙逝!震惊、错愕、悲哀、怀思,凝成一份沉重的发呆!数年前的夏天,我雇车西去广州,先生殷勤相送,数年后的夏天,先生驾鹤西去天堂,我却不能与之握别,送他一场!

杨庆杰君来电,汕大文学院于 5 月 13 日为先生开追思会,问我能否参加,我作了肯定的答复。这一天,注定是一个告别、诀别的日子。上午,我到饶平殡仪馆送走了一个对我非常崇敬的后生,下午,我来到汕大科学馆送别我非常崇敬的先生,真切深刻体会生命的无常与人生之无奈。毛思慧院长、杨庆杰、邱东阳诸君把会场布置得庄重庄严而肃穆静穆,追思会的内容也丰富厚重而深重,有先生的遗照,有先生的影像,有全国各地的唁电挽联,有先生的同事学生声泪俱下声情俱真的感言。我很感谢庆杰君给我一个默默流泪的机会与方式来与先生告别。我奇怪那天眼中竟有那么多的液体,两个钟头,长流满面,我才知道自以为戡破生死的修炼实是未到动情之处。这时,我才知道流泪于人的好处,所有压抑储存深藏的伤痛皆可以借此而痛快尽情宣泄。追思的会议已经结束,而对先生的追思将永在我心。走出会议室的大门,恰巧又是数年前我离开汕大一样豪爽的夏雨。一场大雨,滂沱洗南越,一阵凉风吹来,被滂沱之泪洗过的心获得一种别样深沉的宁静。

我与王富仁先生初识之日即是终生定交之时。记得那天上午九时,约好登门拜访,先生表示欢迎并说已备好茶水。开门见面的刹那,我颇感意外,读先生大作,深刻犀利,应如鲁迅的金刚怒目的战士,而眼前却是慈眉善眼的长者。先生提起几年前我任汕大出版社社长时出版的钱理群先生的《拒绝遗忘》及《审视中学语文教育》等几本影响很大,颇生争议并给我带来严重后果的书。先生历来关注中学语文教育并多次撰写文章,发表深刻见解,故引我为同道,并郑重其事地向我表达敬意。接着我把话题引向鲁迅,先生发现我的提问请教并非泛泛之语,于鲁迅似非门外汉。我告诉先生,从初中开始我就喜欢鲁迅,78 年上了大学之后我会每十年通读一遍鲁迅全集。先生点头首肯。我说先生是否愿意收我为博士生,先生让我直接考鲁迅的博士生。我说可惜鲁先生不能给我学位证书。先生与我,一齐开怀大笑。

这样,我成为先生欢迎的常客,一般会半个月一次长谈,有时路上遇先生牵着胖胖,我会陪他走一段。话题随意,古今人物,当代学界,坊间奇闻,家国大事无所不谈,于我则收获良多极启神智,于先生则小往大来,并时得解颐畅神之乐。比如先生说中国人之心,坏于反右,告密叛卖坠落无耻谄媚卑污,士风日下,士行扫地。我半开玩笑地说,我把先生的学术成果推前二千年,中国人之坏始于战国,战国兼并,只论利害不讲是非,人异化为非人,人异化为奴,异化为贼,异化为名利之徒,异化为兽,仁义之师异化为虎狼之秦。先生与我相视一笑,心照不宣,各坏其坏而历史相遇于当下。先生得鲁迅之薪火,精神时时有一种深深的痛苦甚而愤怒,以至在课堂上也毫不掩饰。我说俗话说女怕嫁错郎,男怕入错行,先生学的是鲁迅,所以会痛苦而愤怒,而我学的是苏轼,故超然而优游。其实,说这话的时候,我对先生抱着真诚的崇敬,而自己则怀着深深的惭愧,当今之世,还有多少知识分子为民族、社会的危机、痼疾、忧患、前途而痛心疾首,热血沸腾,热泪纵横。比起先生,他是忧世救世的大乘,而我是自求解脱的小乘,先生是战士,我是隐士,先生挺立在思想解放的潮头,我则行在人生的边上,先生始终在真诚地呼吁,而我却只能做到不说假话。

先生噩耗传来,我在斗室中呆坐了两个小时,突然感触袭来,为先生作对集句的挽联:"逝者如斯夫,死生亦大矣,冷月无声,人生易老天难老;前不见古人,后不见来者,夕阳西下,风吹草低见牛羊。"庆杰君让我撰挽联用于追思会上,我婉言拒绝了,只想作为一己的怀思。今天把它见诸笔墨也仍是个人的怀思,希望不会是对先生的失敬及对后生的冒犯。孔子是哲人,把历史人生看成一道长河,逝去了仍在河中。庄子超然而依然深情,死之与生均是人之大限,故深呼"岂不痛哉"!天上一轮冷月,地老天荒地久天长而人生则转眼老去。陈子昂之独立苍茫怆然而泪下,前面的巨人远去而来者何在。夕阳西下,在思想的原野上,我看到先生的背影越来越高大,而终于隐没在暮色之中。先生的身后,苍凉而又悲凉的野风劲吹,野草低处,只有一群不会思想的小肥牛和小肥羊!时世造英雄,在需要思想家的时代才能出思想家。先秦诸子的时代,上世纪的初叶中叶,"文革"后的思想解放,这些时代的思想者经历大动荡,经受大苦难,而思想者又有大情怀,加上异质文化的大碰撞大融合。而今,中国强盛,四海升平,文化繁荣,学术昌盛,是出大作家与大学者的时代,而不是出大思想家的时代。而那些学院派的思想者,包括吃鲁迅饭的后生,优厚的条件,悠然的活法,精致的个人主义者,著书都为评职称。仿佛可以肯定,不再有真正的鲁迅精神,也不再有传承鲁迅精神的王富仁了。

开完追思会回家的车上,刀郎满是沧桑感的《西海情歌》"你答应我不会让我把你找不见",先生,您却乘着西去的仙鹤飞得那么远!我把剩下的泪水流完。

丁酉夏月于故乡之寓所

(作者系汕头大学文学院教授,已退休)

303

悼王富仁教授

陈楚群

　　学为人师,品格高尚;学术领航,泽被后学;道德文章,饮誉学林。斯人已逝,高山仰止,思想永驻,学问不灭,风范长存!

2017 年 5 月 7 日

（作者系汕头大学文学院党总支书记）

寒星归寂寞，后学苦彷徨

——纪念王富仁先生

杨庆杰

有些人的离去，是这个时代，这个社会的损失；有些人的生命意义，早已超越了他的身份、地位、职业和生命期限本身。王富仁先生就是这样的人。历史，至少汕头大学文学院的历史会记住这一天，2017 年 5 月 2 日，这一天，著名学者、汕头大学文学院终身教授，我们倾心爱戴的王富仁先生病逝于北京，享年 76 岁。

时间过得飞快，不经意间，先生离世已经十多天了。距离北京八宝山与先生最后的诀别，也已经整整一周的时间。不知为什么，我至今还不太习惯没有了先生的世界。倘徉在山水相依的汕头大学校园内，依然会无意识地于树影斑驳中寻觅先生散步的身影，依然会于天光云影中恍惚听到先生爽朗的笑声，依然会在教学楼的某个窗口仿佛瞥见那个背手而立，远眺沉思的熟悉身影。对于我，以及对于汕头大学文学院全体师生而言，先生走得太过突然。就在先生离世前几天，电话那头先生的声音依然温热，依然熟悉，依然活跃。我还计划着五一节后去北京探望先生，汕大文学院的莘莘学子还期待着先生回来继续讲《故事新编》……然而，就在一瞬间，雷霆一般的噩耗从北京传来，先生走了，而且这一走就是永别！

几天以来，先生最后一次电话中其实暗示性非常强的一句话时常萦绕在我的脑际，他对我说："我一时回不去了，我自己也有点绝望……"现在想来，以先生的坚强与豁达，这句话的意思再明白不过，而我则无法原谅自己的天真和愚钝。我不是先生登堂入室的亲炙弟子，但先生一直是我高山仰止，感佩深挚的老师。先生待人平等，没有架子，一直把我当作小同乡，小学友；而我则一直是以后学晚辈的身份尊敬、爱戴着先生。桑浦山下，从当年诚惶诚恐的登门拜谒，中间问学论道的点点滴滴，到今天无声无息的羽化仙游，已是十几个寒暑。其间几番指点，几番谈笑，几番奖掖，几番策励，都令我铭刻于心，不堪回首。作为先生所在院系的负责人，我更是责无旁贷应该关照好先生的健康与生活，然而正是这一点，让我这些天一直在惶愧与自责中纠结。假如我平时对先生多一些体贴与关心，假如我能更好的安排先生的工作与休息,假如我能多拿出一点时间陪伴先生,假如我能更早地关注先生的病情,假如我能更为坚决地劝先生早几年成功戒烟……当然,以先生的格局气魄,或许不需要凡此种种虚矫浮薄的"假如",即便是在恶疾缠身的最后岁月,面对我们小心翼翼的探望,先生总是报以爽朗的笑声和刚健的谈锋,反而往往是我们得到了宽慰,得到了放松。现在想来,这是何等强毅,何等伟岸的生命力量!这份笑对生死的乐观与达观,是先生始终如一的生命写照,也是先生极具感染力的人格风范。先生走了,他把生命中最美的一面留给了暮春时节,落英缤纷的汕大校园。

先生的名山事业、道德文章以及刚毅、正直、素朴的人格精神早已为学界所公认,所景仰。先生晚年在汕头大学的学术贡献也必将写入史册,永垂后世。先生走后,我相继写下了追怀先生的诗作和挽联,作为对先生微薄的纪念和哀悼。细细想来,在跟从先生问学以及与先生共事的十几年中,先生让我最为感佩至深的还是他治学、立人的态度与精神。作为崛起于上个世纪八十年代的著名学者,先生是以自己的整个生命去拥抱、去热爱、去投入学术事业的。对于五四文化与鲁迅精神,他不仅是研究者、阐释者,更是继承者和创造者。先生以独行者的步伐深入到鲁迅文学世界与精神世界的内核,用自己的整个生命去践行鲁迅的批判精神、立人思想以及"过客"的生存体验。他的笔下透射出鲁迅式的炯炯卓识和铮铮风骨,散发着浓郁饱满的生命热情。先生对当下一味主张"客观研究"和"技术规范"的学风多有批评,认为至少人文学科还是应该渗透着生命体验的温度和思想的穿透力,他经常对我们说:"你们这一代学者,最大的问题就是没有爱上你们的研究对象。"诚哉斯言,只是以后再也无法听到这振聋发聩的声音!

对青年、学生的无私关怀和真挚热爱是先生对鲁迅"立人"思想的继承和发扬,也让汕大晚辈学人和莘莘学子获得了最大的直接受益。先生是傲岸的,又是朴素的,对于晚辈,对于学生,先生从来没有架子,没有威势。先生在身患绝症之后还一直坚持授课,他的课充实饱满,热情洋溢,往往忽略了下课铃声的存在。课内课外,先生与学生保持着"零距离"的融合无间,他的客厅往往是学生们茶叙的沙龙,他的一包中华烟往往顷刻间便被学生们分光,在学生中间,先生嬉笑怒骂,和蔼可亲,洋溢着一派天真烂漫的童心与童趣。也正是在这种朝夕相处、随机指点中,学生和后辈们不觉感同身受,获益良多。与学术事功的"立言"相比,先生其实更为重视言传身教的"立人"。或许,这才是先生心目中真正的不朽事业,在一篇访谈中,先生说"每个人都是这个世界的'过客'",说自己"没有太大的才能","从小没有做过当大官,发大财,成大名的梦","但有一点,我很自信,就是我爱我的学生。……我不认为我的教学有多好,但我真心爱他们,……我自己没有什么成熟的思想,我希望他们通过鲁迅作品的阅读和体验,成为一个有思想的人,有人格的人,既不要无端的侮辱别人，也不要无端的受人侮辱，活得像个人的样子。"

寒星归寂寞，何堪荐洒轩辕血。

后学苦彷徨，谁人读取墓碣文。

这是我为先生撰写的一副挽联，是痛惜悼亡，也是自我策励。先生走了，但他的音容笑貌，他对我们的期望和嘱托将会永远铭刻于我们心中。汕头大学文学院的全体师生都将永远缅怀先生，继承先生遗志，砥砺学术，成己立人，让先生的学问气象在南国的园地后继有力，郁郁苍苍。这，应该是我们对先生在天之灵的唯一告慰。

2017 年 5 月 13 日写于灯下

（作者系汕头大学文学院教授、副院长）

永远的笑容
——悼王富仁先生

涂严平

走过了多少岁月
经历了一次次意外
  而又不幸消息的袭击
本以为我的神经
变得足够坚强
可是 我还是
让泪水模糊了我的双眼……

王老师 您不回来了?!
您真的走了?
不是说四月底就回来么?
回来 等您休息了几天
我就去看您
然而 就在 3 日上午
在来校的路上
意外地听到消息
"王老师走了!"
像是听到了一声惊雷
我长时间地静默着
我感觉到我的背发冷

不,王老师!
您没有走啊!

我分明听到您的声音
也看见了您的笑容
您那略带沙哑不大的嗓音
听起来是那么亲切
眼睛几乎眯成了一条线
您笑起来是那么灿烂
您哪里会走呢?!

年前　我去看您
您的精神还很好
谈话的兴致也高
说到一个有名的学者
我说出了我的看法
你脸上满是笑容
"有一个人跟你说的一样!"
一会儿　您还把书找来了翻给我看……
那时　您不是还好么?
那只是不久前的事啊!

我记得第一次同您交谈
是 2012 年的初夏,
在学校的人工湖畔
"您是王老师吧?"
"是!"
您带着笑容回答我
我们于是交谈了起来……

起初几次　我说得多
您听得很专注　但说得少
到后来　您的话也多起来
从中到外　从古到今
孔子、老子,康德、黑格尔……
钱穆、陈寅恪、钱钟书、周作人、胡适……

当然也少不了鲁迅
您我什么都谈
谈起来常常持续很久
我感到不安
深怕影响您的休息
您看出来了
说：不要紧
我要休息　我就告诉你
到时我就下逐客令
你也不要见怪
您又笑起来了
您说这样随随便便好
我答应说：好　这样好

和您交谈　感到很愉快
我不觉得那么孤独
您总是面带笑容
说到高兴处
您笑起来甚至显得很天真
在您面前
我没觉得有什么好隐瞒的
也没觉得您有任何的戒备

前年的端午节前夕，
我把译的部分文字送给您看
——之前几个月　我在译一个东西
几天之后又去见您
"你是个外来者啊！"
刚坐下您这么跟我说
说着又高兴地笑了
是的　您一定没有料想过
会出现我这样的外来者
接着我问您

我译得怎么样
"好！好得很!"您连声地说
"有没有要改动的?"我问
"没有问题!"
您说得很干脆
我心中的一块石头算是落了地

"你写它几篇！我好给你写评论。"
"你出书,我来帮你写序。"
这样的话语
您前前后后说了好几遍
我答应说：我来写　我来写
您的话让我感动
同时也让我更加自信
让我受到鼓舞　也让我
感受到些许压力
我说我的文笔不好
您说:"没有关系!"
"我的文笔也不好。"
是的,我要写!
可是,直到今天
我也没有好好坐下来写
而且总是有理由
这实在让我很愧疚
甚至有些怕见您
现在　我向您发誓：
我一定好好写出来

而且尽可能快
我想起来
我也向您诉过苦
为了眼下的这些
弄得很寂寞　很孤独

甚至经济上也很受损失
您看着我　静静地听着
待我不再说话了
您便问我：
什么时候下决定的？
我告诉您：
九三年来这后慢慢形成的
"您还记得八十年代初的那场大讨论吗？
——由潘晓的那封信引起的啊"
我这样问您
您说记得
同时略略显出一点吃惊的神情
我说那时就播下了一点种子
您又露出了笑容：
"没想到你的韧性这么好！
"都过来了！
"钱不是个问题！
"得会大于失！"
是的　得大于失！
我记住您说的话。
我会继续努力的
去年 8 月下旬的样子
我在新行政楼附近的路上
意外地撞见您
"这不是王老师吗？您回来了！"
我问您的身体怎么样
肺炎好了没有
这还是我问中文系的一个老师知道的
"是癌症。肺癌。"
"怎么会呢？"
"不是说肺炎吗？"
我简直不敢相信我的耳朵
我清楚地记得

您跟我说话的时候
脸上还是带着笑容的
我却是一脸的惊恐
您反而安慰我——
"不要紧。
"都这个年纪了,也没什么好遗憾的"
"再说,也不是没有希望
"治疗的医院是一家很好的医院。"
······
第二天上午
我同您的一个研究生一起去看您
"不用又来看望啊!
"我们昨天不是见了面吗?"
"那怎么行啊!
"那是碰到的啊!"
我们三个人坐了好一阵
谈话中,您依然是面带笑容

人工湖畔
留下了您的足迹
大礼堂外的草地上
常有您来回走动的身影
讲台上
更有您的身姿和声音
从 2003 年起
您来这南国的一角
整整有十四年啊
您那么爱您的学生
那么留恋着讲台
那样执着您的信仰和追求
您怎么就这样匆匆地走了呀?
甚至没有来得及说句告别的话

王老师
您真的不再回来了?
您不想念大家吗?
大家都想念您啊!
还有
您那可爱的胖胖
也在盼着您回来啊!

永别了!
可敬可亲的王富仁老师!
您那笑容永远留在我们的心里!

2017 年 5 月 11 日凌晨
(作者系汕头大学理学院教授)

王先生在南方①

庄　园

5月2日晚9点多,有朋友求证王富仁先生去世的消息,我不敢相信这是真的。接着我在澳门的导师也询问此事,我赶紧打电话给王先生的小儿子。小王说:是的,父亲下午5点去世了……当天深夜与第二天的微信,基本被缅怀王先生的讯息和文章刷屏。

2003年,王先生与汕大签约,我在羊城晚报当记者,率先做了一个整版的焦点新闻,一时"洛阳纸贵"。不久,我也调到汕大,在文学院与王先生共事,作为后辈时常有机会聆听他的教诲。2005年和2006年,我总共出版了4本书——专著两本《重构女性话语》《文化名人面对面》;编著两本《女作家严歌苓研究》《文化的华文文学》,用的都是王先生在汕大主持的科研经费。2012年,我在中大出版社推出《女性主义专题研究》一书,之前在申请汕大出版基金时需要找专家写推荐语,王先生认真看了我的书稿之后,挥笔写道:庄园书中的华文女性文学研究,不论是从华文文学研究的角度,还是从女性主义文学研究的角度,均在我国文学研究领域具有先锋意义。王先生的热情提携,一直让我铭记在心。

去年8月份,闻知王先生被确诊为肺癌,我感到震惊与心痛。等他从北京治疗后回汕大,我登门去探望他。那天我绕开他身患绝症的悲伤话题,向他请教博士论文的写作。我的论题涉及到鲁迅,引发鲁迅研究专家的他浓烈的谈兴。他说鲁迅先生翻译日本文学家厨村白川的《苦闷的象征》,是重视文学对国族苦痛的承担与思索。在我提及"文学家逃亡"的话题时,王先生直接说:我从北方来到南方,想着追求思想的自由,这也是另一种意义的逃亡……

上世纪80年代,王先生的博士论文《中国反封建思想革命的一面镜子——〈呐喊〉〈彷徨〉综论》一炮打响,迅速得到学术界的承认。钱理群先生指出,这是一个标志性的事件。"富仁也就成为新一代鲁迅研究、现代文学研究者中的一个旗帜性

---

① 此文应汕头特区晚报副刊部主任陈少媛2017年5月9日约稿后所写;当天获知汕大文学院将于5月13日举行王先生追思会,此文于是一并抄送给文学院征文邮箱。

人物。他这篇博士论文的主要追求,如冲破将鲁迅研究与现代文学研究纳入政治革命的既定研究模式,努力揭示作为思想家和文学家统一的鲁迅的独特性,并以鲁迅思想作为新时期思想启蒙运动的重要资源的高度自觉,这实际上形成了鲁迅研究、现代文学研究的新学派。"[1]

90 年代的中国文坛学界,轮番走过各式各样的"主义"的鼓吹者,而且几乎毫无例外地要以"批判鲁迅"为自己开路,面对远比 80 年代单纯的启蒙主义要复杂得多的 90 年代的政治、思想、文化生态,钱理群先生对启蒙主义也有反思与质疑,但他意识到了对虚无主义思潮划清界限的必要。当时王先生对钱先生说:"你的质疑固然有道理,你也没有根本否定启蒙主义;但现在大家都在否定启蒙主义,你我两人即使明知其有问题也得坚持啊!"这样一句掏心窝子的话,让钱先生从此将王先生引为知己。他们崇尚的姿态是:立足于学术研究,加强对现实的介入,强化学术研究的批判力度,同时追求更接近知识分子本性的"独立、自由、批判、创造"的精神境界。[2]

其实在王先生签约汕大终身教授之前,他已经在北师大珠海分校呆了一段时间。那时候,他理性地意识到需要与主流的大陆学界保持距离,以别样的姿态和视角观照现实。2005 年,王先生发表《"新国学"论纲》,提出开展"新国学"研究的新设想。钱先生认为:富仁的"新国学"是"中华民族学术"的同义语。他的"新国学"是希望打通古代文化(旧文化)与现当代文化(新文化)、汉族文化与少数民族文化、学院文化与社会文化、革命文化,构造一个有机融合、相互沟通互助的"学术共同体",并成为中国知识分子"同存共栖"的精神归宿。[3]

在汕大,王先生主编的《新国学研究》已连续出版十多年了,在文化与文学越来越边缘的现状中,这份期刊的影响力始终局限于小圈子内。[4] 我还记得办刊之初,王先生就气定神闲地说:我就要做不赚钱的刊物!在商业氛围浓重的南方,在更重视理工医专业的汕大,王先生从来不改他"虽千万人,吾往矣"的理想主义情怀。他在寥落的氛围中不倦地写作与思考,在发表"新国学"长篇力作的同时,还写出了《中国需要鲁迅》(安徽大学出版社 2013 年 6 月出版)这样的专著。钱理群这样评价:他在为鲁迅文化守夜,为中华民族文化守夜。[5]

比较古代的文学家韩愈被贬到潮州、苏东坡被贬到惠州,当代的王富仁是主动

---

① 参见钱理群:《"知我者"走了,我还活着》一文,新京报书评周刊,2017 年 5 月 9 日。

② 同上。

③ 同上。

④ 王富仁先生所主持的《新国学研究》在学界的影响实际上很大。——编者注

⑤ 参见钱理群:《"知我者"走了,我还活着》一文,新京报书评周刊,2017 年 5 月 9 日。

来到了南方汕头,离开政治与文化中心的北京,他依然怀揣着启蒙的热忱在边远之地播种与耕耘。如今,再也不见他在校园里踽踽独行的身影,但他的人文情怀将长久地鼓舞和鞭策我们继续向前……愿王先生安息!

2017 年 5 月 9 日

（作者系汕头大学台港与海外华文文学研究中心副研究员）

感念王富仁老师

张艳艳

王老师生病以后，每次去看望，他谈及自己的病痛，竟像是要安慰我们这些人一样，坦然自若地、呵呵笑着把生死的关隘掠过。这参透了生死的一笑而过，与深陷至亲离世执念中的我究竟也是一记棒喝。想来，我们每一个人终将独自面对死亡，王老师上给我们的最后一课终究是人生大课。

这几天，心中浮现最多的有关王老师的景象，竟然是荷花池边笑眯眯地跟扫落叶的校工大叔互相点烟、闲谈的样子，这景象一浮现也不由得人心底会心一笑，温暖起来。我读书的年代里，王老师的学术声誉已令我辈高山仰止，不料想，入职汕头大学文学院，竟然做起了同事。起初的时候，是不太敢跟王老师讲话的，然而不知从何时起，却发现在王老师这里实在有自由表达的自在感。一定有很多同学跟我有同感，很多时候我们谈的问题实在不像个样子，然而王老师依然让我们觉得自己挺像个样子，以至于有一天我们终于有了一点样子。我想这是王老师启迪后学的功力，更是他待人的风范吧。

仔细想来，在正式的场合聆听王老师讲演立说的时候并不太多，留下的印象却非常深刻，因为总是会被感染，有一些心潮澎湃，不禁想这样的生命世界里有几何倍数于我等凡常个体的国族天下情怀，然而这情怀又是以对凡常生命的尊重和爱做底的，这情怀也不叫人做愤青，因为总是有纵深的思想力量牵引着你沉潜心智，思而后行。

先生已逝，风骨却存。一代学者，王富仁师的风范终将砥砺人心。

2017 年 5 月 5 日

（作者系汕头大学文学院副教授）

悼王富仁先生

林晓娜

惊闻王富仁先生遽归道山，不胜悲恸。思及六年来即温听厉，竟至泣不成声，终夕不能成眠，撰诗一首，遥致悼念。

> 斯人遽去暮春时，水月松风亦带悲。
> 寂寂林间人不见，悠悠泽畔影难追。
> 文章道德从人论，率性真情为我师。
> 去岁挥手成永别，心香一瓣祭哀思。

犹忆初来汕大，常见王老师在荷花池畔叼着香烟低头踱步，偶尔驻足亭中沉吟深思，我见到他远远地打声招呼便快速绕开，生怕打扰他的雅兴。那时王老师就是汕大荷花池畔的一景，荷花池因为王老师的身影不知增添了几分景致。

直到有一日拿着项目书到王老师家请其签名，才有了第一次深谈。当时我带着几个问题向他请教，谈开后发现王老师风趣无比，平易近人，毫无学术架子，于是壮着胆子倾诉起自己作为一名"青教"在教学与科研上力不从心的苦恼，王老师始终带着鼓励的微笑听我杂乱地诉说，听完严肃郑重地帮我总结了两点，振聋发聩的两点，我至今清晰记得他晃动食指斩钉截铁的神情。"首先，师者当以教学为先，花多少时间备课都不为过，而其所得的回报，绝不是拿项目、得经费所能比拟的。"说这句话时他目光炯炯盯着我，连续点了几次头，似乎要把这句话一字字刻进我的脑海。"至于科研，千万不可妄自菲薄。所谓大师全是普通人，我更是普通人，只是愿意多读自己喜欢读的书，敢说自己想说的话。我是学习积累的年岁长了，你们这些年轻人，愿意用功，二三十年后肯定超过我！孔子说了，后生可畏啊！"质朴无华的一席话，给我的激励却深远持久，仿若明灯，警示着我为人师者之道；仿若暖阳，在消极失落时带来鼓舞振奋。

从此以后，每次路上见到王老师，我不再顾虑他是否正在构思论文、思考人生，

319

一定上前请益,王老师从未表现出不耐烦,反而总能听到他侃侃而谈,声调不高,偶尔伴随着几声咳嗽,但谈到高兴处,他总是神采飞扬,傲然屹立,语带铿锵。及至告辞,王老师会笑吟吟地把手举至眉间挥别,我连番作揖离开之后,总喜欢回首看他在香烟缭绕中继续行吟泽畔的背影。

如今,汕大荷花池畔的王老师离开了,我们再也无法隔水与他招手,草木掩映中再不见那熟悉的身影!王老师,一路走好!

2017 年 5 月 3 日

(作者系南京大学博士、汕头大学文学院教师)

王富仁先生（素描画）

郜　飞

（作者系汕头大学文学院团委老师）

悼恩师

彭小燕

独行已至天外,悲悯还达众生;
滔语活进地心,怒吼亦及蠹群。

白痴生痛悼,5月5日夜,于汕头
(作者系汕头大学文学院教授)

我的老师王富仁先生

蔡秋彦

5月2日晚上，我正在备课，突然收到谢师兄的信息：小蔡，老师离开我们了。我一怔，整个人愣住了。怎么会这样？最后一次见老师，是春节后，老师准备回北京检查身体，那时还那么精神。最后一次和老师通电话，是4月8日晚上，虽然说话的语气比以往薄弱，但老师依然挂念着要回汕大上课。然而，现实就是现实。每次和我笑呵呵说话的老师，的确是离开了。

第一次见到老师，大概是在2003年秋天，老师开始在汕大上"中国现代文学"课。中文系的老师说这是真正的大师，你们都得去听一听。那时的我已经是大四的学生，正忙于报社实习，只能抽空去听。老师刚好讲的是新文化运动，两百多人的讲堂座无虚席，老师在讲台上激情澎湃，时而振臂，时而转身在黑板上写下关键词。遗憾的是，我后来因为实习没有坚持听完整个课程，但老师讲课时对鲁迅的挚爱之情却深深地刻在了我的脑海里。

再次听王老师的课，已是一年之后，2004年的秋天。我本科毕业后继续留在汕大读硕士，那时老师给硕士生上的课是"文学评论方法"，这应该是他第一次在汕大给研究生上课。这门课是研一和研二的学生一起上，大概有十五个人，每周一次，上课地点则在文东301，当时的华文研究中心资料室。那是我第一次近距离听王老师讲课，也是第一次感受到了思想的深度和广度。说是文学评论方法，但老师所讲的又何止是这些，从新文学、新文化一直说到当代。虽然内容很多，但是有两点，是老师一直强调，也是让我记忆最深的，那就是一定要有自己的感受，带着自己的感受去阅读作品和了解作品；以及一定要有问题意识，要学会反思，没有反思，就没有进步。多年以后，当我自己当了老师以后，我又把这些话传递给了我的学生，其实也是在提醒自己，要时刻保持清醒，认识自己。

中文系是第二年分导师。很幸运地，我成为了老师的学生。此后，我们开始进入了毕业论文的讨论。第一次谈话，老师在了解我的情况后，提了两个研究方向。

一是用叙事学分析冯至的小说,重点是《伍子胥》。研究冯至的小说是老师的一个愿望。然而,对这个题,我当时有点犹豫,我始终对自己的理论基础和分析能力缺乏信心。第二个方向,是研究现代期刊。那时,期刊的研究正呈迅速发展之势。老师挑选了几本期刊让我先了解,强调要带着自己的感受去看。这些期刊大致代表了不同的方向:《新潮》《洪水》《新生》。最终,我选择了《新潮》,一是因为我始终对五四那段时期充满兴趣,二是我很好奇五四时期大学生的生活,我以为大家年龄相仿,应该能有很多共鸣。老师语重心长地和我说,研究这本杂志恰恰是最难的,进入的时候比较容易,但是熟悉后要跳出来,站在自己的立场观察它,却并不容易。几年后,当我继续以这本杂志为中心研究中国青年文化的时候,才越来越发现自己的无力和无奈,才明白了老师当年的话。

针对学生不同的情况,老师有不同的要求。对于非中文专业的学生,老师会要求他们在原有的基础上尽量收缩,把目光聚焦在现代文学范畴;对于我们这些一直在中文系学习又没有多少社会阅历的人,老师则要求我们不能只是关注自己的研究,要懂得延伸,多接触和体验不同的事物,以此打开视野和思维。在这样的基础上,老师希望我们能够建立自信,建立自己的学术领域。硕士毕业后,我考上北师大的博士研究生,继续做王老师的学生。这时,老师很明确地和我提出了这一点。记得每次谈话中,老师都会强调研究和写作论文的意义。"研究就是寻找自我、发现自己的过程","只要找到自己的个性,就会说出别人说不出的话,就会有自己的价值和意义","要学会通过学术研究获得精神的力量,改变自我的意识和生命",在这个基础上,"建立属于自己的领域,在这个领域内拥有自信心,成为别人无法撼动的专家,然后再慢慢地延伸到其他相关领域","但是,不管怎样,不要忘记自己最精确的领域,切不可丢掉"。翻开我博士期间的笔记,老师说这些话时的情景,仍历历在目。如今,我同样把这些话带给了我的学生,通过做一件事情,发现自己的意义,建立自己的信心。我想,这是老师留给我的最好的教育。

鉴于我的硕士论文对《新潮》的初步研究还比较顺利,老师也就希望我在此基础上继续挖掘,寻找自己的立足点。关于这个选题,老师一是希望我能在五四运动后新文化分化重组的背景中,研究新潮社在新文化中的位置,二是希望我能以新潮社作为青年一代的代表,从中观察中国青年文化的发端和流变。老师认为,可以由此开始,从宏观和微观上观照并延伸扩展到学院文化、青年文化等各个方面,逐渐建立自己的研究领域,开拓自己的研究道路。于是,我的阅读和研究也从新潮社开始扩展到学院派文化。知识分子也成为了我和老师此后经常谈论的话题。

那时我每次和老师见面或者打电话,都会很兴奋地说到我对这群年轻学生的了解,谈到他们和陈独秀、鲁迅的关系和区别,言谈之中,对这些年轻学生多少带有崇拜的语气。老师或许觉察到了，担心我在研究中偏离客观方向，开始和我强调，深入了解他们是好事，但是要有自己的立场。而且，他们作为知识分子，也是有短处的。老师常用孔乙己做例子，在咸亨酒店里，上等人、下等人和商人的世界里，孔乙己都成为了多余者，原因就在于文化应该是共享的，而作为知识分子的孔乙己及其文化却远离了这个世界，这个世界自然也就抛弃了他。因此，观察知识分子的时候，既要看到他们对学术的意义，也要了解他们对人和世界的意义。有一年寒假，我从北师大回汕大看望老师，老师非常认真地和我说，我们今天必须聊一聊，聊知识分子和学院文化。那天的老师说了很多，有些记忆尤深的话还仿佛就在耳边："站在五四创造新文化的立场来看，他们从事的研究是有意义的"，"但他们忘记了一个知识分子应有的社会责任感，忽略了对下层的关注"，"对于人的价值的实现，他们的研究并没有起到解决作用"。末了，老师强调，研究知识分子，一定要警惕知识分子抬高赞美知识分子的现象，要不断地反思，问题大小与否、思想大小与否并不重要，重要的是要有自己的立场和角度。还有一次，我们聊到了周作人，并以此谈到了知识分子的责任感，老师有点激动，强调不能因为周作人文化上的贡献和意义，就不顾其后来的行为，不能用文化来为政治翻案。

很可惜，老师的提醒和教导，对于我来说，有时却很难达到。我的博士论文一直写得磕磕碰碰，让我感觉有点别扭，或者有劲使不出来，最后完成得不尽如人意。答辩后，老师一直催促我修改，而我却由于教学繁重而耽误了。前两年重新整理修改过一次，老师写了一段评语，字里行间仍希望我能将问题想得更透彻和深入。如今，这已经成为我的惭愧以及最大的遗憾。

博士毕业后，我回到了汕头大学工作，但却是去了新闻学院，接手一些并非自己专业领域的课程。老师和我之间的交谈，开始从学术变成了教学。对于第一年的教学，我有点诚惶诚恐。于是，我常和老师一起散步，请教如何才能上好课。老师说，上课就像游泳，刚开始的时候，都是在寻找游泳的姿势，你需要经过尝试和磨合，才能找到舒服的适合的姿势；教书和做学术一样，都需要慢慢地摸索，找到一条道。他总一再告诫我，青年教师要有自信，但也不能张狂，一定要记得为学生着想，大学的教学，不能只盯着眼前的课程内容，而是要从学生的未来着想，思考你的教学对学生的以后有什么帮助，最终是要让学生学会一种终身学习的能力。有一次，老师告诉我一个上课秘笈，不管你对教学内容有多么熟悉，每次踏进教室前，一定要花几分钟想想，为什么要上这个内容，再把整个上课过程预习一遍。我这才恍然大悟，老师每次上课前，都会在教学楼前抽烟徘徊，我一直以为他是要在上课前过足烟瘾，原来却是在思考上课的内容，是在整理思绪。

这是老师的为学，严谨而朴实。而老师的生活，却是另外一番情景，简单而有趣。

刚成为老师的学生的时候,我有点拘谨,也有点害怕,总想着这是一个大名鼎鼎的学者,一定是很严肃的。后来去老师家次数多了,紧张的心情也随着老师的谈笑风生慢慢消失了。记得第一次去老师家,除了惊讶于藏书之多,更令我吃惊的是书柜里摆得整整齐齐的各式各样的烟盒。看我嘴巴张大的样子,老师笑了,竟和我聊起了这些烟盒的历史,还说,这是他的一个兴趣,喜欢抽烟顺带也就喜欢上了收集烟盒,也觉得蛮好玩的。说实话,正是这些烟盒,消除了我第一次登门拜访的紧张感。原来,老师也是很有趣的。

去老师家的次数多了以后,慢慢发现客人还真不少,他们大都是慕名前来请教的,有学校里不同专业的学生,有市里的作家、文学爱好者,还有从外地远道而来的文学青年。老师对客人,总是热情和和蔼的,请他们喝茶吃水果,然后坐在他专属的小圆凳上,抽一根烟,认真地听客人的聊天,思索,再在烟雾袅袅中缓缓地说出自己的看法。有时,讲到兴致上来的时候,老师会拍案而起;但有时,老师也会突然停下来,说,我是不是讲太久了,打扰你们太多的时间了?说完自己就很憨厚地笑了。我们这些人,正听得痛快之时,突然随着老师的停下,也愣了,随即也一起嘿嘿地笑了。这个时候的老师,是蛮风趣的。

和老师熟悉后,聊的话题也渐渐多了。老师有时也会和我开玩笑。上北师大参加博士考试之前,我把头发剪短了,碰到老师,他立马就打趣我:"你这是打算削发明志了?"我只能使劲地点头。老师偶尔也会和我抱怨汕头的饮食,比如,这里没有玉米粥,这里的馒头竟然是甜的,他想念北方那种大大的带着点咸味的馒头。而我也变得有点调皮,有时也会好奇老师小时候的生活。老师当然也会很慷慨地聊起他读书时的故事,比如怎么学抓臭虫,比如因为不想在家乡读书,和同伴从聊城骑自行车到济南和德州考高中;又比如,小时候背着爸爸偷偷地抽烟等。这个时候的老师,是有点可爱的。

每天早晚,老师都会在校园里散步,这几乎是他雷打不动的活动;同时,有一个忠心不二的小伙伴陪着——他那只调皮的小狗胖胖。老师对胖胖是宠爱的。胖胖的食物是老师自己亲自买的;每次出门的时候,老师会一步三回头地看着蹲坐在阳台上的胖胖,向它挥手。而散步的时候,老师从来都是让胖胖决定路线,胖胖到哪,他就跟到哪。有时,胖胖会很安静地走着,时不时停在路边草丛里寻觅,老师则静静地站在一旁等着,从不打扰它,说这是胖胖在寻找它的同伴留下的痕迹。有时,胖胖会很欢快地跑着,老师也随之一起在校园里慢跑,我们曾担心老师跟着它这样跑,难以把握节奏,对身体不好,老师却是说,这就权当他平时的运动了。渐渐地,老师与胖胖成为了校园里一道独特的风景,有学生会在老师遛狗的时候前来聊天,也有学生喜欢上前逗胖胖玩,但胖胖总是一副保护主人的姿态,遇到陌生的人,就叫得特别响亮,久而久之,胖胖的声名也远播了。只是到了 2010 年底,老师因高血压住院,之后,就很少带胖胖出去散步了,他说自己的步伐已经赶不上胖胖了。此后,校园里的风景变成了老师独自散步沉思的画面。

老师在汕大的生活大致是安静而忙碌的,而近年来,我也渐渐感觉到,老师的话语里似乎还夹杂着他对生命流逝的惋惜。老师谈起自己的研究和写作的时候,会叹气,说自己的思考和写作速度变慢了;偶尔,老师会伤感地和我说,他真的老了,路上遇到熟人,他总想不起这人的名字。去年 5 月底,老师因肺炎发烧住院,他和我说了一段很伤感的话,他说,以前高血压、心脏病住院的时候他都没有这么怕,但这次他特别害怕肺部出问题,他想起了王瑶先生,也想起了鲁迅先生。及至今年春节前见老师,他说,大概我也就这样了,什么事情都经历过了,也没有什么遗憾了。一向拙于安慰人的我,听此,眼睛模糊了,不知如何回答。

老师在悼念杨占升先生的文章里,用了"欲哭无泪"四个字,对于我来说,老师的突然离去,也有同样的感觉。5 月 6 日在八宝山的时候,看着静静地躺在花团中的老师,不知怎么地,我想起了《孤独者》的魏连殳。虽然老师的生活和境遇与魏连殳如此不同,但他们在精神深处却有着相似的共鸣,都有一个执着的追求以及由此所带来的不易被人理解的孤独与纯粹。

六年前,父亲的突然离世让我措手不及。老师说,不管怎么样,生活还要继续下去,这才是对你父亲最好的报答。六年后,老师也在我们没有准备的情况下,突然离开了。我们应该好好地生活和工作,这才是我们对老师最好的怀念与回报。

2017 年 10 月 9 日

(作者系汕头大学新闻学院副教授、副院长)

别担心我，我马上就来

汤　灿

富仁师走了，
毫不吝啬地燃尽了自己的生命，
把光芒留在每个遇见他的人身上。
哦，我的老师！
您总是宁可委屈了自己，
也不愿辜负了别人。
即使是生与死的黑暗闸门，
您也要独力扛起，
让光照进未来。
肩上的闸门一点点地往下压，
您牙关紧咬快要喘不过气来，
还不忘记安慰别人说：
别担心我，我马上就来！

2017 年 10 月 9 日

（作者系汕头大学文学院院办主任，汕头大学文学院 2008 届硕士，师从王
富仁。）

敬王富仁老师

梁　丹

这几天,陆陆续续地,从各位校友处得知王富仁老师去世的消息,其时我正在出团,连续几天掏空在摩洛哥阿特拉斯山脉的迂回曲折间,正好迎来一群非常喜欢探讨信仰大同及生命终极意义的团友,终日对中摩文化差异及人性善恶探讨得热火朝天,在高谈阔论的帅气与端茶递水的卑微间忙碌得丢了自己。我想,这是王老师怎么也不曾想到的吧,当年他有所偏爱的学生,如今正在异国他乡的大漠苍茫间干着导游,在另一个特殊平台上继续着当年课堂上那永恒的论题。

也许因为遥远,我始终意识不到这一消息的真实;也许因为忙碌,我始终感受不到真正的悲伤。直至忙过一切后细读老师的文字,在重温大师厚重的思想时,我才猛然意识到:中国学术界的一位巨人真的离我们远去了。又或者更为准确地说:数千年来那面极为深刻又极为中肯地照见中华民族本性的明亮镜子又就此缺失了一块。同样地,那个曾经用心解读我的成长故事并鼓励我坚持文学创作的父兄般的老师也真的离去了……我这才发现,5月2日那天我在撒哈拉沙漠冲牵骆驼的人大发脾气并非没有缘由,原来其时我正在失去生命里两位至亲的人:谪亲的伯父及尊敬的恩师。原来冥冥中真有感应。

初识王富仁老师,是在2005年我上研究生一年级时。当时老师布置了一篇作业,叫"我与文学"。胸无诗书的我讨了个巧,从自己的生命故事出发,抒写了我成长路上形形色色的故事,其间夹杂黑白的交汇、人性的善恶与生命的苍茫。原以为会被认为投机取巧,不料作业发下来,老师却给了一个极高的分数,并很认真地找我谈话说:梁丹,就你的生命特质而言,较之学术研究,你更适合文学创作,一定要坚持写作,写出你最真实的生命体验。好的作家抒写的都是最独特的自己。

读研三年,无缘成为王老师的直系弟子,与老师深入的交流屈指可数,但却常常在校道上与遛狗的他不期而遇。每次短暂的交流,他总能一针见血地指出当下中国的许多学术弊病及种种社会问题,并持续对我在文学创作上的特点及率直本性给予肯定,话虽不多,但字字铿锵,对我影响至今。没有人知道,那三年,我正如何地被强迫症折磨得痛不欲生,正如何地被世俗道德审判得正误难辨。三年里,我没有认真地读过几本书,但却完完整整地读了王老师的许多著作,是他的文字,让我越来越地坚信:活出人性的真实与自然,便是最好的人生;能让每一个个体成为最好的自己的社会,才是最好的社会。

三年时光转眼即逝,毕业论文时,不学无术的我再次投机取巧,从自身生命体验和生命思考出发,用非常感性的语言抒写我心中的张承志。仍记得当时的我怀着极其忐忑的心情参加论文答辩,当别的老师纷纷指出我的论文过于感性时,王老师却如此说:梁丹同学的这篇论文,开创了中国论文的新风格。她用散文诗般的笔法,写出了一个更活生生的张承志。较之我们目前那许多四下抄袭、思想及文字僵化的学术论文,这样的论文创新更应该被鼓励。

回顾与老师的交往,似乎就这么多,平平凡凡却点滴犹新。研究生毕业后,与老师更是渐行渐远,但此后冥冥中走下的路,却印证了老师当年所说:梁丹,你不适合中规中矩的学术研究,你适合走向更广阔的生活。不要害怕,勇敢地活出自我,永远不要停止思考,不要停止创作。

研究生毕业后,我的确如同老师所说,没有继续学术深造,而走向了火红的社会。在一年老师、四年记者、一年公务员、半年创业后,我干脆拎着一袋行李独个流浪摩洛哥一年,直至今日……十年来,我的确没有停止过行走,也不曾终止过思考。从佛教到基督教再到伊斯兰教,从中国南海边到地中海岸、大西洋边再到撒哈拉沙漠,从中国上流社会到摩洛哥底层民间,我用心珍藏着旅途中的每一丝温暖与心酸,从未停止过对生命终极意义的叩问。只可惜,行走有余抒写不足,我从未想过有一天我会来不及将最新最鲜动的文字呈现给最尊敬的老师。而且走得越远,看得越多,也越发感慨:世界大同终究是个梦想,纯种的东西总是容易灭亡。个中的迷茫感伤,再无恩师指点一二。此时此刻,远在他乡,只能借大西洋的片片浪花及撒哈拉沙漠的脉脉黄沙,遥寄对恩师灵魂的深切怀念及虔诚祝福——愿所有虔诚的心灵在遥远的地方终将相遇,愿恩师的灵魂在遥远的地方思考不息。

2017 年 5 月 10 日写于摩洛哥卡萨布兰卡至拉巴特的火车间

(作者系汕头大学文学院 2008 届硕士)

知识分子的学术正义与民族良心

——沉痛悼念王富仁老师

王初薇

2017年5月2日是一个永生铭记的日子，当晚的自己还在焦头烂额，想于工作琐事中腾出时间好好整理一下《鲁迅全集》的所有悼文。第二天一早猛然在朱师微信群中看到王富仁师因肺癌病逝的消息，是99级一位师兄转发的清华大学尹鸿教授的微博。当即心头一怔，内心隐隐作痛，感觉被什么无形的东西剜了一下，呼吸愈发沉重，端着手机的胳膊也变得僵硬。虽然近年发觉一向高产的恩师论著渐稀，隐隐有种不祥的预感，但又安慰自己事不至此……却不料诀别竟来得如此快如此急促！

回想十年前于汕大自由求学的那段日子，富仁师是我们中文系学生最爱最敬却又最畏最惧的专业导师，他那满是褶皱却又慈祥仁爱的面庞总能给我们父辈般的和蔼与温暖，当发现学生偏差的思想苗头时，又会无比严厉地当面指出，不管是在何种场合。我在读硕士生时，就曾亲见一位先生的学生，其时刚成为青年教师，在教师宿舍区的小路上挨老师批评。按理说，脸皮薄的学生见到严厉的先生应该绕路。但不知怎的，我最常拜访和请教询问的就是王富仁老师。

遥想2003年富仁师以天价加盟汕头大学，当时我们2001级汉语言文学专业的同学还是大二升大三的本科生，加上我自幼受家庭宠溺，对钱财数目向来囫囵，于所谓"天价"是毫无概念的。只是在看《汕大校报》转载《南方日报》的采访时，对富仁师向记者谈及自己"日常花销不多，除了香烟之外，理发是数额最大的消费"的话语，深以为然，认为这老师是一位说实话、可亲近的长者，便跟着学生杂志《鹿鸣》的两位小编近距离采访了王先生。犹记得那时二十岁出头的自己，只是初谙世事的懵懂后生，在第一次读《中国文化的守夜人——鲁迅》这样震撼性的著作后，除了感觉鞭辟入里、发人深省外，最担心的是著书人的安危，傻傻抛向先生的问题竟是——"像您这样的研究到很高的程度，研究的范围会不会因触及时政而有压力？"先生丝毫不因问题的浅稚而随意对付，而是尽量用20岁青年能懂的表达方式和形

象譬喻袒露了自己赤诚而热烈的内心:

> 知识分子他要为社会负责,他要对自己的民族有所关心。知识分子就是说话就是写文章,你要是对社会无所关心,那你作为知识分子自身就感觉不到意义了。一件事如果我觉得说出来对大家有益的,那我说出来就不害怕了。为什么呢? 假如我偷东西去了,别人都看着我,我就害怕了;假如我是救人去了,我就不会想周围人是不是怀疑我了。你怀疑就怀疑,不高兴就不高兴吧,于我没有什么关系。当然你不高兴就说我几句,说我几句就说吧(笑),说明是你愚昧不是我愚昧啊,——这就是一个真正的知识分子。像鲁迅,面对那么大的压力,甚至周围的知识分子都给他压力,他还是无所畏惧的,他有心灵的支撑力。是不是知识分子说的都是对的呢? 那不一定,因为都是人嘛,其实我说的是我的观点,不一定对,但我觉得世界就这样啊,我说出来也不强迫别人支持我。但你要把我当一个坏人来打击……我心里就感到有一点可笑了,我有心灵的支撑力支持,不会害怕。所以你要是真的关心中华民族,有些话必须由知识分子说,一般人不一定会说的,说了不一定是对的,但是大家可以讨论,至少我说出来了,想一想我至少可以吧? 这时就不会害怕。

质朴的语言、简单的譬喻(害人与救人),于我像打开了一扇窗,照进了一道光,播种了一株苗——对与错、正与邪、明与暗、是与非在霎时间无比敞亮与明晰。

恰逢 2002—2008 年间汕头大学承办李嘉诚基金会的系列人文论坛,邀请了钱理群、温儒敏、陈平原、李欧梵、王德威等国内外知名学者来校讲学,于在读学子是莫大福音,有如重返古希腊智者的黄金时代,呼吸着百花齐放的自由空气;而汕大中文系一批颇具魏晋名士风范且性格各异的中青年教师也以其特有的言传身教熏陶着我们,王老师作为学术带头人常常鼓励我们青年学生要勇于思考、敢于向学术权威发问。那时的自己怀着满腔的学习热情,在各种思想碰撞中总能捡拾灵感的火花,本科学位论文《〈故事新编〉中"独异个人"形象的嬗变与坚守》与硕士学位论文《"托尼学说"与"魏晋文章"的契合——论"个人—人道"思想下鲁迅"嵇阮情结"的形成及创作体现》就是在这种平等交流、相互辩难的浓郁氛围下完成的。而今重温,不能说写得有多好,但确实是在宁静、无功利的心态下扎实读书、自由思考而得的,这段刻骨铭心的学习经历无疑奠定我一生的学术方向。

在汕大的 7 年,是意识到独立思想之珍贵的 7 年。时至今日,王老师为我亲笔写在信笺上的话仍历历在目,这是为推荐我能被录取为博士生而写的,收信人是厦大的朱水涌老师,时间在 2008 年的初春。他是这样一笔一划地认真写道:

王初薇同学不是我名下的硕士研究生,但我对她的印象特别好。其一是该生对学术有真兴趣、真感情,绝非那种通过考研改善自己生活状况而并不热爱学术的学生;其二是她思想特别敏锐,艺术感受、思想感受力都很强,这对于一个女同学是很可贵的,一般女同学艺术感受力较强,但思想感受力很薄弱,到了博士生阶段,就很难有大的长进了,王初薇同学的思想感受力几乎是天然的,我一直认为,她是一个很有培养前途的学生;其三是该生道德品质很好,不属于那种睥睨一切、目中无人的狂傲青年,这在前一代人中是常见的,而在当代青年学生中则是难能可贵的。综其三点,我看好这个学生,希望您在可能的条件下尽量争取收下这个学生。我相信在您的指导下,这个学生是会有发展前途的。

原样抄录于此,绝不是彰显自我,相反在将近十年之后回看这封信,所有的溢美之词都已成谴责与鞭策的藤条,不断自责是否达成恩师在我整装待发前的叮咛——自 2011 下半年登上本科院校的七尺讲台至今,检点教学:对比老师当年的授课与自己给 90 后孩子的授课,技术形式上固然突飞猛进,多媒体课件知识点清晰,增加了精美的图片与眩目的视频;教学形式虚拟实体多样互动;但是那种理论构建的自信力、直面现实的批判性、融入个人情感体验的厚重感都很难复现;且不说基础课的学时都因应用转型而缩减,能否人为延长鲁迅作品的授课学时,而不被刻板的教学进度表、潜伏的学生信息员、巡逻的退休督导员等重重关卡所限制阻拦,本身就成了一场身心俱疲的角力。至于安身立命之本的科研,则被课题申请的造势运动、核心期刊的评量定等搅动得心浮气躁,只落得个零敲碎打,难以形成集中攻势。

蓦然想起硕士毕业论文答辩休息时的一次闲聊,王老师突然批评我时常笑容满面,当时丈二和尚摸不着头脑,觉着有些委屈——不是说爱笑的女生运气不会差吗?爱笑怎么不好了?现如今真正进入社会,参加工作,处在各方利益矛盾纠葛的漩涡当中,开始逐渐有些明白了:自己在成长中由于受家庭呵护,过程较为顺利,没有深重苦难的磨砺,因而缺乏坚韧的品格,骨子里有趋利避害、惯于迎合的一面。虽然敏锐的感受力能看清不少事情的端倪,但风浪之前趋于避让以增加自我把控力,缺少拼搏斗争、置之死地而后生的勇气。爱笑的表象背后很可能就是软弱与迎合。只是当时年纪太轻,不明白老师所指,错过了及时自省与更新的时间。人生当中的许多事就是这样的吧,不然怎有"世事难料,人生无常"之说。当而立之年后的自己好不容易挣扎着取得学位、获得教职、适应规则、直面人生、安定生活、打破束缚、重启学术之际,老师却又无情地被病魔攫去了……人生需要平衡之事太多,蓦然回首只落得两手空空,或许什么也留不住,或许什么也带不走。我只恨自己的软弱、怠惰、退缩与无奈!

回味"终身教授"这一称号,凡人眼里只看到荣誉、名分、安稳与保障。然而在汕大校园学习生活的那些年,亲自接触王老师,我感到这个称号之于先生更多的是一种责任与使命,以及由此而生的紧迫与动力。其实他本可以多休息少上课,多闲散少操心。每逢上课,多在晚上,先生往往是没吃晚餐便来的,水杯则从来不带,仿佛也不需要带,一旦讲开很少有停下的时候。汕大一节课是一小时,王老师为学生们宝贵的听课时间着想,主动取消课间休息,也没有所谓纪律与考勤,大家可以选择来去自如。就这样,一站、一讲就是三个小时。唯一迫使这如痴如醉、神采飞扬的场面停下来的,是那令人揪心、长时间、间歇性的咳嗽,那种持续不断、让人窒息的干咳……从微弱到剧烈,最后声震如雷……当咳得满教室的学生都起了内疚之心,都紧张地看着他,都想握紧水杯递上去时……他却竭力从咳嗽中挣脱出来了,露出先前的笑容,向我们摆摆手,表示一切如常,还要继续往下讲。于是我们真的单纯地都相信了,以为老师是能随时满血复活的超人。下课后,我们又簇拥地围着他,一个劲问这问那,直到教师宿舍的路口,忘却了老师还没吃晚饭……是的,先生的宽厚使学生时常忘了,忘了他是位高权重的名人,忘了他是年迈体衰的老者,只错觉他是可以依靠的大山、完全信赖的父亲,乃至于原生家庭里或个人情感上的困扰也如竹筒倒豆般向他倾诉,而他也不厌其烦地每问必答,一点不比对待学术问题上的规格要低。唉,先生真乃一位宽厚的智慧老人,但他结实的身板就这样一点点日渐损耗了!

印象最深的是倾全力对待学术同仁的先生,他不仅用自身影响力主持召开国际性的学术会议,也认真聆听会议上每一位学者的每一场发言。学术会议不比娱乐演出,学者发言只需学理逻辑,不需趣味技巧,而先生听会双目炯炯有神,一直紧随发言者,神情严肃,在做认真思考,一连几天也绝无倦怠。毕业之后,我不过是初出茅庐的小将,连工作与生活都未平衡好,但先生不忘散失各地的学生,每有新出版的学术专著,他都在扉页亲笔题字,用平邮挂号的方式赠予,信封都是手写,事无巨细亲力亲为,处处记挂着我们。唉,先生真乃一位尽责的恩师慈父,但他矍铄的精神就这样一点点日渐黯淡了!

然而先生决不止于菩萨低眉的恩慈,也有怒目金刚时的愤激。回想亲见他的两次发火,极少为了一时一地的琐事,多是思想原则与做人底线上的绝不退让。他最憎恨的应该是鲁迅《破恶声论》所言的"恶声"与"伪士"——学者文人假借文化、道德、正义、公理之名,以谋个人之私利——这样扯虎皮、拉大旗,损民利己之事是他最难以忍受的。我见过他的两次冲冠发怒，一次因为鲁迅的后人，一次是指向"学术超女"。他的动怒是真的，砸了碗，离了场，不许人辩驳……仍记得临离校之际去先生家里话别，王老师叮嘱好些关切的话语后，突然降了声调，半开玩笑半认真地说自己最大的毛病就是"固执"，硬脾气了一辈子，如他爱喝的苞米杂粮粥一样，一喝就是一辈子，怕是改不过来了……我当即立马明白，不忍心他说下去，迅速将目光投向他，认真地迭声说道："老师您这不是固执，我们年轻人都能懂，都能懂！"再迅速将目光收回来，只觉有些嘘唏。唉，先生真乃一位坚定无私的斗士，但这种坚定也要后人能懂！

忆念至此，想起王先生与鲁迅先生一样，都因肺病而逝。《野草》集子中有一篇《腊叶》(1926)，里面记有一片生病的叶子——"独有一点蛀孔，镶着乌黑的花边，在红，黄和绿的斑驳中，明眸似的向人凝视"，这个如明眸一样的蛀孔，似是病肺的隐喻，也像张爱玲所言之人生：一袭华美的袍子，上面却爬满虱子，让人爱不得舍不得——富仁先生与鲁迅先生一样嗜烟，文人嗜烟，吸到浓时，这个"香"是什么滋味？我怕是一辈子无缘知晓了，年少时曾偷尝一口，呛到不行便轻易放弃。但我坚信嗜烟如嗜辣者，定比寡淡之人更能品咂人生百味，虽然可能以生命为代价！鲁迅先生在医生那里被判定"如果是欧洲人，五年前就已经死掉"，富仁先生又何尝不是为了挚爱的中华民族及民族前途的代表——青年学生，硬是将自己有限的生命延长了一年又复一年，终因支撑不住而倒下呢？我哭我的先生！

2017 年 5 月 6 日先生出殡之日记于有不为斋
（作者系厦门大学博士、汕头大学文学院 2008 届硕士）

悼王富仁老师

黎鸿鑫

一

胸次光风霁月明，先生气度九河倾。
铮铮铁骨拒流俗，炯炯卓识树大旌。
昨日方兴新国学，今朝忽去雪山轻。
九州四海齐暗咽，地北天南满别情。

二

京华羁旅思齐鲁，一入岭南双鬓斑。
三尺杏坛树师表，十年桑浦厌清闲。
壮怀落落今休矣，急景骎骎可驻焉？
正欲邀杯成痛饮，那知忽骤不归还。

2017 年 5 月 6 日
（作者系暨南大学硕士、汕头大学文学院 2007 届学士）

有一种纪念叫不曾离去

——忆王老师

李亚萍

我所在的汕头大学文学院研究生圈子里，大家口中的"王老师"特指王富仁教授。王富仁教授在学界显赫的成就、影响力、声望、荣誉等等，不熟悉的人是可以百度的，虽然百度未必详尽而准确。我能写下的是我接触到的王老师。

和王老师最初的缘分是研究生择校。可以说当时选择去汕头大学读研究生很大程度是因为在文学院现当代文学导师中有"王富仁教授"。那时候所知的学者有限，"王富仁"是我知道的一个。其时这个名字对我而言意味着敬畏、学术、大师。研究生面试中，第一次见到了王老师。虽然从未谋面，但在网上见过王老师的照片，也认了出来。恰逢前面有位老师提问我答不出，很尴尬和忐忑，轮到王老师提问我，问我的问题是读过哪些国外的小说，我努力搜索后答看过《安娜·卡列尼娜》《鲁滨逊漂流记》《呼啸山庄》什么的，王老师就我答的书让我谈谈故事人物之类的。现在想起来，这个问题很简单，王老师当时一定是看出了我的紧张而问了我这个问题吧。此时对王老师的第一印象是随和，没有想象中著名学者的架子。

入读汕头大学后，听王老师的一些演讲、上王老师的课，自己当时在专业方面所知甚少，潜质一般，说实话，有些内容当时是不大能懂，每每随同学去王老师家闲坐也好，上王老师课也好，不敢随便开口，但记忆中王老师和同学们聊天时声音响亮，精神甚好，表情有时候很严肃，有时候又很轻松，有时会传来一阵爽朗的笑声。对我而言这是一种很奇怪的感觉。一个人很亲切温和，可是因为不知能和对方聊些什么而无言的时候，我确确实实感受到了距离感。这种距离感是一个普通硕士研究生在心中的学者面前的距离，是自己的知识储备见识与面前大师的思想水准的距离，与从未谋面的那种敬畏是不一样的距离。

离王老师最近的时候，大概是王老师带着胖胖在校园里散步的时候。我们遇见他，打招呼，逗逗胖胖玩一会儿，说王老师带胖胖来散步啦，他总是乐呵呵笑嘻嘻的样子指着胖胖说：它要散散步。一般在我们闲聊的这种时候，胖胖是不安分留在原地的,扯着绳子,要挣脱自己去走走,这时候王老师往往就要跟胖胖一起散步去了。这种情形,可能是因为遇见的次数很多,我反倒记得很清楚。一个长者和他的爱犬,一起快乐地在校园里散步的情景。每每想起王老师,我想起的是这一幕。就算是现在想起王老师,依然是,记忆中的王老师不曾离去。

2017 年 8 月 27 日

（作者系汕头大学文学院 2010 届硕士）

沉痛悼念我的恩师

裴　双

我的老师没了……

就在 5 月 2 日的夜晚,在同学的微信中看到这个消息,犹如晴空霹雳,让我瞬间跌落进无底深渊之中。我无法相信,更不敢面对,整个人像是被掏空一样,继而内心似是被撕裂般疼痛着。在那无眠的暗夜,在我狭窄的房间里,内心涌动着太多的回忆,翻滚着太多太多复杂交织的情绪——感恩、不舍、悔恨、自责和无法抑制的悲痛……

我喃喃地说,王老师对不起,对不起,您可不可以原谅我? 可是我又分明知道,我这样的人不配得到原谅。毕业都 6 年了,我都没有去看看恩师,甚至连打电话都缺乏勇气,这几年里我从未向恩师当面表达我最深的感恩,也不曾亲身去说一声在心里说过千百次的话语,王老师,对不起,对不起! 如今我已经永远地失去了这样的机会,因为我的懦弱自卑和愚蠢,我又怎能原谅自己?

在我的感受中,进入汕大学习的几年,是我人生中最美好的时光。不仅是因为汕大的湖光山色,秀美风景,自由思想,更是因为进入汕大学习,才让我有机会遇到王老师,从他那里领会到什么才是真正的学术精神。

一直以来我都很自卑,因为作为文学系的学生,我的记忆力实在太差,表达能力更不好,对于文学史的各种知识点的记忆总是模模糊糊的,始终理不清头绪,一旦考试面试就头昏脑胀,支支吾吾,无法作答。我能读研,其实是我本科的老师一次又一次地鼓励,连拉带拽,把我拖进考研队伍中的,而我自己从来未曾建立起我的学术理想,甚至我一直很疑惑,我这样的素质真的适合学习文学吗? 进入汕大学习的最初阶段,我其实非常迷茫,不知道前路在哪里。直到我去上王老师的第一堂课。

在第一堂课上,王老师就问了我们一个问题,什么是文学,什么是文学研究? 我当时完全不知道怎么回答,但是我隐约地知道,这个问题太重要了,是我们学习文学,研究文学的根基所在。只有搞清楚根基所在,所有的研究才具备价值和意

339

义。王老师给出的答案,出乎意料地简单,就两个字——感受,具体地说,是生命感受,自我的感受,这是文学创造的根本,也是文学研究最坚实的基础。王老师叮嘱我们说,每个人都不能轻视自己最真实的人生感受,这是一个人理解他人,理解外在世界,感受文学经典的唯一途径。对文学的研究,不能是别人告诉你的,不是理论堆砌的,只能是自己读出来的,自己感受到的,这才是最珍贵的,也是最真切的。

正如老子所言:大道至简。这个道理如此简单朴实,但又如此深刻博大。如果不是王老师开宗明义的告诫,我们很容易在这个时代的迷雾中,顺着学术界、主流思想的风潮而迷失自己。我们看过太多的学术文章,以及我们赖以信任的文学史教材,它们往往都以各种各样的理论,各种各样的主义标榜自己,用一些西方引进的概念来划分我们的文学,对文学作品的解读被分门别类地填进了那些思潮和主义之中,作为一种信手拈来的例证,完全丧失了自我的风采。见过太多为学术而学术的文章,高深莫测,一套套的学术术语让我们敬而远之。我一直不明白,到底什么是学术精神,文学研究的初衷与根本是在哪里? 文学区别于社会学、美学、哲学、文艺理论研究的独特之处是在哪里?

王老师的课堂,实在是发人深省,犹如当头棒喝。我在结束那堂课后,就有了迫切想要深入地了解王老师的念头。我在图书馆里借来了王老师的作品,第一本就是《中国文化的守夜人》。我永远也不会忘记,在汕大旧图书馆里,初次阅读这本书时内心的震颤和感动。就在那时,我真正领悟到,王老师所说的生命感受对于文学研究的真正意义。

在他的文章中,没有一处不是把自我生命的感受投入进文学研究中,那样的思想力度和那样涌动的情感是如此完美地交融在一起,散发出耀眼的光芒。在王老师的文章里,那似浪潮般汹涌的情绪,又同时深处理性逻辑掌控之中,似涓涓溪流般细致入微的精微体验又最终引向无边博大和开阔的世界,就像鲁迅笔下的那两颗枣树,既贴近地面,坚实地扎根泥土,又直直地刺向天空,追求旷远。这样的文章,是我从来没有见过的,我想没有人能读后不被他吸引,不被感动,你分明能感受到写作者是带着怎样一颗热情、真诚、细腻而又博大的心灵,在解读文学经典,在阐释文学本身,这里没有半点矫饰,也没有半点卖弄。在此之后,我如饥似渴地寻找王老师的著作,一遍遍地研读,文章处处都是神来之笔,启发着我去重新审视自己思考人生与世界的固有方式,去寻找感受生命与文学的全新方式。

在我迷茫无措、自我放逐的时候,遇到王老师,我觉得是命运特别的眷顾和恩赐。虽然胆小的我从未敢去独自与王老师交谈过一言半语,但是能听他的课,看到他的文章,感受到一个大师对学术与生命的热爱与激情,感受到生命体验与学术精神交融后那种动人心魄的力量,这对于我是件多么幸福的事情啊! 虽然,我仍然没有建立起自己的学术理想，但是，在老师的激情与热爱的感染下，我内心充盈着无限的希望，因为我知道，即使再卑微弱小，即使并不聪慧灵敏，但是我也是个人，是个有心灵感受力的人，对文学有热情的人，那我就有了在这里学习文学的理由，有了去探究文学的勇气。我可以发出自己的声音，表达自己的感受，哪怕那个声音再微弱，也不是全无意义的。

我真正跟王老师有上课以外的沟通和交流，一直要到研二了。因为我的一篇作业，意外得到了王老师极高的评价，王老师开始询问，谁是裴双？王老师的肯定，让我平添出许多的勇气，和许多同学一样，在上课之余也去王老师的家里，与王老师聊天。时隔多年，我已然忘记了与王老师聊天的具体内容，但是当时的弥漫在内心的感动是永远也不会忘记。在王老师那里，似乎存在着一个无边无际的广阔而自由的精神世界，无论我们问什么样的问题，他都能在其中自由地穿行，对每一个问题都有清晰理性的认识，生发出自己独立的见解。

与王老师近距离的接触之后，我有了对王老师更深的感受，那便是他对学生发自内心的爱和关怀。在王老师那里，每一个学生每一个生命都能获得平等的对待，获得个体的尊重，也获得个性的理解与宽容。他似乎能洞见每一个人的内心真实，为每一个学生解答内心的困惑。也能站在每一个个体的角度上，关注关爱每一个学生的精神成长和个人发展，他希望每一个人都能走适合自己的道路，对此他将不遗余力地帮助他的每一个学生。

我何其有幸，也获得王老师深厚的关怀。还记得有一次在王老师家，我支支吾吾半天，也没表达清楚我内心的困惑和悲观情绪。王老师以宽厚慈爱的目光注视着我，耐心地听我讲完，然后说：其实每一个人精神要发展要成长，不能光盯着自己的局限。你有自己的天分，你的文学感受能力、艺术感知能力是极为少见的。相对于你自己认为的那些局限，你的优势更为宝贵，也更为难得，我真心期望你能勇敢地往前走，保留住对生命、对文学细腻的感受，同时发展自己的理性，坚持观察与思考的独立性，我相信你能在学术上走得更远，因为你很有潜力……

写到这一段，我已然泪如涌注，因为我在毕业之后，辜负了王老师对我殷切的期望，浪费了王老师在力荐我考博一事上付出的所有苦心。我自己放弃了继续走学术之路的选择。同时，这几年来，我一路跌跌撞撞，又没能在社会上面寻找到适合自己发展的生存空间，于是，在现实生活中，我的精神越来越萎顿下来，曾经的生命热情与文学热情也逐渐萎顿下去，我的状态与自己当年的理想，与老师殷切的期望都渐行渐远。这些年里，我多么想问候王老师，更想亲自去向王老师郑重地说一声：王老师，对不起！真的对不起！但是，犹豫的我总是没有勇气，一拖再拖。我总是自欺欺人地想，等以后我终于像个人的样子的时候，当我不再羞于承认我是王老师的学生的时候,等我把自己的精神重新立起来的时候,我就回去看望王老师。可如今,我永远地失去了这样的机会,永远永远,无法弥补,无法回头,斯人已逝,长歌当哭……

在王老师骤然去世之后的这些夜晚,我总在不断地思索,内心左冲右突,期望寻求答案——如果王老师还在,他会对我有怎样的教诲?他期望他的学生应该是怎样的?我走上了歧路,是否还能重新回到王老师的思想轨道上来?

在困顿苍茫之时,我似乎听到了一种声音,王老师对自己的期望,其实就是回到最初的那堂课上。

小敏说,去年十一他回到学校看望王老师,他笑得像个孩子,似乎回归到了人之最初的自然本真状态之中。读王老师近几年的作品,更加有这样的感受,他看待问题的角度和眼光越来越有着孩童般的奇特洞见。是的,王老师终其一生,都保持着一颗赤子之心,保有着一个鲜活的感受文学与艺术的心灵。其实,一个人在自己的幼年或青少年阶段,带着自然状态下的感受能力去发展自己的生命是很容易的,就像少年闰土,天然就拥有着自由的、活泼的、丰富的心灵。然而当一个人在分裂的世界上不断前行,不断成长,就不得不遭遇生存的压迫、传统的束缚、主流思想的控制、金钱的诱惑、权力的腐蚀,以及知识本身的异化等等,试问在这分裂的世界里,有几个人能真正站着,艰难地维护住自己的初心,坚守住那颗赤子之心呢?王老师的精神导师鲁迅从未倒下,王老师也艰难地支撑着自己!

正像王老师在《时间·空间·人》最后部分写道:他(鲁迅)返回到人,返回到生命最初感受,返回到个人存在的小空间,返回到时间上的一刹那,但他同时也以这种方式,进入到整个世界,进入到人类存在和发展的时间隧道之中。正是因为鲁迅首先重视的是自我的生命,自我在可感触的空间范围内的认识和感受,他才能更清晰地感受到整个人类的愿望和要求,才能在整个人类存在和发展的时间隧道上自由地往来,在这时,他能够自由地进出别人的心灵,自由地进出其他的空间,自由地进出另外一些时间的隧道,他开始有了一个无障无碍的时空结构。

在王老师的精神世界里,无论是外国文学、中国文学,无论是古代文化还是现代文化,无论是伟大的文学家还是青年学生或普通民众,都在人的角度、人性的角度上,被感受着被思索着被理解着。所有的人和事,都被王老师纳入到他对现代中国的生存与发展的思考中去了。在王老师这里,也显然拥有着那一个个无障无碍的时空结构,任他自由进出,自由穿行。他以自己本真的生命感受为基点,获得了对外在世界的整体性的理解。这是一个丰富博大鲜活的心灵所产生的力量,这也是一个独立的、自由的灵魂所生发出来的宽广无边的精神世界。

我想,在我们所有学子的心中,王老师从未离开,他一直站立在他所开辟的那种无边无际的时空结构中,超越了自我生命的限制,获得了自己的永恒。他像一座精神丰碑,永远挺立在那里,启示着我破除迷雾,反抗压迫,回归生命本身,保留住个体生命的感受,感悟文学,思考现代中国的生存与发展,不再那么轻易地在这个世界的压迫面前萎顿下去,放弃作为一个人,一个现代中国人最基本的价值坚守。

2017 年 5 月 11 日

(作者系汕头大学文学院 2011 届硕士)

王富仁老师,我的藤野先生

麻治金

5月2日晚大约7点半的样子,接到还在人大读博的师弟范国富的电话,得知王老师去世的消息,听着电话那头的哭泣声,惊愕万分。妻子过来询问何事,告知与她,然后互相默默地坐了许久。九点钟与同学通讯,电话两头只有长长的沉默。

我有幸于2008年到汕头大学读研究生,聆听王富仁老师的教诲。但初识王老师,是在2006年4月8日,王老师前往我本科学校讲座。记得那天是个周六,我居然西装革履,坐在报告厅的前排,看着台上面的王老师。至于王老师那天所讲的主题早已忘掉了,只记得讲到80年代"清除精神污染"时期他和一些学者被一起批判的事情时,王老师玩笑道:我这一米六四的个儿还会反什么社会呢……。今年春节到王老师家拜年,我才把这个记忆告诉他,王老师听了哈哈大笑,然后惊问:原来你当时在场啊。

但读到王老师的作品是在大学毕业后,《中国现代文化指掌图》是我接触的第一部作品,在思辨中推进的强大的思想力深深攫住了我,激起我思维的兴趣,尽管那时我并不懂得王老师言论的深意,但其中的思想光芒,陪我度过大学毕业后灰霾的时光。后来果断报考了汕头大学。还记得复试的时候王富仁老师提的问题,是鲁迅小说和沈从文小说的区别。不管我怎么胡说,王老师总是笑眯眯地看着坐在他对面的学生,所以我一点都不感到紧张。听到王老师开讲,是在开学典礼上。王老师讲到:"人生很长,不必悲观;人生很短,不可懈怠",记忆深刻,成为我以后日子里的鞭策之言。随着年岁渐长,感触越深,逐渐明白,当年攫住我的强大的思想力绝不是纯粹形式的语言游戏或兴趣,而是源于生命的内在力量,它决不屈服。思辨的运动是痛苦的生命力,是为了在黑暗的夹缝中拼杀出一个光明的方向。

王富仁老师有着巨大的悲伤。这个悲伤在那个夜晚令我震颤。王老师喜欢吃烤肉。第一个学期的课程结束了,王老师请我们到789的求其吧吃烤肉,席间喝了很多啤酒,变得兴奋。聚餐结束后,因为住得近,彭小燕老师让我和李一鸣送王老师回去,当时王老师家里还是一套沙发椅,不是后来的红木家具。王老师坐在最中

344

间,低着头,不记得说起了什么,王老师突然大声说到:"我对中国人感到绝望。"声音之大着实吓了我一大跳。那时候我还不太能理解王老师的绝望究竟源自何处,但既已绝望,又还决不屈服,抗争到底,这种力量又源自何处。大概是如鲁迅说言:绝望之于虚妄,正与希望相同。鲁迅之于王富仁老师,绝不是一个饭碗,尽管他时常这样玩笑,而是生命共同体。此后王老师再也没有在学生面前表示过他的绝望。他总是笑眯眯地鼓励学生,尽管明知"所住的并非人间",仍然抵抗绝望。

王富仁老师从来都不会去打扰学生。有很长一段时间我担任王老师的助教,当我问是否有什么事情需要帮忙时,王老师总表示不用,他也从来不找学生干活。忘了是什么情况下,只记得王老师说学生很忙的,没什么事尽量不要打扰他们,让他们好好读书。在把研究生当赚钱工具已成常事的今日,王老师这种对学生的关怀令人动容。他对学生的期望不是成名成家,而是"活得像个人样",遇到困难时能够挺一挺,不可轻易跪下,也不必去寻找什么导师,真正要寻找的,是像藤野先生一样的,能温暖心灵的人。王富仁老师便是我的藤野先生。

高血压长期困扰着我的藤野先生。我报考北大博士研究生时请王老师写推荐信,王老师接过推荐信,走进房间,不一会儿走出来,说他今天不舒服,不能写了,明天再给我写。当天晚上王老师就住院了。应该是从那时候开始,王老师慢慢地不再带着胖胖的在校园里溜达,慢慢地不断传来住院的消息。后来又听说有了肺部疾病。我们都劝王老师少抽烟,王老师总是笑着说,现在抽得少了,不抽烟没办法思考。有次还指着摆放在书柜里排成一排排的各色烟盒,说这是他的装饰,普通的烟还不摆上去呢,一副得意的样子,仿佛是在炫耀。所以那时候有人问我王老师是个怎样的人,我就回答到:王老师是个可爱的老头。

在我撰写博士论文阶段,王老师已经是时常到北京住院进行化疗了。有次,同学李一鸣到北京出差学习,便抽空和我一起去看望王老师。王老师显得很激动,从病房走到大厅,对于长时间住院,似乎显得有些不耐烦的样子。当我们走进电梯时,王老师站在电梯口目送。我们心里很不是滋味。2016年,在我即将离开北京的时候,我和几个师弟师妹去看望王老师。王老师坐在病床上,吃着汉堡喝着可乐,依旧是洁白的笑容。

最后一次看到王老师是今年春节,王老师看起来样子不错。所以令人觉得王老师会好起来的,觉得他的生命力是很顽强的。大概坐了一个小时,我们便起身告退。要知道,和王老师聊天,要打断他的谈话是很难的,因为他实在是个一直的"有话者",我们很难找到插话的空隙,这时虽然我们已经有了充足的理由,但这个理由是如此悲伤。我们临走时,王老师拿出《新国学研究》(第13辑)送给我们,还问第12辑我们拿了没有,我们说没有,王老师翻了翻,一时间没翻到,还要继续找,我们说没关系,有的话下次再来拿就好了。哪里知道,就突然没有下次了。每次只要有新书,王老师都会在我们临走时送我们每人一本,我们逐渐地成了习惯,可我们却从没拿出什么像样的成绩回报老师,心里无限愧疚。

多么想再到王老师到屋子里坐坐,一起喝喝茶,再听听王老师谈鲁迅,谈胡适,谈革命,谈到开怀处,一起哈哈大笑,如今都已不再可能。

我想念王富仁老师,想念我的藤野先生。

2017 年 7 月 20 日

(作者系北京大学博士、汕头大学文学院 2011 届硕士)

哀悼王富仁师二章

李玉辉

五月四日
——悼王富仁老师

肉体消失在黑暗中
精神变得分外澄明
群星璀璨的夜空里
有他们不息的精神
他们是守夜人
让你走起路来
分外坚定踏实

话语和烟一起燃尽
最终结为精神
文字和酒一起端起
最终成就人格

秋夜
猫头鹰的叫声
消逝在黑暗的影里
狂人在黑夜静默
感受思考精神
坚实
如果这注定是陨落的季节

我愿意永远守住你的光辉

吾道一以贯之
以文学立人

2017 年 5 月 12 日子夜

坟

你要到哪里去?
你还回来吗?
"坟"静穆无言

2017 年 5 月 12 日丑时

(作者系中国人民大学文学院在读博士、汕头大学文学院 2011 届硕士)

他的高度：怀念王富仁老师

李远青

2017 年 5 月 3 日凌晨四点起来，无意中拿起手机，却得知王老师离开的消息，震惊得无法入眠。往事历历在目，毕业八年，一直记着老师说过的话：在一个不公平的世界里，你怎么能够要求公平一定要出现在你的身上。他以无可奈何的语气，深刻透彻的智慧，安慰一个梦想坍塌的学生。

往事不堪回首，2008 年决定考研，用尽全力奔赴这场考试，初试成绩总分第二名，所报考的中山大学比较文学专业招两名学生。以为可以毫无疑问地进入复试，结果是看到专业科成绩竟然不到合格线。每一道题我都记得是如何作答的，客观题部分全部都没出差错。我不明白为何专业科只有 75 分，而且诡异的是总分竟然还能排第二名。王老师用尽他的人脉帮助我了解真相，当王老师亲自致电告诉我："你所报考的老师已经提前退休，她不招学生了。"记忆中王老师说了很多的话，我一句都听不进去，肝肠寸断地大哭说："这不公平呀，这不公平！"王老师最后说的这句话，让我终生铭记："在一个不公平的世界里，你怎么能够要求公平一定要出现在你的身上。"我终于明白有些事情即使你拼尽全力，也不一定能够如愿以偿的。任凭你怎样努力，有些事情都不在你可掌控范围内。未来一片灰色，午夜醒来总是不可控制地泪落如雨。

后来杨老师提醒过我，真相也许不是我想的那样，也许王老师了解到的也不是全部的真相。这些都不重要了，重要的是我进修的路断了。王老师却继续用他的力量希望这条路能够延伸下去，他对学生的关怀我无以言表，他对我的帮助我也无以为报。王老师用他特有的繁体字为我写了一封推荐信，申请特招回到汕头大学读研。他还让文学院资深教授张惠民老师帮忙再写一封推荐信，让我拿着中山大学的初试成绩单和两位教授的推荐信到汕头大学招生办申请特招。然而，最终还是专业课 75 分不到合格线，特招失败。王老师和张老师的推荐信那龙飞凤舞的书法成为我一生的收藏品，看着王老师为我的申述，除了心痛还是心痛，学术的路，我注定无缘。但是王老师为一个普通本科学生所做出的努力，我一生都不会忘记。

学术之路中断的时候,面对充满竞争的就业环境,我的心里也是没有底气的。了解事情原委的彭老师一直愤愤不平,性情刚烈率直的彭老师一直为我打抱不平。彭老师鼓励我留校一年再考,无论考哪个学校都很有希望考上。只是我没有彭老师的毅力和坚守的勇气,她历尽千山万水考到王老师门下,她对学术的追求出自人生挣扎后的内心选择。王老师的看法是,先出去工作两年,两年后如果想读书还是可以再考的。两年的社会阅历对你以后的研究也会有帮助。面对王老师的语重心长的开导,我挣扎地来到珠三角找工作,最后在佛山落地生根。然而两年时间里会发生很多事情,我愧对王老师。2010 年母亲诊断肝硬化开始漫长的治病之路,2011 年我走进了婚姻的围城。2012 年父亲确诊直肠癌,同年我的孩子出生。背负沉重的家庭责任,我无法继续追求自己的梦想。2015 年耗尽家财双亲依然先后离开,除了伤痛,我有一种如释重负的感觉。经历双亲离开的悲痛和兄弟姐妹守望相助的温暖,二胎政策开放之后,我鼓起勇气生下二胎宝宝,计划着 2017 年年底回去汕头大学看看王老师,看看那些关心我的老师们,没有想到,最敬重的王老师永远地离开了。5 月的夜里,回想老师的一幕幕,内心充满愧疚和遗憾。王老师遛狗——我们戏谑为"富人遛狗"的风景永远留在了记忆之中。

记得第一次见到王老师是在 2005 年本科新生的师生见面仪式上,王老师的开场白是先呵呵大笑一下,接着说:"我叫王富仁,为富不仁的富仁。"接着又是呵呵的大笑,当时只是觉得这个老头真可爱,也不知道王老师在学界的地位有多高。2007 年旁听汕头大学文学院举办的东亚文学会议,才真正知道王老师在学界的德高望重。第一次见到王老师,他对新生说的话很多内容记得的已经不多,只是记得他说过,以及在以后的课堂里也会提及:要站在异于常人的高度去思考问题,思想是写出来的,鼓励我们要多写。事实上,他的一生都在践行这个准则,他一直能够站在人群之上的高度去思考,他一直在想一直在写,即使病重。张莉老师写道:他是勇者。的确如此,他研究鲁迅是融进自己的生命,他用生命的热情去拥抱他的研究对象,以至于他的骨子里都有鲁迅的斗志。

长风依旧,岁月无声。八宝山的挽联多么准确地描述了王老师的一生:文章千古事研习鲁迅风骨铮铮,得失存心知创新国学卓识炯炯。76 岁的人生,对于一个学者来说太短太短,您的学术成就和生活智慧原本还可以启发更多的学生,让更多人受益,我多么希望还能再见到您,与您长谈。

愿逝者安息,愿天堂有爱。

2017 年 9 月 4 日改定

(作者系汕头大学文学院 2009 届学士)

恩师已逝，精神永存

——悼念王富仁师

林洁伟

大音希声，大象无形，大的悲伤亦难以言状。什么样的言语都表达不了我现在内心的哀伤。5月3日的早晨看到王富仁老师去世的消息，让我震惊，突然间脑子一片空白。从老师朋友的微信朋友圈得到确认。心里还是难以接受这样的事实。时隔仅仅半年，疾病在夺走我父亲之后，又无情地夺走了尊敬的王老师。这是多么残酷的事情。没有我的父亲，就没有我；没有王富仁老师，就没有站在学院讲台上的我。在我心中，王老师是我的恩师，是一路指引我读书思考的一盏明灯。这几天，一幕幕与王老师有关的画面在我脑海中反复出现。当在网上看到王老师最后时期的几张照片时，我的眼泪忍不住流了下来，乃至失声。我本以为在父亲去世时，哀伤已到了极致，以后遇到什么伤心事都不会再有眼泪。不曾想，王老师的不幸离世，竟会让我如此痛哭失声。即便知道是不可避免的结果，但这一天来得太快，也太突然了。

近十年来，每年都会到汕大看望王老师，有时去得还比较勤，除了北师大读书的那几年，参加工作后每年都会去几次，多数是从潮州到揭阳看望父母，第二天便到汕大看望王老师，每次都是提前打电话，看他在不在家。约了时间再过去。他每有新书出版，都会送我，有时是他提前准备好了的，翻开扉页已有他签名题赠的字。记得有一次去看望，他说他上午有两节本科生的课，于是我便趁机跟着他去听课，再回味一番当初大学时候的感觉。直到2015年，我父亲生病，住院了很长一段时间，我一边工作，一边牵挂父母，还要抽时间回去照顾家里，安排父亲的治疗，心情极度沉郁，时间也分配不出来，便没有到汕大去了。2016年春节，农历正月初一上午，我抽空带着新婚妻子到汕大看望王老师，他很高兴地接待了我们，乐呵呵的，还亲切地不停往我们手上送巧克力。那时候我父亲尚在医院中，过年都没能出院团聚，我的心情非常沉重。但没有在王老师面前表现出来，只说了最近家里忙所以没来探望。我们将告别时，他拿出一册再版的《中国反封建思想革命的一面镜子》，签名赠与我和妻子。时间很快就过去了半年,直到8月21日,罗曼莉师姐约我一同去汕大看望王老师,才知道王老师得了重病,且来回于北京和汕头之间,一边在北京接受治疗,一边还回汕大上课。那是我和王老师的最后一次见面。他精神状态很好,谈笑依旧,对扼制病情发展的治疗方案似乎已经安排妥当,谈起自己的病来,也显得十分轻松,并没有异样。因父亲的病和生活的重担,显得心事重重、眉头紧锁的反而是我。我看着王老师因治疗而脱发的大光头,心中顿生阵阵酸楚,久久难以释怀。他却拍着自己的光头笑着对我们说,这是他一生中的第二次剃光头,接着又若无其事地谈起他第一次剃光头的时候。我很是佩服王老师对生死的乐观态度和对生命的通达理解。因家里有事,没有和师兄师姐午餐,我便开车回了家。几个月后,我父亲病重去世,我陷入了极度哀伤和绝望之中,亲眼目睹了在重病面前人的无奈与渺小,深刻感受到了在死亡面前一切都失去了意义,一切努力都成了镜花水月般的虚无。整整几个月我都生活在浑浑噩噩中,无所适从,麻木度日。2017年初罗曼莉师姐说过年后要来看王老师,约我一起去,我要她到时候联系,后来她没有联系我,估计是没有来。我想,王老师应该是春节后很快便回北京接受治疗了。后来我给他汕大的家里打过一次电话,没人接听,我想他还没有回南方来。内心期盼着他什么时候回汕大来,我再过去看望,听他说说话,不曾想竟等来了一个让我震惊而哀伤的消息。

2005年我初入大学校门,便选修了王老师的"《老子》研究"课程。后来又旁听了"《论语》研究"、"《孟子》研究"和"《庄子》研究"。有的完整听了一个学期,有的没有。王老师是引导我阅读先秦典籍的第一位老师,让我比较系统地了解了先秦典籍的博大精深。王老师是一位很会讲课的老师,语言逻辑性很强,每次上课都几乎是一个严密的文本解读过程。他总提前到了教室,在教室门口抽上一支烟,随着上课铃响,走进教室,一开讲便是两节课,中间不停歇休息,也不喝一口水,直到下课铃响,他拎着袋子离开。开始上课时,他的声音是缓和的,甚至是微弱的,而随着讲课的深入,他便激动起来,音量也提高了许多,甚至靠在讲台上,身体前倾,手比划着,跟对着朋友亲切对话一般。他的板书都是竖排繁体,字不端正,却很有个性,有一种另类的美,从右写到左,每次上课都会把要讲的内容抄在黑板上,然后逐字逐句讲读,而后提升、演绎和发挥,按照他的理解把"仁"、"义"、"道"、"德"等等各个概念的逻辑关系归纳总结出来。有时候,听完一节课,感到很累,思维要紧跟着老师的逻辑走才能得到应得的结论。错失了对一个推演环节的注意,便只剩下一片茫然和混沌。这是我学识太浅的原因。后来拜读王老师对先秦诸子的研究文章,很是受益,曾问他什么时候出版先秦诸子研究的书,他说还不够系统,可能要先出一本庄子的。而随着先生的离去,这已成了一个遗憾。

　　我是读王老师的书成长起来的,他的主要学术著述,我都阅读过,在北师大读研究生时候又因参与学习"中国现代文学学术史"课程而再次拜读。他的文章是充满激情的,字里行间映衬出一片真诚,有一种情怀在文字背后活跃着,能感受到他对研究对象的理解和体贴,分析文本精细而不厌其烦,并往往能发现别人没能发现的意蕴,说出别人说不出来的话。读后不得不佩服先生的睿智和雄辩。王老师是研究鲁迅的,是"五四"新文化运动的忠实信徒,当学界重新审视"五四"并对它进行反思的时候,他在承认"五四"新文化的某些不足后依旧深情地捍卫"五四"新文化的传统,捍卫鲁迅的传统,前几年他把一本论文集命名为"中国需要鲁迅",重申"立人"的思想,直接明了,掷地有声,他说他既不是"左派",也不是"右派",他是"鲁迅派",他说"五四"新文化的关键词里不止有"民主"和"科学",还有"自由"和"平等",他谈胡适的"学识·史识·胆识",他写文章"为新诗辩护",他的这种坚持姿态和执著精神也赢得了不少学者的钦佩。即使学术意见不同者,也依旧敬佩其坚韧而高尚的人格。王老师对鲁迅是真的"爱",当谈到某一学术问题的时候,说着说着则必然会提到"鲁迅"。这种对研究对象的深入骨髓的"爱",多么让人感动,它已经渗透到一个人的血液中,已经成了生命的一部分。他曾对我说过,你们这代人就是不会爱上你们的研究对象,像我和老钱(钱理群先生)这代人都是用自己生命去拥抱我们的研究对象的。这种对研究对象的深情,是多么难能可贵,也是多么可遇而不可求。而那种对学问的孜孜不倦的追求,那种病中依旧笔耕不辍的精神,于我是一笔珍贵的精神财富,是一座不朽的丰碑。有一次,他对我说:"你要多写,'思想'是写出来的。"还要我在读博之前,最好能写出一本书来。王老师这话是一种鼓励,也带着期待,而我却至今一无所成,夜里想来,不能成眠,这些年来真愧对王老师的鼓励和指导。让人悲痛的是,这些话王老师现在已经听不到了。但即使我说出了我的惭愧来,他应该还是会宽厚地微笑着说,工作固然重要,生活也要处理好,或者说做好你自己的事情就好了,努力就是了。他就是这样的宽厚性格,那么和蔼,我妻子只见过王老师一面,也被王老师的慈祥亲切所感动,印象深刻。

　　几天来,一个个与王老师有关的场景涌上心头。那个牵着狗在汕大校园中散步的老人已一去不返,当年他牵着狗,狗带着他绕着校园跑,"富仁遛狗"成了汕大一景;后来他跑不动了,走一段,便拽着狗绳蹲坐在路旁台阶上休息;再后来,他不再遛狗了,狗只能由保姆阿姨牵着出去。当初他邀我去他家,我参观他的书房,看到了书架上有许多烟盒,各种各样,感到好奇,他却露出憨厚而天真的笑容,不无得意地说:"这是我的收藏。"记得 2009 年,我刚到北京求学,不久他也到北京,约学生吃饭时也把我叫上了,初到陌生地界的我遇到了熟悉的老师,有一种亲切和欣喜,情不自禁地拥抱了王老师,那情景犹在眼前。此后他到北京,每约学生聚餐时几乎都会叫上我,我也因此认识了不少老师和学长。记得 2012 年夏,刚病愈的他到北师大开了一个讲座,一讲三个小时,不喝一口水,讲座完毕出门晚饭,走起路来竟一瘸一瘸的,把我们吓坏了。当晚我陪王老师和几位老师在师大东门一餐厅用餐,李怡老师还特别嘱咐,回汕大一定要让王老师检查检查这腿的问题。后来我到汕大看望他,他说没什么事,是因为坐久了脚麻。记得在他汕大的家里,就我们两个人,我坐沙发,他坐对面的圆凳,他一边抽烟,一边说着,我不时提醒他喝口水,他讲了很多话,后来越说越有激情,竟站起来比划了。让我很是感动,每次见他都像接受一次精神的洗礼,享受一场思想的盛宴。这样的场景太多太多,都让我印象极深。而今,王老师已经走了,这样的场景已不可重现,只能永存于记忆中,让我永久怀念。是王老师和王老师的书指引我进入中国现代文学专业的学习,并最终确定了我的努力方向,让我见识到了高山仰止的学人风范和风骨,深刻认识到了学问的博雅与精专,懂得了天高地厚。他告诫我要忠实于自己的阅读感受和人生体验,要敢于说出自己的感受和理解,不要怕得罪人。他接着说:"但是你要永远记住,不要对一个具体人具体事情产生怨恨,我们要恨的是一种文化现象,而不是具体人。只有这样你才能知道什么叫'大智慧'。"他这是在教我以什么态度面对生活,如何宽容待人,怎样拥有"大智慧",这类似的话语还有许多许多,言犹在耳,记忆犹新,从专业内的阅读方式和研究方法,到专业之外的理解社会与人生,皆让我受益终身。是王老师和王老师的书,让我更好地理解"人",并认认真真地努力去做好一个"人"。

王老师已经走了,永远地走了,以后再也不能聆听他的教诲了。这位亲切和蔼的老师,慈祥的长者,新时期的启蒙思想家,一去不返了。抚摸着他送给我的那一叠书,翻开那一篇篇带着生命温度的文章,从字里行间折射出的思想魅力和精神力量,时刻激励着我向前探索。

此生能遇到王老师,并得到王老师的教诲,是我的幸运,是我人生中得到的一笔最珍贵的财富。王老师,谢谢您。

我没能够到北京给您鞠躬告别,谨以这几段文字来表达我的沉痛悼念。愿您在天之灵安息!

2017 年 5 月 6 日

(作者系北京师范大学硕士、汕头大学 2009 届学士)

风中的狂人

——追思王富仁老师

张云皓

教育家梅贻琦曾说，"所谓大学者，非谓有大楼之谓也，有大师之谓也。"王富仁老师，就是这样的一位大师级的学者。2017 年 5 月 2 日晚上十点左右，得知王老师去世的消息，心中悲痛，一时往事涌上心头，王老师的爽朗笑声、谆谆教诲仿佛在眼前。

王富仁老师厉害的头衔很多，我能记得的，他是新中国第一个文学博士、北京师范大学教授和汕头大学文学院终身教授，正因为他的第三个身份，让我有幸能与王老师结缘。

汕头大学，是我的母校。

文学院，是我们灵魂启航的地方。

王老师，是点燃我们思想的人。

1

大一刚入学的一个晚上，学校召集全体新生去大礼堂听一位重量级人物的演讲。师兄们说，新生手册里所列的活动大多是浪费生命之事，唯一不能错过的便是这堂讲座。

到礼堂后，左右打听得知，原来演讲者是一位很牛的人，叫王富仁。

当晚的演讲，有一句话让新生们印象特别深刻。

"你们知道'大学生'是什么吗？"王富仁老师如是问。

全场听众当时被这个有深度的提问唬住了，大家屏气凝神期待王老师的答案。

"大学生，就是年龄很大的学生！"

全场一下子笑得炸开。当时，我跟大多数人一样觉得王老师只是讲了一个冷笑话。但是，到了毕业六年后的今天，我体会到了这句话的意味。

"大学"并不仅仅是指四年学时、一张文凭，"大学生"，应该是指不断学习、永远

355

更新自己的人，只有真正热爱生命活到老，永不止步学到老的人，才称得上是真正的"大"学生。

当晚过后，我百度了"王富仁"，真心为我的孤陋寡闻而惭愧，原来王老师是中国鲁迅研究乃至现当代文学研究数一数二的大家。后来，还听好多同学说过，他们之所以报考汕大，就是因为，汕大有王富仁。

2

大二的时候，中文系来了一位新的系主任。

主任新官上任三把火，他要推行"改革"，首先要改的，就是系里原来的学生培养目标。

在一次会议中，他提出了"八字方针"——"能写会编，能说会啥"（记不清了），大概是说，中文系接下来要培养实用工具型的人才，而且还要培养"醒目灵活型"的学生，要懂得领会领导意图云云。在我的体会中，汕大中文系教育的核心是鼓励学生独立思考与判断、同时鼓励思想学习与技术学习齐头并进。新主任对于工具的理解可能有所偏差，他并不仅仅想教人以实用工具，而是想将"人的培养"实用化工具化。

新主任忽略了很重要的一点，学生掌握了一门技术，要如何用好它，靠的不是这门技术本身，而是靠他的思想。有思想的人才能真正用好工具。没有好思想，工具不一定有益。比方说，菜刀可以切菜，也可以砍人；砖头可以盖楼，也可以拍头；文笔可以传播正能量，也可以诬蔑陷害人。要有好思想，才能让工具发挥更好的用途。

王老师当时也在会上，他听完了新主任对"八字方针"的阐述后，反驳他说：

"我们不培养奴才，我们要培养有独立精神的现代意义上的真正的人！"

我们多么幸运有这样一位老师，他以培养人之独立精神的心血与付出来栽培我们，虽然我们当中并不是每个人都能成为具有独立精神的人，但是很多人都在王老师的教导中收获启蒙与启迪。

这一次关于中文系学生培养目标之讨论，背后是两种理念之争，一种是把人像产品一样打造，往纯工具人才的方向培养；另一种是尊重独立个体，把人往思想型人才的方向培养。人类历史上的现代文化、现代教育告诉我们，后者是培养人的正路。

这一次，王老师坚守住了中文系培养学生的原则与底线。教育强调"言传身教"，有时候，"身教"甚至重于"言传"，王老师在相关讨论会上敢怒敢言的"身教"，对学生们来说，是大学里至关重要的一课。

3

王老师的话,总是在随机指点中给予我们很多启发,从这个角度看,王老师很像《论语》中的孔老夫子。

大四时,我们宿舍连丢了三辆自行车,其中第三辆已经吸取了"前车之鉴",不敢停在宿舍楼下,专门抬上三楼放在宿舍旁的晾衣间,就这样,车子都在锁好后的一两个小时内被偷了。

当时学校的车辆安保状况让人担忧,更让人担忧的是有的相关部门对于安保责任的推诿。

我们同学几个原本想去调看录像,跟学校反映这个情况,让他们加强管理。出乎我们意料的是,找了好几个部门反映,他们居然都说跟他们没关。跟我们对接的人,他们的"不作为"态度和官僚作风让人着实吃惊。丢单车的事,变得投诉无门。

后来,我们决定要做点什么,改变这个不太好的状况。

当时真是年少气盛,我们跟一些同学、师兄弟妹决定维权。我们在 BBS 发文辩论、在主校道拉横幅举行"保障学生财物、加强学校管理"收集签名活动,活动结束后,写信给校领导。后来,校领导们与我们一同开会讨论此事。最后,因为各种原因与限制,当时对于这个问题的改善比较有限。

在这个过程中,参与发起这个维权活动的我们面临比较大的压力,于是,我找了几位信任的老师求教。其实,相当一部分人对于这次维权活动是不理解的,有的人是排斥、有的人是恐惧……但是有两三位老师的话给了我很大的启发与鼓舞,其中关键的一位便是王富仁老师。

当时我与王老师走在主校道上,他最爱的小狗胖胖拉着他往前走。

我将这件事的来龙去脉告诉了王老师,也告诉了他我们希望改变学校这个有缺陷的安保状况的想法,并向他请教应该怎么做。

王老师听后,想了一下,说了两段话。

"如果一个人将来要'抢银行',那么他千万不要让别人看出来他将来要干吗,不然的话,别人就会提前把他抓起来。"

"如果一棵树苗小的时候,长的是别人不喜欢的样子,那么别人要折断它、移走它是很容易的,但如果它慢慢成长,等它变成大树时,别人想折它、搬它就不容易了。千万别让人一开始就看出这棵树将来要长'歪'的势头。最理想的是,等你要变成你喜欢的样子时,你已经是参天大树。"王老师说完笑了。王老师并没有直接回答我的问题,但他指点我反思了这个问题。我们的维权行动,且不论对错,反正已经干了,在经历上,应该有一点经验收获。不过,我们维权的目标是想让学校的安保管理变好,从结果看,最后收效甚微。王老师这一段话,当时让我振聋发聩,在那一刻,我明白了他更深一层的意思——

要想真正地改变世界,靠的绝不是一时的激动与勇气,而是要靠深邃的智慧与持久的坚毅。

王老师说,"人要不断积蓄力量,默默地努力长成参天大树,那时候会有属于我们的舞台。"

大师,非声名远大之谓也,乃智慧博大之谓也。

王老师,诚大师也。

4

很多年前,发生了一件大事。

那时,王老师在北师大,已是一名教授。由于当时王老师在学术界、文化界的重要地位,有人跟他说,如果他肯按照指定意思写一篇文章在这件大事上表明立场的话,过后,他就可以获得一个副部级以上的官位。

王老师拒绝了。

我问他为什么。

"虽然这个活儿报酬很'丰厚',但有些事是不能做的。"王老师说。

纵观历史与现实,多少人为了追求权力,不断突破原则与底线,不择手段。官位摆在面前,拒绝很难,因为在中国社会,权力能带来的东西实在太多了,王老师不要这个"多",他选择了"少"。

"少"往往是"多"。

在这个事上,王老师给学生们立了一次"知行合一"的好榜样。

5

2012年4月,我大学毕业快一年了。

在这一年间,我很迷茫,不知道自己的人生目标是什么,应该从事什么工作。于是,想去寻找目标,那一年刚好是伦敦奥运年,就准备骑车去伦敦。

此行原是体力之旅,但我想把它设计成思想之旅,所以准备要在旅程中采访我心目中的顶尖学者,向他们请教人生疑问。

于是,我打电话给王老师,邀请他作为本次思想旅程最后一站的受访学者(回到中国视为旅程结束,即最后一站)。王老师一听就爽快答应了,这让我喜出望外。而且他告诉我,他很支持我去跑这一趟。

当时,有一位诺贝尔文学奖获得者在法国,我知道刚好有一位女老师认识他,于是拜托这位女老师帮忙问问,希望邀请这位获得者作为受访作家。

女老师电话里的回复是:世界已经这么乱,你还去添什么乱?!

这个回复的逻辑不容易理解,但能看出来她对这个事情的不支持。

不少人的想法跟这位女老师类似,他们对骑车去伦敦这事儿比较不解,觉得既累又"添乱"还浪费钱,完全不值得做。所以,王老师的支持,对我来说,殊为珍贵。王老师的思想境界确有独到之处。

后来,我知道了,原来王老师在80年代就曾支持过一个这样的学生,那个学生要徒步(还是骑车)去新疆。旅程中,学生每到一个重要的地方,都给王老师寄一张明信片。

从伦敦回国后,我回汕大采访王老师。那番谈话,获益良多。

"老师,您在面对人生的起伏时,是怎么处理的?"我问。

"我一直保持读书。在人生的低潮,读书能帮你填平人生的低谷,因为读书给你安慰、给你知识、给你方向,它有一种把你往上提振的力量;在人生的高潮,读书能帮你拉下心中的高傲,因为读书给你反思、给你智慧、给你劝诫,它提醒你人要谦逊,不要志得意满。读书,能让你保持平常心,能让你的人生在精神上一路平稳、'一帆风顺'。"王老师说。

王老师家里最多的,除了飘在屋里的烟(王老师爱抽烟),就是放在墙上、地上、桌上的书。

"我们应该如何挑选人生伴侣呢?"我问。

"漂亮与否、有钱与否都不是最重要的,你要看,是谁与你共度患难,是谁在你最潦倒落魄的时候,还陪在你的身边。"王老师说。

他的智慧,帮助了许多如我一般曾经迷茫、曾经无助、曾经不知所措的学生。

谢谢您,王老师。

6

从欧洲回来那段时间,我爱上搞点小艺术。

我做了一个"树叶画"系列,其中有一幅是专门为王老师做的。树叶画的植物标本都来自汕大,我从大三时开始收集它们,等到我开始制作的时候,这些花草已经"被定格"有两三年了。

有一根草的形状很奇特,像在风中站着的一个人。于是我将它做成了一幅树叶画,名曰《风中的狂人》,我觉得,它和王老师,精神很契合。

王老师一生研究鲁迅,在某种程度上,他跟鲁迅已结成知己,有着共同的脾性,在一个学术暗淡、风气陋劣的时代,王老师要在学术上坚持他的理想实属不易,糟糕的学术大气候就像狂风,不断吹击着坚守的王老师,但他就如这个干草人一般,看着干瘦,内里刚强,屹立在狂风之中。

由于美术上我没多少造诣,这幅树叶画虽然用功制作,但还是很普通不起眼,我厚着脸皮,将它送给了王老师。我跟老师说,这份礼物虽然不值钱,但这个草经过了好几年的时间考验,可以说是"时间与上帝编织的礼物",而且全世界只有一份。

老师哈哈笑了。

大概一年后,我去王老师家时,吃了一惊。

那幅《风中的狂人》居然摆在王老师厅里的显眼位置,跟其它几样他十分珍视的礼物放在了一起。这对我来说是莫大的荣耀。

有人重视送礼者的地位,有人重视送礼者的财富,有人重视礼物的金银价值,有人重视礼物的珍稀程度……以上说的地位、财富等,我和我送的这份礼物都不具备,但万万没想到,老师竟如此重视这份礼物。

后来我明白了,王老师最重视的,是学生的成长。

王老师对学生有一种深沉无言的爱。

7

今年初,我曾回汕办事数次,来去匆匆。在汕时,有想去拜访王老师的念头,可惜行程太紧,总想着下次专门空出一整段上午或下午再去拜访,可以好好陪老师说说话。没想到今晚,听到了王老师去世的消息。

憾极。

以后,再也没有机会坐在王老师身旁,聆听他的教诲了。

一个人离开了世界,带不走名誉、地位、财富……留下的,是他的思想与他思想的延续。

王老师,一个真实的人,一个敢怒敢言敢爱敢恨的人,一个教书育人不遗余力的人。

从此,中国学术,少了一位大师。

汕头大学,少了一位最宝贵的终身教授。

上帝身边,多了一位我们敬爱的王老师。

惟愿上帝保佑,王老师一路走好,如果世上有天国,愿您在天国幸福安康,一切都好。

王老师,感谢您一直对学生的教导,您给了我人生莫大的力量。生命中能有良师如您,是学生之大幸,永远想念您。

您是我们永远的骄傲。

丁酉四月初七夜五鼓泪笔

(作者系汕头大学文学院 2010 届学士)

忆我的先生王富仁

赖丽思

1

十年前的九月,我带着半是沮丧半是期待的心情坐在汕头大学的大礼堂,等待着即将开场的新生入学的第一个讲座。当时智能手机的使用还没现在发达,没有办法现场去补充搜索一下讲者具体是谁。据新生入学手册寥寥几语的介绍,讲者为一位大师级的人物,是现当代文学研究界的泰斗,倡言著名的"新国学"理念,为汕头大学重金从北师大所聘。

那时候我 19 岁,对声名赫赫的"大人物"不免抱有粉丝追星的心情,这是一半期待的缘由;而另一半沮丧则因为当时还没接受高考发挥失常这一个事实。彼时高中不少同学的 QQ 空间的心情都是积极向上的,大概是因为去了自己理想的大学,而我则对其时还比较陌生的汕头大学感到无所适从。

在全体新生的热烈掌声中,"大人物"出场了——定睛一看,是一位笑容满脸的老者,身材不高大,气场却不小,往小小的讲台上一站,一下子就镇住了全场。还没正式开腔,就爽朗地大笑了几声,声音洪亮,颇有感染力,大家也不由得跟着笑了。身边有同班同学窃窃私语:"这就是王富仁,在北师大当博导,在这边带硕士研究生,听说也给本科生开课。"

先生清了清嗓子,第一句话就问:"同学们,你们现在正式成为一名大学生了,但是大学生不是'大'学生,你们知道为什么吗?"看大家一脸困惑,先生开始侃侃而谈,阐明"大学生"的"大"并不是年纪意义上的"大",而应该为心智上的成熟,需要对自己、他人和社会负起责任。接下来,先生深入浅出地又阐述了"文学就是研究人的学科",并且就"如何成为一名合格的'大学生'"给了他的看法。先生讲话风趣,善于旁征博引,我听得入迷,忙不迭地记笔记。也多亏这份一直舍不得扔掉的笔记,这回出国之前翻了一下,得以把十年前沉下去的记忆重新打捞了一遍。

讲座结束后,沮丧的心情好了一些,虽然汕头大学是调剂的结果,但读中文系

362

是自己的主动选择，又有先生这种的大师级人物在，便想"既来之，则安之"——按照先生的指引，好好读书，总不担心学不到东西。

2

后来的四年，先生大概每年都会给本科生开一门课，前两年因为与其他必修课等冲突，很遗憾没有机会选上先生的《孔子》与《庄子》的课程，大三时终于选上了《老子》。

在课上，先生对照古今，很深刻地阐述了他对《道德经》的理解。先生并未因我们是普通的本科生而有所保留，他讲课总是一气呵成，语速不快，但博学又深邃，将书上文本与人生阅历、社会百态相糅合，让我们频频有"豁然开朗"之感，那时记笔记真的记得手软。后来我进入社会闯荡后，再遭遇到一些艰难的境遇，夜深人静反思时，猛然想起先生之前在课上提点过一二。不过只有真正碰壁后，自己才慢慢地咂摸出先生当时话里的玄机。

当时我们班里有几个相交较好的同学，还一起组织了五四之夜的"水库夜谈"活动。我们分头去邀请中文系的老师，先生第一个应允，其他老师能来的也来了。我们在 BBS 上发帖预告，吸引了不少其他专业的同学参与。那时候先生和大部分老师坐在背靠水库的那一排长椅，同学们和个别老师坐在面向水库的层层台阶上，大家以讨论"新文化运动"、"五四"以及"鲁迅"等话题为开端，但实际上话题并没有任何的限制，更像是一场"漫谈"，或与文学有关、或与近百年至今的政治运动有关、或仅仅是大学生其时对人生和社会的困惑……都穿插在这一场完全自由的师生互动当中，讨论到激烈之处时，现场不同观点碰撞的火花四溅。

记得那时候南方的春风还是有点凉意，先生一般会披一件西服外套。一场漫谈持续好几个小时，记得有一年竟从晚上七点多谈到了十点多，大家仍兴致未尽，舍不得散去。在水库没有麦克风或者扩音器，人又多，在听大家讲话时，先生会点烟，边抽上几口边认真聆听，等他说话时，就会特意地提高音量，希望坐在外排的人也听得清楚。

先生的点评总是一针见血，恰到好处，好些话至今回想起来仍然有醍醐灌顶之感。在毕业后，听说因为缺乏积极的组织者，这个活动慢慢地就淡了。但我能在读书那几年，见证此事成为一件盛事，必须主要归功于有先生的乐意参与。记得先生当时尽管要忙碌的事很多，但他很少会拒绝学生的请求。第一年邀请先生时，我是和另外两三位同学去先生家里，一听说是组织五四之夜的"水库夜谈"，先生马上就说："这件事好！我一定支持！"正是有了先生的鼎力参与，这件事才得以在校园内有了那么大的影响力和很高的口碑，这在当时几乎成了汕头大学的一个传统。

3

除了上课,先生在校内的讲座,我都会尽量参与。总觉得先生有时候反复重申的一些话虽然是一个意思,但是听第一遍、第二遍甚至更多遍时,才能像毛巾挤水一样慢慢挤出更多的启发和感悟。平时他遛爱犬胖胖时,跟他一路也会聊一些。有几次跟同学争论不休时,曾蹦出:"光是诘问是解决不了问题的。既然我们谁也说服不了谁,我们现在给王老师打电话,他要是在家,我们上他家去,让他给评一评。"即使是以这样的理由上门,先生要是刚好在家,也不曾拒绝过,还是好茶相待,把堆满书的客厅腾出位置来给我们坐一圈,耐心听我们讲述完,再给出他的见解。

不过因为学生太多,秉承"有教无类"的原则,他对我有印象,知道是中文系的学生,他始终未能记得我的名字和哪个年级。毕业前夕,我从老家带了一箱荔枝过来,给先生装了一小袋送到家里。因为没有提前打招呼,开门时,先生穿着睡衣,披着一件外套,看着我拿着一个透明的胶袋,装着荔枝递给他,感到有点突然和吃惊。我跟他讲我快要毕业了,家里条件不好,当时还有一个重症病人在抢救,所以囊中羞涩,没有什么东西可以送老师们的,只能搬一箱土特产的水果过来送给老师们尝尝。

先生马上把我迎进门,带着歉意说不知道我要毕业了,也没有什么送我的,刚出了一本新书,如果我不介意,把名字写给他看,他给我写几句话在扉页上送我。我那天骑着自行车背着装着荔枝的背包在教师宿舍楼跑了好几轮,其他老师都是口头感谢我的心意,只有先生如此郑重地认为这是很有分量的"馈赠",还郑重地把一笔一划写好毕业赠言的新书双手递给了我,又亲自把我送到楼梯口。

我下了楼,开了停在楼下锁着的单车,推着走出了几步,再回首抬头望着楼上先生的家,从窗帘漏出的灯光看起来格外柔和,至今我仍然记得那个场景。从那天以后,我再也没见过先生。我当时心里还觉得以后见先生的机会多的是,所以离开时心情是欢快的。所以当我在今年五月得知先生抱病不治最终去世的消息后,眼泪马上就掉下来了,一时之间心情非常复杂。

4

其实在那天,先生给我写赠言的过程中,有问我毕业后的打算。我说已经获聘于一个省级的知名媒体,这得益于中文系的四年锤炼,当下对于文科生而言,做记者总体而言是一条比较好的道路,"试一试'铁肩担道义,妙手著文章',争取对社会有一些建设性的贡献"。先生听了,有点欣慰,又给了他的一些嘱咐和祝福,有一句叮嘱的大意是凡事要记得"初心"和"良知"。

在我工作第一年,那时还是传统媒体辉煌时代的末期,因未曾忘记先生嘱咐的话,算是有勿忘初心和守住良知,虽是初生牛犊,但行事为人以及写文章还能葆有中文系出身的风骨。那一年曾经有机会回校,并带有一丝的兴奋想跟先生分享一下工作半年的心得,给先生发了信息,不巧先生告知我他出境去讲学了,我当时也想着来日方长,此事就放下了。

到了工作的第二年,政治环境发生了一些变化,加上互联网崛起的冲击,行业的情况开始不妙了,给调查性记者发挥的空间开始收紧,越发逼仄,同行中悲观的情绪滋生,自嘲为"新闻民工"。作为入行不久的新人,虽然说在同龄人当中算是开始崭露头角,但毕竟涉世未深,还不算定型。面临着人生分岔路的抉择,考虑到家里的重负,也因为穷怕了,趋利性偏向于"能生存下去并且活得更好"。这意味着,开始要考虑自己收入的可持续性增长,要身兼一些营销性质的任务,再也不是纯粹的、传统意义上的"担道义"和"著文章"了。

我认为我是从这个时候开始做精神上的"逃兵"的。因为文字工作者的好出路并不多,待在媒体在当时还是最好的选择,即使我越来越没有什么成就感了,也得苟且下去。我认为自己写的东西,除了有时候在个别情况上能为少数的弱势个体点一根薪柴、传递些许温暖外,很多时候都是"产品",我很少愿意回头再看这些"产品",是真的没眼看。

5

作为年纪轻轻就有"产品经理"思维的新闻人,我有幸被一些希望在行业洗牌中谋求出路的前辈们寄予比较高的期望,因此得到的机会很多,成长得比较快。但是从意识和思维的层面上讲,我陷入了从未遭遇过的混沌当中。以前读中文系时,我觉得自己算是比较用功而且是学得不错的学生了,但是我发现自己学到的表象多于思维模式,停于知识上的皮毛多于深入道理的骨髓,这种后遗症在面临社会的考验中开始显现。

例如不少人都说我"职业范",做事雷厉风行又果敢,看似很少纠结,实际上我是努力维持表面的波澜不惊,内心却陷入了一种人格分裂(实际上极度悲观,人前却还要表现得积极乐观)的惶恐当中。没有人知道我常常需要多么的用力,才能平复下去这些反复跑出来滋扰和折磨着我的情绪,才得以在忙碌的工作和充满麻烦的生活当中保持坚定的眼神和饱满的战斗力,从而对付那些没玩没了的挑战。

当代社会的价值观是非常多元、庞杂交错、浮躁和混乱的,如泥石流一样让人裹挟其中,加上我所在的行业恰恰是没有办法去避开那一滩滩、没有边界的信息浆糊,这让我在内心上更加感到难受。而且由于传统媒体受到众所周知的管制,在真正促进社会建设的公众议题上发挥的空间有限,能做的主要是在信息的污秽垃圾堆中拾荒,翻来覆去提炼,实际上最终用以喂养大众的信息,大部分是没有意义和营养的,这又让我很多时候羞于去谈论一些使命性的话题,因为实在是没那个脸。

毕竟这些话题,跟一般人聊聊(忽悠)还行,跟先生说,我觉得无法启齿,在我心目中,先生是"一直是站着的"。而我,背负着沉重的家庭负担、没有任何的背景和资本却选择在残酷的社会竞争中立足,还主动选择了不同时间和场合换着姿态,虽然并未跪下或者趴下去,大多数时候是选择了伛偻前行,已经不算是铮铮的硬骨头了,这种做法跟先生普罗给我们的价值观在某一种程度上是相悖的。

即使有一段时间,我感觉许多事情郁结于心,很有打电话给先生的冲动,又不知道该从如何说起,又默默放下了。如果真打了,第一句脱口而出的应该就是:"王老师,我……其实我很羞愧。"尽管我可以预想到先生是很理解他的学生需要"谋生在先",会反过来安慰我,这就会更让我感到难为情了。陷入生存上的"虚无"和自我否定已经够让人痛苦了,再去跟自己敬重的人承认自己在苟且并且做无济于事的自责,怯懦的我真的没有这个勇气。很遗憾的是,直到先生去世,我仍未能直面并且坦然地说出这种羞愧。

我倒是跟同学相聚时,偶尔会流露过这种矛盾和对自己的失望。我有时候会失落地假装吐槽:"中文系的老师们给我们远远高于大众标准的教育了,搞得我还得重新摸索着去怎么苟且地生存。"有人揶揄说:"少矫情了,你混得不是挺好的嘛。"话题就此戛然而止。我由此告诫自己,不要总是过度伸张自我意志和奢望于寻求理解,不如闭嘴把事情做好、让时间去做出评判。

有一位同学后来入了先生门下读研,我每次跟她相聚或者在线聊天,会从旁打听:"王老师身体还好吗? 还是抽那么多烟吗?"她会说"老样子",有时候反问:"你自己为什么不去亲自去打个电话问问老师的近况呢? 老师会很高兴的。"我顿时就怂了下来:"我自己很多事都没能想明白,脑子一团乱麻,我何必跟老师发牢骚浪费老师的时间。"

我总想着先生桃李满天下,又不差我一个学生的嘘寒问暖,也觉得平时已经装得够累了,既然说真话会感到羞耻,打鸡血一样选择性地分享一些所谓的"喜悦",更加是敷衍。我认为跟先生的交流应该是纯净的、触及问题本质的,但是我正在丧失探究问题本质的能力。在俗世中,我更像是努力地生存着、在思想上却浑浑噩噩着。特别是在毕业后,带着满身的江湖气厮混着,连正正经经读的严肃的书都没有几本了,一度成为原来的自己所鄙视的那种浮躁的人。

7

即使我后来满心在乎的都是尘世中不同季节的耕作和收割,离"初心"越行越远,中文系的教育和先生的教诲在我人生中所留下的烙印还在发挥着影响。

大约两年多前,社交媒介对大众操控的属性越发明显,有人邀请我,说:"你不是挺懂世道人心的吗?又有文字技巧,我们一起做新媒体创业。"我在信息的垃圾堆里翻滚了那么久,洞悉人性,若想利用撩拨人心变现流量的确不难,毕竟当时赶场的时间不算晚,我自己最终还是拒绝了。我想起了先生嘱咐的"良知",尽管我从事媒体行业这几年,虽然对社会没有什么太多的建设性,至少做出的"产品"对社会有点价值的还是有那么一个《深圳口述史》,但我从未想过要去通过唆摆公众的情绪最后变成自己的利益,因为我受过的教育和因此形成的价值观不允许我"不择手段去赢",即使我深谙传播的规律和套路、知道如何"变现最快"。

不过也正是从那一次开始,我也开始真切地思考:眼见"三十而立"的年纪趋近,如果要真的立稳脚跟、又不需要把原先那套价值观釜底抽薪的话,在如今传统媒体江河日下、其他传媒介质泥沙俱下的混乱中,该何去何从?思量许多后,发现最适合自己的,就只能硬打硬地重新建立另外一套应用性的知识体系了。所以我又重新捡起了课本,为回炉再造接受了一次炼狱式的磨练。

毕业六年后,又一个九月,在周围人的惊愕中,我在这段职业生涯的巅峰期主动选择中止,将一切清零后,选择踏足英伦,再一次参加了新生入学的典礼。这一次,再也没有像先生一样的智者来说"大学应该怎么去度过了"。命运始终得自己全权负责,不过从这个起点出发,可以预见是一条前半程比较艰难的道路,好在如果能坚持下去,除了能活得好好的,也许以后会有更多的机会去堂堂正正的"站着",正如先生至始至终保持的姿态一样。我跟自己说,哪怕因为人生艰难,未来在人格上只能阶段性的"站着",也总比之前没有的好。毕竟背负着生活的重负沉下去了,还能凭着自己的力量和韧性再浮上来,关键是所在的环境能否让个人有选择的主动性,总比一直被人摁在水底要好。

过去的十年,尽管经历过诸多波折、饱尝苦楚、内心一片惨淡,总体上还是觉得自己是比较幸运的。即使先生从教以来育人无数,但相比于芸芸众生,有幸成为"王富仁的学生"也是极少数的。如果不是留有一些实物,能真切地去触摸那些回忆,我真的怀疑这段能时常聆听先生教诲的金子般的岁月是否真的存在过。

先生逝去了,能被称为"大师"的学者又少一个。在我们的这个时代,像先生这样真正的传道受业解惑的大师,无疑越来越少了。而且这个时代越来越难出大师了,因为技术正在消解数十年如一日坐冷板凳才能成就的"学富五车"的可能性,社会观念的巨大鸿沟和分裂更难孕育出胸襟能包罗万千气象的"仁者"品格，还有环境和制度等多方面的因素限制等等。从历史的视角看，痛失大师的不仅仅是作为学生的我们，也是这个时代和当代社会。

既然曾有幸成为少数的一分子，得到像先生这样的大师的指点，我还是认为这是命运冥冥之中颇有深意的安排，能得到这种开悟的机会，没准未来真的可以做成一些事情。因此，放眼漫漫一生，即便是起点低，我相信自己的苟且应该只是一时的。若我想如先生一样成为一个有责任感的人、一个"大写的人"，只要不放弃努力，我认为始终还是有比较大的可能性，虽然再回首，走的已经不是当初的那条路了。

2017 年 10 月 8 日

（作者系汕头大学文学院 2011 届学士）

"藤野先生"

辛梓敏

我不是王老师的学生,因为我不是他带的研究生,甚至不在现当代文学专业。可是,我当然是王老师的学生。

每次上王老师家,他都送我书,两年前我毕业,那天下午去和王老师告别,临走他又送我一本《先驱者的形象》,在扉页写下:"辛梓敏学兄指正"。之前的三年他但凡送书,都称我"辛梓敏同学",这次改了"学兄",我看着,记着,很感动,也很惭愧。真要走了,他忽然过来抱了我一下。我没想到。

由于不在一个专业,又担心过分打搅老师(有段时间老师的身体状况不太好),我与王老师相处的时间并不长,现在想起最多的,反而是一些生活的细节,比如,我帮他买爱吃的北方馒头,他坚持还我那极少的钱,比如送我中华烟,我们一块抽烟,看我不再抽了,就笑呵呵地说,那我再抽一根。还有就是研一时,因缘巧合地当了他几个月的助教。再有就是他那台被烟灰烫得几不像样的电脑,摆弄的时候,我心想从这古董机器上诞生过多少重要的文章,心里一阵敬畏。每次从他家离开,那个昏暗的楼梯间,他站在门口,望着我走,有时也会嘱咐我,下次来一定不要带东西。

这就是我印象中的王老师,一个可爱的老人。——不,我从没觉得王老师老。

王老师是鲁迅研究的重要学者,老实说,我对鲁迅的体认来得很晚,也就是这两年,才慢慢感到自己朝大先生的精神边缘上靠去,所以每回与王老师"闲聊天儿"(王老师语),我基本不敢妄议鲁迅。而王老师,总是如丝如缕地,把鲁迅思想、他对鲁迅的思考传授给我们,要是没有王老师言传身教,我恐怕至今对鲁迅维持着相对浅薄的看法。我最后一次拜访王老师是 2015 年 12 月,当时我送给他一首自己写的有关鲁迅的长诗,事实上,说起现代诗,从一开始我就与王老师持不同的观点,可我没和老师当面辩论过,总觉得来日方长,来日方长……没想到,这就是最后一次。

王老师从教多年,品学兼优的学生太多了,我只是最不起眼的一个,但我想说,王老师活在我心里面,这也是确凿的。从很大意义上,王老师就是我精神成人路上的启蒙者,他从鲁迅著作那里接承过来的博大且坚韧的精神品格,他对生命感受的倚重,他在谈到鲁迅写《记念刘和珍君》的切恨时自己那同样的切恨情状,他谈五四精神没落时的激昂……所有这一切,我都历历在目,历历在心。

"我自己没有什么成熟的思想,我希望他们(学生)通过鲁迅作品的阅读和体验,成为一个有思想的人,有人格的人,既不要无端地侮辱别人,也不要无端地受人侮辱。活得像个人的样子。"王老师上课、写文章,都语句平白,此是一例,也是让我极感动的一例。老师当然是有学问的——诚恳的真学问,他对鲁迅研究、现当代文化构建所做的努力,每位潜心学术的知识分子应该心中有数。老师的诸样品格,是学人的典范。而对于他更多数的学生来说,比如此刻的我,那种站着绝不跪下的精神,那种洞察世事的明理,在今后还会有更深的启发。

中国并没有第二个鲁迅,王老师也不是,但王老师令我们,还有后人看到,沿着鲁迅、五四的思想方向朝前走,一个现代人可以活得何等孤绝而丰富,平凡而高贵,这种肌理,是生命内部应有的肌理。有许多话,一时说一说是容易的,就像王老师经常挂在嘴边的"我自己没什么成熟的思想",听起来好像真的不太复杂,可是,现在我开始明白,真正的投入和实践却是另外一回事,这一切取决于对自我的完成达至何等要求,可能也只有在那种内外环绕的痛苦和困境中,王老师的学术、教学意义才得以再度清显。

王老师走了。5月2日晚得到这个消息,我愣住。几天来,都有些恍惚。我看到师兄黄彦博发在网上的那句话:"不必寻什么导师,但要寻找藤野先生"——据说这是在他毕业时,王老师对他讲的。我不清楚当时的语境,可我反复念着这句话,心里忽然很感到安慰,但是,也终于忍不住眼泪:王富仁老师,我们的"藤野先生",这次您走了……

求学的人,大概谁都想寻一位导师,可是"世上本没有路",走路的人也各各不同,王老师是我们的老师,却非"导师",他就像藤野先生那样远远看着我们,希望我们完成了自我。我想写《藤野先生》的鲁迅也是一样,他必定知道"藤野先生"意味着什么——就那篇文章而言,许多细节的真实性是存疑的——那是他余生里的一道光,使他"良心发现","增加勇气",即便记忆中的藤野先生已和真实的先生渐行渐远,又如何? 最终,这份长久的警醒与感激,来自对生命本身的珍重。我想,这是"藤野先生"的意思。

我愿意这样记取我的先生,即使王老师的研究我读得还不够齐全,即使将来,我的心智可能会修改对王老师的部分印象,可无论如何,王老师教我认识的高贵的"人",是在的,这一片生命的空间,他帮我打开了。我记得王老师。

我还会记得毕业时,王老师那略显生硬的拥抱——看得出他并不适应这样的表达,这就是"藤野先生"的拥抱吧。

学术、写作，或做个再平凡的人也好，好好地、认真地活下去，是对王老师的纪念。我会在我的余生常常想起"藤野先生"，我以我是王富仁老师的学生为荣。

2017 年 5 月 3 日初稿，2017 年 5 月 10 日改定

（作者系汕头大学文学院 2015 届硕士）

念王富仁先生

广　隶

听闻先生远行
在这个平淡的劳动节后的　第一个夜
此刻
小区里嘈杂的摩托声响候的静了
一时
又嘈杂数倍

文人的离去
在这杂乱的世间惊不起
一粒尘埃
人
本就是尘埃

而您
在这世上游荡了七十七载
活得
至少是一根火柴
以笔直的傲骨
燃烧了火红的岁月
成就了意气和情怀

中国需要鲁迅
是你的学习
你的成长

你的呼喊

你的行迹……

你的

和整个中国的鲁迅

在那头

等着和您握手

先生

一路好走

请带上学生们的追思

和

对树人先生的问候

附记：

  2014 年在汕头大学过春节时候认识王富仁老师，并在导师李昊宇家中一同讨论民国时期的教育，鲁迅先生的精神以及新中国的文学等问题，王富仁老师一口气给我们讲了将近两个小时，精气神俱佳，语言亲切，且好吸烟，似乎除了读书和吸烟以外并没有什么喜好。

  这几年，经常傍晚六七点时候在水库大坝上遇到他，他总是带着一顶灰白帽子独自出来散步，迎面招手示意，脸上堆满了笑容。

  前不久还在步行街遇见，今日却突然离去，实在震惊。

  不过，我想，您至少走得安详，也不会有什么遗憾。

2017 年 5 月 3 日夜

（作者系汕头大学艺术与设计学院 2016 届硕士）

一些想说的话

莫春艳

  2017年5月3日晚上,工作了一天,照例躺在床上刷刷朋友圈。从一位师姐的朋友圈中看到了王老师去世的消息后,起初愣了一下,后来回过神来的时候,想起去年毕业季时,听到王老师生病转去北京住院的消息,又觉得一切是自然而然的事情,人的生老病死,生命规律使然。我这个不学无术的学生,很惭愧,在学术方面,上课内容能回忆出来的并不多,只是脑海里忽然闪过那一年冬天,王老师给我们上完那学期最后一节课时,领着我们去聚餐的场景:一群人浩浩荡荡,王老师"健步如飞"。

  虽然不是王老师直接带的学生,除了上课以及水库散步之外,接触机会并不多,但那句"爸爸,以后当你长得像我这么小,我长得像你这么大的时候,我也要把你放在自行车上带你出去玩"一直留在记忆中了。这是一位真诚、用心生活、心中富有诗意的老学者啊。而那一句广为传颂的"在最艰难的时刻,不要无端地侮辱人,也不要无端地受人侮辱,活得像个人的样子",在后来我也成为别人的老师的时候,每每跟学生说起这句话,心中都有一股无名的暖流在心间流淌。我想,这大概就是所谓的精神传承吧,王老师走了,但他却给我们留下了一笔宝贵的精神财富。

  我经常跟学生说,我今天的态度和做事方式,有很大一部分是受到老师们的影响的——从佰玲老师身上,我学会了什么叫做负责任;从卫东老师身上,我学会了什么是认真和正直;从艳艳老师身上我学会了什么是亲切和涵养;从燕老师身上我学会了什么是积极向上;从杨老师身上,我学会了什么是魄力;从冯老师那里懂得了什么是情怀;从宋老师身上体悟了什么是专注……

  同样,从王老师身上我也感受了什么是严谨、真诚与善良。

  研究生三年极其短暂,汕大的记忆开始遥远,但老师们的精神却一直鼓励着我在自己的岗位上,用心对待每一位学生。

374

感恩曾经的幸运,让我有机会来到汕大,认识一群让我发自内心尊敬的老师,让我能听听王老师的课,从他身上学会了思考生活的方式。

2017 年 5 月 13 日

（作者系汕头大学文学院 2016 届硕士）

"五四"缅怀王富仁先生

——再读《青年要在文化经典中成长》

黄恩恩

5月2日，距离纪念"五四"仅有2天，吾师王富仁先生与世长辞。惊闻处，泪眼婆娑。5月4日，心心念念之"五四"青年节，遥寄哀思。愿王富仁先生能在白色国度中寻找到鲁迅师的踪迹，相互结伴，不再孤单。

鲁迅师系莽原社、未名社、东北作家群、中国左翼作家联盟等青年作家心中的精神导师，吾师您为鲁学界、北师大中文系、汕大中文系等教授学子们心中的精神导师。2014年9月，慕名而至，与您相见，我就此发觉了您身上鲁迅的影子。从此，我把自己代入到类似莽原社青年一角中，向您邀约采访、求教论文、倾诉苦恼。吾师您为人真挚、待人向善，既是优秀的聆听者，又是伟大的启蒙家。因而，尽管作为鲁学研究领域中的中小学生的我，也可以像孙子撒娇似的，在您的面前有话直说，无须拐弯抹角；可以自由倾诉，无须扭捏隐藏。我打心底里，把您当作爷爷看待了。

我记得一天晚上，您看我吃得少，给我塞上3个甜饼，说"年轻人，多吃点！"；我还记得您没讲完的中国现代文学研究课，如果课程没有限期，我希望可以一直听下去，哪怕我离开了母校。

"五四"是什么？个性解放。现代文学的宝贵之处在于，往遥遥无尽的封建黑夜中掷出一道十分亮丽的光。反观当下，似乎个性解放之路颇为艰巨。纵使遥不可及、不尽人意，只要心存光明，亦无可畏惧。所以，独自面对黑夜并不可怕，可怕的是，光明跟在你身后，你却忘了回头。活在当下，尽管群性压抑着个性、苦痛压抑着幸福，也不该成为你退缩的理由。王富仁老师的顽强生命，切身告诉了我这一点。

有做古玩买卖的生意人说，人需要紧跟潮流，因此文字也需要紧跟潮流。而我所思所想所写的，都顺应着老一辈的思维。换而言之，我的文字也跟不上所谓的潮流了。对此，我觉着十分有趣。大概他们看的经典太少了，以至于写出来的都非常富有"现代性"与"先锋性"。有趣的是,你们要从这些"现代性"中挖掘传统文化的气质韵味来?如果你连经典文化都读不懂,怎么读懂传统文化?又何来谈所谓"情怀"?

王富仁老师,一路走好!中国需要鲁迅,鲁迅需要您,我们需要您!

2017 年 5 月 4 日

（作者系汕头大学文学院 2017 届硕士）

附记:

以下是笔者在 2015 年 11 月所做的对王富仁老师的访谈,曾刊于《汕头大学报》第 395、397 期;此外,该稿一并刊发于 2016 年春的《上海鲁迅研究》,原文如下:

青年要在文化经典中成长
——王富仁教授访谈录

人物简介:1)王富仁,著名学者,1941 年生,山东高唐县人。1984 年毕业于北京师范大学中文系,获文学博士学位。毕业后留校任教,1989 年晋升北京师范大学中文系教授,1992 年任博士生导师。2003 年受聘汕头大学文学院终身教授。

2)记者黄恩恩,汕头大学中国现当代文学硕士研究生。

黄:王老师,您好!针对"信息爆炸"时代文化传播的多元化,许多人更关注的是功利性的阅读,而淡化了对经典的兴趣,请问您是如何看待这个问题的?

王:这里面涉及到文化对一个民族、一个人的价值与意义的问题。一个人在现实当中会遇到很多问题,这些问题都是具体而现实的。一开始,一个人总是遇到这些具体问题再开始思考问题,但这些问题是不可能一个个单独得到解决的。要对这些问题进行深入的思考,就必须提高到一个文化和社会的高度。只有从这样一个高度来看待现实世界、看待所遇到的问题,才可以对这些具体问题进行全面整体的思考。这是一种能力,这种能力需要通过一种经典的、文化的经验来获得。这些经典的、文化的经验都是从人类对世界感受、理解和思考的历史过程中积累下来的。这是人类历史上最宝贵的思考。在人类文化当中,虽然各种具体问题是不断变化的,但是人类所遇到的问题都具有某种普遍性和相通性。当一个人掌握了民族和人类历史的这些经典的、文化的经验之后,才能够面对纷纭复杂的社会和时时变化的世界,进而做出重新的思考和理解。也就是说,雅文化的意义,在于提高思考和处理这些问题的能力,而不在于对现实社会一个个事件做出具体的说明。要对一个个的事件做出具体的说明,必须要有思想文化的高度。所以,一个青年的成长在于接受历史上的这些曾经积累下来的文化遗产。只有这样,才能够提高,才能够有文化储备,才能对现实社会有深刻而具体的认识。假如没有这种文化的贮备,就不可能对具体的问题做出真切的、合理的解释。

黄:也就是说我们所面临的文化现象是繁芜复杂的,这些文化现象的实质与历史具有一定的相通性。

王:对,这也就是文化的超越性。文化要有超越性,不仅超越于现实社会,还超越现在的你。对于你所不知道的东西,只有通过一种文化学习,你才能够知道。你只有知道了才能超越现在的自己。这个经验我们从小的时候就知道。比如说你小的时候看到很多东西,但你看到了却不懂,其中的很多问题看不出来。当你的文化水平提高了,你看到相同的问题,你对问题的认识变深刻了,原因就在于你的文化积淀丰厚了,思考问题的高度也随之提高了。

黄:此外,我还想站在中学语文教学这个角度,请教您两个问题。第一,针对现在讨论得沸沸扬扬的关于鲁迅文章要退出教科书的说法,您是怎么看的?有教育者分析认为,鲁迅文章不属于中小学生心智所能接受的范围之内,他们需要天真美好的事物,而到了成年人再阅读鲁迅的时候似乎能够读出普遍意义上的深沉、寂寞、空虚等。那么,您觉得应该如何处理这种尴尬的局面?

王:这个问题的发生和社会上各种各样的人,各种各样的对鲁迅的感受和理解,对中国社会现实的感受和理解,以及对教育不同的感受和理解有关。不同的教育思想、不同的鲁迅观、不同的中国文化观,形成了不同的意见。对于这个问题可能一时很难做出最终的判断。但是有这么一点我们可以指出来,就是鲁迅作品适不适合中小学生读,这是个伪命题。因为鲁迅的作品不是一种理论性的作品,它是文学作品。鲁迅的文学作品,是形象的、通俗化的。对于这样的小说作品,一个中学生是能够读懂的。对任何一个文学作品理解的深度,都是随着自己年龄的增长而逐渐深化的。我们没法让一个中学生对《阿Q正传》的全部意义做出全面的、深刻的论述与了解。但是,对于阿Q、孔乙己、闰土、祥林嫂这些人,学生却是可以感知到的。对于中学生来说,他们在阅读的时候,所获得的这种感受和形象是可以保存的。但是,我们不能要求一个中学生做出像学者一样的解读。所以说,这是一个伪命题。针对这个命题,我还可以做出这样的解答,我在初中就已经完成了对《鲁迅全集》的阅读了。谁也不能说我完全读懂了,但是也不能说我完全不懂。当我读完以后,我就爱上鲁迅,我从来就没有停止对鲁迅的学习与研究。后来,我发现有个日本剧作家,他写了一部《鲁迅之死》的话剧。他是13岁就读完《鲁迅全集》,并且他一直都很喜好鲁迅的作品。所以说,中学生读不懂鲁迅的作品,这是个伪命题。这是因为有些人,自己没有读懂鲁迅,却对儿童进行一个设想。这个设想是不真实的,它是没法验证的。这样一个论争在"十七年"的时候从来没有出现过,而在"文化大革命"结束以后,有了反对鲁迅这种思潮就出现了这种论争。可以说,在"十七年"时期,这种论争既没有在老师当中出现过,也没有在学生当中出现过。而现在呢,有些人说学生读不懂,有些学生自己也说读不懂,这个恐怕是社会思潮的表象。当然这其中还有很多原因,需要思考,但是这样一个前提是不存在的。你想想,鲁迅的就是文学作品,孔乙己你读不读得懂?阿Q呢?祥林嫂呢?他就是一个故事,他就是一个人,他就是一种形象。关键问题你怎么来解读他。文学作品都是需要一生去解读的。一直以来我都举这样一个例子,"白日依山尽,黄河入海流",现在我再想起这首诗还感觉到它好,好像我还有好多话要说,但还是说不出来,这就是文学,文学是不备有明确答案的。

黄: 王老师,我想起我本科时的语文试教。我发现身边有许多同学纷纷选择朱自清、周作人散文等,很少有人选择讲鲁迅。原因在于,他们认为鲁迅很难讲出新意,并且不好讲授。此外,还有学生主动承认他们对鲁迅没有好感。王老师您怎么看待这些现象?

王: 现在一些大学生,甚至几代大学生,他们的一些人生经历与阅历都发生变化。这个变化就是对于自我的成长没有预期。

黄: 没有预期是没有理想吗?

王: 也不是没有理想。就是在当前的一种对个性解放的错误理解之下,每一个人都把自我和现实的感受与理解当作完全合理的,即对自己的成长和发展没有预期。我们反过来问一下,教育的价值在什么地方?教育的价值就在于要引导人不断地成长和发展。你想想,当一个大学中文系毕业的学生,当他自己说读不懂鲁迅的时候,他竟然不感到耻辱?这本身就不是一个正常的心态。为什么?你一个中文系的学生,你对于中国历史上一个伟大文学家的文学作品,你没有读懂,你是做什么的?你是这个民族专职的学习文学来解读我们民族文学的。当大学生毕业以后,应该对中外历史上所有最伟大的文学作家的作品都应该有一个基本的了解。只有这样你才是一个合格的中文系大学毕业生啊!你说你一个中文系的毕业生,你还不知道那个著名作家,看不懂那些著名作品,并且还把这些当成合理的现象,这本身就是非常荒诞的。所以说,作为一个中文系学生,你怎么能说不喜欢鲁迅而只能看懂朱自清的《背影》?朱自清的《背影》是一个初中毕业生都能看得懂的。如果西方有一个文学专业的大学生,他说他读不懂但丁、读不懂歌德的《浮士德》、读不懂列夫·托尔斯泰的《复活》、读不懂陀思妥耶夫斯基的《卡拉马佐夫兄弟》,你会怎么想？西方是不会有这样的大学生的。产生这种想法的学生,他觉得人是可以不用通过学习而提高的,他觉得我中文系毕业的学生跟别人应该是一样的,他没有一个对社会的责任感,也没有对自己负责。"拒绝成长",我觉得是当前一些青年身上存在的一个很大的问题。表面上看起来他拒绝成长也没有什么。但是当他成为教师的时候就知道了,有些课他讲不了。当他连鲁迅的作品都看不懂时,那他讲朱自清的《背影》也不会讲好。他讲的都是那些浅薄的世俗的感情,他绝不会理解朱自清。

黄:老师,我想起另外一个关于教师教学方法的问题。在一些教学范例视频中,有老师讲课时情绪激动而泣。您觉得这样的老师就是好老师么?

王:因为教师有各种各样的教师,跟文学中是一样的。教师有现实主义者,也有浪漫主义者,还有现代主义者。这不在于他是什么样的具体风格,而在于他对文学的理解与掌握。对于学习,过去讲"学海无边",在这样一个人类历史和文化面前,至少有一个谦虚的态度。至少在我这个年龄,我还觉得鲁迅很了不起,在读鲁迅作品还觉得他深刻。你才二十多岁,就觉得我什么都懂了,这是可笑的。一个人活着,就得天天成长,这一生不断长,长成参天大树。以小树衡量大树?你现在还什么贡献都没有呢就成了爷爷了。这跟小的时候家庭娇惯很有关系,全家都把小孩当作自己的爷爷。西方人往往不是这样的。他不会认为我到了大学毕业了,我还教过一天的中学,我就成了标准了。鲁迅也没这样啊,他尽管当时已成名了,但还推荐萧军《八月的乡村》、萧红的《生死场》。他为什么还推荐? 文学不能光有《阿Q正传》和《祝福》,也需要一代代人的各种不同的生活描写。鲁迅都知道自己一生都不是完满的,但是我们青年却以为自己是标准,这就是一个自我心理封闭,知识封闭的表现。

黄:《故事新编》有关于鲁迅对部分青年的一些影射问题。

王:是的。其实青年有两类,有一类是不断超越的,另一类是当他向你学习的时候,他就仰脸看了;当他自己成名了,他就开始俯视老师了。所以说鲁迅写了《女娲补天》。这个生命是你母亲给你的,你这一生都超越不了的。你没意识到别人的价值但你至少要意识到你母亲的价值。因为你的基础和基因在那里了。当你离开了你的基因,抛弃了你的基因,实际上你已经没有精神着落了,找不到自己的方向了。为什么现在中国社会出现这么大的精神问题?你看大家文化水平都很高,但是我国整体的人性发展程度就未必高。那是因为他们把知识增长当成人与人之间互相攀比的标杆。中国文化现在走的误区都是英美派知识分子的,连反鲁迅的思潮都在这里了。如果没有陈独秀、鲁迅、胡适,新文化运动能搞成功么?然而这些英美知识分子就是看不起中国的其他知识分子和老百姓。你什么都不关心,就想着当名人,这是不行的。尽管鲁迅留日,但他的作品你读了亲切,他是关心中国社会,而不是为了当名人,所以很容易沟通,很容易进入到人的心里去。一旦进入到心里去,就像母亲一样。文化最伟大的力量就是进入到心里去,就此永远挖不去了。而鲁迅在我生命中就是神经,不能抽掉的。你想象,当你把你身上读过的文学作品都抽掉了,你成了什么? 那是个傻子。所以说,一个人对社会的感受和体验很重要。

黄:老师,我想追问一个问题,当下青年对自我的人生没有预期,除了与家庭娇惯有关系,还与什么有关?

王:跟社会有关系。现在,社会思潮向物质化发展。90年代开始经济大潮,大家关心的都是钱,有了钱大家都没有了精神文化上的预期了。实际上,假如没有了预期,是不行的。你看马云,马云还是很有水平的,他永远不停留在一个地方。李嘉诚在研究现在经济的发展趋势,他的神经都在看着这个世界。你没有这种对周围世界的敏感,你没有自己成长的预期,你头脑很快就枯竭了。所以为什么他们只看懂《背影》了,就是他只有十几岁那种经验。精神上没有波动,是体验不到什么新东西的。对人好坏也分不清楚了。为什么一代青年人犯罪的多了,受骗的多了,栽跟头也多了。就是对自己没有一个预期,他们是被社会潮流冲着走的。正如我一开始提到的,一个青年的成长在于接受历史上曾经积累下来的文化遗产,才能够提高,才能够有文化储备,才能对现实社会有深刻而具体的认识。

黄:谢谢老师!

悼念王富仁老师

黄美怡

  还记得 2015 年秋天刚上富仁老师课的时候,他说过大概是"我讲过的课中如果有一两句话能在日后被你们记着,我也就心满意足了。"那时候我想,这位著作等身、对现代文学研究影响如此深远的王富仁老师是如此谦逊平和,这就是大家风范。

  接触王富仁老师多了,发现他平时一见到学生总是笑眯眯、乐呵乐呵的,非常平易近人,而一到讲课的时候却像换了个人似的,激情澎湃,眉飞色舞,俨然大家风范。"我们现在不是没有文化,只是很多问题,我们不敢想、不敢说、不敢怀疑、不敢标新立异、不敢和这个世界叫板、不敢反传统。只有敢了,知识的臂膀才能伸出来,才能感受到自己是有力量的,每个人都是一个响当当的人,都可以响当当地做事。"王富仁老师如是说。因此我最爱听他讲"五四",那些风云人物对王富仁老师来说如数家珍,自此我了解到鲁迅笔下真实的中国,了解到胸无城府、率性真诚的郁达夫,并由此触发了我自己毕业论文的灵感,在思辨之下撇开了世人对郁达夫的偏见,进行更深入的了解。不过自我 2015 年听王富仁老师课开始,都留意到他经常要咳嗽、清痰,甚至偶见垃圾桶里有血丝,因此我们都为老师的身体状况担忧,经常了解他的情况。直到 2016 年 5 月份,老师即使身体不适仍坚持每周给我们讲课,总是精神矍铄地与我们畅谈"五四",不得已去北京治疗时,听他带的学生玉荣说老师在医院里治疗得很煎熬,很想回来给我们上课。我们又何尝不想继续听他讲"五四",延续沉醉在他课上的幸运?!

  去年 10 月份文学院举行了"纪念鲁迅诞辰 135 周年暨逝世 80 周年茶话会",当时正接受化疗的富仁老师因脱发光着头来到现场。改变的可能是容貌,但不变的依然是他对时代的思考和忧心忡忡,让人为之动容。王富仁老师的话掷地有声:"一个没有英雄的民族是不幸的,一个有英雄却不知敬重爱惜的民族是不可救药的,有了伟大的人物,而不知拥护,爱戴,崇仰的国家,是没有希望的奴隶之邦。"最近读王富仁老师的著作《古老的回声》中对屈原《离骚》的重新解读,王富仁老师论述并认为"他（屈原）是一个真正具有个性意识和自我意识的觉醒的人"。无论在课上，还是在其著作中，老师总是这样希望我们摆脱墨守成规的思维方式，总是以人文关怀的角度来思考这个时代，思考我们的生存状况，我们需要鲁迅精神，这是我在读研期间深刻感受到的。像王富仁老师一直以来所说的——"这个世界该怎么存在？就需要一代一代人，把时代的天顶起来，每个人伸出一只胳膊，天就塌不下来。"因此在追思会上，有一位发言的学生代表非常激动地表达王老师的课让她感受到了从前"个性"、"爱"的教育的缺失，那一刻我非常有共鸣。

"又一个五四到来，这个'五四'天色阴沉，风起雨落，仿佛一个时代的悲情谢幕。"

高山仰止，景行行止。未讲完的"五四"，砥砺我辈，仿佛还是昨天……

2017 年 5 月 13 日初稿，8 月 29 日改定

（作者系汕头大学文学院 2015 级在读硕士）

追思王富仁老师

雷　恒

　　前些日子惊闻老师病逝的消息,开始时不敢相信,到处找寻新闻证实,而待事情被证实后,内心不禁凄凄然,有恍如隔世之感。今年是离开汕大的第二年,不长不短,上年夏季我还回去过汕大一次,感觉一切似乎还如从前,没想到今年得到了这个噩耗,而又突然想到,今后再回学校,就没有王老师的身影了,一切就都变得不真实起来。我知道,人生总是要经历这个阶段的,但总会想着还很遥远,还远远不会在我们身边发生。也许逝者往矣,就不会再有悲伤和灾痛了,但身边人却还要承受这记忆的重量,时而淡忘时而想起,直到终站。

　　在我的印象里,老师是一个和蔼可亲、内心充满大爱的人,想起他,最先想到的,总是那个在课堂上激情澎湃地呐喊着的老人家。老师年纪大了,身体不是很好,时常会讲着讲着忍不住长时间咳嗽,当时我们坐在下面的同学看着都很心惊胆战,生怕一不小心老师就倒下了,同时也深感老师的不容易,可每回看到老师活力满满地来讲课,又很是敬佩。还在学校的时候,时常还会在步行街遇上散步的老师,每当看到这位笑容可掬的老人家时,总让人感到一种强大的生命力,不由得也会心情愉快起来,内心本有的阴霾很快也会散去。那时候我觉得,老师真的很强大,一个有着强大生命力的老人,是不会轻易倒下的。然而,也许每个人都或多或少是这样吧,在别人看来,很多时候总是强的,可是背后的无奈、脆弱与无助,有几人知道?

　　我很庆幸自己赶在了有生之年聆听老师的教诲,能够听到他讲老子、讲孔子、讲鲁迅……老师德高望重,在学术界成就斐然,然而真正让我受用最深的,是老师对人性的深刻剖析;最受感动的,是老师对爱对民主对平等对自由的诠释。他有时候就像我在《悲惨世界》中感受到的作者维克多·雨果——这位我至今最敬重的文学家。他的虔诚很大程度上影响了我的三观构成,我相信他的学生千千万,深受其影响的还有很多很多。也许,老师那种强大的生命力正是在于他的虔诚,如今他不在了,但是继承他力量的人还有许多,或许这也能算是一种另类的"继续存活"吧。

离开了学校,接触到社会的复杂性,同时也接触到各种人性的丑陋,而自己还想活在虔诚里,有时候甚至会被视作"异类"。要在这个很多时候以利为重的薄情社会里,在这些总试图以自己的意愿征服他人的人群中"特立独行",还要防止自己一不小心成了曾经讨厌的人,不能不说有时候是不太好受的。最近又回顾老师的名言,不禁深有感触,不知不觉怀念起那些逝去的人、逝去的时光,还有那些色彩斑斓的梦……美好都在回忆里,可惜不会回来了。

2017 年 5 月 5 日

（作者系汕头大学文学院 2015 届学士）

追思王富仁老师

曾　婷

写这篇文章时，很想翻出笔记本摘抄王富仁老师的上课语录以作悼念。因为我深觉自己浅薄，无法写出让人追念的话语，我惟愿老师的哲思哲语永留世间。后来我想起在大学林荫道上，和老师打招呼，老师总是笑着对我点头。课堂上，他老人家从不喊累，总是站着和我们上完 120 分钟的课。这样一位爱学生，尊重教学的老师，若真逝后有灵，他会看见学生们送他而微笑的。为此念头，我从脑海里翻找，把从老师课堂上得到的一些东西重新写下。

刚上大一的时候，中文系的师兄对我们说："一定要选王富仁老师的课。过不了多久，老师就不教了。"法律系的师兄知道我是中文系的对我说："你在中文系可真好，要多选王富仁老师开的课。老师非常好！"那时候，我不知道王富仁老师有多好，只知道大家都推崇这位老师。因为从众心理，后来，我特意查了老师的课程时间，想着要旁听。结果因为各色各样的校园活动，从未去过。回想起来，我觉得那时师兄们说的话也算箴言。可惜我辜负了时光。

大一第二个学期，我抢到了王富仁老师的"老子研究"课程。一个学期的课程都围绕《道德经》这本书上课，虽然只有短短五千言，但是对那时的我来说，真的很难读懂，每次课，我都在做"录音机"，把老师说的富有哲理的话记在本子上。每次课，王富仁老师都会选一节讲述，但他并不释义，也不引经据典，他讲他的感悟和他的人生。我到现在都记得，讲到"无为而治"的时候，老师说汕头大学才是适合做学问，适合生活的地方。老师说以前他研究儒家学说，里面有一种"争"的思想，后来他研究道家的思想，他看到"不争"，这才是人的自然生存之道。老师还说万事万物都要有自己的空间，才能自然生存，人要找到自己的生存空间。于是老师从北京来到了汕头大学。

上课期间，老师还讲了很多启迪人的话语，但我很多都记不清了。在此只列举我印象较为深刻的几次。有一次，老师讲到自己对道家学说的研究，讲他每天都读书，每次读书都在书上做新的笔记，他在用自己做事例告诉我们读书要笔耕不辍。

但老师说着说着,语气就低落了,他觉得因身体原因,自己时间太少,难得再出一本研究论著了。我当时呆呆地望着老师,觉得很难过。

又有一次,老师谈起青年人,他满含期待,对我们说要在年轻的时候,把握时间,多读书,多做学问。大学里最后一个学期,我抢到了老师的"《故事新编》研究"课程。课堂上,老师说这本书,研究的人很多,但他觉得还没被研究彻底。老师在上课时总鼓励我们提出自己的新观点,现在想来,我觉得这也是他对我们青年人的期望:有更多的青年人迈上学术研究这条路,给学术界更多新鲜力量。

毕业两年,我对曾经背过的《道德经》和看过的《故事新编》都忘得差不多,但想不到,我却记得老师说过的这些话和他对我们的期待。老师虽已经远去,但如我一样,曾上过老师课的学生,或多或少都在老师身上得到了启迪与鼓励。难道这不能说明王富仁老师依旧长存吗?

2017 年 5 月 10 日

(作者系汕头大学文学院 2015 届学士)

记忆王富仁老师

池慧勤

得知王老师去世的消息是在5月2日22:18分，一位师妹在朋友圈发动态：王老师，走好！当下的感觉是心头一颤，觉得大事不妙。再看看汕大其他的学友们，没什么反映，我想怕是多虑了。洗漱完毕，再打开朋友圈的时候，就被王老师去世的消息刷屏了，顿时觉得心头一酸，竟不知该说些什么好。

一直觉得他是一位富有战斗精神的老者，同时也是一位为富且仁的老者。可惜了，我们又少了一名战士，老天也真是吝啬，何不把碌碌无为的如我这般无用的人消磨掉的时间都累加到他的身上？

这几天总在想，像王老师这样的大师，在生命的弥留之际，是怎样看待生死大关的呢？也一直觉得遗憾，没能在他身边，亲耳听听他最后的言说。今日看到艳艳老师的一篇小文，在生死大关面前，王老师还能泰然自若，还能一如既往呵呵地笑，这话终究是解了我的惑，也给我上了人生的最大一课。

那时候王老师讲鲁迅、讲孔子、讲老子，在我看来，这几个人的特质太不一样了，王老师居然都能存乎胸内，做成一家学问。那会儿常想，这几个人会不会在王老师的思想里吵架呢？到底是谁更胜一筹，谁消解了谁？而今明了，当他是一位战士的时候，他就是"横眉冷对千夫指"的鲁迅；当他为富且仁的时候，他就是"仁者，人也"的孔子；当他淡漠名利，不与人争的时候，他就是"上善若水"的老子。同样地，王老师的"三个世界"与"新国学"的倡议，也是让我耳目一新。这是我所了解到的学术上的王老师。由于鄙人的不学无术，实在不能阐明王老师思想中的微言大义！做了妈妈之后，总会想着要让孩子读些什么书来保持对生活的观感呢，这时候就会想起王老师，想起鲁迅。对呀，就读鲁迅吧，让她们能时时对生活充满警醒！

由于和师兄、师姐们亲近的关系，有时候也会跟着他们去私下"旁听"王老师的高论。通常他们会和王老师"把烟言欢"，天南地北，高谈阔论。而我只是一个听客，悄悄地听着，默默地记着，心里暗暗地悔恨交加，怎么自己就没好好读书，以至于有这样好的老师，竟问不出好的问题，想不出好的论题。自然，至于问题好不好，有没有深度,王老师是全然不会介意地,因为他总会抓到你的闪光点,循循善诱!

做他的学生是幸福的,不单单是因为他正规课堂上渊博的知识,私下里聊天式地漫谈,同时也是因为他总是爱送书给我们。只要我们想读的,喜欢读的,他都不会吝啬。据说,王老师曾送给一位师兄一套《鲁迅全集》,这该是多么让人艳羡的事儿呐!现在我的手头还有他送的几本书:王老师亲笔签名的《中国文化的守夜人——鲁迅》,记得当时老师还特意讲了为什么用猫头鹰做封面。还有《新国学研究》《王富仁序跋集(上、中、下)》等。

现在,王老师走了,我想最好的缅怀他的方式,就是想他时读读他的书吧!想起曾写下的一句悼词:闻说天堂百般好,不及人间半暮春!"静待一叶花开,叶落待你归来",愿王老师,灵魂安好!

2017 年 5 月 6 日

(作者系汕头大学文学院 2015 届学士)

别了，老师

李嘉琪

我相信缘分，因为缘分，我来到了汕大；因为缘分，我认识了王富仁先生这一位可爱的老师。

老师去世的消息来得很突然。五一假期过后刷朋友圈突然看到王富仁老师在5月2日去世的消息，很是愕然，随之是感伤。记得在学校路上，偶尔会碰到老师在校道上散步，每每跟他打招呼他总会亲切地回应。我喊道老师好，他笑笑点头回应说你好，然后慢慢地迈着步子向前走。我看着阳光下他的背影，岁月在他身上留下了痕迹，他的步子迈得慢慢的。日常生活里的他是一个可爱慈祥的老人，平易近人。而在课堂上，给我扪谈起鲁迅的时候，他声音洪亮，情绪高昂，眼睛里充满着神采，仿佛他跟我们一样，是二十来岁的热血青年。王老师一生都在研究鲁迅，而每当给学生说起鲁迅，他都带着满腔热情，变得十分年轻。

所以，一辈子可以是很长很长的。因为坚持自己的理想，生活的每一天都能变得充实。

他给我们带来正能量，身体力行地教会我们生活应有的态度：坚持自己喜欢的事情。这是一件极其简单而又极其困难的事情。因为是喜欢的事情，所以要去尝试是很简单的，但要一直坚持下来却非常困难，因为生活中琐碎的事情很多，诱惑更是时刻潜伏其中。因此，一如既往地坚持最初的梦想变得难能可贵。毕业时在我们的毕业手册里，大多同学都有说到希望自己能保持初心，这说明初心是我们很多人向往并且希望保护的净土。王富仁老师在他的一生里做到了，他一生研究着鲁迅，而且给我们带来了影响。我想，虽然时间带走了他的生命，但他成为了一个勇者，在时光里刻下了他的光辉。

王富仁先生，我可爱的老师，在此我想对您说一声谢谢，您教会了我许多。愿您能在天国安息。而每当我想起您，我都会提醒自己，要像王老师一样去坚持自己的梦想。虽然我不知道以后自己的人生会是如何，但是至少当下我依然在坚守着自己心中的那片净土。

　　别了,我尊敬的老师,我可爱的老师。

2017 年 5 月 11 日

（作者系汕头大学文学院 2015 届学士）

追忆王富仁老师

周楷棋

那个夜晚有些闷热,王老师家楼下的灯光并不明亮。

大概是八点这样来到王老师家,一起的还有几位同学和两位老师。王老师家里有很多书,书柜里塞得满满当当的,地上也堆有很多。除了各类论著和作品,还有全国各地的出版社给他寄来的,装在纸袋里尚未拆开的各种文学杂志。王老师有送书给学生的习惯,我们这一届每人得到两本,一本是《新国学研究》的第13辑,一本是他的论文集《先驱者的形象》。两本书的扉页上都写着"某某同学存正",并留有他的签名和日期。

电视柜的中央摆放着王老师的照片,照片上他的笑容就和我第初次见到他的时候一样。上个学期,在北京看病回来的王老师给我们开课,我见到站在教室外的他戴着一顶圆帽,和同学开心地谈笑着。他已经七十多岁了,笑起来依然像个孩子。

"笑"就成了我对王老师最初也最深的印象。他总是笑,在文学院网站的教师介绍板块上,在上学期每个周一和周五下午的讲桌前,在各种访谈、文章的配图上,在电视桌前的镜框里。学期末的时候,王老师请我们吃饭,他坐在我隔壁的隔壁,和我们喝酒谈天,和我们一起笑。

王老师的爱犬叫胖胖,它有一双大眼睛,从房里走出来看我们,在我们脚边打了一会儿转,又走回房里了。我们在客厅点上蜡烛熄了灯,一起观看王老师过去的视频。我们坐在一起都不说话,但偶尔能听到胖胖在房间里呜呜地叫。视频里,王老师正在某个讲坛上做演讲,看起来比我所见到的更加年轻,更加精神。给我们上课的时候,王老师的身体已经不太好了,唯有说话的声音依然洪亮有力,中气十足。说到激动的地方,他还会猛敲桌子,让时而走神的我立刻正襟危坐。

空气有些黏糊糊的,还有蚊子在耳边聒噪。在烛光的辉映下,我依稀看到电视柜上摆着的一个铜制的鲁迅塑像,正好王老师在讲座里也提到了鲁迅。我想起第一次见到王老师的名字是在《二十世纪中国文学史论》里,他写的文章叫《中国现代主义文学论》,在其中提到了鲁迅的作品和现代主义的联系,我亦由此得知他是国内鲁迅研究的泰山北斗。在来到汕头大学读研后,我读的第一本论著就是他的博士论文。

王老师的文章里有一种"气",很难做具体的描述,但能感觉到这股"气"来自他生活的那个年代甚至是鲁迅生活的那个年代,使朴实又酣畅的字句有了深刻的批判和洞见。王老师给我们上课的时候也经常提到鲁迅,他是鲁迅的传灯人,灯火照亮了许多知识分子前进的路,也使我们得以找到某一条适合自己的路。

看完了视频,我们打算选念一篇王老师的文章作结。最后的选择是《学界三魂》,王老师将鲁迅旧日的思考引到今日,引到我们面前。这也是一盏灯,灯火能照亮黑夜,使人心存勇气,远离恐惧。鲁迅为中国文化点灯守夜,王老师的一生亦撑着鲁迅留下来的灯。他们虽然生活在不同的时代,但都是知识分子里清醒的那一批人,鲁迅告诉人们不要害怕黑夜,王老师则告诉人们不要忘记黑夜。

两个小时的追思让人感觉似乎穿越了一个漫长的夜晚。即将离开的时候,我们走进里房去看胖胖。它不怕生,瞪着大眼睛看我们,但显得很疲惫。胖胖的状况也有些不好,它已经十六岁了,相当于人类的百来岁,所以也称得上是王老师的"老友"了。我们走的时候没有熄掉房间里的灯,这样多少能让它免于蚊子的滋扰。

回去的路上我在想,黑夜中的灯火确能予人以帮助,但在大白天的时候还需要灯火吗?如果在日光之下每个人都能看得清楚的话,那还要灯火来干什么呢?但天上的阳光越是炽烈,地上的阴影同样越是显著。黑夜固然能让人对黑暗麻木,但阳光不也会使人失去对阴影的警惕吗?

所以我们需要灯火,这不仅能教我们记住危险的黑夜,更能帮助我们冲淡烈日下的阴影。

我也想从王老师那里借一点火,然后试着将之传递下去。

2017 年 5 月 6 日

(作者系汕头大学文学院 2016 级在读硕士)

哀饮

李　超

教堂的钟声已悠然远起，
尘间愈多的花冠围绕您，
从不久前开始，愈重的泪水，
聚集，寻往至深处、
至幽暗的所在，淌往您，
愈重，饮尽所有的哀伤，
直至力的中心再无能承受，
倏地，瞬间陷入崩塌……
然而崩塌之后人们还未能理解，
而 Ta 的重量亦将不复存在，

——唯有啜饮。天使的歌声哑然，
（她/他们一度行在上界的光里），
而失调的音符自诗琴间滑落，
坠落着，沉陨着，休止着，
落入——那是无名的大海，
——啊，那些曾经为天使所歌的灵魂们——
尽管暗浪汩汩，依旧在呼唤，
而徒劳地，唯有远远应响
逝去的岁月里
您的深寂、您的旷远。

泪笔，5 月 3 日凌晨

后记：

2012—2016 年就读于汕头大学中文系，曾修读王老师《〈故事新编〉研究》、《〈雷雨〉导读》，旁听过老师的硕士课程，受益良多。今日异乡（就读海德堡大学）惊闻老师离去，数日无言，此刻留下一些字，献予老师，愿老师还听闻人间的祈祷……

（作者系汕头大学文学院 2016 届学士）

沉痛悼念王富仁老师

李影媚

1

今晚在班群上得知王富仁老师去世的噩耗，难以置信，眼泪一下子涌了出来。

一时间也明白为什么小燕老师今天的朋友圈会如此地奇怪：发一大堆哭泣的表情。

想必小燕老师此刻也特别难过。

沉痛悼念王富仁老师，愿一路走好！愿安详！

2

杨平同学问，你是不是懊悔了？

是的，我很懊悔。再也没有机会认认真真地听王老师的课了。但这不仅仅是懊悔。

3

大一时候，在《公文写作》课的课间休息时候，张老师翻看我的笔记本，上面恰好摘抄了王老师对于鲁迅评价的一些句子。

"你上王老师的课了？"

"没有。"

"那这些句子，不是王老师说的吗？"

"哦，我从书上摘抄下来的。"

"王老师是不错的老师，他的课值得听一听呀！"

第一次知道，原来王富仁老师在汕头大学文学院。

4

大二，我选了王老师的课程《故事新编》。王老师总是带一顶浅灰色的布帽子，当时经常拿着一个粉色保暖杯,穿着一双布鞋。他特别喜欢抽烟,每次课前课后他都要在走廊点着一根烟。彭志恒老师这一点和他很像。

除了大一时候彭老师的《中国现代文学》课,我在王老师的课堂上,也从老师的视角里窥视到真实的社会。王老师特别谦逊,脸上总是笑呵呵的。他上课时候带着山东家乡的口音,声音还特别轻特别低,讲到激动处,声音却提得特别高,甚至情不自禁地用力拍打桌子,能把似乎要睡过去的同学给震醒了起来。

课程结束之后,他请全班同学吃饭,去的人不多。在饭桌上,他不怎么吃东西,一个劲抽烟。当他知道马孝安同学也来自山东,他就问具体是哪里,说已经好多年没有再回过家,和大家说他原本也是农民,和他接受外界采访的内容差不多。他的脸上依然还是挂着笑。

5

还记得他说,学习最重要的不是认识共性,而是学会分析各种事物之间的差异性,抓住任何一件事物的核心。

记得特别清楚,虽然现在也无法真正做到。

当他谈到当时大力宣传推广的孔子学院的时候,只是笑;谈到"很多人担心英语和外国文化的推广会影响中国文化的继承"的时候,他也只是笑:难道中国人说英语,在餐馆用刀叉吃饭,他就成为外国人了?难道他回家就不用筷子了?文化是渗透在日常生活各个细节里面的。

6

上学期因为参与保研需要教授推荐信,孙老师说"找王老师最好,王老师的推荐信在学术界很有分量。现在我们有什么事需要推荐,还是找王老师最有用"。这让我想起王老师说过的话:"中国知识分子抢先进入所谓'消费时代',不但自己千方百计地消费别人,也让别人尽情地消费自己,在中国社会上成了一个只会插科打诨的阶层,演出的是一幕滑稽喜剧。"

最后,我当然没有找王老师给我写推荐信,倒不是只因为自己惭愧,觉得自己读的书太少,没什么思想,担心自己一不小心就让王老师消费了他自己,也是因为王老师那时候身体也不好,去了北京住院。

最后,王老师的两位学生,我的两位彭老师帮我写了推荐信。

7

上学期他从北京养病回来,还出席了鲁迅逝世80周年的纪念日。在论坛交流时候,他的手时不时在抖。

不过还是经常在汕大荷花池和二三饭能与王老师偶遇。

后来在新行政楼的竹林那一处又偶遇王老师,我和他聊起保研的事情,他说北方名气大的高校其实很多名额已经是内定给本校的学生了,我也在那里带学生,我知道。

他完全就是一位平易近人的老人。我不知道他说这些话是不是有意安慰我,可是他确实在乎和尊重哪怕是一位小小学生的感受。

我问他是否还会带研究生,他说如果学校安排,身体允许,还会带的。

8

"选王富仁老师吧。"

"可是他的身体不能支撑他指导了。"

"你别怪我讲得功利哈,如果你选王富仁老师当导师,以后在学术界的推荐很有优势。"

最后,我当然没有这样做,并没有选择请求王老师消费他自己。

只是不知道他听学生这些话会是什么反应呢,也许他早已经知道这些想法。

他说过,别人请他去参加教育改革交流,他只有一个要求,就是能允许他说自己的话,不要改变他的意思。

王老师肯定知道自己被很多人消费着,可是因为他的平和,他也让别人消费着自己。只是他无法忍受自己不能讲自己的话。

王老师现在就这么走了,中国又少了一位能说实在话的学者。愿一路走好!

2017 年 5 月 3 日凌晨 3 点 15 分

(作者系汕头大学文学院 2017 级在读硕士)

悼念王富仁老师

张金城

5月3日早上,听到王富仁老师昨夜离世的噩耗,愕然当场,恍惚良久。

不敢相信,不能相信,赶忙给同在广州的周师姐打电话,她已啜泣,哽咽无言。

而此时窗外阳光耀眼,让人有些晕眩……

师尊赠送的书,还在书柜案头,师尊的照相也还在电脑中保存;师尊的教诲言犹在耳,师尊的课堂笔记我也仍然珍藏。王老师他总和蔼地笑着的,虽然已届高龄,但他一直都是行动自如的,虽然素有咳疾,但他一直是那般刚毅地讲着课的——然而如此突然!

赶去上班的路上,便看到微博上有许多的悼念条文出来了,有学界的大家,有老师的学生,熟悉的,不熟悉的人,都在悼念他的离去。

下午广州大雨滂沱,不知道如何上完的六节课,入夜后昏昏沉沉,一夜的雨声……

一天过去,两天过去了……连着几日来,小心翼翼不去回想往事,它们却和眼泪一起从记忆中涌来。

王富仁老师是在2003年3月入聘我的母校汕头大学的,但我初识先生却在此前。2002年底他应邀来汕大作《中国近现代文化发展的基本线索》的讲座,那时作为一个大二学生的我只知道他是学术界德高望重的前辈,心中有高山仰止而遥不可及的敬重。没想到整场讲座深入浅出,没有学究气,还都是朴实的大白话,一场讲座下来,后辈小子竟然都能听得明白,惊喜莫名。老师的言语又是意趣盎然又耐人寻味的,一句"我们穷得一张钱要数两面的",当时莞尔,觉得老师是风趣的。

后来王老师真的来了。当时我是文学院团委刊物《鹿鸣》文学社的成员,文学社决定采访王老师,由我和另两位小编负责。2003年9月11日,恰逢中秋节,我们去了王老师的办公室。我们自觉责任重大,神情肃穆,王老师却是一脸笑呵呵的,没有一点架子,使得我们怪不好意思的。师生闲聊了一个下午,鲁迅与青年,学术和生活,中国与世界,无所不谈。记得稿子写好后让王师过目,老师用红笔圈点了诸多的错漏之处，甚至一个小小的标点符号也做了修正，我大为羞愧，先生却笑得爽朗，说还是不错的。而稿子开头的"大师印象"也被改成了"王富仁印象"，还写了蓝色的批注："文中最好不要用'大师'，我非'大师'。"我们都感到了老师极为平易谦和的性格。

王师入职汕大的第一个学期就为我们2001级汉语言文学专业本科生开讲《中国现代文学史》课程。其实以他的学术地位（还有他的年纪），是不需要给本科生讲课的了，但他却乐此不疲，一讲就是十多年。王师每次上课，没有教材，也不带教具，开场总是笑嘻嘻的一句话"咱们还是聊天……"然后在长达3个小时里不停歇地讲授（中途不下课）。话之所至，一个个作家、一部部作品，一个个问题，一场场事件，连同这背后的思考，在我们的眼耳间纷至沓来；便是这样，中国现当代文学史，乃至于世界文学史、世界文化史，都在王师看似信手拈来的随聊中一一向我们敞开。到学期末，又很不好意思地总结："这个学期的课我上得乱七八糟，讲到学期末才刚开了个头……"仍是笑呵呵的。我当时窃想，这想必就是学人的高峰境界吧：文化指掌，古今皆已了然于心，六经注我，胸中自有万千丘壑——于王师而言，文学和文化早不是外在的东西，而是已经融入到他的生命、他的血液之中去！以至于常常说到唇焦口燥，声音嘶哑，咳嗽不止，还坚持不怠，不能自已。偶有课间休息，又是抽烟，还要应答好学的莘莘学子，如此日复一日年复一年，他便如蜡炬一样，炽然成灰，燃尽了他的生命！

在王师的课上，有同学以不下课为苦，但我却认为自己从中得到了人间至为宝贵的精神食粮！我并非一个好学的学生，却对王师的课很是珍视，只觉得他的话里字字珠玑，每次都争取坐在前排，仔细聆听，生怕漏掉一字一句，有如久旱的禾苗遇上一个雨季，如饥似渴地汲取和积蓄自己并不丰厚的文学素养。只觉得处处都是学术的意趣，处处都是研究的风景。我也勤奋做笔记，每次听课都奋笔疾书狂抄十多页草稿纸，有时甚至连抬头看老师的时间都没有，恨不能将先生所有的言语，都记录下来。可以说王师的每一次课对我来说都是听力与体能的考验。因为课堂笔记字迹潦草，时间久了怕自己都认不清，我就在课后把笔记输入电脑文档，还在学校的BBS论坛上发出来共享，也是同聆教诲的意思。当时有感而发："听王富仁先生课真是人生快意！每逢课罢，总觉意犹未尽。抄一大堆笔记，虽大致有所得，但总以不能还原先生话语为憾，恨不能极尽所能，以粒字点滴，力保原貌，感受先生的声情并茂和睿智可亲。现只能极某之所记，打成字稿，一来练练字速，二来更为重者是复习，也是不枉自身而不负于先生。此三者，则是与诸位共勉。"记得我还给当时学院的院长发了封信，希望能将王老师的讲课录音整理，觉得这对学院和以后的学子是一种莫大的幸事。

　　如今师尊已逝,夜里再翻开大学七年间做的一大摞课堂笔记,有近半是听王师的课的,其中就有《中国现代文学史》《东西方文化比较》《孔子研究》《左翼文学研究》《文学研究方法论》《中国现代短篇小说研究》等多门课程,厚厚的好几本。还有多次讲座:《中国近现代文化发展的基本线索》《鲁迅与中国文化》《知识分子人格论》《成长的逻辑》《老年文化·中年文化·青年文化》,这些讲座大都是应学生活动邀约(如研究生论坛之类)所作的发言。记忆中有段时期凡是汕大全校性的学生活动,首场讲座必是王富仁老师主讲。很多人知道王师有汕头大学"终身教授"的尊贵头衔,以为过的是颐养天年的悠闲生活,却不知道除去这繁重的本科、硕士的授课任务,他还组织了几场在学界有重大影响的国际学术研讨会,持续出版了专著,不断发表论文,主编了多辑《新国学研究》。此外还有学校那许多的大小会议,许多学生的拜访、提问和要求……人们常在校园里看到的是一个牵着小狗溜达的老头,却不知道他在遛狗的时候也在苦苦思索着中国文化,思索着学术研究的未来,有时不知道是他在遛狗,还是小狗在遛他。途中如若碰上提问的同学,他又可以滔滔地为他们"解惑"个把小时——他总在忙碌,他忙碌到几乎没有一点点自己的时间,像鲁迅一样,燃烧自己,照亮别人!也像鲁迅一样,在长期的苦苦思索和勤奋不辍的写作中,在任劳任怨的教学劳碌中,过早地损耗了自己的健康和生命!

　　大学考研我本选定古代文学专业,参考书复习了大半,做了许多的笔记。却因为听了王师的课,补充了中国现当代文学知识,发现了恢宏多彩的现当代文学、文化独特的研究价值和意义,不知不觉中转变了研究兴趣,继而改弦更张,选择考取了本校的文艺学专业(中国现当代文学方向),又在选择导师的时候,很幸运地成为了王富仁老师的学生。在汕大七年的学生生涯中,王老师对我们影响之大,难以尽述。师尊温良的秉性,博大深邃的学识,对学生无私的关爱,对学术永远炽热的心,影响了每一个接近他的年轻学子。

　　2008年硕士毕业后,我到了广州一所高职院校任教,由于师资缺乏,竟连全校性的《大学语文》课也没有。学科边缘,没有群体,没有同好,专业和生活一样寂寥。偶有机会跟老师谈起,我说,这样理工科高职院校不重文科,学生不爱文学,遑论鲁迅,感觉与理想落差太大,似乎自己的教学都失去了意义。师曰,唯其没有人讲文学,讲鲁迅,咱们讲了才难能可贵——要坚持做没有人做的事情。我豁然开朗。现在每每跟学生讲文学课,就会想起师尊的话来。

　　入教职几年,生活无澜,日久疲怠,想要有点进步,便想到了考博。等到要交推荐信的日子才急匆匆给王老师打电话。我嗫嚅说,时间太紧,能否请老师同意代为签名,老师肃然道,这怎么可以,大家都这样那中国会是个什么样子!我骤然伤心,说,这只是个例行的程序,而别人收信也不在意的。王师说,那也不能随意应付,否则社会会成为什么样子！我那时自觉委屈,学生一个小小的请求,这会否太不近人情！挂了电话,心中委屈难当——因为在我心中,王师的评价,分量至重。因而愤然写了一封数千字的长信:"因为疏懒日久,学业荒废,但仍是祈望有机会能读博,逼迫自己在学术上做出哪怕丁点的成绩来。不想日里求助被导师数落,心中甚是悲怆。当然也自知不足,无德无能,但还是奢望别人能理解同情自己的现实遭际。我虽庸碌,但自认为尚不流俗至此!""学生不敢否认有些看透世情的油滑,但也自知秉性离流俗甚远。至于态度,有时冷漠,有时热情至于谦恭,恐怕都不是老师所喜的……之所以写这封长信,是想让师尊之知我,并非那般不堪……我总觉得比列于同辈青年中,自己不是最依附流俗的一个。"虽曰自剖,但愤懑之意溢于言表。最终这封信没有发出去,现在想来,无非年少的意气。而做事严谨认真,讲究原则,这是师尊一直的坚持。然而后来再跟老师通电话,又是笑呵呵的,毫无芥蒂。他总是对事不对人的。

出来工作后,平时也甚少联系老师,教师节或者过年时问候一下,电话一般是节后才打,怕扰了老师。每次打电话也极简洁,无非是身体如何,上什么课程,再是报告一下自己的近况——其实无非只是想听听老师的声音,想知道老师是否安好。王师的回答也无非还是身体无碍,还在给本科生上课,此后又是讲到学术的话题去了——夫子总是不忘其师心本道。

时光荏苒到没有一丝的痕迹。毕业十年,只回过母校两次,都给王师送了念慈庵的止咳糖浆。我高中时曾患咳疾,以至于夜不能寐,数月不愈。试了无数的偏方不见好,不想一勺糖浆,却让我一觉睡到天亮,从此便认定这是起死回生的止咳良药,每每推荐给人,却未必能好。但我想,老师这种长期的久咳,糖浆润肺也是好的,只不知道他后来喝了没有,可有好受一些?然而这些都不得而知了。在某年给老师的教师节贺卡中,我大约写了这样一句:鲁迅在《腊叶》中尚且为爱他的人保存自我,望老师也为敬爱您的人多加珍重,爱惜自己的健康。都忘了有几回,给他的贺卡或者电话里,都只劝他少抽烟,多喝水,除了这句,再记不起说别的话来。

2014 年 9 月的一天,接到王老师电话——这是第一次接到王师主动打来的电话,言将给我寄再版的《古老的回声》,又知我已经在华南师范大学读博,不知道是否已经离职原单位,故等到开学才为我寄去华师。我心甚为感动,那天特地写了日记(已经多年不曾写):"师尊年迈,仍记挂我的事,又触起多年的情愫来。眼角湿热……"不久收到老师寄来的书,看到快递箱子上那熟悉的刚硬遒劲的字,想及七十余高龄的老人家,拿着几本厚重的书,蹒跚到学校的邮局,一字一字写下地址,又把书本细心封装的场景,不禁泪下。箱子不易存放,我就把箱子上的老师手写的地址剪下来珍存。翻开《古老的回声》,扉页赠言题"张金城学兄存正",令我惶恐许久。现在想起，又忍不住流泪。

2015 年，本科毕业十周年聚会，回了母校，一切都物非人非。宽敞时尚的大门，在我们离开时还是一片荒地的新图书馆，还有正在修建的最现代的体育馆，这都不是我记忆中的母校。与穿着统一聚会服装的同学们走在校道上时，听到一群在拍摄作业的师弟师妹喊道："旅行团，快拍！"哭笑不得，又悲怆得很——这个留下了我七年青春和回忆地方，现在自己却只是一个过客。心情快快——好在王师还在学校！第二天同学们陆续走了，我独自去看望王师，还是那个小斜坡，还是那栋楼，打开门，迎接我的还是我那笑呵呵的王老师。窗外阳光正好，微风轻拂，夏木葱茏。在和光同尘的书房里，老人家还是矍铄、健谈，小狗"胖胖"在脚边跑来跑去；还是那个茶几，烟灰缸，缸里还是一堆的烟蒂，烟味弥漫……一切都和从前一样。这一个上午，我感觉自己真正回到母校来了——却没有想到，这便是和老师的最后一次相见，此后的母校，王师不在了……

与王师相遇是美的、最可珍藏的回忆。

师尊时时处处都以学术为重，时时处处又以学生为中心，没有一己之私，无时无刻不在为学生和研究耗费心力——凡是与老师有过接触的人，都深深体会到这一点。作为与老师生命相遇的千万个后辈学子之一的我，本性并不纯良美好，却得以在老师的晚年遇见他，又得到老师十分的关爱，并最终得以忝列门墙亲炙教诲，惠得十多年的师生缘分，我深为感幸！后悔没有在与师尊相处的日子里，有更多的交谈、请教和关心；又后悔在相处的那些年，过多地打扰了老师的生活，以致耗费了他宝贵的时间和精力。

师尊的学术成就，学界自有定论，他留下了等身的著作，将会有更多的后辈学子受到教益。师尊曾说过，"真正的人是活在文字中的。"文章千古事，后学如犹有学心，他便师心永在！

私自想用文字还原与老师所有交集，作为永久的怀念和纪念。然而文有所短，写心不尽，拙劣的笔端，总是无法尽舒胸怀。与老师的交集过往，现在回忆起来还是会痛——于这永久的离别人们终有一天也会淡忘吗？愿我能再记忆久一些，那少年的懵懂和少不更事，那许多的麻烦与心情，那师者最无私的心，那无尽的关怀和爱护……王师离去，使我们每个与他相遇相识的学生，心头都虚出了一块空洞。

中学时代学《藤野先生》，觉得比较枯燥无趣，只感到老师是木讷的，鲁迅是爱国的，老师是关心学生的。等到前些年从学生转做了老师，再重读之，才发现藤野先生专于教务而拙于世故，抛却国族之偏见，一心只为了学生好，这种无私赤诚的人师之心，最是难得！通篇大文，字字侵入肺腑，感人至深。王老师对于学生的关爱，与藤野先生是一样的。以前不解老师为何课间不下课，遇生于途也要大谈文道,人我皆苦,待我也做了老师,才知道这是一种恨不能戮力多讲倾囊相授的师者胸怀!而王师对于国家、民族及文学、文化的忠诚挚爱,又跟鲁迅是一样的,他们都是"中国文化的守夜人",擎起火把,在长夜里为后来人照出一片光明来。

我珍藏着一张十年前王师讲座的海报,上面有先生的大幅的半身照相。记得当年海报粘贴在研究生宿舍楼下,我当时已私心想要保留,便在讲座之后,趁着无人时揭下来据为己有了。从汕头到广州,几次搬家都带着,但却不敢展开,怕见到老师肃然慈祥的脸,再想到自己学业上的无所成就,自觉愧对师尊——在老师的教诲下,曾有过关于精研学术的梦,只是疏懒的本性与生活的现实,学术的梦渐行渐远了;但不肖弟子如我,仍得到老师这许多的关顾、许多的教益,实在是该庆幸,也该自愧的——这种自愧伴随我多年的浅梦,又催迫自己不至于沉沦。就让点滴往事一一镶嵌在心头,在自己未来也在进行的行将老去的人生里,再怀想老师无私、无边的关怀和爱护,以资鞭策;自己在学术上未必有建树,却会在此后的人生中,向师尊学习,做一个好老师。

深切悼念王富仁老师!

2017 年 5 月

(作者系华南师大在读博士、汕头大学文学院 2008 届硕士)

永远的王富仁师

宫　立

　　在汕头大学读硕士研究生时,基本每天下午都和王富仁老师,还有他的"三儿子"(王老师自己有两个儿子,一直让北京的几位学术界的好朋友羡慕不已)胖胖(一只已经陪伴了先生八年的小狗)去水库散步。每个下午我们三个"男爷们"就这样成了校园里固定的风景线,一个接近 70 岁的大男人,一个接近 30 岁的青年,一个 8 岁的"孩子"(其实算起来我还不如他大呢),就随着夕阳西下,随着水库升起一团云雾,随着三三两两的行人,走在最美丽的校园里。我们谈着刚正不阿的誓死捍卫鲁迅的硬汉子李何林先生,谈着王瑶先生最后憔悴离世的时刻,谈着曾经是 50 年代北大穿着最酷的王信老师,谈着弥勒佛式的钱理群先生在世纪末"新课标风波"中的"煎熬",谈着"冷酷到底"的赵园老师(这不是贬义词,赵园老师是我最喜爱的学者之一,"冷酷到底"只是形容她的文字的犀利,见解的深刻)和慈善和蔼的王德厚老师的学问还有他们的幸福生活。开始时,是我们仨每天都会一起漫步校园,慢慢的,我也需要多准备一些"学术食粮",先生也需要继续他的"作序人生",胖胖也需要寻找自己的幸福生活(后来他还当了爸爸,有了自己的小狗狗),我们仨也就少了些见面的机会,不过还是可以一个月见几次的。三年,我们仨不知道一起走了多少路,跑了多少路,因为胖胖想优雅地做绅士的时候我们就走,胖胖想勇猛直追,那我们也就只有舍命陪君子了。

　　先生是淳朴的。每当说起窝窝头(是用玉米面做的,最好是贴在大铁锅的边沿上,饭烧熟了时,黄腾腾的,金灿灿的窝窝头也就新鲜出炉了),先生就笑呵呵的,好像捡了个大元宝。先生说,他最喜欢像以前的农村人一样,吃饭的时候,端着大碗,蹲在墙角边,唏哩呼噜地大碗吃玉米糊,喝个底朝天。

　　先生是可爱的。每当胖胖看到要亲密的伙伴,风风火火地去勇猛直追的时候,先生也会不顾年迈,与他的"三儿子"共进退,直到胖胖乐了,先生也精疲力尽,但先生是快乐的。因为胖胖是他的最小的"三儿子",也是已经陪伴了他九年的最亲密的朋友,陪伴他写文章,陪伴他度过每个日日夜夜,尽管胖胖在家里很调皮,总是咬着先生的拖鞋,但是先生总是乐呵呵的,因为胖胖是他最忠实的伙伴,胖胖带给他的是无尽的快乐。

先生是严肃的、认真的。当学生表现出对学术不认真,不严肃的时候,先生会大发雷霆,毫不姑息学生的面子,直到学生意识到自己的过错,"改邪归正"。当学界一片跟风海外,要腰斩"五四",否定"五四"时,先生义正言辞,至今坚持"五四"对中国现代文学学科的重要性,至今坚持"鸳鸯蝴蝶派"小说、旧诗词、伟人诗不能入现代文学史。每次其他学者邀请先生写序,先生一般都会写出真正高水平的评论文章,先生不会在文章中写任何吹捧等不符合实际的话,先生总是会就作者这个学术题目谈自己的看法,每次先生都是把序文当作一篇学术论文来作。先生在为梁鸿师姐的博士论文《外省笔记(20世纪河南文学)》作序所写的《河南文化与河南文学》洋洋洒洒几万字,从殷商文化一直谈到当下的河南籍现代文学研究者的特色,为河南文化与河南文学正名。当我看到这篇序文所列的参考文献是胡厚宣、胡振宇所著的《殷商史》的时候,我想到了2008年陪先生去福建师大主持论文答辩,在去福州的长途汽车上,先生就在读这本学术著作,我当时翻阅时,看到上面写着密密麻麻的读书笔记。刘新生著有《中国悲剧小说初论》,先生为此写了长达七万字的序言《悲剧意识与悲剧精神》,此文2002年9月入选《江苏社会科学优秀论文精选》,并荣获一等奖,2002年12月获北京市第七届哲学社会科学优秀成果二等奖,可见先生写序文的认真。后来汕头大学为先生出版了《王富仁序跋集(上、中、下)》三册,据我自己所知,这三册并未搜全先生所写的序文,还有不少遗漏。先生是把序文作为一种事业来作的,如梁启超所言,"吾觉平常为一序,无以益其善美,计不如取吾史中类似之时期相印证焉,庶可以校彼我之利害而自淬厉也。乃与约,作此文以代序。既而下笔欲罢不能,遂成数万言,篇幅几与原书埒。天下古今,固无此等序文。脱稿后,只得对于蒋书,宣告独立矣。"

先生是谦虚、低调的。在台州学院召开的2004年浙江省中国现代文学研究会年会上,与先生通信二十多年的方伯荣在与先生交换名片时,发现先生的名片上简单写着:汕头大学文学院教授。先生当时已经是名满学界的学者,是新中国后第一个鲁迅研究的博士,也是中国第一个现代文学研究博士,著作等身。连比"严"上加"严"的严家炎先生还严格的樊骏先生在一篇文章中都称先生是"这门学科最具有理论家品格的一位",但每次在与先生交谈的时候,先生总是对我说"我那哪是做学问,只是写写文章而已"。先生每次作各种学术报告的开场白都是"今天我们只是闲聊天,也没有什么深意,有什么我就说什么,说错了,你可以指正",但每次报告前先生都是事先与报告讲座的组织者商量好,听众是哪些人,听众想听什么,会尽力满足听众的,即使是普通的学生社团邀请先生,先生也是认真对待,只要时间允许，都会如期而至的。

先生是多情的。当讲述郭小东为了建设学校，劝服家人捐钱，给家人下跪的场景时，先生在开题现场面对老师和学生失声痛哭。当先生听到上级主管部门下命令捐款的时候，先生拍案而起，先生在乎的不是钱，在乎的是这种命令让一种"人间真情奉献"变成了冷冰冰的金钱数字。先生不只一次捐款，面对矿难，他呼吁在消费主义时代的我们不要冷漠，需要"人间真爱"，需要恪守自己，做一个大写的"人"，做一个堂堂正正的汉子。

10年过去了，我已博士毕业并在河北师大教书两年，先生也已经是76岁的老人了，依然还在给本科生和研究生开设鲁迅研究专题课，依然在写关于鲁迅与顾颉刚的长篇论文，依然在呐喊"中国需要鲁迅"。前段时间去医院看他时，我发现桌子上还放着《萧军日记》，上面写满了先生作的批注。

要想深入解读王富仁老师的为人为学还有很长的路要走。写这篇印象记的初衷本是记述自己与老师交往的点点滴滴，最终却变成了一篇怀念恩师的文章。这篇文章写完后没几天，突然被告知，王老师于2017年5月2日晚7时因病永远地离开了我们……

本文曾刊于2017年5月15日《中国社会科学报·学林》，发表时原题为《王富仁先生的为人为学》

（作者系华东师范大学博士、汕头大学文学院2010届硕士）

追念恩师王富仁先生

范国富

　　5月2日晚8点多,看到微信上王老师去世的消息,我不相信这是真的。因为前些日子,还去医院看望老师,虽然备受疾病的折磨,但老师依然精神矍铄,依然那么健谈。他还说,人活到最后,是靠精神活着的。我相信上帝会眷顾这个可亲可近的青年老人,就如老师此前一次次闯过鬼门关一样。我打电话给师妹赵丹确认消息,她吱吱呜呜地说也是刚刚看到。我不相信这是真的,于是我又给肇磊大哥电话,电话的那头传来磊哥沉痛的声音,老师是真的走了。放下电话,看着书架上排满的王老师的赠书,早已是泪眼婆娑,忍不住放声大哭起来。那个关心我,爱护我的老师走了! 这几天,有多次到医院看望老师的冲动,告诉他我工作落实了,送给他我的浅薄的博士论文。但这些冲动终被自己的懒惰打败,想到还有的是时间,再等两天,和师弟约好一块儿去看老师。不曾想,陪同孙郁师去的那一次竟然成了我与老师的永别。

　　我出生于鲁西南的一个农民家庭,大学就读于本地的一所师范学院。原本我的命运应该和大多数同学一样,本科毕业后到地方的小学、中学教书,然后,结婚、生子……了此一生。但自己并不是一个安守本分的学生,这大概与我艺术类高中出身有很大的关系,周围的同学都是学习音乐、美术、体育、影视评论、书法理论等专业的,他们大多是依靠艺术特长考取大学,我没有那样的天分,最重要的是我的家庭也不可能为我提供那样优越的经济条件,我就是在这样艺术错乱的氛围中完成我的高中文化课学业的。自然,我的文化课成绩也不会好到哪去,但也因此感染了些许"自由"的气息,所谓"自由"的气息不过是学习强度没有重点高中要求的那样高,能够胡乱读些课本之外的小说而已,勉强读个师范学院已是我的幸运。进入大学后的翌年,我就被大学课堂的空虚、无聊折磨得精疲力尽。我认为,大学不应该是这样的,学生在课堂听老师讲一些课本上的知识,读一读课本,考试的时候,背一背,背好了还能得高分,拿奖学金,在我的周围有许多同学几乎就是这样度过了他们的大学时代,而且是引以为傲的。有了这样的认识,我也就有了自己的选择。

在别人按部就班地上课时,我大部分时间是在图书馆里读杂书度过的,也是在那里,喜欢上了鲁迅,并且知道了有一个研究鲁迅的学者叫王富仁,还读了他的博士论文《中国反封建思想革命的一面镜子》。等到临近大学毕业时,大家考虑各自的出路,我就有了继续读研究生的想法。当时,得知王富仁老师在汕头大学带硕士研究生的信息,很是兴奋。于是,抱着试一试的心理报考了王老师。没想到,自己能够以第一名的成绩录取到王老师名下,这对于我来说,是莫大的幸运,于是,有了聆听王老师教诲的机缘。

2009年刚到汕头读硕士的时候,老师的身体还是硬朗的。那时,我住在汕大Y座宿舍临近道路的一楼,窗外几株庞大的榕树笼罩着,郁郁葱葱。每天早晨还在半睡半醒中,有时会听到一阵咳嗽声由远及近,紧接着就是一阵窸窸窣窣的走路声。我知道,是王老师在环着校道遛狗了。胖胖在前面,王老师抽着烟紧跟其后。有时候,真不知道是王老师遛胖胖,还是胖胖遛王老师。2010年下半年,一天上完课后,与王老师相伴下楼,走到楼梯口像往常一样正要道别时,王老师突然拉住了我,让我送他回家。一股莫名的心酸涌上心头,以前王老师是从来不让我们相伴而回的,而这一次却是主动拉住,才感觉到老师的身体大不如前。自此以后,每次上、下课,我和同门王锋便轮流去接、送王老师。每次接王老师上课时,王老师走到楼下,总会笑呵呵地跟阳台上的胖胖挥手告别,走几步便回望一下,招几下手,笑嘻嘻地说"再见",让他回去。但胖胖不为所动,依旧在阳台上站立着,攀在护栏上,张着眼望着楼下,目送老师离开,它也是一次次这样守望着老师回家的吧!一路上陪王老师走着,聊着感兴趣的话题,老师也不时与路人点头打招呼,有老师,有学生,有校卫,有校工,有打扫卫生的工人,有时老师会笑嘻嘻地递上一支烟,攀谈几句,就这样走到教学楼。休息几分钟便开始上课,两个小时的课,不喝水,不抽烟,滔滔不绝,一直到下课。

在汕大读书时,我们总是想帮老师做点儿什么,可是,每一次他都说你们忙,你们有自己的事情要做,好好读书,借以推辞。实际上,王老师是有许多事情要做的,他是不放心让我们这些毛头小子去做。唯有一次,还是在王老师生病期间,将本科生作业批改的任务交给了麻师兄和我。即便是这样,老师还是一遍一遍地叮嘱,生怕我们批得太随便了。

每次入室而谈,王老师信意而说,汪洋恣肆,听者也是陶醉其中。抬头看一下钟,才发现到了吃饭的点儿,你要是不站起身来走,他还是在那儿不停地说着,所以每次谈话也是意犹未尽。说者未尽兴,听者也留恋,真希望就这样一直听下去。毕业后,时不时打电话过去问候老师,聊起一个话题,王老师在电话的那头也是侃侃而谈,没有空间的阻隔感。能想到电话那头的场景,一位七十多岁的老人,手举电话,坐在矮凳上,话语连绵不绝,有时缓缓流淌,有时慷慨激昂。每一次谈话,老师好像有许多话没有说尽,又好像有什么要叮嘱。唯有的遗憾,我们仅仅是一个不够格的聆听者,而不是对话者。我想,先生晚年其实是寂寞的。他是需要热闹,需要恣肆而谈的……

王老师为人是极为和蔼可亲的,这是大家共同的印象。当然,如果有人触及老师的底线,他也会有勃然大怒的时候。至今,在师门内还流传着许多师兄师姐被惨批的故事,被批得痛哭流涕的也不在少数。王老师是爱学生的,他没有老师的威严,给学生的赠书上也都是以"兄"相称,但是需要以"老师"的身份出现的时候,王老师是负责任的,他会点出学生的问题,不仅是在学问上,更重要的是在学生认识世界的方式上。至今,我还记得 7 年前,佩瑶师姐来汕大看望老师,饭后回到老师家中聊天,窗外下起了瓢泼大雨,我们聊天也很热烈。在我提到别尔嘉耶夫的《人的奴役与自由》,贩卖其中的论点,讲得有滋有味的时候,王老师突然摘掉头上的帽子摔在茶几上,接着是王老师的当头棒喝。说实话,当时我并不理解王老师为什么会突然大怒,直到今天才对老师批评我的缘由有了点滴的理解。当一个人不是从自己切实的心灵感受与生命体验出发思考问题时,所谈论的任何问题都是中空的,都是无效的。这个世界不是冷冰冰的,你是置身其中的,要以一个活的姿态面对你所生存的这个世界,感受这个世界,思考这个世界,理解这个世界,在这个基础上,做出自己的选择,并且对自己的选择负责。

与人相交,王老师总是谦称自己是个邋遢、粗心的人,但实际上并非如此。他观察人是相当敏锐的,对他人的关心更是体贴入微,静默无声,以至于很难觉察到。2011 年 9 月,纪念鲁迅诞辰 130 周年的国际会议在绍兴举行,听到这个消息后,我和两个师弟向王老师表达了想去绍兴的意愿,王老师当即就答应带我们前往。在会场上,按会议的安排,王老师是在前排就坐的,但老师看到我们三个学生在后排听会,就坐在了我们身边,并且会后还给我们介绍与会的各位老师。下午的分会场会议并没有王老师的发言,老师本可在房间休息,但他依然带着我们三个学生前往会场听会。听着,听着,王老师忍不住打起了呼,引得对面的几位青年学者一阵"窃笑"。那时没有多想,现在想来,70 岁的老师不顾长途奔波的劳累,陪我们一起听会,是怕我们几个初见世面的学生在会场孤立无助啊。老师的爱是默默的,这样的记忆瞬间太多太多了,只是那时我们的心太大了。

2013 年,我顺利考取了中国人民大学的博士研究生,我知道,若不是王老师的鼎力推荐,在竞争如此激烈的博士入学考试中,我很难获得这样的机会。四年中,王老师每有新书出版,他必定寄送到人民大学几本。一本送我,几本托我转赠给人民大学的几位老师。2014 年 6 月,王老师来京参加北师大一师兄的答辩,邀请几位在京好友相聚,让孙郁师一定带我前往,拜见几位心中早已敬重的老师。王老师是用心良苦的,他是拜托诸位老师好好照顾我。还记得那次聚会告别的时候,我们几个学生执意第二天送他到机场,可是王老师都坚决谢绝了,他习惯了一个人离开。走出门时,看到老师坐在王得后老师就坐的椅子边上,钱理群老师坐在另一张椅子上,三人聊天,老师笑得像个孩子一样。他是喜欢与这些老友畅谈的吧!近一年,几次到医院看望老师,聊天中,老师一直关心我的博士论文写作情况,还极力推荐我到他的母校西北大学工作,当得知我因女朋友的原因要调整工作,到重庆发展时,老师还一再叮嘱我,遇到困难跟他说,工作落实了和他说一声。可是,现在我的工作落实了,再过两天,我也要进行博士论文答辩了,老师,你去哪里了啊?我再也见不到我的亲爱的老师了,再也看不到老师和蔼可亲的笑容了,再也听不到电话那端老师亲切的声音了。

在王老师的追思会上,当大屏幕上一个字一个字打出下面这段话的时候,我禁不住抽泣起来。"但有一点,我很自信,就是我爱我的学生。我教过小学、初中、高中、大学,带过硕士生、博士生,我不认为我的教学有多好,但我真心地爱他们,愿意他们有一个较好的前途。我的一生,特别是前半生,活得很艰难,幸亏我极早地读了鲁迅,使我在最艰难的时候也没有倒下去。我也希望鲁迅能成为我的学生们的精神支柱,在遇到人生困难的时候,能够想一想,能够扛一扛,不要一遇困难就趴下,当一辈子奴隶。我自己没有什么成熟的思想,我希望他们通过鲁迅作品的阅读和体验,成为一个有思想的人,有人格的人,既不要无端地侮辱别人,也不要无端地受人侮辱。活得像个人的样子。"在老师逝去的这些日子里,这段话不时地回荡在我的耳边,这既饱含着王老师对学生深沉的爱,也有他对学生的期许——"活得像个人的样子"。我想,王老师没有离开,没有离开我们,他一直站在我们身后,默默地注视着我们,他活在我们每一个人的心里,活在我们每一个人的思考与行动中。

2017 年 5 月 13 日初稿

2017 年 7 月 21 日修订

(作者系中国人民大学博士、汕头大学文学院 2012 届硕士)

悼仁师

李少杰

先生终究还是去了,去往迅哥儿的所在,成为又一只守夜的鸮鸟。这是我第一次唤他先生,在此之前他都是我眼中的"老爷子"。"先生"这个头衔太严肃,这与他的笑容并不相符。他可是可以和我对面而坐,一包烟你一支我一支,从白天讲到黑夜、从鲁迅讲到庄子、从五四讲到当代的老爷子,是像家里长辈一样关心我生活的老爷子。但是,当他回归到大众视野下,我突然发现他不只是我眼中的"老爷子"。对于大众,对于知识分子,他就是"先生",是肩负并坚守"启蒙"理想的先行者,是和迅哥儿一样可以称得上"先生"的存在。

先生是山东人,但并不高大,也和英武之气无缘。他的身上天然缺乏一种让人畏惧的威严,所以先生总是与权力保持距离,而以教书匠自居。也许是因为长久地凝眉深思,两横两纵的纹路深深嵌入先生眉宇之间,就像将日本的鸟居刻在额头,"鸟居"里面是神域,外面是人间。

先生一生离不开的两件东西是书和烟。每次去先生家,名义上是去求教或看望,却蹭了不少他的中华烟,临走还总要带走几本书。一次,先生病重被送到医院。从手术室出来后,刚刚苏醒的先生就叮咛旁人:"我书桌上那两本书你晚上给我拿来我要看,还有一本书稿需要赶紧校对,人家催了好几次,一起拿来。"当晚,我和同门轮流看护。凌晨交接班时,我对同门说我先出去抽支烟,先生不知什么时候醒了,难为情地笑着说:"我想抽根儿烟。"却被我以病情为由拒绝了,先生没再坚持,反而笑得更加不好意思了。

先生是豁达的。他甚至不会揭穿学生的无知,而是努力保护学生的尊严。他的豁达让学生在他面前丝毫不觉畏惧和胆怯。如我这等愣头青,更是从未在日常将先生当做权威或大家,曾不止一次向先生提出无知的问题。他总是耐心听我讲完,然后将我无知的提问提升到新的高度,让我站在完全不同的角度,去看到更广阔的世界。而他的语言从不晦涩难懂,就像朋友聊天一样诚恳、放松。他的课堂和文章很少直接引用学术理论或是"某某某说过",他给学生上课的开场白一定是:

"就是闲聊天儿。"一次给本科生上课结束,回家的路上我问他:"刚才课上的那个理论,您为什么不直接讲出来,而要用那么长的时间去讲一个故事?"他说:"他们对那个话题之前可能没有接触,我如果直接说理论他们会很难理解,我把这个理论化进故事里,一讲他们就明白了。"

先生也有正颜厉色的时候,也曾在论文答辩时毫不留情地批驳。但即便再严厉的批评,也总是建立在对生命和人性的尊重上。他的谈话有底限,他反对所有戕害生命和尊严的言行,更反对简单地宣扬"宽容一切"。他曾严肃地反问:"当伤害还在进行的时候谈什么宽容?我能做的必须是反抗!"

但是,先生的批评绝不是炫耀权威般的霸权话语。他曾说:"批评是可以的,但一定要建立在为对方好的前提下。"先生的批评从未将对方作为无知的对象来进行数落和说教,他说"厌恶站在教师爷的立场来教育别人",因为"这种教师爷的立场是永远以教导别人的口气说话,把别人都放到一个小学生的地位上"。他所有的立论、阐释和批评,都是作为一个独立的个体与另一个个体之间的思想碰撞。只有当那另一个个体突破了先生对生命和尊严的底限时,先生才会拍案而起,此时他是不会在意对方是何种社会身份的。

先生热爱教师这个身份,他多次和别人说自己没有别的本事,只是个"教书匠"。去年刚刚得知先生罹患重症的我,无法理解他仍然坚持上课的选择,当我回到学校看望先生时,劝他不要再坚持上课,至少暂停一段时间等病情稳定再说,先生却依然笑容可掬地:"不上课我就不是老师了呀!"这时我知道无法再多说什么,对于先生,上讲台是至死方休的事业。

先生离开至今已七日,这七日内我总是在思考先生走入我的生命然后离开我这件事之于我的意义。他曾不止一次和我聊起过死亡的话题,愚钝如我却始终未能抉心自食,无从体会这人生减法的本味。这一次,先生用他的离去为我上了最后一课,虽创痛酷烈,却淋漓尽致。我常想:这个世界的人就像天上的星星。有的人是恒星,自身就可以发光发亮,并且照亮一方。有的人是行星,需要借恒星的光芒来发现自我。也有的人是流星,一生只能闪耀一瞬间。更多的人只是在太空四处飘零的石头:不知何来,不知何往,甚至从未发现自我存在这件事。我是幸运的,我感激命运让我在那个夏天来到汕头大学,我的世界曾被先生点亮过,留下了光明的火种再难熄灭。先生长已矣,我辈且偷生。我只能循着先生陨去的方向继续前行,但愿有一天当我也要离开这个世界的时候,能够像先生那样说一句:我这一辈子是站着走过来的!

《圣经·创世记》中说:"到第七日,神造物的工已经完毕,就在第七日歇了他一切的工,安息了。"先生的自我已经完成,他的工作也已结束,也许他真的累了,需要安静地休息。我们就此别过,也有不舍,也有懦弱,"然而我不能! 我只得走。"因为我们"每一个人都是这个世界的'过客'"。

永别了,仁师!

2017 年 5 月 9 日夜,于羊城

(作者系汕头大学文学院 2013 届硕士)

回忆如昨，温暖如初
——追思王富仁老师

朱　晓

　　老师，您就这样走了。省略了告别，了却了牵挂，留给我们这无尽的长夜……

　　这一切都来得那么突然。一直到 5 月 6 日在北京八宝山殡仪馆和您告别，我都始终无法接受这样的现实。我不相信我看到的是真实的您。那位在生活中始终笑呵呵如弥勒佛一般的王老师，那位在讲台上不顾高血压之危拍着桌子高喊"五四万岁"的王老师，那位在与病魔抗争又不断鼓励我的王老师，他怎么可能走？在您面前，死神不过是一个小丑，不能带走您，而是升华了您。我宁愿认为，您还是像以前一样去北京做化疗了。不过这次不像以前一个月后就能回来，可能是三个月，或者一年，或者很多年。在您回来之前，我要好好读书，等您回来还要再和您聊天呢。

　　记得第一次见您的时候，是 2014 年 3 月份，我参加汕头大学研究生复试。当时去您家拜访，我怀着忐忑的心情给您打电话，问是否方便登门拜访。您爽快地告诉了我地址。等我走到您家，您早已准备好了茶水、点心、水果。为了不使我感到局促，您和我聊自己的家人，还和我叙起同乡之谊，聊山东籍的学者和作家。那是多么温暖而又愉快的一个下午，让我更加坚定从事学术研究的决心。

　　10 月份，期盼了好久的导师分配名单出炉，我有幸成为您的学生，再次拜访您。记得那一次，我曾向您要阅读书目。可是您说您从来不给学生开阅读书目。当时我还不能理解，后来在日后的学习中我才渐渐明白您的良苦用心。您之所以不给我们布置阅读任务，平时有事也从来不麻烦我们，想给我们的正是一个自由阅读的时间，让我们在自由阅读的过程中找到自己的兴趣。因为在您看来一个人是不能被塑造的，必须通过自身自由的发展来形成自己。只有在自身生命体验和感受的基础上，在兴趣的驱使下进入研究，才能乐此不疲，才能长久。后来，您又不断提醒我要读经典、读原著、反复读。在一次对您的访谈中，您说到经典具有现实超越性，具有穿越时空的价值。只有读原著才能真正了解、感受、理解作者最为真实全面的观点。原著的价值还在于它有着无限的丰富性，随着时代的变化和个人体验的积累,每一次的阅读都能生发出新的内容,值得反复读。您还引用了鲁迅在《青年必读书》中的建议:"我看中国书时,总觉得就沉静下去,与实人生离开;读外国书——但除了印度——时,往往就与人生接触,想做点事。""中国书虽有劝人入世的话,也多是僵尸的乐观;外国书即使是颓唐和厌世的,但却是活人的颓唐和厌世。"[①]在您看来,中国传统的书籍,我们虽然没有读太多,但其所标榜的思维习惯、行为方式,一直随着中华民族的繁衍和发展一代一代传递着。我们生来就处在传统的包围中,所以,我们要学习新的,突破传统,超越世俗,走出一条新的,属于自己的路。

记得刚开始研究生学习时,我总喜欢问您一些大问题。比如:中国文化怎样,西方文化怎样,当代社会怎样云云。有些问题大而无当,有些问题幼稚可笑,有些问题本可以自己上网查资料就可以解决,但每当我问出,您总是耐心地给我解答。每一次解答完后,您总是语重心长地提醒我,不要总想一些大而空的问题,要具体一些,从小问题入手,慢慢积累,才能解决大问题。对于自己说出的每一个观点,都要负责任。学术的发展是在学术的争鸣中实现的。自己提出一个观点的时候,要做好应对别人反驳的准备,学术是在应对别人反驳的过程中发展自己的观点的,对于他人的学术观点,也不能盲目反对,应该在理解包容他人的观点中不断发展自身。读研三年,和您聊天的感觉,从刚开始的懵懵懂懂,到后来的陶醉其中。正是您的春风化雨,才有了我一点一滴的成长。

对于写文章无从下笔,您总是劝慰我不要急于发文章,要静下心多读书、多思考、多练笔,厚积才能薄发。要勇敢地写。从做读书笔记开始,到写小文章,再到写学术论文。写作水平就是在不断写的过程中练就的。您的谆谆教诲让后知后觉的学生在日常生活不断的思考中顿悟,受益终生。

往事历历在目,您却已渐行渐远。老师,从我认识您那天,就看到您一直在走。每天的上午和下午去您家,您都在坚持着研究、写作;生病期间,您一直坚持着给学生上课;到您病危时,您还惦念着汕头大学的我们。您走得那么快。人生这条路,您比我们先踏上,比我们走得都远,走得都长。您不是在生活里做学问,您是在学问里享受生活。正如钱理群老师所说:您给我们的是丰富的痛苦。正是这丰富的痛苦,让我们清醒地意识到自己还有一颗未曾麻木的心灵,还有一条炽烈如火的生命,还有一个沉静而倔强的灵魂,应该为这个民族、为人类的发展承担自己的一份责任。您走出了一条自己的路,也为我们走出了一条路。我们会追随您,把这条路,走得更宽、更广。

[①] 《鲁迅全集》第 3 卷,人民文学出版社 2005 年版,第 12 页。

老师，在生活中，我觉得离您很远；在读您的书时，我觉得离您很近。这些天，我又翻出了您送我的书，读了一遍，我觉得我现在比以前离您更近了。老师，您说是吗？

2017 年 5 月 11 日

（作者系汕头大学文学院 2017 届硕士）

平凡生活中的王老师

陈倩华

　　从研一到现在,和王老师相处的时间不算特别长,却足以让我一生铭记。王老师和我们吃过很多次饭,每次吃饭王老师都会和我们细细长谈,谈人生、谈政治、谈感情、谈学习。无论我们的问题在旁人看起来多么无趣,多么无聊,王老师还会给我们一一分析其中的道理。

　　令我印象最深刻的是王老师在接受化疗之后,大概是第二次接受化疗之后,回到汕大以后,食欲大大下降,明显不如第二次化疗之后。那时候我还是王老师的助教,几乎天天中午过去给王老师量血压,给输氧器换水。偶然一次王老师留我吃饭的时候说:"现在食欲不如以前的好了。"我说:"王老师,你想吃点什么? 我出去给你买回来。"王老师说:"有时候我突然想起来吃点什么,但是一旦买回来,可能我就不愿意吃了,所以现在是大嫂做什么我就吃什么,我要是真想吃点什么,就去商场里头看,选自己喜欢的买。"事后,心里细想,王老师作为病人,他理应可以要求我们更多地照顾他,体谅他,即使他偶尔耍耍性子,也是可以理解的,但是王老师并没有这么做,也不想让我们把他看成是病人,他更希望我们把他看做一个正常健康的人来对待。即使在患病期间,他也并没有过多地要求我们学生或者大嫂给他多做些什么,大嫂还是一如以往地熬汤,做菜,她做什么,王老师就吃什么。令我钦佩的是王老师即使身患重疾,还能体谅别人,甚至有时候有些学生前来家里请教王老师关于学术、学习、人生前途等等的问题,王老师还会耐心解答。

　　记得附一的吴大夫曾经多次跟我说:"王老师最最需要的是休息,但是我还是想知道到底是什么东西使得王老师还依旧站在讲台上。"后来王老师笑着回答道:"教学不仅仅是我的工作,更是我生活的一部分。"吴大夫听后,紧紧握住王老师的双手表示佩服。

　　在得知王老师往生的消息之后,我脑海里一片空白,心里仿佛塌了一角,我不知所错,不知所往⋯⋯

　　但是我相信,王老师更希望学生们活得像个人一样——既不欺负别人,也不被别人欺负,并且实实在在地做人做事——书要一本一本地读,路要一步一步地走。

2017 年 5 月 11 日

（作者系汕头大学文学院 2015 级硕士研究生）

怀念吾师

韦仁仁

一年前,也是在图书馆的这个位置,面对窗前的水池与草地,手边放着的《中国反封建思想革命的一面镜子》、《新国学研究》,我翻开扉页看到"赠汕头大学图书馆 王富仁"的字样,上面落款的时间是九年前,那是我第一次看到老师的字,想象着老师会是什么样子的,就给老师写了封邮件,大意是想要成为老师的学生。我还记得当时反复斟酌语句,心里紧张地问自己,这样写可以吗? 一年后,窗外还是水池与草地,手边的书一样的内容,但扉页带有"韦仁仁同学存正 王富仁"的赠言,这些书现在对我来说成了怀念。

一个月后老师治疗回来,我第一次见到老师,和网上的照片上不一样,眼前是一个已经没有黑发有些可爱的和蔼的老头。老师说话时带着笑容,使我放松不少,像我这样既无天赋又无后天积累资质平平的可以成为老师的学生,觉得很幸运同时又有些低落。吃饭期间老师和师兄师姐们谈论不少,看得出老师精神不错。那晚月光淡淡的,微风使人清爽,饭后我们将老师送到楼下,老师告诉我他在某座某楼某户,我仔细看了四周记在心里,我知道以后大概会常来这里。老师在楼下让我们先走,我走到拐弯处和老师挥挥手,老师也挥手,我心里明白这就是我的老师了。

几天后的一个下午,我和两个想要拜访老师的同学借签字之名去拜访老师。我第一次知道一个人家里可以有这么多书,多到压弯了书柜的夹层,堆在墙边,排在电视机旁。客厅早有一位到访的教师,也是老师的学生,老师笑着介绍了一下,问另外两位同学来自哪里。我却被脚边走来走去的黄狗吸引了,他一会闻闻这个同学的脚,一会闻闻那个同学的脚,走到我脚前,我也不怕就伸手摸了摸他的头,老师说他叫胖胖,来人了喜欢闻闻还会解鞋带。喝了一会茶,就结束了这次拜访。此后,每周我都会去接送老师上课,每次老师都会和胖胖说:"在家等我,我去上课了。"我也会开心地说:"胖胖,拜拜!"也有头两次去接老师扑了空,老师告诉我会提前半个小时从家出来,我也会提前去和老师一起走走。课上的老师是专注的,严肃的,讲到激动之处也会拍桌子,提高嗓门,没有了往日的平和。不知不觉下课好一

420

会儿了,老师突然回头看时间,有些抱歉地笑了说耽误大家时间了,特意嘱咐我下次提醒他,有时我的提示也会遭到老师"无视"。在回去的路上,我也会问些幼稚问题,和老师聊聊天,老师都会从我想不到的角度回答。走走停停,草地的绿色稀疏了,树叶依旧很绿。岭南的冬天来得特别迟,即使是在腊月里下午的阳光仍是暖暖地照在人身上,我总是在这样的下午闻到香甜的味道。现在我偶尔下午从那里走过还能闻到熟悉的味道,朋友给我解释是对面的食品厂散发出来的,可这并不重要,这味道是记忆里下午阳光的味道,总让我想起寻找它来自哪棵树时的小快乐。

寒假回来后,得知老师回北京治疗了,再去老师家见到的只有阿姨和胖胖。好几次,我打开门也不见胖胖出来,叫一声也不见他出来,走进房间看到胖胖在他的小沙发上一动也不动,不会像之前那样闻闻然后傲娇地走开。有时候我摸摸他的头,他才愿意抬头看我,我想逗他下来走走,他似乎是用忧郁的眼神看看我然后又看向了别处。我给他说话,告诉他老师过一段时间就回来了,你要好好看家,多吃点,胖胖的才好。看到客厅那棵纤细的植物,已有了发黄的叶子,我蓦地有些伤感,老师家里静静的,连胖胖也静静的。之后好几个月,胖胖也在病痛中等待他的主人。

大半年来我忙于各种考试,并没有看过多少书,我一直很纠结,对学术兴趣不大是否愧对老师,总觉得自己不应该浪费老师的精力。师姐告诉我,不必这样想,如果老师在思想上、人格上对你有一点影响就够了,我也这样宽慰自己,欺骗自己。我在5月2日才明白4月30日的电话,是最后一次听到老师给我讲话,那声音依旧平静。夜晚来了,老师休息了,他累了,在鲜花丛中休息了。

老师去了,他的一半在地下睡着了,另一半还醒着。那些书上的赠言还很清晰,阅读这些书对我来说是最好的纪念。

老师在汕大的最后一个硕士研究生
2017年9月24日于汕大图书馆
(作者系汕头大学文学院2016级在读硕士)

编后记

2017 年 5 月 2 日下午,著名学者、鲁迅研究专家、"新国学"理念倡导者、汕头大学终身教授、北京师范大学荣休教授王富仁先生离开了我们。

天地同悲,南北饮泣。

王富仁先生逝后,汕头大学文学院决定在 2017 年 5 月 13 日举办"王富仁教授纪念会",同时亦决定编辑出版"王富仁先生纪念文集","期待大家能够撰写纪念文字,文体不限,长短皆可"。几个月来,经各种方式、渠道,我们收到了上面九十余篇纪念文字。

阅读这些文字是一场灵魂、情感的尖锐洗礼,是警醒,是鞭策,融糅着血肉真气。

"王富仁先生纪念文集"编辑组诚挚地向各位先生、各位教授、各位朋友、各位同学致谢、致敬!

纪念文集的编排,按校外师友、校内同仁(包括曾经校内共事)、校内学子(于校内结识先生的学生)排序;三部分之内,则大抵依年龄排序,同时兼顾学术代际。还有一点需禀明的是,在所编排的三部分文字中,先生的受业弟子均居后,弟子之间亦依年龄先后排序。

不得不说的遗憾,正如编辑组的杨庆杰副院长所言及的:

> 假如我平时对先生多一些体贴与关心,假如我能更好地安排先生的工作与休息,假如我能多拿出一点时间陪伴先生,假如我能更早地关注先生的病情,假如我能更为坚决地劝先生早几年成功戒烟……

我们相信,有着这种种追悔之心的汕大同仁一定不只一个、两个。先生给予这多难世界的多,关爱这多难世界的多,瞩目精深学术的时候多;对于他的自己、尤其是他自己的身体则是淡乎然莫知所谓,而错过了时空的我们,相遇的已是永远挽不回来的追悔……

再次拜谢各位师友同仁!

汕头大学文学院本书编辑组

2017 年 12 月 16 日夜

图书在版编目(CIP)数据

在辰星与大地之间：王富仁先生纪念文集/汕头大学文学院
主编. —上海：上海三联书店,2019.5
ISBN 978-7-5426-6611-6

Ⅰ.①在… Ⅱ.①汕… Ⅲ.①王富仁－纪念文集
Ⅳ.①K825.6-53

中国版本图书馆 CIP 数据核字(2019)第 024937 号

在辰星与大地之间——王富仁先生纪念文集

主　　编 / 汕头大学文学院

责任编辑 / 张大伟
装帧设计 / 徐　徐
监　　制 / 姚　军
责任校对 / 项行初

出版发行 / 上海三联书店
　　　　　(200030)中国上海市漕溪北路 331 号 A 座 6 楼
邮购电话 / 021－22895540
印　　刷 / 上海惠敦印务科技有限公司

版　　次 / 2019 年 5 月第 1 版
印　　次 / 2019 年 5 月第 1 次印刷
开　　本 / 710×1000　1/16
字　　数 / 510 千字
印　　张 / 27
书　　号 / ISBN 978-7-5426-6611-6/K·516
定　　价 / 85.00 元

敬启读者,如发现本书有印装质量问题,请与印刷厂联系 021－63779028